当代教育评论
2014

第 **1** 辑

潘洪建 主编

扬州大学基础教育研究所 组编

江苏大学出版社
JIANGSU UNIVERSITY PRESS

镇江

图书在版编目(CIP)数据

当代教育评论. 第 1 辑/潘洪建主编. —镇江:江苏大学出版社,2014.12
ISBN 978-7-81130-866-2

Ⅰ.①当… Ⅱ.①潘… Ⅲ.①基础教育-中国-文集 Ⅳ.①G639.2-53

中国版本图书馆 CIP 数据核字(2014)第 295435 号

当代教育评论(第 1 辑)

Dangdai Jiaoyu Pinglun

主　　编/潘洪建
责任编辑/吴小娟
出版发行/江苏大学出版社
地　　址/江苏省镇江市梦溪园巷 30 号(邮编:212003)
电　　话/0511-84446464(传真)
网　　址/http://press.ujs.edu.cn
排　　版/镇江文苑制版印刷有限责任公司
印　　刷/句容市排印厂
经　　销/江苏省新华书店
开　　本/718 mm×1 000 mm　1/16
印　　张/18
字　　数/375 千字
版　　次/2014 年 12 月第 1 版　2014 年 12 月第 1 次印刷
书　　号/ISBN 978-7-81130-866-2
定　　价/48.00 元

如有印装质量问题请与本社营销部联系(电话:0511-84440882)

目　录

课程教学

当前我国教师教育发展的若干趋势

李定仁 *

摘　要：教师对人才的培养至关重要，教师教育日益受到人们的关注。本文总结了目前我国教师教育发展呈现的 4 个趋势：教师教育开放化、教师职前培养与职后培训一体化和教师职前培养高学历化和教师教育模式多样化。

关键词：教师教育；发展趋势

当今世界，国际竞争愈演愈烈。这种竞争的实质是综合国力的竞争，其中包括人才的竞争。而人才的培养靠教育，教育的关键在教师。因此，许多国家将教师教育置于一个非常重要的地位，教师教育越来越受到人们的关注。当前，我国教师教育的发展呈现出以下一些趋势。

一、教师教育开放化

我国从 20 世纪 50 年代开始，就建立了完善的师范教育体系。这个体系主要包括师范大学、师范专科学校和中等师范学校。这种封闭的、定向的教师教育体系，为我国基础教育培养了大批教师。但是，市场经济的发展和新一轮基础教育课程改革的深入，对这种封闭的、定向的教师教育体制提出了挑战和批评，如果继续保持由师范院校培养教师的旧格局，势必造成师资培育的封闭性和教师来源的单一性，不利于竞争。为适应社会和经济的改革与发展的形势，早在 1999 年，中共中央国务院《关于深化教育改革全面推进素质教育的决定》就提出，调整师范院校的层次和布局，鼓励综合性高等学校和非师范高校参与培养、培训中小学教师的工作，探索在有条件的综合性高等学校中试办师范学院。2001 年全国基础教育工作会议又明确提出，综合大学可以办教育系、教育学院。经过短短几年的发展，传统的师范院校独立承担培养教师的体制已被打破并建立了适应我国教育发展需要的、开放灵活的教师教育体系。这种开放化的教师教育体系是经济高速增长和教育事业发展的历史必然。

二、教师职前培养与职后培训一体化

过去，我国中小学教师的职前教育主要由师范院校承担，以学历教育为主。教师的职后教育主要由教育学院、教师进修学院完成。这样，在办学体制上形成了两个互不联系的独立体制；在教学内容上，缺乏前后呼应，没有内在的连贯性和层次

---

* 李定仁，西北师范大学，教授，博士生导师。

性。在办学水平上,教育学院、教师进修学院多为新办院校,无论办学经验、师资水平或办学条件都低于同级的师范院校。这种水平的倒挂,以至于出现了接受过较高层次教育的毕业生再到相对低水平的教育机构接受再培训的不合理现象。为了改变这种状况,自20世纪90年代以来,逐步实施了教师教育一体化目标,各地教育学院(含教师进修学院)纷纷并入师范大学或综合大学,通过合并,逐步建立起一体化的教师教育机构。这样,就有利于把教师的职前培养和职后培训有机地结合起来,更好地为基础教育服务;同时,两项任务归于一校,也有利于减少学校的重复设置,充分发挥教育资源的规模效应。

但是,教师教育一体化的任务是长期的,目前还远远没有完成。在教师教育一体化的内容上,还需要长期探索和实验。如何设计一体化的教师教育内容、真正打通教师职前培养和职后培训通道、建立一体化的教师教育课程体系,还需不断地探索和总结。另外,在教师教育一体化的体制下,如何加强教师教育机构与中小学的合作、建立以校本培训为核心的教师职后培训体系,还是一个新的课题,需要不断地总结经验、逐步完善。

三、教师职前培养高学历化

能否提高中小学的教学质量,关键在于教师的水平如何。过去,由于受经济发展水平的制约,对教师职业的专业化水平要求不高,即使在我国《教师法》中,对教师的要求也主要是学历方面。小学教师的学历要求为中等师范学校毕业;初中教师的学历要求为师范专科或其他大学专科毕业;高中教师的学历要求为高等师范学校或其他大学本科毕业。当前,在一些边远贫困地区的学校,仍未达到上述规定的基本要求。随着经济的发展和基础教育水平的提高,中等师范学校、师范专科学校、本科师范院校三级教师教育体系已不能适应基础教育的需要。中等师范学校已经淡出师范教育体系;师范专科学校通过合并转制或升格为本科院校;本科师范院校正在扩大教育硕士规模。这样,教师教育体系发生了许多重大变化。从院校体系来说,已实现三级师范向二级师范过渡,中等师范学校已基本消失;从培养层次来说,从旧三级即中师生、专科生、本科生,向新三级即专科生、本科生、研究生过渡;从学历要求来说,幼儿教师以实行五年制的专科层次培养为主,小学和初中教师以本科层次为主,高中教师逐步加大研究生层次培养的比例。在此基础上,将逐步建立国家级和省级教师教育基地,以进一步推动全国教师教育改革。同时,我们还必须看到,由于我国各地经济发展很不平衡,在一些边远贫困地区,教育发展还十分滞后,许多中小学教师远远未达到上述学历要求,甚至还有许多"代课教师"。对于这些特殊问题,国家应制定相应政策予以认真解决。

四、教师教育模式多样化

过去,我国基础教育的教师培养都是由独立设置的师范院校承担的,师范院校的专业设置与中小学的课程设置相对应。师范院校学生在学习专业知识的同时,学习教育学、心理学和各科教学法课程,并参加一定时间的教育实习。我们把这种培养模式称为"混合式"。随着教育改革的深入，这种"混合式"的教师教育模式课程设置逐渐陈旧，难以体现师范院校的学术水平和鲜明的师范特点。于是，各地纷纷探索各种教师教育模式。归纳起来有以下几种：（1）3＋1模式。即一年级为通识教育，二至三年级为专业课程教育，四年级学习教育课程和进行教育实习，最后获得教师资格证书。（2）4＋1模式。即大学本科毕业后，再到教师教育机构接受一年的教师教育课程学习，最后获得教师资格证书。（3）4＋2模式。即在应届本科毕业生中直接招收攻读教育硕士学位的毕业生，经过两年硕士课程学习，取得教育硕士学位，再去担任中学骨干教师。以上各种模式还处在实验和探索阶段，待成熟之后将逐步推广。

基础教育这一年

——基于政策的分析

郝志军　李兰荣[*]

摘　要：2013—2014 学年，基础教育领域的工作主要体现在：坚持立德树人导向，全面创新育人模式；找准薄弱环节，全面推进教育公平；强化体育和艺术教育，全面实施素质教育；深化考试评价制度改革，优化人才成长通道、深化学校管理体制改革，保障学校良性发展；深化基础教育课程改革，全面提升人才培养质量。

关键词：基础教育；教育政策

从 2013 年 9 月至 2014 年 9 月，基础教育领域的基本主题是深入贯彻党的十八届三中全会精神，全面落实《中共中央国务院全面深化改革若干重大问题的决定》中的深化教育领域综合改革。其中，主要的政策文件、主要工作（事件）大体体现在以下 6 个方面。

一、坚持立德树人导向，全面创新育人模式

党的十八大报告提出"把立德树人作为教育改革发展的根本任务"，十八届三中全会又对落实立德树人根本任务做出了全面部署。可以说，落实立德树人根本任务是当前和今后一个时期基础教育领域的工作主题和导向。

2014 年 4 月，教育部出台《关于培育和践行社会主义核心价值观，进一步加强中小学德育工作的意见》（以下简称《意见》）。该意见的主要内容有：（1）充分体现时代性，加强中小学德育的薄弱环节，加强中国优秀传统文化教育、公民意识教育、生态文明教育、心理健康教育和网络环境下的德育工作；（2）准确把握规律性，改进中小学德育的关键载体，改进课程育人、实践育人、文化育人、管理育人；（3）大力增强实效性，夯实中小学德育的基本保障，改进方式方法、加强组织领导、强化协同配合、完善督导评价。该《意见》对于我国中小学德育的重点内容和薄弱环节、实现德育的方式和途径、实现德育的制度和管理机制做出了详细的部署和规划。该《意见》出台后，各地纷纷开展德育实践，创新德育模式。例如，湖北省麻城市积极推行"生活体验式"德育，引导学生通过生活中的亲身体验来提高道德

---

* 郝志军，中国教育科学研究院课程教学中心主任，研究员，博士生导师；李兰荣，女，中国教育科学研究院，博士。

判断、思维、实践、创造和自我教育能力。大连金州新区运用"主题化、课程化、活动化"三大德育策略，探索出了以人才培养、课程建设、基地建设为线索的德育工作机制，强化习惯养成、民族文化、感恩氛围、心理健康等德育内容主题，通过课堂教学、社会实践、校园文化、主题活动、德育科研等全面推动中小学德育工作的开展。

加强中小学的德育工作是实现立德树人目标的直接和有效途径，把社会主义核心价值体系融入教育全过程、落实到各方面，全面育人、全程育人、全科育人，已经成为当前基础教育领域落实立德树人根本任务的重点工作。教育部相关部门也对落实立德树人工作做出部署：如基础教育一司2014年工作要点强调，深化基础教育德育工作改革，培育和践行社会主义核心价值观。教育部基础教育二司2014年工作要点强调，通过全面深化基础教育课程改革，落实立德树人根本任务。立德树人目标的确立，为全面改进育人模式、推进素质教育人才的培养指明了方向。

二、找准薄弱环节，全面推进教育公平

在推进教育公平方面，主要的薄弱环节是义务教育均衡、特殊教育和学前教育相对滞后等问题。为此，教育部提出2014年的主要任务是：深化义务教育资源配置改革，重点改善贫困地区和薄弱学校的办学条件；深化义务教育招生入学改革，推进义务教育免试就近入学；深化义务教育育人方式改革，推进素质教育，开展减负行动；扩总量调机构、建机制强保障，加快推进学前教育改革发展；健全保障机制、完善教育体系，全面提升特殊教育发展水平；制定政策措施、扶持薄弱地区，加快普及高中阶段教育。可见，加强学前、高中和特殊教育有利于教育各阶段和各领域的均衡发展，对于保障和扩大每位公民受教育的权利、促进教育公平、提高我国公民的素质都具有积极意义。

2013年12月，教育部、国家发展改革委和财政部联合出台《关于全面改善贫困地区义务教育薄弱学校基本办学条件的意见》（以下简称《意见》）。该《意见》提出了实施该工作的指导思想（统筹规划、突出重点、循序渐进、加强科学化精细化管理，提高资金使用绩效）、实施原则（覆盖贫困地区、聚焦薄弱学校；坚持勤俭办学，满足基本需要；加强省级统筹，分步逐校实施）、实施范围和主要目标（中西部农村贫困地区为主，集中连片特困地区为主，目标使各种办学设施满足基本需要，消除"大班额"现象、降低辍学率）。该《意见》还明确了以下几项重点任务：保障基本教学条件，改善学校生活设施，办好必要的教学点，妥善解决县镇学校大班额问题，推进农村学校教育信息化，提高教师队伍素质，特别是农村教师队伍素质。该《意见》是推进教育公平、增强社会公正、提高义务教育发展水平的有力措施。该《意见》出台后，各地纷纷探索实现义务教育均衡发展的有效机制。例如，威海市通过统一经费标准和推进标准化建设均衡办学条件，通过统一城乡编制、推进教师交流和培训的方式来均衡配置师资，建立城乡教育合作发展机制、大力推进教育信息化来推进义务教育均衡发展，取得了良好成效。大连市建立义务均衡发展保障机制,统一城乡生均公用经费标准,推进义务教育学校标准化建设,提高家庭经济困难学生补助标准,加大对农村地区转移支付力度,探索组团办学的城乡一体发展机制,建立教师交流长效机制。四川绵竹、汶川等 8 个县(市、区)围绕"推进县域内义务教育均衡发展",明确发展目标、制订统筹规划,实行倾斜投入、扶持薄弱学校,强调内涵发展、鼓励特色办学,探索流动机制、加强队伍建设,取得了明显成效,积累了有益经验。

2014 年 1 月 8 日,国务院办公厅转发了教育部、发展与改革委员会、民政部和财政部提出的《特殊教育提升计划(2014—2016)》。该计划的总体目标是:使每一个残疾孩子都能接受合适的教育,完善特殊教育体系、提升办学条件和教育质量,建立特殊教育服务保障机制。实现以上目标的主要措施有:(1) 扩大残疾儿童少年义务教育规模;(2) 积极发展非义务教育阶段特殊教育(学前、高中阶段和高等教育);(3) 加大特殊教育经费投入力度;(4) 加强特殊教育基础能力建设;(5) 加强特殊教育教师队伍建设;(6) 深化特殊教育课程教学改革。该计划从教育规模、教学阶段、教育经费、办学条件、教师队伍和课程教学 6 个方面全部部署了增强我国特殊教育水平的工作。

2014 年 1 月 27 日,全国特殊教育工作电视电话会议在北京召开,会议提出:(1) 保障每位残疾儿童接受义务教育的权利;(2) 让更多的残疾学生接受学前教育、高中阶段教育和高等教育,扩大残疾学生接受义务教育的机会;(3) 深化课程改革,完善教材,修订课程标准,增强残疾儿童融入社会的能力;(4) 强化特殊教育教师培养培训,提高特教教师队伍专业化水平。不论家庭、出身、背景和身体是否残疾,享有平等的受教育权利是保障每位儿童的基本权利和生命尊严的起点,也是我们国家构建和谐和公正社会的重要环节。无论是增强贫困地区和薄弱学校的办学条件,还是提升我国的特殊教育水平,都旨在保障弱势群体受教育的权利。这些政策的出台和实施有助于增进我国的教育公平和社会公正,提高全民的人口素质。

由于我国各地区经济发展不平衡,贫困地区和经济薄弱地区的办学条件与我国经济发达地区尚存在显著的差距,这已经成为制约落后地区教育水平提高的重要因素。因此,改善贫困地区和薄弱学校的办学条件是促进优质资源均衡配置的有力举措,并为促进教育公平提供"硬件"支持。推进义务教育免试就近入学则为推进教育公平提供了政策支持。免试就近入学作为国家义务教育招生入学的基本政策不仅可以维护社会公正,也能保障儿童教育机会均等,减轻儿童入学负担。

三、强化体育和艺术教育,全面实施素质教育

体育和艺术教育一直是我国基础教育的薄弱环节,是制约素质教育全面实施的主要瓶颈。为改变和扭转这一现象,2013 年 9 月 22 日,教育部办公厅发布《关于组织开展学校体育工作专项督查通知》,督查工作的主要内容有:地方各级政府加强学校体育工作的具体措施,落实加强学校体育工作机制建立情况,学习体育工作三年行动计划编制情况,学校体育师资配备与培训情况及计划,学校体育设施设

备达标情况及计划,学习体育运动安全及购买校方责任险经费落实情况,保证学生每天锻炼一小时(体育课、大课间、课外体育活动)的具体措施、实施《国家学生体质健康标准》情况(实施国家学生体质健康标准测试工作情况;学生体质健康标准测试结果与变化情况;视力不良率)、各地各校加强学校体育工作的经验、创新举措和成效。

2014年1月,教育部发布《关于推进学校艺术教育发展的若干意见》(以下简称《意见》),该《意见》指出了推进学校艺术教育发展对于立德树人的意义和开展工作的思路。主要内容包括:统筹推进各级各类学校艺术教育,探索艺术教育与其他相关学科相结合的途径与方式,合理配置艺术教育资源,着力加强基础教育阶段的艺术教育,加快缩小城乡、区域、校际间艺术教育发展的差距,建立学校艺术教育和学生综合艺术素养多元评价制度,强化和完善艺术教育保障机制,努力破解当前艺术教育存在的突出问题,促进学校艺术教育规范科学发展。

推进素质教育首先需要保证具有独特育人功能的基本课程能得以正常实施。体育教育和艺术教育对于提高学生的身心素质和培育其审美观念有着其他学科不可替代的作用。然而,长期以来,应试教育严重冲击着学校音、体、美等课程的正常开展,学校师资配备不足、办学条件落后等问题,严重影响了学生的身心素质的全面发展。因此,教育部出台的这两项文件有助于改善我国部分学校重视文化课而忽视音体美等课程的现象,使得素质教育真正落实到课程教学当中。

我国各地也在积极探索强化体育和美育课程的有效机制。甘肃张掖马神庙街小学通过建立多重组织保障,促进体育教师专业化成长,开发《快乐体育》校本教材,改革传统早操、课间操活动形式,使学校、家庭、社会共同关注阳光体育运动等措施,建立阳光体育运动长效机制,全面提高学生身体素质。山东威海出台《关于进一步加强中小学体育卫生与艺术教育工作的意见》,从教学条件、师资建设、教学方式、测评机制四大方面对中小学体卫艺教育工作提出了具体要求:到2017年,实现全市中小学体卫艺教师配备率、教师学历达标率、课程开课率均达到100%。这些典型经验值得借鉴和推广。

四、深化考试评价制度改革,优化人才成长通道

2013年中期以来,中小学质量评价和考试招生制度改革进入快车道,成为深化基础教育领域综合改革的一大亮点。

2013年6月3日,《教育部关于推进中小学教育质量评价改革的意见》(以下简称《意见》)发布。《意见》指出了当前教育质量评价中存在的弊端和推进教育评价改革的重要性和紧迫性。评价改革的总体目标是:"基本建立体现素质教育要求、以学生发展为核心、科学多元的中小学教育质量评价制度,切实扭转单纯以学生学业考试成绩和学校升学率评价中小学教育质量的倾向,促进学生全面发展、健康成长。"该《意见》指出,要建立健全中小学教育质量综合评价体系,具体包括:(1)建立综合评价指标体系,包括品德发展、身心发展和兴趣特长养成、学业负担

状况;(2)健全评价标准;(3)改进评价方式方法。即在评价方式上结合定量和定性评价、形成性和终结性评价、内部和外部评价,在评价方法上以测试和问卷调查为主,辅之以必要的现场观察、个别访谈和资料查阅;(4)科学运用评价结果。重在对评价结果分析诊断,给出改进建议,并把评价结果作为完善教育政策措施、加强教育宏观管理的重要参考。考试评价作为教学活动的一个重要环节,对课程实施有着重要的反馈、导向和激励功能。从某种意义上讲,考试评价方式的改革是启动课程全面改革的杠杆。《意见》中规定了考试评价的内容、方法和评价结果的运用,一改过去单纯测试学生知识和能力,重考试结果、轻学习过程的传统考试评价方法。《意见》出台后,各地纷纷探索新的考试评价方式。例如,上海市尝试构建了以关注学生健康成长为核心价值追求的"绿色指标"评价体系,不仅考察学生的学业水平,还考察相关的师生关系、学习动力、学业负担、教师的教学方式、校长的课程领导力、家庭经济社会背景等影响因素,从而引导学生全面发展。

2014年9月4日,国务院出台《深化考试招生制度改革的实施意见》,提出改革的总体目标是:"2014年启动考试招生制度改革试点,2017年全面推进,到2020年基本建立中国特色现代教育考试招生制度,形成分类考试、综合评价、多元录取的考试招生模式,健全促进公平、科学选才、监督有力的体制机制,构建衔接沟通各级各类教育、认可多种学习成果的终身学习'立交桥'。"《意见》提出启动高考综合改革试点,改革考试科目设置,改革招生录取机制,探索基于统一高考和高中学业水平考试成绩、参考综合素质评价的多元录取机制,开展改革试点。考试评价方式的改革与招生录取方式的改革紧密相连。考试评价方式的改革势必要求我国义务教育、高中教育和大学阶段的招生录取方式发生改变,而只有招生录取方式的变革,才有可能真正推动学校考试评价方式的变革。招生录取制度的改革对于增进教育公平、减轻学生学业负担、推动素质教育的落实起着关键作用。认可多种学习成果也将有助于拓展人才成长和培育通道,激发民众学习热情,挖掘自身潜能,达到不断完善和发展自我,从而提高全民素质的目的。

目前,上海、浙江已经出台深化考试招生制度改革的实施方案,提出了具体的时间表、路线图,这标志着我国新一轮的考试招生制度改革进入了深化发展的新阶段。

五、深化学校管理体制改革,保障学校良性发展

深化基础教育治理结构改革,推进现代学校制度建设,制定学校管理标准和安全管理标准,是基础教育领域学校管理的主要工作。学校管理标准的建立可以推进学校管理的民主化、科学化和法制化,也可为实现基础教育的现代化提供制度保障。

2014年8月教育部出台《义务教育学校管理标准(试行)》。标准涵盖了6个方面的基本内容,分别是:(1)平等对待每位学生,管理任务包括维护学生平等入学权利、建立"控辍保学"工作机制、满足需要关注学生需求;(2)促进学生全面发展,包括提升学生道德品质、帮助学生学会学习、增强学生身体素质、提高学生艺术素养、培养学生生活本领;(3)引领教师专业发展,包括加强教师管理和职业道德建设、提高教师教育教学能力、建立教师专业发展支持体系;(4)提升教育教学质量,包括建设适合学生发展的课程、实施以学生发展为本的教学、建立促进学生发展的评价体系、提供便利实用的教学资源;(5)营造和谐安全环境,包括建立切实可行的安全与健康管理制度、建设安全卫生的学校基础设施、开展以生活技能为基础的安全健康教育、营造尊重包容的学校文化;(6)建设现代学校制度,包括提升依法科学管理能力、建立健全民主管理制度和构建和谐的家庭、学校、社区合作关系。该管理标准从学生入学、育人目标、教师发展、课程体系、校园环境和学校制度6个方面做出规定和要求,目的是增强学校的育人和管理水平,规范学校办学行为,构建和谐校园,推进学校现代化建设。

2013年秋季,由教育部建立的全国中小学生学籍信息管理系统实现全国联网并试运行。作为教育信息化的重要组成部分,该系统对全国中小学生的学籍实现统一管理,为解决农村"控辍保学"、进城务工人员随迁子女入学、留守学生、教育经费监管等教育热点和难点问题提供了有力支撑。

一些地方也在规范中小学质量管理方面做了有益的探索,如山东省章丘市为了提高当地教育水平,落实素质教育和立德树人的任务,从多个方面采取了有效的管理措施:在教学质量管理方面,积极构建高效课堂,全面落实教学常规;在考试招生方面,按照"多次考试、等级评价、多元录取、自主招生"的要求创新高中招生制度;在学校德育管理方面,通过开展主题教育活动和实践活动,从培养学生的良好习惯入手,对学生的品德进行塑造;在教师队伍管理方面,培养和树立先进人物,提升整体师德建设水平;开展"大练基本功、追求高水平"活动,提升教师业务能力;加强教学科研管理,全面提高教育教学质量。

六、深化基础教育课程改革,全面提升人才培养质量

课程是教育思想、教育目标和教育内容的主要载体,集中体现国家意志和社会主义核心价值观,是学校教育教学活动的基本依据,直接影响人才培养的质量。

2014年3月,教育部出台《教育部关于全面深化课程改革落实立德树人根本任务的意见》(以下简称《意见》)。该《意见》指出了全面深化课程改革的重要性和紧迫性,改革的主要任务包括:统筹各学段的教育功能和目标,使其依次递进、有序过渡;统筹并充分发挥各学科的独特育人优势,提升科学等课程的育人价值,不断提高学生综合运用知识解决实际问题的能力;统筹课标、教材、教学、评价、考试等环节,使其有效配合、相互促进;统筹一线教师、管理干部、教研人员、专家学者、社会人士等力量,围绕育人目标,形成育人合力;统筹课堂、校园、社会、家庭、社会等阵地,营造协调一致的良好育人环境。工作目标是:"着力培养学生高尚的道德情操、扎实的科学文化素质、健康的身心、良好的审美情趣,努力使学生具有中华文化底蕴、中国特色社会主义共同理想、国际视野,成为社会主义合格建设者和可靠接班人。"该《意见》力图协调和整合各教育阶段、环节,以及各种教育资源来培育和践行社会主义核心价值观,培养时代需要的高素质人才。课程改革牵一发而动全身,人才目标的实现需要教育各个阶段在育人目标和教育功能方面的协调统一。同时课程改革要深入彻底进行,更需要对教育的各个环节特别是教材、招生和评价方面进行全面改革。立德树人任务的实现还需要各学科充分发挥各自的优势。最后,育人还需要社会各界力量的参与,营造协调一致的教育环境。

2014年9月16日,教育部副部长刘利民撰文"以核心价值观引领知识教育",指出社会主义核心价值观要全课程、全方位地融入教育教学中。具体来说,包括4个方面:(1)融入课程标准,修订各学段课程教学标准,研究制定学生发展核心素养体系;(2)融入课堂教学,实现核心价值观教育常态化;(3)融入实践课程,注重社会实践的养成作用,促进知行合一,发挥社会实践的养成作用,实现核心价值观教育生活化;(4)融入网络课程,适应互联网快速发展形势,实现核心价值观教育形象化。刘利民部长的讲话再一次明确了在教育教学中培养学生核心价值观的途径和渠道,并提出充分利用网络对学生进行社会主义核心价值观教育,这为学校德育工作的推行提供了新的思路。

目前,教育部正在加紧研制学生发展核心素养体系和学业质量标准,根据学生的成长规律和社会对人才的需求,将学生德、智、体、美全面发展的总体要求和新时期立德树人的目标细化,明确学生应具备的适应个人终身发展和社会发展需要的必备品格、关键能力。修订普通高中课程方案和课程标准,完成普通高中课程方案修订工作,并启动普通高中各学科课程标准修订工作,把学生发展核心素养和学业质量标准要求充实到课程标准当中。

迈向公平的教育（笔谈）

摘　要：本部分由4篇探讨教育公平的文章组成，分别对教育公平的不同层面和维护方式、"零择校"与教育公平、课堂中的教育公平、社会阶层与教育公平等内容进行专题研究。

关键词：教育公平；维护方式；零择校；社会阶层

教育公平的三个层面及其维护方式

陈秋苹*

中国社会对教育寄予了崇高的希望，"朝为田舍郎，暮登天子堂"曾经激励着一代又一代人怀揣着教育、受教育的梦想，从而积淀和维系着中国教育社会文化。对教育公平的探索从未停止过，但教育公平、教育所实现的社会公平作用的式微，在消减着曾经浓烈的教育文化，使得努力探寻教育公平显得十分必要。

在各种话语框架标准中，教育公平各圆其说。本文认为，教育公平可从三个层面进行思考，分别启示维护和实践三个层面教育公平的政策制定者、执行机构和实践者。

第一层面的教育公平，是指教育法律政策公平。

在传统权威、魅力权威曾经获得社会权力之后，法治权威越来越成为社会权力正当性的标准和人类文明进步的标志。法治权威就是权力获得来自于法律的授予，所有的机构、个人在《宪法》之下实现权利义务的对等。《宪法》中公民的受教育权，明确了公民与国家之间的教育权利和义务关系、国家机构之间的教育权利和义务关系。《普通教育法》确定了教育社会各个主体间明确的权利义务关系。教育公平的法律政策是教育公平的基础。当基本教育法律关系和普通教育法律关系受到破坏或引起当事人之间的争议时，诉讼法律关系随之产生。各种教育政策应运而生，在较为弹性的空间实现着教育社会资源的权威分配。

维护教育法律政策层面的教育公平，需要坚持《宪法》至上的原则，维护法治的权威，在实体法无力救济的教育公平的案件，实现《宪法》的司法救济。这就启示着我们的教育法律和政策制定者，保护教育公平的程序正义和实质正义是这一层面的教育公平所最应坚持和维护的原则。

第二层面的教育公平，是指教育机制公平。

各级教育行政机构是教育法律和教育政策的执行者。维护《宪法》权威，健全

---

* 陈秋苹，女，扬州大学教育科学学院，院长、教授，博士生导师。

执行机制,实现教育公平的各项法律政策规定,是教育公平的重要保证。一段时间里,教育产品被等同为市场商品,公共机构在教育改革过程中追求自身利益,导致教育资源分配不公,利益集团在改革中直接破坏教育的公平性,尤其是基础教育的起点公平。国家教育改革和发展中长期规划对基本普及学前教育,均衡发展义务教育,以及对高中阶段同质化倾向的克服、对职教社会需要提高的要求、对高教提高质量内涵发展的要求,为各级各类教育公平进行了良好的制度设计,有赖于各级各类教育行政部门,以及在行政体制下的各级公办学校有效地遵照执行。正义不仅应得到实现,而且要以人们看得见的方式加以实现。这就是在教育社会经历了一段时间的无序、民众对教育的普遍焦虑和秩序回归中最值得期待的教育公平。各地禁止择校的均衡措施,是教育公平的一种努力,但还不是教育公平的稳态机制。教育社会应该在一个稳态机制下使公民有更多充分自由的选择权。这就需要对教育产品在各个学段的公共产品属性有清晰的界定,在政府、社会和公民之间形成良性的作用机制。

第三层面的教育公平,是指学校教育活动公平。

教育工作者在学校、在教室里的教育公平,是实现教育公平最直接的途径。随着教育法律的完善、机制的健全,一线教育教学的公平是所有受教育者直接感受并可向社会传递的社会公平。教育社会在形式合理性的过程中,对教育及教育公平的价值合理性追求,是第三层面的教育公平最值得追求的。教育的价值在于让每个受教育者成为他(她)最好的自己。每一个生命都具有其存在的价值。尊重生命、尊重生命的多样性是教育应有的意义。对每一个"可能的生命"的成长的帮助,是我们在校园里、教室里能为教育公平所做的最直接的社会公平。经济合作与发展组织提出的在社会异质群体中互动、自主行动、使用工具的核心素养要求,启发我们教育工作者,在培养学生达成社会的持续发展和社会凝聚力,以及个人生存、发展所需的责任、多样性中,要塑造成功的生活和健全的社会。用这样的素养要求关照我们的教育社会,需要教育工作者的视野、责任、方法,让学校成为每个孩子成长的地方,这才是"一个被叫作学校的地方"。公平、正义、人权,是美好社会的需要,而这些目标的实现,在校园、在教室、在课堂,可以有更好的以尊重学生人权为最高实现的真正公平,这才是我们触手可及而又常常忽视的教育公平。

"零择校"意味着教育公平吗

申卫革 *

2013 年某市宣传义务教育阶段入学实现了"零择校"的历史突破,官方宣传加

* 申卫革,女,扬州大学教育科学学院,副教授,博士。

上舆论推动,大有该地区已经实现了教育公平的假象。与政府的热情相比,人们对"零择校"的态度则是有喜有忧、评价不一。诚然,公平作为一种价值取向,不同的社会群体在对社会政策做出公平与否的判断时,总是主观的,带有一定立场的。也就是说,公平永远是相对的,不存在人人认可的绝对公平。人类永远走在公平的路上,正因为如此,我们不能说,在某个领域已经实现了公平,因为公平始终是人类追求的价值目标,是未完成的状态。对于"零择校",我们先不去追究该地区是否真正实现了"零择校",热闹之后,先不妨冷静思考一下:零择校就意味着教育公平吗? 零择校就能实现教育公平吗?

我们知道,从罗尔斯政治哲学的视角来看,公平是一种政治选择的原则,甚至是社会政治问题的核心。公平作为一种对社会政策的价值判断,诚如学者何建华指出的,公平是与利益有关的,是人们对现实的利益分配关系的价值评价。教育公平是社会公平在教育领域的延伸,它是基于现有社会秩序对教育作为公共资源(产品)分配的政策选择的价值取向。义务教育一般被认为是公共产品,每个适龄儿童都有权利平等享有应得的那一份。这种在享有义务教育权利方面的平等是教育公平的重要表征,也是考量公平的重要维度。择校是指人们对学校这种公共产品的选择,这种行为一方面包含着对政府分配的相应资源也就是学区内学校的放弃,另一方面意味着人们愿意为选择承担更大的代价来获得更优质的资源。政府的政策一直是反对择校的,认为择校最直接地伤害了教育公平。因为在现实中,人们择校凭借的无非是权力和金钱,这样择校的后果往往导致一种教育上的"马太效应",那就是好的学校门庭若市,差的学校无人问津。如果政府不做出政策的补偿,好学校会越来越好,差学校会越来越差,而有能力择校的人群一般都是有某种社会资源和经济基础的,弱势群体则是择校无门。这样,教育在某种程度上就成为复制现有社会分层的工具,在某种程度上塑造了更严重的社会不公平,所以为实现社会公平的价值诉求,政府对择校持否定的态度。但是在现阶段,没有了择校,也就是所谓"零择校",是否就实现了公平呢?

"零择校"意味着人们完全依靠政府的分配,本着就近入学的原则,孩子在划定的学区内就读。这意味着人们没有选择机会的时候,权力寻租也失去机会,不同经济状况的群体在受教育起点上具有平等的机会,这貌似实现或者捍卫了教育公平这一主流的价值。且不论现实中是否真有这种理想的"零择校",我们假设在局部地区真的实现了"零择校",可是那是否就意味着公平呢? 回答这个问题,首先应该观照一个最简单的事实,为什么人们趋之若鹜地择校? 择校是一场没有硝烟的战争,人们在这个过程中十八般武艺各显神通,人们消费着力所能及的社会资源,付出各种代价去选择学区外的学校。这个事实背后的原因很简单,就是教育资源的不均等。是什么导致了教育资源的差距? 有历史的原因,也有现实政策的推波助澜。新中国成立初期,国家为了集中精力办一批优质的学校,最早区分了重点学校和普通学校,后来加上现实评价制度的推动,重点学校和普通学校成了代表学生不同命运的代名词。有些地方政府为了局部利益,将教育作为拉动 GDP 的重要因素,也会阳奉阴违地暗中对重点学校予以政策倾斜,进一步拉大了不同学校之间的差距。在教育资源不均等的情况下,再观照"零择校"的问题,"零择校"不仅没有实现教育公平,甚至在某种程度上制造了不公平。试想,在没有选择自由的前提下,人们必须接受被分配的学区内的学校,如果恰恰赶上了一个薄弱学校,那就意味着孩子在入学起点上与其他优质学校的孩子是不平等的。这种不平等显然是许多家长无法接受的,他们认为择校解决了"生不逢地"的现实,如果教育资源差别很大,"择校"比"无法择校"意味着更多的公平。

任何一个社会性普遍现象都是由复杂的因素导致的,单凭一个简单的行政指令是无法解决的,治标不治本的做法可能一时掩蔽了某种现象,但是更多的问题会不断暴露出来。教育是法律赋予公民的合法权利,一个健康民主的社会应尽可能保障公民在教育起点、过程和学业成功机会方面拥有平等的权利,这是实现教育公平价值的重要保障。作为政策主体的政府,在推出某项政策的时候一定要本着科学的态度,尽可能从根本上分析顽固社会问题的根源,找到相应的应对策略。"零择校"背后首先要考虑的就是教育资源配置是否均衡,其次就是学区划分是否科学合理,这些都涉及"零择校"本身是否能够持续推动、推动后能否保证教育公平的关键问题。如果不解决教育资源均衡的问题,"零择校"这个政策能否真正实现本身就是令人生疑的,或者退一步说,即使真正实现了"零择校",那也是与公平无涉的,甚至隐藏着更多的不公平。实际上,当教育资源配置真正实现了均衡,薄弱学校的硬件不弱了,校长和师资的流动也达到了一种良性运作,人们是不可能舍近求远、劳神费力地去择校的。而当在学区内就近入学成了大部分人的一种自然选择而不是违背主体意志的"迫不得已"时,这个社会离教育公平一定是更近了一步。

关注课堂中的教育公平

翟　楠*

10 年前,在做硕士论文期间,一所小学发生的事让我至今不能忘怀。当时,我们跟踪观察一个四年级的班级,语文老师兼班主任是一位年轻有为的省特级教师。在课堂观察的过程中,我们发现坐在教室最后的几名学生每节课都在偷偷打闹,还时不时地回过头来跟我们做鬼脸,而语文老师即使看见也从未干预和制止过他们的行为。我不明白为什么,于是向这位老师提出了这个疑问。他说,"这几个学生我确实已经放弃了,只要他们不干扰其他同学,我就不会制止他们。"我为之一怔,

＊　翟楠,女,扬州大学教育科学学院,副教授,博士。

很难相信这句话出自眼前这位优秀教师之口。10年来，我常常会想起这件事，想起那位特级教师和那几个被他放弃的学生。小学四年级，9岁左右的年纪，就已经被教育者放弃，这是怎样的悲哀！特级教师尚且如此，何谈大批普通的教师。更可悲的是，10年过去了，这种现象在当前的教育中并没有随着教育改革的持续而减少，反而愈演愈烈。

这看似一件小事，却折射出了一个大问题，即课堂教学中的教育公平。当大家都在关注国家教育政策制定及教育资源配置中的公平之时，我们也不能忘了学生在课堂里是否被公平对待的问题。在日常的课堂生活中，学生因为成绩差而被禁止参加考试、学生座位排列中的偏爱与歧视、班干部选举中的不公平竞争……这样的事我们听的见的还少吗？一些人认为，只要做到不同区域、不同群体之间能够享受均等的教育资源，就是实现了教育公平。然而，教育的对象是人，是一个个活生生、有人格、有尊严的个体，所有有关教育政策的实施和教育资源的配置最终都要落实在具体的人身上，没有对个体的关注，真正的教育公平就无从谈起。还有人认为，只要保证每个儿童都有受教育的权利，即都能入学，就是保证了对个体的教育公平。殊不知，入学本身就存在着诸多不公平因素，如择校、重点班的区分、班级中的排名等，学生从一入校就被人为地分成三六九等，从而陷入了教育起点上的不公平。

在课堂教学中，学生处处都面临着能否享受公平的教育的问题。如果说宏观领域的教育公平有赖于制度正义的话，课堂中的教育公平则主要取决于教师的公正。具体而言，一个教师想要在课堂教学中实现教育公平，至少要做到以下几方面。

首先，教师应该尊重每一个学生。对课堂这一微观世界而言，教师的尊重是教育公平的基础。只有在教师将学生作为具有平等人格和尊严的个体而看待的时候，学生才可能获得他应得的教育机会和资源。事实上，尊重不仅是实现教育公平的基础，也是教育本身的前提。一个不懂得尊重学生的教师，无法教会学生尊重他人，公平公正的种子也就无法植根在学生的心灵中。在现实的教育中，我们常常会看到有的教师以貌取人、以学习成绩取人、以家庭背景取人等现象，也会看到教师以师道尊严之名对学生人格和尊严上的各种伤害。这些现象已丧失了教育自身的灵魂，何谈教育公平！因此，没有对每个学生在人格和尊严上的基本尊重，课堂中的教育公平就是一纸空文。

其次，教师要关注学生的差异。教育公平在概念的界定上强调起点公平、过程公平和结果公平，而在教育过程中，每个学生的起点都不一样，需要区别对待。如果要实现教育公平，就意味着教育者必须尊重学生的个体差异，对不同层次的学生给予不同的关注和指导。在上述案例中，教师之所以放弃对学生的教育，是因为学生自身基础差难以跟上教学的进度，其表现无法令教师满意。然而，教师必须清楚一个事实，学生正是因为无知才需要受教，学生的无知不是缺陷，而正是教育的起点。没有人天生就是完美的，每个人都必须通过教育而获得完善。越是优秀的教师，就越应该通过教育促进弱势学生的发展。教师的教育公平理念就体现为对处于劣势的学生依然倾注教育之爱，并能承担更多的教育责任，保证他们和大多数儿童一样享有充分的受教育权，这才是真正的起点公平。

最后，教师的课堂教学要面向全体儿童。在上述那个案例中，那位优秀教师在漠视差生的同时，也并未真正关注到全体学生，他的关注点只是班级中的少数拔尖学生。在课堂提问环节，有的学生一节课可以被叫到三四次，大多数学生至多有一次被提问的机会，而一些学生整节课都在积极举手，却一次也没有被叫到。这种现象在最近一次的小学见习听课中也重现了，因而这不是偶然的现象，而是很多教师内心深处的不公正观念在作祟。由于评比、考核等各种原因，教师要对学生排名，要甄别选拔学生，很多教师都喜欢成绩好的学生而排斥成绩差的。这导致在课堂教学中，教师总是把关注点放在少数尖子生身上，而罔顾大多数需要同样被对待的学生。因此，要实现课堂教学中的教育公平，教学就必须面向全体学生，让每个学生都沐浴在教育的阳光之中。

教育原本应当是一项最伟大、最无私的事业，如孔子所言"有教无类"，也如夸美纽斯"把一切知识教给一切人"的教育理想，这些哲言曾无数次地激励世人投身于教育，关切一代又一代年轻的人成长、成熟。而如今，在教育公平成为基本教育政策的今天，教育中的不公平现象依然随处可见。作为引导儿童精神成长和灵魂发展的教师，不应恶意地区分每一个儿童，而应给予他们平等的教育和关爱，以自身的行为让儿童学会公平公正地对人对事。这既是教师的责任所在，也是儿童的福祉所在。

社会阶层与教育公平

葛　春[*]

近年来，教育公平越来越受到人们的关注，它早已突破教育研究的范畴，成为社会学、伦理学、政治学及经济学等各学科研究的焦点。然而教育公平讨论得越热烈，可能就越说明它是一个"问题"。就像一个健康的人，身体的所有部分都是有机、和谐的统一整体，因此他不会刻意地关注身体的某个部位，只有当这个部位出现疾病或其他问题时，他才会有意识地关注它，而且越是关注，越是说明"问题"的严重性。今天我们如此关注教育公平，恰巧说明社会有机体中的教育子系统出现了病变与异化。

事实上，教育公平问题的潜台词是教育不公平。当下教育不公几乎涵盖了教

＊ 葛春，扬州大学教育科学学院，副教授，博士。

育的起点、过程及结果。从社会学的角度看,这些教育不公平的根源在于社会的分层结构,即每个孩子都是从属于某一个社会阶层的,不同社会阶层提供和占有优质教育资源和机会的能力有着巨大的差异,这些差异在教育场域中就会被转化为各种各样的教育不均等和不公平现象。

那么,具体而言,不同的社会阶层是通过何种机制来影响和围困"教育公平"的呢?笔者认为它主要存在着三种机制。

一是动员"单位"的力量强化教育的结构壁垒,建立其成员在教育资源博弈中的有利地位。中国是个单位社会,每个人都有一个"单位",虽然经过多年的改革,"单位"所形成的结构壁垒已经大大弱化,但是某些好"单位"依然可以在教育资源分配中进行有益于自己成员的博弈、交换。这类单位有的直接拥有优质教育资源或能够决定优质教育资源如何分配,如学校、政府部门等;有的拥有强大经济或其他优质社会资源,如银行、垄断性企业、医院等。这些"好单位"以集体的名义参与教育资源的交换与博弈,从而使其成员在教育资源竞争中处于一种有利地位。

二是动员"家庭"的力量将孩子的先赋性优势转化为学业优势。家庭是每个孩子的"社会背景",家庭的社会阶层定位往往决定了这个孩子的先赋性社会属性。在当前社会阶层日益结晶化的大背景下,教育资源的竞争日益转化为以家庭为单位的竞争。家庭将学生的先赋性优势转化为学业优势主要通过两种路径,即显在路径与潜在路径。显在路径就是家庭及其成员动用其一切可以利用的社会关系、社会资本、经济资本及权力资本,直接干预教育机会选择、分配与获得的过程或改变教育机会获得的依据和规则,确保其子女能够在教育场域中处于有利的竞争地位。潜在路径则是指不同阶层的家庭在教育的过程中,潜移默化地将各自所沉淀的文化资本细水长流般地转移给自己的子女,使其在知识基础、学习习惯、思维方式、价值取向等方面产生阶层性的差异。一般而言,中产阶层、优势阶层的文化资本更贴近学校所承载的社会主流文化,因此更具亲和性和一致性,这导致拥有这些阶层背景的孩子更能够适应学校文化,也更容易取得学业成功。

三是利用"精英联盟"实现"社会阶层再制"。教育社会学认为教育在社会阶层流动方面存在两种功能:第一种是通过教育实现社会阶层的复制与再生产,它是社会不公平的教育合法化过程;第二种是通过教育,使有才能的人实现向社会上层流动,从而实现社会阶层的内在优化与调整。一般而言,一个国家处于社会体制与制度剧变时期时,教育的社会流动功能就较强;一个国家社会体制与制度变迁处于微调时期时,其社会阶层结构一般也较为稳定,教育的社会流动功能就较弱。当前,我国大规模的社会制度变迁已经结束,制度微调成为常态,社会阶层结构逐渐固化,这些处于优势阶层的"社会精英"相互结盟,共同主导教育改革的路径选择,通过制订或改变教育机会的选择标准、分配标准、推荐标准、加分标准、学区划片标准等方式或明或暗地操作优质教育机会的"阶层定向流动",最终借助教育中介来实现"社会阶层"的再生产。

明晰了作为社会背景的阶层结构是如何干预和围困"教育公平"之后,一个亟待解决的问题摆在了教育研究者的面前,即应当怎样去消除和弱化教育中的阶层差异。过去对于这个问题曾经有过一些极"左"的做法,如"文革"期间对曾经的社会优势阶层的子女通过政治干预的手段剥夺其参与竞争优质教育资源的权利,如具有资本家、地主等政治背景的学生严禁报考重点大学、工业大学及军事学院等。从国家社会科学院李春玲的研究中可以发现,当年强制性的行政干预的确消除了资本家、地主等阶层子女在教育中的优势地位,但它实际上又造成了另外一种教育不公。今天,我国的政治环境和"文革"时期已经截然不同,我们不能再用那些极"左"的手段来治理教育中的阶层差异。因此,笔者认为,我们可以从以下几个方面着手进行"教育公平"困局的解围。

首先是去政府的"利益集团化"。政府原本是社会各阶层的利益平衡者,而不是特定某个阶层或"利益集团"的代言人。因此,为了打破社会分层结构对"教育公平"的围困,我们需要重建一个超越特定阶层属性的政府,使其发挥协调各社会阶层的利益以及公正进行教育资源分配的职能。

其次是要借助法律、民主制度等手段削弱优势阶层子女的先赋性优势。我国长期的集权体制传统和利益集团的阻挠,使我国的民主化进展缓慢,法治流于形式,造成行政权一权独大、权利世袭严重、寻租与金钱勾结普遍化。优势集团的权利垄断与资源垄断使其他阶层的权利受到严重挤压,发展机会严重匮乏,社会的马太效应更加突出。因此,我们需要通过法律与民主制度等,阻断优势阶层直接干预和设计有利于本阶层子女的教育竞争游戏规则的行为,弱化阶层的先赋性属性对教育资源分配的影响。

最后,面向不利阶层的子女进行教育补偿。1966年著名的科尔曼报告认为针对社会弱势阶层的教育补偿并不能够最终改变教育阶层差异的结果,因此他并不认同教育补偿这种做法。但是,中美毕竟是差异性极大的两个国家,而且如果前面两条措施能够同步实施,笔者相信,教育补偿可以提高社会弱势阶层子女的学业成就,这将有助于打破教育阶层固化现象并促进社会阶层间的合理流动。

通过身体的教育(笔谈)

摘　要：本部分由 3 篇探讨"通过身体的教育"的文章组成，分别从现象学、社会学、教育史的角度进行观察、研究。

关键词：通过身体的教育；现象学；社会学；教育史

通过身体的教育：现象学的视点

杨　晓[*]

新一轮基础教育要变革过于强调知识传授的倾向，强调形成积极主动的学习态度，使获得基础知识与基本技能的过程的同时成为学会学习和形成正确价值观的过程。之所以必须变革过去过于强调知识传授的倾向，从哲学层面讲，身心二元论造成的经验与理性、主动与被动、情感与理智、理论与实践、精神与物质、心理与世界、人与自然、个人与社会、作为行动的目的精神心灵与作为行动器官和手段的身体的分离，与人们向往的天人合一、身心合一等思想相悖。

如何解决二元论所带来的问题不仅仅是教育领域思考的问题，更是哲学领域思考的问题。犹如杜威所言，哲学、教育和社会理想与方法的改造是携手并进的，如果现在特别需要教育的改造，重新考虑传统的哲学体系的思想基础。法国哲学家梅洛·庞蒂认为，身体不是物体，而是超越了内在世界和外在世界的含混的存在。这种含混意味着超出二元对立实现身体（人）、意义和世界的统一。这种思想的实质是在强调人首先是以身体的方式而不是以意识的方式和世界打交道的，身体是融合身心统一的切入点、媒介和通道。身体既不是客观化的，也不是主观化的；既不是内在的，也不是外在的；既不是心灵的，也不是纯粹生理学意义上的肉体。身体给我们提供了最始源的认识，它是意识和身体的辩证统一。自我和身体的关系不是纯粹自我与一个客体的关系，而是作为主体和作为客体的交织使它与世界共存于同一现象，我在我的知觉世界中用我的身体与世界打交道。身体是人通向世界的媒介，正是因为人通过身体这个媒介把人、世界和意义统一在一起。身体依靠运动和知觉来认识世界及其意义。也就是身体的在场把人从孤立的状态中解放出来，通过身体的感知与其他事物发生联系。这种联系不是感性事物侵入有感觉能力者，而是在感觉主体和感觉事物的交流中，知觉的意向性通过身体动作的实施得以表达。这种联系不能说一个起作用而另一个承受这种作用，而是通过身

* 杨晓，女，山西师范大学教师教育学院，副教授，博士。

体知觉把人与世界规整到一个统一的意义之中。从现实中来讲，人对事物的认识来自于其身体结构、身体行为和身体感受，并以此为标尺来解释和界定世界观及万事万物的名词、概念和范畴。在梅洛·庞蒂看来，身体就是在能见者和可见者之间、在触摸者和被触摸者之间的一种交错，是灵与肉的交织。它以这种含混的方式、行动的方式，而不是纯粹意识主体静观、俯视世界的方式，将我们卷入实存使身体具有主体性。身体最初的主体是自发的身体意向性而不是意识的表达，身体对世界的知觉不是主体明确的意识，而是我身体意识的最初的形式规定的图式结构和身体最初的纯粹运动经验。身体最初的运动经验的主要特征是能感知、能体验，并将意向性体验的结果回到自身，并能自发地、沉默地组织我们知觉生活而无须明显的知觉表征和明确的意识努力。这种最初的运动能力使世界通过身体意向与身体相连，主体和世界之间的隔膜消失，人直接面对事物本身。世界的变化和身体的运动带来意义的发展形成意向弧。意向弧是过去、现在、未来、物质环境、人文情怀、精神世界在人身体中的投射，是习惯身体和当前身体的整合一体化。也就是说，在意向弧的发展中，人置身于世界之中，其实是置身于意义之中，人的身体感官和世界文化意义达到了统一，身体把握了世界，并与世界融为一体。在梅洛·庞蒂看来，身体作为意义世界的媒介，拥有一个身体，就意味着卷入了一个确定的情境之中。世界是在一定的情境中被理解的。世界是和人的知觉相联系的整体世界，意义通过身体的行动得以彰显。即身体、世界和意义不能分离，而是一个浑然的整体。在这个整体中，身体承载表达意义，身体与世界的互动不断生成新的意义，意义的传递和回馈使身体不断重建自身。

梅洛·庞蒂用身体来解决身心二元论的哲学问题，对改造现今的教育及教育哲学主要有以下几点启示。

第一，通过身体进行教育才能发现真正的教育起点。学生是通过自己的身体来认识世界的，要求教育的出发地不是课本，不是抽象的知识，而是学生的身体。教师需要在教学过程中创设环境，让学生保持与世界的原初性关系，让学生充分表达身体对事物的知觉、冲动、本能、情感、体验、渴望、兴趣、需要等，以及比逻辑推理更优越的直觉和求知欲。而不能用概念来代替学生的知觉，不能用语言来代替事物本身。

第二，通过身体进行教育才能真正认识人。即通过身体，教师才能真正认识自己、认识学生。教师只有认识自己对世界的体验和感知，才能让学生理解和表达自己对世界的理解和发现，也才能看见学生的感情、态度、兴趣和特点。知识是依赖学生身体的感知而真实存在的个性化建构的知识，不是外在的。学生获得知识的主要途径是要凸显学生的主体地位，凸显学生身体在认知中的价值和作用，尊重学生的体验，发挥学生身体体验的主动性，引领学生打开所有的感觉官能，融合眼、耳、口、鼻、手、身的互动体悟世界，释放情感，彰显内在的感受、兴趣和特点，使学生更容易建立抽象知识和直接经验之间的通道，丰富人与自然、人与社会、人与他人以及人与自我之间的对话和交流,赋予身体和世界新的意义。

第三,通过身体进行教育才能真正了解教育的复杂性和系统性。教育要把身心协调发展看成一体化的系统工程。教育者不要把教育环境与生活环节割裂开来,不要把学校看成学生获取知识的地方、训练学生获得高分地方,应该将学校营造为与家庭环境和社会环境一样的自由、安全、舒适,并能进行良好互动的环境,丰富学校文化环境,让学生从身体的知觉和行动出发,对事物进行本质的、综合的、广泛的知觉,返回到事物本质,了解世界,把握世界,适应社会的发展,满足社会的需要。

通过身体的教育:社会学的视角

楚江亭　李廷洲 *

在当今的学校教育中,普遍存在着对身体的忽视、误解与压抑;考试评价体系对智育的过度强调导致对身体教育的忽视;过重的学业负担使受教育者身体饱受摧残;对纪律、规则不恰当的强调压抑了身体的自然需求、成长需求和发展需求。受教育者的身体被看作欲望的源泉,是破坏纪律的始作俑者。即便提及身体教育,也往往是作为促进智育和个人发展的手段,其中隐含的仅仅是身体的工具价值。那么,我们该如何看待身体,以及身体的教育呢?

其实,在社会学的发展历史上,一直存在着轻视身体的理论传统或研究倾向。早在公元前4世纪,柏拉图就曾断言:"身体是虚假的、无意义的存在,是心灵的牢笼、坟墓,阻碍心灵对智慧的追求。"这种观念延续到文艺复兴时期,笛卡儿认为"心灵和身体是两个本质不同的存在物,身体代表着感性、偶然性、不确定性;心灵则意指理性、稳定性、确切性、真理"。我国古代的田园诗人陶渊明也曾发出过"既自以心为形役,奚惆怅而独悲"的感慨。直至近现代,身体才逐渐获得其存在的合法性,也开始真正进入社会学研究的视野,其存在价值、在人生活中的地位、多种功能等也才逐渐彰显。身体的价值至少包括4种:

(1)作为社会符号的身体。尽管身体在当代中国并未引起学校和教育界普遍、足够的重视,但在不少社会家眼里,身体具有重要的价值与意义。法国社会学家布迪厄赋予身体以"社会符号"的意涵。在他看来,行动者的形体、穿着、谈吐、举止都被看作阶层、社会地位、文化教养的外在表征。由于出生阶层不同,成长环境也限于某个特定的阶层,个体在社会化过程中便建构性地习得一套本阶层成员固有的肢体语言、生活习惯、情感表达方式与行为倾向,也即"惯习"。其身体的外在特征,如发型、体型、表情、举止、穿衣风格和档次,也深刻地反映了其阶层的特

---

* 楚江亭,北京师范大学教育学部,教授,博士生导师;李廷洲,北京师范大学教育学部博士研究生。

点,成为印刻在个体身上的社会符号。如2011年美国人健康基金会发布的一份研究报告称,收入越低的家庭,特别是穷人家庭,肥胖比例越高;富人家庭一般具有匀称的体型和古铜色的皮肤。戈夫曼的"拟剧论"理论也认为,身体是个体在社会交往中表达自我的载体,社会自我正是通过身体被体现出来。尴尬、不适或惬意等情感通常是通过大量的身体姿态和表情表达出来的,可以被解读为一种语言。在特定的场合使用恰当的方式进行自我修饰和表达是个体社会化的重要标志,也是成功的人际交往的基础。

（2）作为规训对象的身体。法国社会学家福柯认为,身体是被规训与惩罚的对象。自古典时期以来,身体即成为惩戒的对象。统治者为惩罚犯罪,公开、隆重地对罪犯的身体施加断头、凌迟、分尸等残忍至极的酷刑,以此达到对权威的彰显和对民众的震慑,使其服从统治。时至今日,统治阶层已不再使用酷刑实现对失范行为的惩戒和震慑,而是使用一种更加隐秘的方式,即通过法律、规范、监狱、监控等控制方式使大众自觉在权威和规则允许的范围内行动,否则将面临惩戒(虽然在当代该方式已经演变得较为温和)。这种隐秘的控制方式造成的后果便是,大众不仅接受、认可了权威和规则,并且演化为自觉服从,从而达到了维持社会秩序、自我规训、自我控制的状态。至此,灵魂成为肉体的监狱,规训身体的已不再是酷刑带来的恐惧和震慑,而是行动者自己的观念和构想的心灵牢狱。

（3）作为躯干肉体的身体。尽管上述观点值得我们深思,但我们身体的自然发育特征也不应被忽视。身体的形成,其实是社会文化和生物特性不断相互作用的结果,不能因强调身体的文化象征、社会建构意涵而忽视身体的基本生理特性。学者布赖恩·特纳就强调,我们的身体必须被理解为是由社会建构的,同时我们也必须坚持身体是人的生物性的躯干肉体,这样才能克服依然盛行的身心分离理论观点。特纳还指出,身体体现的含义首先是一个肉体化的过程,即身体发育、成熟并习得一系列的生存技能;其次表现为社会化的建构过程,即习得的某种行为惯习。

（4）影射社会形态的身体。从身体的角度透视社会形态,我们也会发现,身体影射着一个特定的社会形态。一方面身体是由自然、社会与文化构成的:人类的身体形象、身体经验和身体知识都受制于具体的生活环境和文化形态;另一方面,身体又是构成一定社会形态的基本材料或原型。不仅不同社会形态的人们的身体形状存在差异,而且人类从远古时代起便以自己的身体为原型去构想宇宙的形态、社会的形态,乃至精神的形态,世界各民族的创世神话、民族图腾、民俗故事都说明了这个问题。学者约翰·奥尼尔曾据此细致地推演出5种身体形态:世界身体是指人们通常以自己身体的结构推衍出世界、社会的种类属别;社会身体构成内在于公共生活的深层交往结构,此身体乃社会秩序与价值的象征;在政治身体这个概念中,政治的架构与身体的架构是同构的;消费身体是需求的身体,是商业美学所利用的资源、时装工业算计的对象;医学身体,身体的医学化是身体全面工业化的一个重要组成部分。

教育的对象是人，人是具有身体的人，教育总是要借助身体加以实施。我们认为，通过身体的教育具有下述意涵：

（1）构筑教育的身体反思性。教育的目的是促进人的全面发展，在微观层面上是通过促进人的多元发展而实现个体身体、潜能的解放。但身体社会学告诉我们，个体的局限性绝非仅仅来自于知识、视野的限制，它已深深地扎根于个体身体的每一个动作、身体的每一个细部、外在的每一处穿着之中。个体的身体在每一次社会交往中都被打量、被审视，其行为举止、穿着、气质、发音、表情、容貌始终影响着别人对其阶层、权力、教养的判断。互动双方据此判断对方的权力、社会地位，进而调整着自我与他人的互动方式。正如布迪厄指出的，"每一次语言交流都是一次权力的对话"，而个体的身体特征决定着其在互动中的权力。权力在以不可思议的广度和深度包围着我们，而身体恰恰是承载这种权力的载体。个体实现解放，必须藉由身体的解放，这种解放是勇敢地撕掉贴在身体上的社会符号标签，冲破权力和阶层的束缚，让身体和心智一起获得解放。

因此，作为促进个体解放的公共事业，教育必须重视身体对于个体全面发展的意义，塑造健康、自信、内外兼修的受教育者，引导其冲破权力和阶层的束缚，敲碎社会和自我在身体上建构的沉重枷锁，受教育者才能获得真正的解放和自由。

（2）发挥身体的社会符号功能。作为个体社会性的一个方面，个体社会化的几乎所有结果都会在身体上得到反映与体现。同时，身体并不是仅仅被建构、被塑造，其也发挥着建构个体知、情、意、行诸方面的作用：体现在身体上的社会化印记通过人际交往和社会互动的方式，不断强化或重塑着个体对自我的认知，影响着个体社会化的过程。良好、精致的身体教养和得体、礼貌的穿着打扮，可以改善他者眼中的自我，进而改善个体的社会化自我。这并不是倡导奢侈抑或虚荣，而是强调身心协调、仪表得体、举止礼貌，在不同的场合通过身体彰显个体良好的内在品质与修养。因此，在学校教育过程中，应有意识地通过课堂教学、第二课堂、本土课程开发与实施、校园文化建设等引导学生塑造良好的体态、得体的穿戴和自身的文明礼仪，学校管理者、教师也应身体力行、率先垂范，发挥良好的示范作用。

（3）借鉴自然主义的教育传统。大家知道，自然主义教育是西方教育史上的一个重要的教育流派或理论传统。它强调儿童的身心发展有其自然规律，教育应当遵循和尊重这些规律而不是与之对抗或抗衡。因此，我们的学校教育需要借鉴自然主义的教育传统，强调尊重身体生长发育的自然规律，不是压抑、扭曲乃至摧残它。正如福禄贝尔所说："只有对人和人的本性的彻底的、充足的、透彻的认识，根据这种认识……才能使真正的教育开花结果，欣欣向荣。"学校教育必须尊重儿童身体成长的规律，将身体教育、身体塑造视作儿童全面发展中独立的一维，而非仅仅成为实现其他教育目标的工具或载体，在教育的整个过程关注身体、关照身体。让教育教学活动通过身体加以实施，从而形塑新的教育形象。

通过身体的教育：教育史的考察

潘洪建*

通过身体的教育不仅仅是指体育,它既是教育的一种存在形态,也是教育追求的一种理念。从教育史的独特视角看,通过身体的教育有着十分漫长的历史。它由来已久,但又常常被人们遗忘或搁置。也曾因一些教育家的倡导而风靡一时,并产生深远而持久的影响。

在某种程度上说,原始时代的教育主要是通过身体而进行的。因为那个时代没有文字,没有典籍,学校还未产生,教育与生活、劳作天然地融为一体,混沌未分;儿童包括成年人都在日常生产、生活、礼仪交往、祭祀活动中接受他人的影响,丰富生产生活经验,获得智力、体力和道德上的成长,即便有年长者对年轻一代的言语教诲与道德训诫,但也大多是在日常观察实践、行为示范、唱歌舞蹈中进行的。当然,原始的通过身体而进行的教育尽管全面、生动,但它不免失之粗浅、零散,仅仅局限于生产生活之需,效率很低。随着文字的产生、典籍的出现,学校应运而生,原始的通过身体的教育尽管并未完全消失(它仍然存在于家庭中亲子之间、行业内师傅之间,并横贯整个历史长河),但它开始失去支配地位,逐渐让位于文字主导的学校教育。

古代学校的产生改变了原始教育的存在样态。伴随体脑分工,学校似乎成为"劳心者"的居所、心智训练的场域,身体活动与训练仅仅留存于学校之外的世界,与"劳力者"相关。学校教育游离于日常生活世界,专事文字学习与学问研究,古代埃及、印度、中国的学校均大致如此。但也有例外,受柏拉图、亚里士多德身心观的影响,古代雅典的教育追求身与心、体与脑的和谐发展,因为雅典人的理想是:高尚的心灵寓于健美的体魄之中。除了阅读、书写、文法、逻辑、天文、算术等学科,学校还开设唱歌、琴弦、舞蹈、角力、体操等课程,为身体的教育留下较大空间。特别需要提及的是,古代斯巴达的学校尤为重视体育与军事训练,开展忍受劳苦、鞭挞等训练,但主要是出于政治的考虑,并不是为了学生发展,即身体的教育服从国家的政治需要。古罗马沿袭古希腊的做法,更加注重"实用"的教育。在中国先秦,孔子带着一群弟子周游列国 14 年,在身体的不断运动中进行对话式教育,但那不属于通过身体的教育,而是迫于鲁国政治环境的无奈之行,同时也借周游列国之际宣传自己的治国主张。墨家学派实行"苦行"的教育,是为了"兼爱""非攻""非乐""节用""节葬"的社会梦想。孟子主张"苦其心志,劳其筋骨,饿其体肤,空乏

* 潘洪建,扬州大学教育科学学院教授,博士生导师,主要研究方向为课程与教学论。

其身"的教育,主要是为了更好地承担"天降大任"的社会责任。老子强调"道法自然",主张"绝圣弃智""绝仁弃义",实行"无为""虚静"的教育,亦未将通过身体的教育提上日程,通过身体的教育不是其"教育"概念中的应有之意。

中世纪,基督教在学校教育中占据统治地位。根据《旧约圣经》的说法,在伊甸园,亚当和夏娃偷食"禁果"获得智慧,犯下原罪,遭到上帝的惩罚。于是,人的一生便是为了赎罪,忍受身体的痛苦可以减轻原罪,加之柏拉图"肉体是灵魂的监狱"思想的影响,对身体的惩罚由此获得充分的神学的、哲学的根据。身体的价值被严重贬低,学校体罚大行其道。教会学校的教育仅仅限制在阅读教义问答、诵赞美诗、唱圣歌,体罚盛行,体育在学校教育中的地位跌入历史低谷。幸运的是,在世俗教育中,骑士教育为身体的教育留下一席之地。骑士"七艺"(骑马、游泳、投枪、击剑、打猎、下棋、吟诗)大多借助身体加以施行,尽管其目的是为了效忠领主,献媚贵妇。

文艺复兴时代,人文主义者提倡个性解放,反对压抑和禁锢,讴歌人性,赞美现实人生。随着古希腊古罗马文化的复兴,身体的价值得到重新肯定。画家们用画作展示了身体之美,肉体不再是"灵活的监狱",肉体的快乐获得认可,并与美好生活联系在一起,人生不是赎罪,人应该享受生活的乐趣,通过身体的教育因此受到特别推崇。的确,身心和谐的教育既能使人感受快乐,又能提高学习效率。拉伯雷的《巨人传》描绘了人文主义教育的生动画卷,广为流传。维多利诺的"快乐之家"将人文主义教育理想变为现实,革新了学校的概念。作为教育方式的远足、参观、考察、旅游、劳作等进入学校并付诸实施,学校教育呈现出一幅活泼、愉悦的清新景象。

自然科学的发展、工业革命的爆发,改变了世界的面貌,推动着学校教育的变革。为了适应工商业的需要,职业学校、技术学校逐渐增多,这些学校改造着以书本文字为核心的教学传统,操作、实验等通过身体进行教育的方式逐渐走进学校。然而在普通学校,受笛卡尔身心二元论与理性主义的影响,学校教育强调理智训练,主智主义教育思想根深蒂固。夸美纽斯的"大教学论"、赫尔巴特的教学形式理论为心智训练提供了理论依据与操作方略,他们强调知识的记忆与理解,忽视身体活动与操作,忽视了身体的教育。与此同时,行动主义教育思想渐趋活跃。卢梭的活动教育、杜威的经验教育理论为行动主义教育提供了思想源泉,身体的作用得到充分的强调。相对于排斥身体的主智主义教育理论与实践,卢梭力主通过身体的教育,他在《爱弥儿》中对文字的、书本的教育进行了深刻的揭露和批判,倡导从经验中学习、"实行"的教育。他说:"你的学生学习地图,我的学生制作地图。"在卢梭眼里,木工活动是通过身体进行教育的典范,因而备受推崇。卢梭的通过身体进行教育的思想启迪了人们的思考与实践,巴泽多的"泛爱学校"实验就是其中最著名的例子。经过裴斯泰洛齐手工劳作教育的实践,到了19世纪末20世纪初,卢梭的思想终于结出了丰硕的果实,催生了两朵奇葩:欧洲新学校运动与美国的进步主义教育运动。在欧洲，一批教育家首先行动起来，通过身体的参与改造传统教育模式，强调学生的身体活动，重视学生身体活动的教育价值。法国教育家雷迪率先举办"阿博茨霍姆尔学校"，揭开了活动教育的先声。随后，一批活动学校如雨后春笋般地建立起来。欧洲的教育革新的火种很快传播到美国。帕克的昆西教学法、杜威的芝加哥实验学校的大胆实践、克伯屈的设计教学法先后登场。其中，影响最大的是杜威的理论与实践。杜威表述了"教育即经验的连续改造""学校即社会""教育即生长""做中学"等思想，并在自己的实验学校进行检验与发展。杜威反对身心二元论与非此即彼的思维方式，试图以基于经验的教育克服基于书本的教育的局限，实现主观与客观、身体与心智、个人与社会的统一。在杜威学校，取消传统科目，将社会生活形式如纺织、缝纫、木工、金工、园艺、建筑作为课程，让学生在连续的主动作业中通过身心共同参与的活动进行学习，将静听的学习转变为行动的教育，从经验中学习而不是从书本中学习。杜威的思想与实验影响了美国教育实践，引领了20世纪30年代进步主义教育运动。今天，进步主义教育作为一种运动已成为历史，但它已深刻改变美国教育的实践，并正在对世界教育产生着广泛而深远的影响。

近百年以来，世界教育发生了诸多变化，其中最大的变化莫过于教育观、课程观、教学观、身体观的变化。今天，教育不再是文化的简单传递，课程不再是满载知识的凝固体，教学也不再是知识的单向灌输，身心二元论已为身心交互论所取代，通过身体，借助活动，创新知识的教育教学观念深入人心、走向实践。传统的心智教育与身体教育开始从分离走向融合，通过身体的教育不再仅仅是体育课的"特权"，它开始走向多个科目，走向全面的教育生活。我国新课程改革倡导亲历、体验、活动、表现等多样化学习方式，亦体现了通过身体进行教育的理念。通过身体进行教育的思想正在铸造着教育的面貌，改变着教育的形态，形成着教育的新质。

教学知识的类型及其检验①

潘洪建*

摘　要:教学知识可大致划分为事实性教学知识、规范性教学知识、体系化教学知识与操作性教学知识。每类知识各具特点,检验方式各不相同。事实性教学知识的检验方式是真理符合论,规范性教学知识的检验方式是基础主义,体系化教学知识的检验方式是融贯论,操作性教学知识的检验方式是实践论。每一种知识检验与证实方式既有其合理性与积极意义,也存在内在困局。教学知识检验及其认识论困境的分析,有助于增强教学认识的自觉性,克服过度的知识自信与狂妄,促进教学知识的健康发展。

关键词:教学知识;知识检验;认识论

知识不同于意见、无知,这是柏拉图在《泰阿泰德》篇提出的基本观点。在知识论看来,真正的知识需要接受检验,未经检验过的知识是不可靠的。教学知识是人类知识中的重要部分,它如果称得上是一种知识的话,就必须接受知识论的检验。知识检验是知识论的核心所在,它力求为知识的合理存在提供坚实的基础,"任何哲学体系和科学体系都将是不可能的,除非它们能够经受知识理论的检验和裁决"②教学知识概莫能外。

教学知识丰富多样,我们不采纳认知心理学根据知识的心理表征对知识进行的分类:陈述性知识、程序性知识、策略性知识。因为陈述性知识的范围太宽,既包括实然的知识,又包括应然的知识;既包括是什么的知识,又包括为什么的知识。我们主要按照知识的检验标准(证实理论)对教学知识进行认识论分类,教学知识可大致划分为:教学事实知识、教学规范知识、教学操作知识与教学论知识。每一类知识各具特点,检验方式也各不相同。那么,教学知识的检验与证实又是怎样进行的,它面临着哪些困难? 我们将会看到,每一种检验方式既有合法的依据,又存在认识论困境,明确其认识论困境有助于增强教学知识生产和表达的自觉性,克服其不足,可推动教学知识的健康发展。

一、事实性教学知识与真理符合论

事实性教学知识是关于教学事实的知识,"教学事实"是对教学世界的客观反

---

① 本文是作者 2013 年 6 月在扬州大学召开的"第三届全国教学哲学学术研讨会"上提交的会议论文。

* 潘洪建,扬州大学教育科学学院,教授,博士生导师,主要研究方向为课程与教学论。

② 胡军:《知识论》,北京大学出版社,2006 年,第 5 页。

映与再现,是客观现象、关系、过程、属性在人们头脑中的反映,它是构建教学理论大厦的基本材料。教学事实既包括现实事实,也包括历史事实。描述性教学知识要求接近和符合教学历史的、现实的真实,它必须是客观可靠的,不能主观杜撰或臆想。这类知识的研究主要表现为教育历史研究与教育现状考察及其知识成果。历史研究与现状研究要基于客观事实,还原事实的本来面目,追求客观性。

事实性教学知识的检验主要是真理符合论的知识检验。即教学观念、知识必须符合客观发生的教学现象,只有与客观教学现象、过程相符合的知识才能被称为正确、客观的教学知识。然而,真理符合论面临诸多问题与挑战。

（一）真理符合论的蕴涵及其困难

在西方哲学史上,最早阐述符合论的是亚里士多德。亚里士多德在《形而上学》一书中指出:"凡以不是为是,是为不是,这就是假。凡以实为实,以假为假,这就是真。"①即事实决定命题的真,而不是命题的真决定事实的存在。命题的真假不取决于命题本身,而取决于它与事实的对应关系。如果符合客观事实,该命题即为真命题,否则,它便是假命题。真理性命题与相关事实构成一一对应的符合关系。然而,事物有多种特征、多个方面,如果是这样,那么,命题是与事物存在的符合,还是与事物某一方面或某些特性符合? 亚里士多德似乎坚持命题与事物特性的对应。因为,在事物的特性中,有的表现本质,有的并不表现本质,真命题应符合事物的本质特征。亚里士多德的真理符合说首先遭到皮浪主义者的猛烈攻击,皮浪主义者主要从判断者、判断工具和判断依据三方面论证了真理检验的不可能性。在真理的标准上,它们认为,不同人有不同的感觉,感觉是不可靠的、不确定的,我们无法相信感觉向我们报告的一切,而人的理智也是不可理解的,我们没有关于理智的确切知识,我们又怎能依靠理智来判断命题的真假呢? 洛克发挥了亚里士多德的真理符合论,提出了经验主义的真理"摹本说"。他认为,如果观念与参照的东西契合,它就是真的,如果与参照的东西不契合,它就是假的。即真的观念是客观实在或原型的摹本。但洛克又认为,"复杂的样式观念"和"关系观念"根本没有客观存在物与之直接对应,因此它们的真理性标准只存在于观念本身的关系之中。即复杂观念的真仅仅是观念与观念之间、词语与词语之间的契合,而实体的实在本质是不可知的。洛克的真理摹本说遭到贝克莱的强烈反对。贝克莱指出,既然实体是不可知的,我们又如何知道自己的观念是否与它契合呢? "人们如果相信有实在的事物存在于心外,并且以为自己的知识,只有在契合于实在的事物时,才是真实的,那他们当然不能确知自己有了任何实在的知识。因为我们如何能知道我们所知觉的事物是和那些未曾知觉到的事物相契合呢? 是和存在于心外的那些事物相契合呢?"②为了避免洛克认识论中的矛盾,避免把观念与存在这样不同性质

---

① [希腊]亚里士多德:《形而上学》,商务印书馆,1983 年,第 79 页。
② [英]贝克莱:《人类知识原理》,商务印书馆,1958 年,第 58 页。

的东西进行直接比较,贝克莱干脆断言,人心之外根本不存在客观的物质,"存在就是被感知",物是感觉的复合。贝克莱的认识论立场破坏了经验主义的真理摹本说,导致为我论,也动摇了宗教的基础。在他看来,上帝同外物一样,外在于主体的经验,同样是不可知的。这样,贝克莱陷入了不可自拔的理论困境之中。休谟则走向不可知论。休谟认为,我们无法走出自己的经验知觉范围认识外在事物,山川大地、日月星辰,如此等等,都不过是一束知觉之流,这便彻底否定了人有获得客观物质世界的真理的可能性。至此,真理摹本说遭到毁灭性打击,似乎寿终正寝了。

美国实用主义哲学家詹姆斯尝试对真理摹本说进行改造。他说:"真理是我们某些观念的一种性质,它意味着观念与实在的符合,而虚假则意味着观念和实在的不符合。"①在他看来,洛克的摹本说仅仅适合那些"可感觉事物的真实观念",而不适合大多数真的观念,如历史观念、逻辑与数学的真的观念、时钟的"计时功能"、发条的"弹性"。这些观念没有直接的摹写对象。他认为,摹本说中的真理是固定的、静止的、惰性的,而真理是相对于观念而发生的,"它的真实性实际上是个事件或过程,就是它证实它本身的过程,就是它的证实过程,它的有效性就是使之生效的过程"。② 真理是个过程,它处于动态的过程之中,而不是静止的、凝固不变的。一个观念是有用的,它就是真的,或一个观念是真的,它就是有用的。詹姆斯的"有用即真理"将价值论真理意义等同于认识论的真理标准,背离了认识论的基本追求,遭到英国哲学家罗素的反对。罗素认为真理的意义不同于真理的标准,因为,命题的对象可能并不存在,但命题可能是真。如圣诞老人并不存在,而"圣诞老人存在"却是真的。

面对真理符合说的上述困境,一些哲学家提出真理融洽说和真理一致说。英国哲学家布拉德雷提出真理融洽说。他认为,对局部的认识不可能是全真的,真理是对于整体的认识。任何局部认识都不能成为整体认识的基础,真理符合说把感觉经验看作全部认识的基础是没有根据的。从感觉经验中得不出整体认识,整体认识只能依赖于理性的推理。在他看来,由于实在是由无数个部分组成的统一的融洽整体,所以对实在的认识就是对整体的认识,对部分的认识最多只能是部分的真,而不是统一融洽的整体自身。主张真理融洽说的哲学家还有斯宾诺莎、黑格尔等人。此外,维也纳学派的主要成员纽拉特提出真理一致说。他反对把直接经验、原子经验看作认识的基础,反对把经验之外的某种实在看作科学知识的对象,因为人们不可能超出思想或语言的范围而达到实在本身,不能在思想或语言之外把我们关于实在的陈述与实在本身进行比较,我们只能根据命题与命题之间是否一致来判断命题的真假。如果某个命题与同一命题体系内的有关命题相一致,那么这个命题就是真的,否则它就是假的。

---

① [美]詹姆斯:《实用主义》,商务印书馆,1979 年,第 101 页。
② 胡军:《知识论》,北京大学出版社,2006 年,第 103 页。

真理符合说面临许多困境,其中最主要的诘题是:认识内容与客观实在的关系问题、主客符合的判断标准问题。许多哲学家坚持认为认识内容与客观实在之间存在着不可逾越的鸿沟。因为,认识内容在我在内,而客观实在在物在外,两者性质截然不同,如何通达? 我们又是凭借什么手段、途径知道观念与实在是符合还是不符合? 显然,我们回答不了这些复杂的问题。所以,较多的哲学家纷纷从真理符合说转向真理一致说、真理有用说和真理融洽说。总之,真理符合说充满着各种各样的困难。的确,真理符合说有着种种似乎难以克服或超越的理论问题,然而要从根本上完全彻底地颠覆它也是不可能的,它是我们不可避免的理论选择。否则,我们的任何言说都失去了实际的意义,因为我们希望生活在真实的世界中。

(二)事实性教学知识的认识论困境

事实性教学知识是对教学客观事实、现象、过程与关系的描述,要求客观地反映、再现、揭示教学现象与教学活动中存在的"实在",教学事实的知识必须与教学事实符合,显示教学历史与教学现状的"本来面目"和客观真实。事实性教学知识包括教学历史知识、教学现实知识,以及关于教学特征和本质的知识。教学历史研究不能歪曲历史,更不能杜撰历史,教学现状研究不能伪造数据、材料,教学本质特征的研究应基于教学现象的科学概括。换言之,关于教学历史、教学现实的知识应与客观存在的教学历史和现实符合,教学的本质、特点、功能的知识也应契合教学实在,对教学客观现象、事实、关系、过程进行客观的反映与深度揭示。符合教学实际、反映教学存在,应该成为教学事实研究必须坚持的基本准则。然而,从知识论看,如何使事实性教学知识符合教学事实与客观存在,又如何判断我们关于教学事实的知识符合客观的教学存在,即教学事实知识的检验标准是什么? 欲回答这些问题,却面临着诸多认识论难题。

首先,教学事实有多种类型,并非所有事实都对应着客体。有的具有对应的客体,可以进行主观与客观是否符合的判断.如教学历史发生的年代、人物、过程的客观描述,师生人数、教学设备的统计,通过观察、调查即可做出明确的判断。真理符合说能解释这些现象。然而,科学研究不仅要描述现象,还要概括事物的本质,某些教学事实没有明确的具体对象与之对应,如教学的本质、属性、特点、功能,没有明确的、具体的对象,没有独立存在的客体,因而人言人殊、纷争不断。那么,哪种说法、认识更真,更符合教学客观存在,似乎难以简单判断。当然,我们可以争辩说,它们是对诸多教学事实的概括与推断,是对同类现象、事实的抽象,是对部分现象的揭示与类推,但部分再多也是部分,"真理是整体",我们基于部分的经验认识怎能得出整体的规律性认识。人们对逻辑学中归纳法的非难正是如此,因为归纳总是不完全的。

其次,真理符合说强调命题(知识)与事实(实在)相符合,然而,教学事实模糊不清。事实究竟是一种什么性质的实体? 事实与一定环境下的客体又是什么关系? 这是一个十分复杂的问题。一般的看法是,事实就是独立存在的外在实在,它是由客体和事件等组成的。我们认为,教学事实主要指教学事件,而非教学客体。因为,教学事实不同于自在的自然事实(尽管教学过程与活动中存在自然之物如教学手段、工具、物质环境等,但它们不是我们关注的核心)。教学构成是一个不断涌动的河流,由一组教学事件组成;教学活动是由追求特定目的的师生构成的协同活动,教学双方、多方有着不同的目的、动机与追求,因而人们对教学现状的描述因人而异、不尽一致。关于教学的历史记载由于年代久远、资料杂存,有的甚至相互抵牾、真假难辨,同时存在着各种偏见与错误。通过记忆、解释后的事实不再是原本的"事实",我们很难看到纯粹的、典型的教学事实。所谓"事实"不过是主观建构起来的产物。换言之,教学知识如何与教学事实相符合,正如科林武德所说:"每个历史学家都以自己为中心,根据自己的角度来观察历史,因此他看到了别人所看不到的某些问题。而且每个历史学家都根据自己特有的观点,也就是从他自己特有的一个方面来观察每个问题。所以,一个历史学家只能看到事实真相的一个方面,即使有无数的历史学家,也总是有无数的方面未被看到。"[1]在科林武德看来,"一切历史都是心理史"。

再次,我们怎样判断、检验我们关于教学事实的知识符合客观实际。即我们究竟凭借什么知道教学知识与教学实在符合还是不符合?古代的皮浪主义者曾经向亚里士多德提出了这样的责难。在他们看来,感觉与理智均不能提供相应的证据。胡塞尔的老师布伦塔诺也提出过类似但十分尖锐的问题。他认为,在命题和与之相关的实在之间找不到确立二者关系的真理标准。因为,要对初始命题与相应实在是否符合进行检验的话,必须引进第三个命题,然后才可能在前二者之间进行比较、鉴别。而这个新命题无论跟初始命题还是相应实在进行比较,均需要引进一个更新的命题(第四个命题)才能比较,这样,如此类推,以致无穷。为了摆脱这一理论困境,布伦塔诺干脆抛弃了真理符合说,转向了真理自明性的哲学立场(即现象学态度)。事实性教学知识的认识论检验同样如此,要在教学知识与相应的教学存在之间进行比较,需要第三者、第四者,以致无穷。尽管我们可以像通常所做的那样,列举与之符合的教学案例、教学事件进行说明,但这偏离了知识论的知识检验方式。

当然,也有学者指出:"真理符合说尽管有这样或那样的问题,并不尽如人意,但基本上说它还是可以为我们所接受,尤其是与其他种类的真理理论相比较,它应该是最具有解释力度、最贴近生活、最符合常识的,因此从经验知识理论的角度来审视,我们所能采取的真理理论就是符合论的真理观。"[2]不过,看到真理符合说的内在局限,有助于我们对事实性教学知识保持清醒的认识,克服教学认识的狂妄。

---

① [英]罗宾·科林伍德:《历史哲学的性质和目的》,张文杰编《历史的话语——现代西方历史哲学译文集》,广西师范大学出版社,2002 年,第 195 页。

② 胡军:《知识论》,北京大学出版社,2006 年,第 332 页。

二、规范性教学知识与基础主义

教学研究除了描述实然的教学事实,揭示教学事实的本质与特征,教学研究还要追求教学理想,表达教学信念与教学价值,描述美好的教学未来,诸如"教学应该……""学习应该……""教师应该……"的话语形式,这些属于教学的价值规范,相应的教学知识可以称为规范性教学知识。规范性教学知识表达教学理念、教学标准和教学规范,需要对这些教学理念、教学标准、教学规范、教学价值进行说明与论证,其知识检验方式主要为基础主义,通过知识论的检验,为教学规范、价值提供必要的根据与前提,使规范性教学知识获得合法性证明。

(一)基础主义的内涵及其困境

基础主义的核心观点包括两个方面。第一,某些经验信念具有衡量知识证实的尺度,这一尺度是内在于它们自身,或者说,至少这些经验信念并不依赖于其他经验信念的证实;第二,这些信念被叫作基本信念,它们是一切经验知识证实的终极性的源泉。①

基础主义可以上溯到古希腊的亚里士多德,他首先提出这个问题。在亚里士多德看来,要避免陷入怀疑论,我们就要为经验知识找到一个基础。现代哲学家奎顿在《事物的本质》一书中明确表述了基础主义的哲学立场,他写道:"肯定有这样一类信念,它的证实并不依赖于其他信念的支持。除非如此,否则没有信念将会得到证实,因为任何信念的证实要求在信念的无穷系列中的先在信念的证实。我们需要终极信念使证实的回溯在某一点上打住,而终极信念只要能证实自身,就无需严格要求它们是自明的。"②信念证实是推论证实,而推论需要先在的前提信念。先在的信念本身亦需要先在的前提信念。这样,证实过程永远不可能真正完成,因此,基础主义证实方式涉及无限回溯的致命问题。基础主义者就是要找到一个可以打住回溯的基本信念。

知识是有条件的,信念是知识的前提,但信念要成为知识必须经过充分的、令人信服的证实。没有经过证实或证实不充分的信念不是知识。知识条件的表述形式是:如果 S 知道 P,那么相信 P 一定得到了完全的证实。那么,什么东西能证实某一信念呢?什么信念能作为其他所有信念证实的全部基础呢?基础主义者坚持认为,有些信念是最基本的、终极的,它们不依赖其他信念,能够自己证实自己,而其他信念的证实却必须以这些信念为基础,这些信念就是基本信念。基本信念具有非推论性,它能自己证实自己。根据非推论式的经验证实的不同态度,可把基础主义大体划分为强基础主义、温和基础主义和弱基础主义。强基础主义除了经验信念的充分证实,还提出逻辑不可错性、不容置疑性等极端要求,显然,这一要求甚为苛刻,且已超出认识论(经验证实)的范围。温和基础主义认为,基本信念如果

---

① 胡军:《知识论》,北京大学出版社,2006 年,第 133 页。
② 同①,第 135 页。

是真的话,那么它就是知识,就能完全作为其他经验信念证实的前提。弱基础主义认为,程度很低的知识证实,不能满足知识定义的条件,也没有资格充当其他经验证实的前提,从而主张依靠信念之间(基本信念与非基本信念)的连贯来扩大(或提高)经验证实的程度。换言之,它企图将基础主义与连贯论结合起来,以克服基础主义的不足,但又面临连贯论招致的种种诘难,同时也意味着偏离基础主义的基本立场。因此,相比而言,温和基础主义更为重要,更有意义。然而,温和基础主义又必须面对一个最大的挑战,即是否可以不依赖特定条件而解决证实无穷回溯的问题。

基础主义用基本信念来解决知识证实问题,这些信念具有内在的可证实性,基本信念不依赖其他任何经验信念。相反,它是其他信念得以证实的基础、根据。可以说,基本信念构成基础主义认识论的全部理论基石。那么,基本信念存在的理由又是什么呢?换句话说,基本信念的基础是什么呢?基本的经验信念以自身为基础,它犹如"不动的运动者"的上帝,本身不运动,却能推动其他事物运动。基本信念能证实其他信念,但它自身却不需要其他信念来证实,基本信念具有非推论性质,它自身就是自身存在的根据。接下来的问题是,基本信念凭借什么享有非推论式证实的特权呢?主要的回答是,基础信念依赖知觉信念。因为,知觉信念是直接得到的,不需要经过任何中介,直接信念直接地被给予我们(所与),即知觉信念内在于自身,它通过自身得到证实,是自我证实的,完全值得信赖。但是,知觉信念能证实自身吗?回答往往是否定的,因为知觉信念的证实需要一定的条件。如我手上这只蓝色的笔,除了感觉内容,我还得具有"蓝色""笔"这样的信念,否则我可能得不到任何东西(或将这样的东西放在不具备"笔"的概念的原始人面前,它不能被知觉为笔)。即知觉信念不是纯粹的客观内容的直接再现,它还需要相应的范畴、观念、理论、信念去整理或诠释,没有相应的观念、理论,我们将视而不见、充耳不闻。观察渗透着理论,我们总是带着一定的经验、观念、文化来感知这个世界。面对同样的化学实验,一个缺乏化学知识与理论的人将犹如"色盲"。换言之,知觉包含着理解,而理解需要借助一定的观念、框架、理论,心灵并非一块"白板"。"不管我们在什么时候什么地方看到了什么东西,证实我们看到了这一东西的知觉信念的真正基础不只是知觉信念本身,而应该主要的是我们所具有的用来诠释所看到的东西所需要的信息。"①一件东西是"蓝色的"是在正常的条件下对正常的观察者而言的,我确信我看到蓝色的笔,还必须确定我是一个具备正常经验的观察者,且光照条件正常,观察距离和角度恰当,否则会出现知觉偏差、错误。总之,知觉信念的证实需要其他条件和前提,它不能自己证实自己。

根据证实标准的理论要求,如果基本信念能为经验知识的证实提供可靠的基础,如果以基本信念为基础的推论是其他信念证实的唯一基础,那么,基本信念必

---

① 胡军:《知识论》,北京大学出版社,2006年,第155页。

须具有其他信念所不具备的某个特性,且该特性的信念极可能为真。显然,这两个前提要么是纯粹先验的,要么是经验的。但如果是先验的,则背离了基础主义的哲学立场;如果是经验的,则表明它仍依赖其他经验信念,证实回溯问题仍悬而未决。看来,温和基础主义同样面临认识论困境,难以自圆其说。面对上述困局,一些基础主义者调整思维路线,开始关注基本的认知状态,认为我们习以为常的知觉或直接意识比基本信念更为根本,而这种认知状态的客体叫作所与(或呈现),由此提出了基础主义中的"所与"理论,如石里克、奎顿、刘易斯、金岳霖等人。金岳霖是其中最杰出的代表,他的"所与"理论系统而精致,但其"正觉"理论又预设了太多的前提条件。另一些外在主义者则改弦易辙,求助外在于概念世界的相应事实,他们认为,对知识来说,重要的不是在于我们有什么样的理由使我们认为一个信念是真的,而是一个信念或一类信念和经验世界的事实之间究竟是否有相当的外在关系。外在主义关注外在事实出现的概率或认知过程的可靠性,不过,概率具有不确定性,"可靠性是一个不确定的概率,没有办法从中得到一个客观的确定的概率,但只有一个客观的确定的概率对过程可靠主义才是最终有用的"。① 从表面上看,外在主义似乎解决了经验证实回溯的问题,但由于不确定性的存在,它极易陷入怀疑主义泥潭。

(二)规范性教学知识检验面临的困境

教学论主要是一门经验学科,教学知识在很大程度上属于经验性知识。但是教学研究除了陈述经验事实、描述现状、揭示本质,还要表达教学理想、追求教学价值,并用一定的理想、价值、标准,规范、引导教学活动与实践。在此意义上讲,规范性知识是教学知识家族中的重要类型。教学研究者要表达教学理想、澄清教学价值、提出教学主张、阐述教学规范,而这些教学主张、见解、规范的知识,要为人们接受、理解甚至实行,需要进行说明、论证、阐释。理论有说服力,才可能具有生命力,才会产生实践的力量。规范性教学知识的检验与证实的主要方式为基础主义,即需要为作者所倡导的教学观点、理想、主张提供充分的根据、证明。因为,教学观念、理想总是建立在一定的前提、信念的基础上,而这些前提、信念又必须以另一些前提、信念为基础。这样就会出现不断的回溯,只有在某一点打住,才能避免无穷的知识证实的"恶回溯",这一点就是所谓的基本信念。那么,规范性教学知识是否需要这样的论证基础,有无基本的信念,能否避免无穷的实证回溯呢? 这些问题是我们教学论学者很少思考的问题,很少思考与关注并不意味着这些问题不存在。教学论研究需要一定的知识自觉。

教学研究常常要表达研究者关于课程、关于学习、关于教学、关于教师、关于学生、关于课堂等的观念、理念、主张、思想。而这些教学理想、观念、主张需要建立在一定的教学信念的基础上,需要用已有的教学信念为新的教学信念提供知识论支

---

① [美]约翰·皮洛克,等:《当代知识论》,复旦大学出版社,2008 年,第 147 页。

撑。那么,规范性教学知识需要哪些基础? 一般认为,规范性教学知识的基础有哲学、心理学、社会学、文化学、人类学的基础,需要从相关学科吸收营养与依据。在相关学科基础之中,可以说,哲学是基础之基础,它能为其他学科提供最基本的信念。

那么,为什么说哲学信念是最基本的呢? 主要原因有:首先,哲学为学科之母,其他学科均是从哲学中分化出来的;其次,其他学科基本问题的探讨往往又回到哲学,变成了哲学的基本问题。规范性教学知识的证实需要的基本信念正是这些信念,诸如关于人生、自然、社会、知识的哲学理论。但是,众所周知,哲学的知识论证又离不开各门学科的事实、观点、材料,似乎它自身又不能证实自身,这样又形成循环论证。同时,哲学论证纷争不断,不同观点、理论又常常彼此突出,相互对立,哲学讨论似乎从未提出过令人完全信服、普遍接受的结论。当代哲学研究观点纷呈,极易导致多元主义、相对主义。哲学研究常常把简单问题复杂化,使本来清楚的问题扑朔迷离,一部西方哲学史就是一幅各种观点纷纷呈现、"你方唱罢我登场"的画卷。王国维在讨论人性论时指出,人性善抑或恶,人们难以得到明确的答案。他甚至提出,在经验的范围内,我们根本无法解答人性善恶问题。看来,将哲学理论作为知识论证的基本信念也值得怀疑。因为,哲学信念似乎大多也是假设,还不属于基本信念。它没有打住知识证实的无限回溯。

从基础主义视角来看,教学论的规范概念、原理建立在其他信念的基础之上,这些基本概念、原理可能是其他信念的推论与演绎,它们本身还需要说明、解释,才更能使人信服。如果仅仅用本学科的概念、原理进行论证,这属于自我论证,还不是根本的知识论证方式。规范性教学知识的论证需要回到一些最基本的信念,知识证实需要回溯到关于人性、知识、自然、社会、生活等信念,才是最基本的知识证实方式,因而才有说服力与解释力。如要素主义与进步主义关于教学目标、课程内容、教学方式、师生关系的不同信念、主张均建立在不同的人性观、知识观、真理观基础之上,有其合理性与说服力,因而对美国教育实践产生了实际而深刻的影响。但纵观一些规范性教学研究,有的用历史叙事替代知识证实,有的用举例说明代替知识证实,未回到基本问题与信念,没有为规范性教学知识提供充分而扎实的理论根据,并运用这些基本信念进行分析、阐述、论证,论证缺乏必要的理论深度和应有的说服力。有的论证可能涉及多种学科的理论基础,但都是简单罗列、机械堆积,未能结合教学问题进行深入剖析,甚至取其所需、不计其余,或肢解某一理论,断章取义,规范性教学知识的大厦仍然难以屹立。

总之,有关知识、人性、社会、生活的问题十分复杂,各种纷争不断,这些基本信念还未完全证实,有待进一步论证。由此看来,基础主义所强调的"基本信念"并不"基本",没有哪种基本信念能享有充分的知识论特权,基本信念并未达到基础主义知识论者声称的那样可以打住经验证实的回溯。换言之,规范性教学知识证实的"基本信念"并不基本,还需要论证、检验。教学知识的基础主义知识检验存在难以克服的问题,似乎不可能走出认识论困境。尽管如此,有关知识、人性、社会、生活等基本假设、信念仍是我们进行教学知识论证与检验的必要基础。在进行规范性教学研究时,我们应自觉地以某一假设为起点,开始规范性教学知识的论证。

三、体系化教学知识与融贯论

教学知识除了描述性的事实知识、规范性的价值知识,还有体系化的教学论知识。教学论知识既包括元教学论(教学论学科)的知识,又包括各种教学理论、教学流派(如行为主义教学论、人本主义教学论、马克思主义教学论等)。首先,作为教育学的一门分支学科,教学论有它自身的研究对象、目标、范畴、概念、逻辑,从而构成一个分层次、有组织的知识系统。同时,还有基于不同理论、视角、相关学科产生的不同的教学理论流派,它们有着不同的理论假设、研究视角、研究方法和研究结论,从而形成不同的理论主张及其观点策略。前者是教学论学科知识,后者为教学理论流派知识。与上述教学知识的检验相关的知识理论主要是知识融贯论。根据知识的融贯理论,无论是一般的教学论学科知识,还是具体的教学论流派知识,其知识应该形成一个逻辑自洽、连贯一致的知识体系。即这两种知识的检验,主要看它们内在的融贯程度。融贯度越高,知识越具有说服力、解释力。

(一)融贯论的含义及其难题

融贯论在20世纪六七十年代获得了长足的发展。融贯论是克服基础主义困境的一种努力,它试图打破基础主义向后无限循环的恶性回溯,不在"基本信念"上打住,不借助于其他信念前提,而是主张在一个有限的体系之中,从自身内部得到证实。换言之,知识的检验主要借助于该体系内信念之间的相互关系、彼此支持而得到确证,以克服种种怀疑主义的责难。融贯论可分为传统融贯论与现代融贯论。传统的真理融贯论认为真就是信念体系之内的连贯一致,现代融贯论主要指经验证实的融贯论。

融贯论实际上是一种整体的知识理论。在它看来,经验证实不应是简单的、非线性的回溯,而应是复杂、非线性、多向度的循环形式。它反对直线式的推论证实,这种从先前的信念过渡到后面的信念必然导致知识证实的不断回溯,主张用非线性证实代替直线证实,非线性证实本质上属于整体证实,"推论证实尽管其表现形式是直线的,但它在本质上却主要是整体性的或成系统的。这就是说,在整个连贯一致的信念体系中,信念是借助于与其他信念的推论关系而得到证实的"。[①] 整体证实是一种完全的证实,它不同于一个或一组经验的局部证实,是对整体信念的证实。但在实际的认识过程中,完全证实并不能引起人们的普遍关注,人们更多地讨论的是局部的经验证实问题。根据融贯论,各个具体信念之间的关系不是 A 依靠 B、B 依靠 C 这样的直线式关系,而是 ABC 信念之间相互依靠,从而打破了经验证

---

① 胡军:《知识论》,北京大学出版社,2006 年,第 229 页。

实的回溯链条。一个既定的信念往往是凭借合理的推论方式从其他前提信念而得到证实,各种信念形成相互支持、相互依赖的关系,而非直线式依赖。在这样的信念体系之中,各个具体信念相互纠缠,并不存在谁在先、谁在后的问题,而是存在相互证实的关系,即一个具体经验信念的证实依赖于该信念体系及其内在的协调、连贯、一致。

在融贯论者看来,经验的证实过程如下:①

(1) 从其他的经验信念得出这一具体的信念推论过程及具体信念之间的其他关系。

(2) 整个经验信念体系的连贯性。

(3) 这一经验信念体系的证实。

(4) 这一具体信念由于其在这一信念体系中的关系而得到的证实。

上述四步证实中,步骤(1)(4)属于个别信念及其关系的证实,步骤(2)(3)属于整个信念体系的证实。但在实际的认识过程中,人们往往关注的是步骤(1)(4),而不会考虑整体证实,因为,从(1)到(2)和从(2)到(3)的过渡都充满许多困难。

根据融贯理论,经验证实就是一信念体系内信念之间的相互连贯彼此融洽的关系。所以"当且仅当一经验信念是与该信念所属的信念体系相连贯时,这一经验信念才可以说是得到了完全的证实"。② 在这里,融贯不同于连贯,它有其自身的规定。首先,"融贯"不等于"逻辑一致"。融贯(coherence)与逻辑一致(consistency)存在区别。逻辑一致仅仅是融贯的一个条件,概率一致也是决定融贯的重要因素。融贯要求信念之间具有实质性联系,仅仅没有矛盾冲突与概率一致是远远不够的。其次,实质性联系要求信念之间具有较高的推论关系,如布兰夏德在《思想的实质》(1939 年)一书中说"完全连贯的知识应该是这样的知识,在其中每一个判断都蕴涵着这一体系的其他部分,也被这一体系的其他部分所蕴含"。③ 当然,这一要求在现实中很难达到。再次,信念之间具有较高的解释关系。根据亨普尔的看法,具体的事实是借助于其他的事实和一般的规律而得到解释的,解释性不是融贯要求的一切,融贯更关注、强调推论关系,但解释确实有助于提高信念体系的融贯程度。

同其他知识理论一样,融贯论也存在一些认识论难题。关于融贯论的反对意见主要有三点。

第一,有许多信念体系都符合融贯论的要求,但这些信念体系却彼此矛盾、相互冲突。那么,在这种情况下,根据连贯论,到底哪一种信念体系才是连贯论所需

① 胡军:《知识论》,北京大学出版社,2006 年,第 230 页。

② 同①,第 232 - 233 页。

③ 同①,第 237 页。

要的呢?① 无论在理论上还是在现实上,能满足融贯论要求的信念体系不可能是唯一的,可能存在许多彼此不同甚至相互对立的信念体系,每一体系自身都有内部的融贯性,它们均可能得到同样的证实。如果我们仅以融贯论为基础,就很难在数量众多的信念体系中做出合理的选择。矛盾的信念、出色的小说、对立的理论,都可以具有同样程度的融贯。我们怎样分辨真假,怎样在不同的理论之间进行合理的区分与选择,这些质疑具有相当的力量,融贯论似乎难以回答。理论上无限多的可能世界,它们都可以给予同样程度的融贯描述,如此一来,只注重内部融贯的证实标准就无法在正确反映这些可能世界的各种信念之间进行选择,或者说,就很难为某种选择提供充分的证据与说明。

第二,融贯论只要求信念体系之内信念之间的内在关系,忽视了外在世界的经验内容。根据融贯论的知识立场,融贯仅仅是信念体系内的信念之间的内在关系问题,它不要求信念体系与外部世界有什么样的实质关系,融贯并不要求这样的关系。如此一来,自我封闭的信念体系与世隔绝,不受外在世界的影响,不能反映独立于该信念体系的外在世界的经验知识。该批判采取的是一种承认外在客观的实在主义立场,它对融贯论的批评显得格外有力。的确,一个信念体系本来是要反映客观外在的世界,而现在却处于完全脱离自己应该反映的独立存在的对象的情况下,这样的经验信念体系又怎么可能得到证实,又怎么可能具有真理性呢?② 融贯理论陶醉于自身内在的逻辑与连贯,可能忘却外部世界的真实与缤纷。在此意义上讲,融贯论不是关于经验证实的真正基础。

第三,融贯论不能描述理论与真理之间的真正关系。认识论的重要任务在于指出证实理论与真理之间的适当关系。证实理论应有助于引导我们达到真理,而融贯论根本不可能完成这样的认识任务。在哲学史上,绝对的唯心主义者如黑格尔常常采取的是真理融贯论的立场,他们将真理等同于长时间的证实,如果真理是长时间的理想的连贯,那么似乎可以推测的是,只要寻找一种信念体系,并尽可能在当时就达到融贯的要求,该信念体系就达到了真理。但这样的观点令人难以接受,如果某一证实标准有助于发现真理,又能指出这样的真理概念是正确的,这是循环论证?③ 在信念体系的融贯与经验内容的关系问题上,融贯论强调信念体系内部信念之间的内在关系,只要信念之间是相互连贯的,它就符合融贯论的要求。融贯论似乎不要求在信念体系和信念体系之外的任何东西之间一定要具有什么性质的关系。可见,融贯论的证实并没有建立它与真理之间的实质性联系。

以上反对意见中,对融贯论的主要诘难是:融贯一致的信念体系是如何拥有感性经验内容的。融贯论难以做出令人满意的回答。

---

① 胡军:《知识论》,北京大学出版社,2006 年,第 249 页。
② 同①。
③ 同①,第 250 页。

（二）体系化教学知识面临的融贯论困境

知识融贯论面对的认识论问题对于教学论知识体系而言同样存在，体系化教学知识自身的证实与检验面临的困境有：

困境一，在理论上或事实上，存在许多体系化教学知识，这些知识体系却符合融贯论的基本要求，即在这些知识体系内部，教学信念具有较高程度的连贯性、一致性、协调性，有着较强的逻辑推论性质。但是，这些关于教学的信念体系相互之间可能彼此冲突、相互矛盾。如此一来，根据融贯论的知识证实标准，到底哪一种教学的知识体系才是融贯论所需要的信念体系呢？换句话说，哪一种更能满足融贯论的认识论要求，更进一步说，哪一种更优越，更能为我们所优选？如教师中心说、儿童中心说，其内部信念体系都是融洽的、连贯的，但两种理论却彼此矛盾，相互冲突，我们究竟该做何选择呢？的确，能满足融贯论要求的教学论知识体系与教学理论流派绝对不可能是一个或少数几个，从理论上或事实上讲，均可能存在或实际存在众多的各具特色的、相互冲突的知识体系。这些信念体系之间彼此不同，甚至相互矛盾，但各种知识体系本身却是融洽的，它们均能经受融贯论的内部检验，具有各自的合理性、逻辑性，然而，融贯论似乎难以告诉我们如何在如此众多的信念体系中做出合理的选择。因为，选定某一信念体系，就意味着其他知识体系应该被排除掉，但事实上，其他的信念体系也符合融贯论的知识诉求，也同样具有充足的理由，这样一来，融贯论便难以做出抉择。教学论知识与教学流派知识公说公有理，婆说婆有理就在所难免了，在实践上导致人们无所适从。学科课程理论与活动课程理论的相互对立的主张、要素主义教育理论与进步主义教育理论之争，它们内在一致、逻辑连贯而彼此冲突、相互对立，教学实践如何择善而从？

困境二，体系化教学知识存在自我封闭的问题。根据融贯论的知识立场，只要信念之间是连贯的、一致的，信念体系就符合融贯论的要求，即融贯论强调的是信念体系内部信念之间的内在关系，至于该信念体系与外部世界是什么关系，信念体系与外部世界是否具有实质性联系，则是融贯论漠不关心的。体系化教学知识自身的追求，可能导致理论脱离实际，科学知识游离、远离生活世界。如在分析教育哲学中，对教育教学的概念分析，一些教育家提出教育、教学概念界定的逻辑标准（如索尔蒂斯关于教学的定义），其内在逻辑融洽而连贯，却将丰富的、火热的教育实践经验、问题、矛盾置于不顾，醉心于概念澄清与逻辑世界，游离于鲜活的、生动的教育经验世界之外，既不关心实践，也不影响实践（仅仅影响语言实践）。如何认识和处理信念体系与经验内容、信念世界与经验世界的关系，而不是将自己限制在信念的逻辑范畴之内，画地为牢、孤芳自赏。拆除藩篱，吸收经验内容，是融贯论面临的重要问题。加强逻辑世界与经验世界的沟通，也可能是融贯论发展的生机所在。融贯论怎样面向经验世界，走出象牙之塔，走向广阔的生活世界，创建新的知识融贯论，但这样做又可能背离融贯论的知识追求。

困境三，体系化教学知识如何与教学真理关联。一个系统的认识理论的重要目标就是要告诉我们关于证实理论和真理之间存在着一种适当的关系,并能够引导我们走向真理。看来,融贯论似乎难以完成这样艰巨的认识论任务。融贯论如果不是想象产物的话,它必须不断地吸收新的观察内容,观察内容与连贯结合,才有助于人们相信某一信念体系可能是真的。传统教学论十分关注逻辑起点与知识体系等问题的研究,试图构建一个自洽的、融贯的知识体系。当然,我们承认,与其他理论相比,教学理论的融贯程度还不高,一方面由于抽象不够,还未达到理想的水平;另一方面,由于教学论说到底属于实践学科,它不可能完全是纯逻辑的运演、构建。由于后现代主义、建构主义、解构主义等思潮的冲击,教学论知识体系、信念体系放弃了绝对的一元的要求,愈来愈走向多元、开放,并有放弃体系化追求的趋势。多种教学理论流派并存,到底哪种流派更能代表教学真理。但对于一门学科而言,加强学科建设,形成多种有特色的理论流派,是必须的。既追求知识的逻辑连贯与融洽,又引导人们走向真理,是未来元教学论研究与教学理论流派建设必须面对的重要课题问题。

四、操作性教学知识与实践论

教学知识除了事实性知识、规范性知识、体系化知识,还有操作性知识。教学论是一门实践学科,它关涉实践,要回答与解决教学实践问题、提高教学实践的有效性。操作性教学知识即"怎样做""如何行动""如何操作"的知识,旨在改善教学行为,优化教学过程。操作性教学知识是实践一线教师所关心的教学知识领域,它有多种形式与类型,如关于教学设计、讲授、提示、呈现、示范、提问等方法性、技能性教学知识,这些知识与提高教学效果关系密切。操作性教学知识可以是自己教学活动经验的提炼,也可以是他人教学活动经验的总结,还可能是关于教学活动的合理化思考,需要陈述其主要做法,说明实际或可能的教学效果,阐明其理由。对于该类教学知识的检验,主要是实践检验,即通过教学实践对操作性教学知识的实际效果进行检验与论证。可以说,实践是经验操作性知识检验的重要标准。实践的观点是马克思主义认识论的一个基本观点。

(一)实践检验的含义及其难题

实践作为检验真理的标准,有其自身的优越性。实践是联结主观和客观的环节,是沟通主观和客观的桥梁。马克思用"实践"范畴否定了古希腊关于认识与存在同一的朴素观念,在人的"感性的活动"中(不像黑格尔那样在"绝对精神"中)打通了康德的"物自体"与现象界的鸿沟。在《关于费尔巴哈的提纲》中,马克思认为,传统知识论把知识是否具有真理性当作一个纯粹的理论问题,而不是一个真实的实践问题。在马克思看来,"人的思维是否具有客观的真理性,这不是一个理论的问题,而是一个实践的问题。人应该在实践中证明自己思维的真理性,即自己思维的现实性和力量,亦即自己思维的此岸性。关于思维——离开实践的思维——

的现实性或非现实性的争论,是一个纯粹经院哲学的问题"①,真理性即主观认识与客观事物本质及发展规律是否相符合,认识本身不能够做出回答,客观事物本质及发展规律本身也不能直接做出回答,只能由实践来做出判断。实践是改造世界的感性的物质活动,它具有把主观和客观,思想和实际联系、沟通起来的品格,而实践所具有的这种"联系、沟通"的品格,认识本身和客观事物本身都没有,所以,只有实践才是检验真理的唯一标准。②

同时,实践还具有直接的现实性和抽象普遍性两个特点。列宁在1914年写的《黑格尔〈逻辑学〉一书摘要》中指出:"实践高于理论的认识,因为实践不仅有普遍性的品格,而且具有直接的现实性的品格……;行动的结果是对主观认识的检验和真实存在着的客观性的标准。"③通过实践,把主观认识与客观对象直接联系起来并加以对照,离开了实践,主观认识无法达到客观世界,认识的检验便无法实现。因此,实践是检验认识的唯一途径和方法。

应该说,与经验直观、逻辑标准、美的标准相比,实践标准是根本的、最终的标准。因为逻辑证明根源于实践,它是人类的亿万次实践所证明了的、凝结了的实践的格。列宁说道:"人的实践经过千百次的重复,它在人的意识中以逻辑的格固定下来。这些格正是(而且只是)由于千百万次的重复才有着先入之见的巩固性和公理的性质。"④但即便如此,实践检验标准仍存在不少问题。

实践标准存在的主要问题是:

第一,"实践是检验真理的标准"表述不够确切。真理是对客观事物及其存在规律正确的、客观的反映,既然是正确的反映,它本身就不需要检验,需要检验的就不是真理,而是人们的认识、理论、方针、政策,是认识的正确性与真理性。正确的表述应为"实践是检验认识真理性的标准""实践是检验认识正确性的途径和方法"。

第二,"实践标准"究竟包括哪些内容? 实践标准是经验标准,还是事实标准? 是过程标准还是效果标准? 是实践成败的标准还是实践正误的标准? 存在诸多分歧。此外,实践检验涉及认识论、价值论乃至方法论问题。实践检验不可能是纯粹的真理性检验,除了真理性检验,实践检验还应包括价值性检验、工具性检验。因为在社会科学领域,需要检验的不仅是客观存在的事实,而且包括理论构想、实践方案、活动设计,而社会方案的实践检验涉及价值问题,社会现象具有价值关联性,实践结果总与不同的利益、需要密切相关,对同一实践结果,会产生不同的评判。

---

① [德]马克思:《关于费尔巴哈的提纲》,《马克思恩格斯选集》(第1卷),人民出版社,1995年,第3页。

② 《哲学研究》编辑部:《实践是检验真理的唯一标准问题讨论集》(第2集),中国社会科学出版社,1979年,第225页。

③ 《列宁全集》(第38卷),人民出版社,1985年,第235页。

④ 同③,第233页。

第三,认识与实践关系十分复杂。实践检验的麻烦还在于现实中,特别在社会历史中,当实践对象是一种在时空上不断发展着的过程时,当主体是人数众多到亿万计的人民群众时,当实践过程延续到难以确定其时空界限时,确定主体、客体、实践过程、实践结果就会变得异常复杂。于是,实践检验的问题就不像理论上说的那么容易了,现实生活中就实践检验发生的许多争论,往往是由这种复杂性引起的。[①] 复杂的实践活动所造成的结果也往往是复杂的、多方面的,有些结果还不是近期就可以看到的。这时用实践的什么结果作为检验标准呢?用实践结果的总和去检验,但这种总和常常带有不确定性。用实践的部分结果去检验,但部分结果能够对指导整个实践活动的全部理论做出检验吗?用直接的近期的结果去检验,但又忽略间接的长远的结果。此外,我们说实践是检验真理的标准时,在理论上有个前提:这个实践是正确的实践。否则,当实践结果与预期目标不一致时,可能是认识、理论、政策错了,也可能是实践错了。是前者就要修正认识、理论、政策,是后者则要纠正实践。[②]

第四,实践标准有其内在限度。某些认识无法进行实践经验,需要其他检验。一些认识要么太超前,远离当时的实践水平,实践条件不具备;要么太理想化,现实条件根本达不到,无法通过实践进行检验,但我们不能轻易否定该理论存在。如许多数学知识的检验难以通过实践进行检验,只能进行逻辑证明。非欧几何诞生后,很长时间内没有得到实践的检验,因此有的数学家把它称为"虚几何"。支撑非欧几何存在下来的是逻辑的标准。在这里,逻辑标准的作用是重大的,假如没有逻辑标准,只有实践标准,非欧几何就可能夭折。

总之,实践领域与认识领域(事实与认识、存在与思维)是两种完全不同性质的领域,具有不可比性,如何实现二者的跨越与通约?传统知识论正是在这一点上毫不让步、决不妥协,坚持在认识领域探讨、解决认识的真理性问题与知识证实问题。实践检验试图跨越这一鸿沟,但又引起种种麻烦,陷入纷争。

(二)操作性教学知识检验的困境

第一,实践检验是事实检验还是价值检验?

教学操作知识的检验,具有事实检验与价值检验两种类型。事实检验即真理检验,指关于教学的操作性知识是否符合教学的规律和法则。价值检验指对教学知识实施效果的检验,即教学知识是否符合主观的教学目的,能否满足教学主体的需要,是否取得理想的结果。

教学活动是追求教学真理与创造教学价值的统一,教学的认识既包括真理性认识,又包括价值性认识。实践对教学认识的检验不仅限于真假判断,而且还有价值判断。对于真理性检验,由于教学过程中的因果关系(如教学方式与学生发展

---

① 吴元梁:《论实践观和实践标准》,《天津社会科学》,1998年第5期。
② 王智:《从真理标准到实践标准》,《广东教育学院学报》,1998年第4期。

的关系)影响因素众多,教学实验难以保持无关变量的恒定,克服干扰变量,因此,通过教学实验得出因果关系难以获得自然科学实验那样的承认度。同时,在社会现象中贯穿着人本身的理想、意志、价值和追求,人类历史不过是追求不同目标的人的活动而已。对于教学活动,不仅要揭示它是什么的事实问题,更要回答它的目标、价值、意义问题。教学操作知识更多地属于价值知识,涉及教学效果问题。然而,教学效果的检验十分困难。其主要问题有:

(1)是近期的效果还是远期的效果?近期的效果容易评判,而远期的效果需要长时段观察,搜集数据。时段越长,且影响因素众多,很难说是单单某种操作性教学知识导致的。近期需要与长远需要常常难以一致。素质教育的远期效果未必在考试中即刻得到体现。近期有效,远期可能有害,题海战术、反复强化训练对于应试、考试,短期效果可能是显著的,但可能采取非人道、反教育的方式获得某一结果。应试教育付出沉重代价,它以牺牲学生的求知欲、兴趣、创造热情为代价换取分数。题海战术、过渡训练短期内可能是正确的、有效的,但从长远看,它又是错误的,反教育的。同时"有其利,就有其弊",利弊难以简单比较。

(2)成功的效果还是失败的效果?判定实践成败的标准一般说来是看实践是否实现了预想的目的,实践结果与预期结果一致,可能表明主观符合客观,主观认识是正确的,客观符合主观,主观认识指导下的实践是成功的。但实践即使成功了,也不能不衡量一下它的代价。同时,失败不等于错误,有时实践失败了,也未必证明其中的道理不对。因为,有时成功与否与真理的强弱无关,却是实践主体力量对比所致。如 20 世纪 60 年代布鲁纳主持的课程改革虽宣称失败,但它为全世界包括我国今天进行的新课程改革提供了宝贵的教训和丰富的资源,研究性学习、发现学习已主导世界课程改革趋势。

(3)是部分效果,还是整体效果?评价部分效果还是多方面的效果,怎样评价知识技能、过程方法与情感态度价值观目标,以及每一维目标中的具体目标。具体的实践往往是个别进行的,个别的孤立的实践活动难以证明认识的真理性。因为,在千万个个别的实践活动中要"各取所需""任意挑选",以求证明自己理论的正确与他人观点的错误。对于孤立的一个事实,人们完全可以做出不同的解释,每一种解释都可以是合理的,认识只能局部证实。

此外,社会现象不同于自然现象,"自然现象本质上是可重复的,因而可以在严格的科学环境中进行试验,并按严格的可重复性在生产中创造出来,对于社会现象来说,不具备这样的可重复性是随时间一维性发展,随机会的产生或丧失而产生的一种社会性的流动过程。人类不可能再重复历史,只能从历史中吸取教训"。① 因此,具体的实践检验存在难以克服的困难。

第二,操作性教学知识的性质决定了实践检验的困难。

---

① 陈朗,马俊峰:《论实践标准及其在当代的发展》,《教学与研究》,1994 年第 4 期。

操作性教学知识是关于教学活动的技能性知识。这类知识具有较大的个体性、缄默性,它更多地与实践者个人、具体情境相关,难以普遍推广与运用。

与事实性知识(回答是什么、为什么的知识)相比,操作性知识是关于如何、怎样的知识,即关于怎样教学、如何教学的知识,诸如怎样备课、说课、讲课、评课的策略性、技能性知识。如果将知识分为显性知识与默会知识的话,操作性知识更多地属于默会知识,难以描述所有操作要领和细节,只能部分地表达怎样做的知识,而实际做的技艺与个体经验、行动情境密切相关,难以全部概括、言述,只能部分外化,大多处于缄默状态。这类知识的运用难以完全再现当初的行动情境,体验当事人的情感(操作情境具有不可重复性),因此,其检验存在诸多困难,实践的成败不能完全归于操作性知识本身的优劣性质。操作性知识的不完全性影响其运用与检验,其运用要靠运用者自己的感悟、体会,领会其精神,把握其要领,并结合自己的经验,创造性地加以运用。正是如此,实践检验就不能对操作性知识做出判决性结论。如课堂讲授的技巧、启发的艺术等操作性知识难以尽述,即便是概括、提炼、举例,也常常挂一漏万,而关于讲授的技巧、启发的艺术等操作性知识的学习、掌握和运用,对于不同的人来说,有着不同的理解与实践。其实践效果也千差万别,难以通过实践去检验这些知识的真理性与有效性,因为对实践成败和效果可以从不同角度进行分析、总结。实际效果本来就具有多维性,而我们总是各取所需地突显某些效果,并分析其原因,加以论证,说明操作性知识的真理性与有效性,如此的实践检验很难令人信服。这便是20世纪八九十年代我国如火如荼的教育教学实验热潮最后归于沉寂的重要原因。某些教学知识如行动研究、叙事研究所获得的操作性知识并不追求普遍推广,它对类似情境、类似问题具有参考、借鉴价值,因而,对实践检验的要求并不高。

第三,某些操作性教学知识难以通过实践教学检验。

理论推导的教学操作性知识,即依据某些教育教学理念进行逻辑演绎的教学操作知识,它不是来源于教学经验,而是理论的推演,具有很强的理想性。这类知识很难借助实践进行检验。正如伽利略的理想实验:沿着斜坡滚下的圆球,假设没有摩擦力与空气阻力,该球会在平面上做匀速直线运动,永远不会停止下来。严格地讲,关于教学艺术的知识,很难检验。教学知识的检验需要逻辑的证明、美的检验。不承认逻辑证明是检验认识真理性的辅助标准,理论上有许多问题就无法进行解释。如数学中的哥德巴赫猜想,就无法用实践检验来解决,三角形三内角之和等于二直角,无论测量了多少次也不能算数,只有运用平行线原理、三角形定义和其他公理证明这个命题,这个命题才算成立。此外,美的标准也是必要的。美的标准就是逻辑的简单性。奥卡姆曾写道:"不要增加超过需要的实体。"这就是有名的"奥卡姆剃刀"。爱因斯坦认为:"一切理论的崇高目标,就在于使这些不能简化的元素尽可能简单,并且在数目上尽可能少……"①例如,一些科学理论暂时被实践否定了,但它符合美的标准,最后证明他们是正确的。如哥白尼日心说还存在着严重的物理学上的困难,只有到了牛顿力学建立以后这些困难才基本解决。但哥白尼日心说符合美的标准,托勒密地心说使用了 80 多个圆周,哥白尼日心说只需要 30 个左右。② 这说明实践检验认识真理性的标准和逻辑证明不是相互对立、绝对排斥,而是相辅相成的。

　　本文关于教学知识检验的分类探讨仅仅是一次初步的尝试,一类知识侧重于某种检验形式,这种对应分析也主要是理论分析的需要。实际上,教学知识常常是综合地存在,换句话说,某一教学知识,既要描述事实,又要表达价值理想,还要提出行动策略,它可能是多种类型知识的不同程度的结合。因此,其知识检验就需要运用多种知识检验与证实的方式,可能同时运用真理符合论、基础主义、融贯论、实践论等知识理论,多种知识检验方式同时并用能增强表达力、论证力与说服力。但这并不妨碍对某一知识检验进行深入的分析。有必要指出的是,教学知识检验困境的存在并不必然地导向怀疑主义,恰恰相反,知识论正是在回应怀疑论者各种挑战的背景下发展起来,并取得长足的进展的。怀疑主义推动了哲学家们对认识基本问题的思考,从而使认识的基础不断得到强化。③ 知识论发展的历史亦表明,不同知识的知识证实与检验理论正是在不同程度上回答了怀疑主义提出的挑战与质疑,但知识理论也显示,每一种知识理论还面临着不少问题,有待深化发展。可以肯定的是,教学知识检验及其困境的分析,有助于我们看到每一种知识检验与证实方式的合理性与积极意义,同时也看到其局限所在,从而达于知识证实与检验的自觉。我们在运用某种方式时应注意到该种方式存在的问题与不足,克服过度的知识论自信、狂妄,保持一份谦卑、虚心。一花独放不是春,百花齐放春满园。多种教学知识及其检验方式并存,相互补充、彼此推动、共同繁荣,有助于促进教学知识健康发展。

① 《爱因斯坦文集》(第 1 卷),许良英,等编译,商务印书馆,1977 年,第 314 页。
② 毛建儒:《对实践标准唯一性的思考》,《理论探索》,2007 年第 1 期。
③ 陈嘉明:《知识与确证:当代知识论引论》,上海人民出版社,2003 年,第 123 页。

在新世纪科学革命中教学如何促成卓越的教育①
——由布鲁纳课程思想引发的思考

迟艳杰 *

摘　要：在新世纪科学革命的时代里，我们不能因倡导教育均衡发展而忽视英才教育，因为人是有个性差异的，科学发现和技术进步总是有赖于一部分资质优秀者。平等与优秀是并行不悖的价值准则，充分发挥人的潜能是课程与教学的重要目的。教学中发现资质优秀者的潜力、激发其潜能，培养科学领军的后备力量，同样是我们国家基础教育的重要任务。不看到这一点，我们的教育会向低水平发展，将是平庸的教育，而不是卓越的教育，也就不是强国的教育。要知道，美国 20 世纪 60 年代课程改革的主要目的就是把高中四分之一的优秀生培养成为科学界的领军人才。

关键词：科学革命；英才教育；平等与优秀；平庸的教育；卓越的教育

　　人们对哲学的理解不同，会有不同的哲学。但是，有一点是相同的，就是哲学思考是对思想自由的不懈追求。我们今天开的是教学哲学的交流会，自然更要体现这种精神。为此，笔者谈谈近来学习布鲁纳关于教育和教学的思想的一点心得。

一、美国 20 世纪 60 年代课程改革的主要目的——把高中四分之一的优秀生培养成为科学界的领军人才

　　我们都知道，美国 20 世纪 50 年代末开始的学科结构课程改革，是源于苏联卫星上天的促动。1957 年 10 月，苏联第一颗人造地球卫星发射成功，促使美国 1958 年通过《国防教育法》，并导致伍兹霍尔会议（Woods Hole Conference）的召开。会议主席哈佛大学心理学家布鲁纳就大会讨论作主席报告，这份总结报告就是《教育过程》，它是阐明美国 20 世纪 60 年代课程改革的指导思想的著作，影响广泛而深远。在报告的《原序》中，布鲁纳总结道：会议是讨论中小学的自然科学教育问题，目的是要考察把科学知识和科学方法教给青年学生的基本程序。尽管他说，"其目的也不是为了科学界罗致有才能的美国青年，虽然这样的结果是我们所向往的"②，但是，我们在《引论》中仍能清晰地看出，美国这次学科结构的课程改革的主要目的——就是要把四分之一的优秀高中生培养成科学界的领军人才。报告总结道："公立学校里成绩最好的四分之一学生，我们要从中选拔出下一代知识界

---

①　本文是作者 2013 年 6 月参加在扬州大学召开的"第三届全国教学哲学学术研讨会"的交流论文。

*　迟艳杰，女，沈阳师范大学教育科学学院，教授，博士生导师。

②　布鲁纳：《教育过程》，邵瑞珍译，文化教育出版社，1982 年，第 13 页。

的领导人,可是这些学生恐怕是直到最近还被我们学校忽视的一群人。自然科学和数学教学的改善,可能使已观察得出的天才生、中等生和迟钝生这三类学生在这些学科方面的差距更加扩大。……自然科学和数学的能力倾向,跟其他的智能相比,能够较早予以发现。按照理想,学校应允许学生在各门学科中尽快地向前进。"①为此,要改变或废除某些学科(特别是数学课)的分年级制度,为天才生充实课程内容和特殊处理的问题,尽管也要兼顾贫困地区儿童的发展。

美国的学科结构课程改革,关注"我们将教些什么""达到什么目的",也就是对教育质量和智育目标的重新关切,而这些问题都"反映着我们这个时代的深刻的科学革命"。② 20世纪中叶以来,科学更以前所未有的速度发展,称为"知识爆炸",并呈现综合化的发展趋势。21世纪,以生物学、新材料和信息技术应用为标志,人类又进入一个新的科技革命时代。如果说在前几次的科技革命中,中国因没有把握住机遇而落伍了,这次就不能不做充分准备,且要努力领先。这也是我国要建设创新型国家、提高自主创新能力的需要。如此,我们的教育将如何设计呢?我们的课程与教学改革目标是否十分清晰呢?在笔者看来,其实我们还没有真正明了美国学科课程结构改革的真正目的,并不十分清楚我们课程与教学改革的重心所在。为什么这样说呢?

笔者提出这样的看法,是源于我们这一段时间以来国内教育研究包括国家教育政策,主要在强调教育公平、教育机会均等和教育均衡发展。重视公平与效率的关系,固然是我们建设和谐社会所必须。但是,我们却忽视了对平等与优秀关系的思考,忽视了英才教育。如果我们因为追求教育公平和均衡发展,而把发挥人的潜力和培养英才与之对立起来,那就是自我蒙蔽、自我迷失,在新世纪的科学发展中必将会导致自甘落后的结局。这不能不引起我们的高度警觉。

二、平等与优秀是并行不悖的价值准则,充分发挥人的潜能是课程与教学的重要目的

在国家提高自主创新能力,同时又大力推进教育公平、建设和谐社会的时代背景下,深层次涉及教育中的基本关系,即教育机会均等与发挥人的潜能、教育均衡发展与英才教育的关系问题。如何认识它们,影响到教育决策,影响到课程设计与教学。

由于遗传和环境的不同,每个人在出生之初就是有差异的,"天生不平等"。加之后天的环境影响,每个学生具有不同的智力水平、能力倾向、情意特征,也就是有独特的人格特征和发展潜能。教育平等是指国家的职责在于为所有儿童提供平等的受教育机会,普及九年制义务教育做到了这一点。但是,我们现在强调的教育

---

① 布鲁纳:《教育过程》,邵瑞珍译,文化教育出版社,1982年,第31页。
② 同①,第23页。

平等政策,其合理性是"对出身于社会阶层较低家庭者和女性有利"①,我们是这样理解罗尔斯的"差别原则"和"补偿原则"的。但是,这并没有考虑到儿童潜质的差别,而这却是决定教育质量和水平的前提。

潜质不同的学生需要也是不同的,提供满足不同学生需要的教育,才是平等的教育。平等和优秀不是对立的,平等不等于平庸,而优秀却是每一个人都向往的,也是国家和教师期待的。

进言之,我们还停留在平等与效率关系上思考教育政策,但是还有一个过程和结果维度中的关系——平等和优秀的关系。如果我们忽视了这一关系的思考,可能带来教育结果整体平庸。我们要在实现了人人接受义务教育的前提下,进一步思考如何促进学生个性潜能发挥的教育,这里包括教育的分流、分层教学或能力分组等举措。但是,有一点,也就是布鲁纳他们重视的英才教育,是一个不能忽视和回避的问题。我们不能因倡导教育均衡发展而忽视或轻视了英才教育,因为人是有个性差异的,而且科学发现和技术进步总是有赖于一部分资质优秀者。他们在学习过程中培养出了坚强的意志品质和对知识自身的热爱,具有发现和探究问题的兴趣。发现他们的潜能,发挥他们的潜力,培养科学领军的后备力量,同样是我国基础教育的重要任务。不看到这一点,我们的教育会向低水平发展,将是平庸的教育,而不是卓越的教育,也就不是强国的教育。

三、布鲁纳对有效教学的理解

布鲁纳在《论教学的若干原则》中提到"教学论的性质",他说:"教学论所关注的是怎样最好地教会人们想教的东西,它所关注的是促进学习而不是描述学习。"②教学论具有4个主要特点:(1)教学论应当详细规定使人最有效地牢固树立学习的心理倾向性经验,如什么样的关系将使学生具备学习的意愿和能力。(2)教学论必须详细规定将大量知识组织起来的方法。(3)详细规定学习材料的最有效的序列。(4)详细规定学习和教学过程中奖励和惩罚的性质和步调。

在他的展开中,我们看到他的进一步思考。首先,关于心理倾向,他没有谈一些惯例,如文化、动机和个性等对学习者渴望学习和解决问题的影响,而着眼于学习者做出选择的探索活动,因为"学习和解决问题取决于个人做出选择的探索活动,那么教学就必须对学习这方面做出选择的探索活动起促进和调节作用"。③ 显然,他倡导的是探究发现学习。而做出选择的探索活动涉及三个方面:激发、维持和方向性。"做出选择的探索活动得以激起的主要条件在于具有最适度的不确定

① 劳凯声:《教育机会平等:实践反思与价值追求》,《北京师范大学学报(社会科学版)》,2011年第2期。
② 布鲁纳:《论教学的若干原则》,《现代西方资产阶级教育思想流派论著选》,华东师范大学教育系,杭州大学教育系编译,人民教育出版社,1980年,第398页。
③ 同②,第400页。

性。"①对人而言,好奇心是对不确定性的反映,但也是对模棱两可情况的反映,陈旧而呆板的常规工作不能激起探索活动。维持已经激起的探索活动,需要在教师的帮助和指导下的学习,让学生获得探究的好处。为了使探究活动有正确的方向,要在老师的帮助下,对完成的工作目标有认识,并提供一定的知识以保证学生的注意力集中在重要方面。

其次是结构和呈现知识的形式。他认为"任何观念、问题或知识都可以用很简单的形式表达出来,以便任何一个学习者均能理解"。② 认可知识领域的结构可以用以下三种方式表示其特点:知识结构的再现形式、结构的经济原则、结构的有效力量。每种方式都影响着学习者对知识结构的掌握能力。形式、经济、力量这三者随着学习者的年龄、不同作风和学科之间的差异而有变化。任何知识领域(知识领域中的任何问题)都可以用三种方式来表示:一组行动(表演式再现表象);一组简略的意向或图解(肖像式再现表象);一组符号命题或逻辑命题(象征式再现表象)。他用幼儿从玩跷跷板到画图以表示平衡木,直至用语言来描述平衡木而无须借助图解为例,来说明平衡木原理可以通过动作、图像和符号,教给任何年龄的学习者。

知识领域的经济原则与必须记忆且进一步获得理解的信息量有关。出示材料的序列,如一览表,可能达到的最理想的结构,以及简洁的知识再现形式,都是经济原则的体现和保证。"有效力量"与一组学习命题所具有的创造价值有关,尽管它不会超出某知识领域所固有的、符合逻辑的创造限度。"在某学习者的掌握范围内,其有效力量即是此人通过仔细分析自己实际上是如何进行学习工作,而力求有所发现的。"③经济和力量之间存在着颇有趣味的联系,理论上,两者是独立的,一种结构可能是很经济的,但没有力量。"然而,任何领域中有力量的组织技巧却很少是不经济的。"④这样就导出了节约的准则。

"教学就是引导学习者通过一系列有条不紊地陈述一个问题或大量知识,以提高他们所学事物的掌握、转移和迁移的能力。换言之,序列是学习者在某知识领域内所遇到的材料的程序,它影响着学习者在达到熟练掌握时将会发生的困难。"⑤理想的序列依据儿童智力发展阶段,但也可能会陷入保守。根据经济原则安排序列总是可取的。布鲁纳主张,理想的序列不能脱离评判最后学习结果的准则而独立地规定。这些准则包括:学习的速度;抵制遗忘的作用;已习得的知识迁移到新情境的可能性;按已习得的知识所显示出来的再现表象的形式;考虑到认知

① 布鲁纳:《论教学的若干原则》,《现代西方资产阶级教育思想流派论著选》,华东师范大学教育系,杭州大学教育系编译,人民教育出版社,1980 年,第 400 页。
② 同①,第 401 页。
③ 同①,第 404 页。
④ 同①,第 405 页。
⑤ 同①,第 405 页。

的紧张度,要求习得的知识是经济的;考虑到新假设和新组合的产生,要求习得的知识具有有效的力量。习得的知识具有"有效的力量",结合布鲁纳在《教育过程》中的主张,应该是指那些"用基本的普遍的观念来不断扩大和加深的知识"①,即能够迁移的、成为后续问题的基础。

再次是强化的形式与步调。"学习还依赖于在某一时间和某一个场合供矫正之用的有关结果的认识。教学应给矫正性的知识规定更适当的时间和步调。'有关结果的认识'有用与否,取决于学习者接受矫正信息的时间和场合,取决于矫正信息被使用的条件,取决于这些矫正性信息被学习者接受的方式。"②这就是我们教学中的反馈和结果评价,这都源于学习和解决问题都有一个周期。在这个过程中,给学习者反馈的时间很重要,一般是在实验结果与实验者谋求的结果进行比较的时刻提出来。如果过早,学习者会不理解,变成即时记忆的额外负担。在学习者具有高度的内驱力时和焦虑的状态下,直接给出反馈也不可能有效。当学习者解决问题时遇到很大困难时,不妨先放下、避开它。教师要知道,"提供任何矫正性指示会带有危险性,学习者很可能永远依赖教师的指正"。③ 所以,教师给出的矫正是临时的,最终要引导和教会学生自行矫正的习惯和能力,否则,教学的结果势必将造成学生跟着老师转,而没有真正地探究和解决问题。

布鲁纳课程与教学的主张源于他对教育的认识——"教育即社会的创造"④,相信"任何科目都能够按照某种正确的方式,交给任何年龄阶段的任何儿童"⑤,"在培养只能和促进感情的成熟之间并无冲突"⑥,并强调能力和态度的迁移。

四、启示

尽管人本主义心理学批评认知心理学"是颈部以上的学习",把人视为"大脑";尽管我们知道美国学科结构课程改革因为难度大没有取得预期结果,并在20世纪70年代后加强了社会性品质等的培养,但是,我们不能因为这些局限而忽视了其中的价值成分,尤其是对我国今天而言仍有启示意义的方面。

首先,他强调课程与教学要重视学科知识的结构。有学者也把美国这次设计的课程称为"学术性学科课程",可见重视系统知识的学习是创新和发现的基础。而且,布鲁纳强调的是发现学习。在探究和发现这一点上,他与杜威是一致的,差别是他们的心理学和知识论的基础不同。布鲁纳的结构主义的知识观,是"按照

---

① 布鲁纳:《教育过程》,邵瑞珍译,文化教育出版社,1982 年,第 36 页。
② Jerome S. Bruner. Notes on a Theory of Instruction, *Toward a Theory of Instruction*. The Belknay Press of Harvard University Press, 1966:50.
③ 布鲁纳:《论教学的若干原则》,《现代西方资产阶级教育思想流派论著选》,华东师范大学教育系、杭州大学教育系编译,人民教育出版社,1980 年,第 409 页。
④ Jerome S. Bruner. Education as Social Invention, *Toward a Theory of Instruction*.
⑤ 同①,第 6 页。
⑥ 同①,第 7 页。

直觉主义表达研究认识过程的"。① 这启示我们要认识到,重视知识教学本身还有很大的差别,这便是以什么样的知识观和心理学为基础。我们需要清楚地明了我们的知识观和认识论,让所坚持的有道理、所摒弃的有根据。

其次,"一门课程对教师比对学生更有意义"。② 布鲁纳认为,供教师教学用的课程必须是一流的,"如果这门课程不能改变、鼓励、困扰以及启发教师,那它对他们所教的学生将不会发生影响"。③ 为此,要促进大学里的科学家与学校中的教育家建立更密切的联系。

再次,加强自然科学和数学课程的教学改革,把高中生的优秀者培养成为科学家,很值得我们重视。在 21 世纪的科技革命中,我们要思考教育和教学应发挥什么作用,我们不能仅以教育公平为价值导向,而忽视了英才教育。教学要发挥学生的潜能,让每一个人各尽所能,使优秀的更加卓越。

最后,我们这些年谈论很多有效教学,其实,历史上所有的教育家和心理学家,包括现实中学校中的教师,没有不关心教学有效问题的。只是,在不同的历史阶段,由于对教学目的认识不同,对有效教学的标准或内涵认识和理解不同而已。夸美纽斯提出的教学诸多原则是为了提高教学的效率,赫尔巴特、杜威、凯洛夫、布鲁纳、巴班斯基等,也曾为有效教学做过努力。我们今天追求教学有效,要以科学发展对人的要求,要以中国的社会建设对人的要求,要以心理学和教育学对人的认识,来提出有效教学的各个方面的标准和内涵。教学不等于智育,但智育却是教学的主要任务。

知识经济时代要求国家提高自主创新能力,对教育的要求是通过教学培养学生发现问题、解决问题能力,培养学生的合作意识、责任感和创新精神。这些以学生的潜能和个性特点为基础,教学是通过促进学生的优秀而达至卓越的教育。

---

① 布鲁纳:《教育过程》,邵瑞珍译,文化教育出版社,1982 年,第 4 页。
② 同①,第 11 页。
③ 同②。

重建教学:从课堂到学堂

奚亚英*

摘 要:课程改革呼唤课堂重建,课堂教学需要五大改变;变"课程"为"学堂",变"重复"为"创新",变"复制"为"重组",变"技术"为"艺术",变"损耗"为"增值"。

关键词:课程改革;课堂教学

随着课程改革不断向纵深推进,我们对课程改革的理解也在不断深入。从国家层面的课改、学校层面的课改走向教师层面的改课,真正触及课改的精髓,方能到达课改的新境界。深度改课呼唤课堂教学重建,而课堂教学重建需要五大改变。

一、理念之变:变"课堂"为"学堂"

"变课堂为学堂",意思是把以教师的"教"为核心转变为以学生的"学"为核心。学生成其为学生,教师成其为导师。把教师的讲堂变为学生的学堂,把沉闷的教室变为生命的原野。把小课堂变为大学堂,让小教室成就大成长。

在"课堂"变"学堂"的过程中,应当积极倡导用"自己的课程"教与学。用自己的课程教与学,其目标是为了自己的发展。学生和教师都是课程的资源,是课程的重要组成部分。每一个人都要参与课程的决策、设计与实施,每个人都是课程的领导者与创造者。

在课改到改课的深入推进中,教师的重要职责不是思考如何教,而是思考如何促进学生学。应从"重教"向"重学"、从"传授"向"体验"、从"课本"向"生活"、从"他律"向"自律"、从学生"适应教"向教师"适应学"发生变化。

二、结构之变:变"重复"为"创新"

对学生而言,创新就是不同学生用不同的方法学习。对教师而言,创新就是用不同的方法去设计和教学。变"线性结构"为"版块设计",变"小问题串联"为"任务单设计",开启新学堂时代,研究课堂新模型。

在教学结构的创新中,需要做到"三个回归"。一是回归目标:从教学目标出发,从学习起点出发,从认知经验出发;二是回归自主:变被动学习为主动学习,变大面积教学为个性化指导,实现真正意义上的合作学习、自主学习;三是回归真实:无论是公开课还是常态课,均倡导真问题、聚焦真研究、追求真成长。

教学结构的创新,将帮助教师实现 4 种能力的提升:开发课程资源的能力、独立建构课程的能力、创生教学策略的能力、优化课程实施的能力。

---

* 奚亚英,女,江苏省常州市武进清英外国语学校,校长,中学高级教师。

三、内容之变:变"复制"为"重组"

重建教学要跳出形式的藩篱,从更改方式走向重组内容。要实现内涵的变革、视野的变革与思维的变革。从学科重构走向学科重组,进而走向学科重建。从课时教学走向单元教学,从单元视角走向学科视域,从学科视域走向全人视野。

教师要从"教材的搬运工"转变为"教材的创造者",各种教材、各种资源都能为己所用。善于统整各个版本的教材资源,善于运用基于网络的教学资源,善于创生基于主题的学习资源,善于借助基于生活的实践资源,把静态的教材活化为生动的内容,把文本的材料拓展为多元的素材。

四、方式之变:变"技术"为"艺术"

知识获取的方式是多元的,教育正在被技术所改造。事实上,技术改变了理念,技术改变了行动,技术改变着教育。当 Ipad 等各类终端成为学生的学习伙伴时,当各个程序成为学生自主学习的导师时,当学生可以自主选择学习内容、确立学习方式时,技术对学习方式带来的是巨大的变革。

从单向的线性到立体的块状,课堂成为实现无限可能的地方。在这样的课堂上引导每一位学生构建自己的教学目标、形成自己的学习方式、调控自己的学习速度、选择自己的练习内容。以理念导航、以技术护航、以实践探航,通过改变内容的呈现方式、教学的组织方式、学习的交流方式,建构课改新学堂。传统课堂的封闭内容通过技术的方式获得了自由生长的力量,从一条线连成一个网,从一个面结合成一个体。课堂已然没有时空篱墙,借助因特网可以连接到任何需要的方向。

五、效果之变:变"损耗"为"增值"

信息在传递的过程中,有着非常明显的损耗曲线。如果我们把教学定义为传送信息,那么在传送信息的过程中,损耗正以比我们想象的程度更高的速度进行着。变"损耗"为"增值",教师提供的信息总量应当小于学生所获得的信息总量。而这需要教师更多开放的设计、更多专题的导航、更多研究的指导。引导学生基于问题主动探索,基于研究主动分享,发挥 $1+1>2$ 的功能。

在课堂教学中,要打破学科的围墙,从儿童生活的整体性出发,引导学生完整地思考学习的意义。如:新学期开学,就书包这一研究内容从语文、数学、英语、科学、音乐、美术等不同学科进行主题设计。唱一唱《书包歌》,研究书包的发展史、了解书包的功能、计算书包重量与儿童体重的比例、画一画未来书包、就电子书包这一话题进行主题辩论等。在多学科统整的学习、研究与分享中,学生的主体学习得以彰显、合作能力得以培养。教师所提供的信息远远小于学生自主探究所获得的信息,从而实现"教学损耗"向"教学增值"的转化。

常态课质量的提升

徐 昊[*]

摘 要：常态课是学校教育教学的重要组成，也是新课改有效落实的关键所在。然而，在现实中，常态课颇受冷落。因此，我们应该通过多种方式和途径提高常态课的课堂质量，以此推动学校教学质量的普遍提升。

关键词：常态课；质量；高效

在新课改推进过程中，公开课备受关注，但公开课常因表演、作秀而饱受批评。其实，要真正把新课改推向深入，学校必须提高普通教师常态课的质量，从常态课中找寻教师成长的轨迹，把工作重心放在提高教师常态课的质量上来。

一、颇受冷落的常态课

由于涉及观摩、评比、考核，教师们对公开课重视有加，反复演练试讲，唯恐考虑不周。但往往越是充分准备过的公开课、观摩课，越是容易给人一种平常做不到的感觉。由此造成这样一种错误的认识：常态课只要完成教育教学任务就行，公开课才需要认真准备。因此，老师们对常态课的重视程度一直较低，这种准备不充分的常态课的质量可想而知。这就导致常态课与公开课质量反差极大，甚至导致讲授公开课的老师和学生都面临"两面人"的考验。

目前各个学校的教师课堂教学评价方面大多以公开课、参赛课的评价为主，一个教师的教学水平往往是由公开演绎的参赛课决定的。这是因为，从学校角度而言，学校教师在各级各类公开课评比、观摩中的成功，也意味着学校的荣誉和知名度的提高，所以学校对教师公开课、观摩课的重视程度较高，往往要求集全组之力、全校之力进行准备和磨课，精心打造。于是，我们就会发现，有时有些教师，由于其某堂或者是某几堂公开课、观摩课的出色发挥而被冠以"优秀教师"的称号和荣誉。但现实中，该教师的教育教学效果难言出色，甚至不如一般教师。这固然可能和教师的敬业精神、对学生的关注程度有关，但最关键的还是与学校对常态课的关注度不高有关。此外，由于常态课数量多、密集度高、较难组织监测与评价，这就造成评价制度方面对常态课检测的缺失。

二、常态课的教育价值

常态课，又称原生态课，是在课堂教学的自然状态下，教师基于现实的教育资源，按照教学计划，运用灵活的教学方法而进行的日常教学。常态课的本质是其真实性，是不加粉饰、有待完善、值得反思的课。

---

* 徐昊，金坛市金沙高级中学，校长，中学高级教师。

在教育教学过程中,绝大多数的授课形式都是常态课,这是学校教育教学的主体。教育教学任务和学生培养目标的达成主要是在常态课上进行的,常态课能充分反映课堂教学的真实水平和存在的问题。因此,常态课也是学校教育的关键所在。打个比方,常态课就像我们在家天天吃的家常饭,公开课只是偶尔在饭店吃的大餐。没有营养丰富、可口美味的家常饭,就没有身体健康的我们。所以学校的真正生命在平时的课堂,常态课堂的教学质量是学校发展的保障,教师只有用心抓住常态课的教育教学,才能让学生的每一天都有收获,我们的教育教学质量才会有所提升。

三、提高日常教学质量,打造高效常态课堂

1. 让公开课引领常态课

从产生过程与结果分析来说,公开课是一种集多人智慧、经团体包装、亮点很多的"打磨"课。教师精心准备的过程,就是打磨的过程。教师要用心去研究文本,用情去唤醒学生,要不断地否定自我、超越自我、感动自我。这也是一个学会反思、追求完美的过程,是教师实现自我成长、获得专业发展的必经之路。

正因如此,作为教育管理者的学校和教育管理部门要花大力气打造公开课堂,用实在、细致的公开课,而不是作秀、表演的公开课,引领常态课教学质量提升。金沙高中在公开课上实施"同题异构"模式,即同备课组的两个老师上同一课,然后同备课组的老师一起听课、评课;再比较两位老师上课的优缺点,然后探索更合适的本校课堂教学的最佳模式。

2. 让教学反思提升常态课

听评课活动是常规的教研方式,抓不好,往往会出现执教者"作秀"、评课者"忽悠"的现象。为把这项工作引向深入,教育管理者要制订教师教学工作常规要求,上完课后,要求教师写出教学反思、课堂案例分析。学校教研处要在常规听评课、公开课、优质课等系列听评课后,收集、研究、交流、评选、奖励教师的教学反思、随笔、案例分析等。教学反思应着重于捕捉课堂上的教学灵感,或是吸取课堂教训和改进措施。比如,一些学校明确规定:35周岁以下的年经教师教后反思每学期不少于20篇(要求在学校校园网上开通博客,将"教后笔记或反思性随笔"发在博客上),35周岁以上的老师教后反思每学期不少于15篇。随着教学反思的深入,广大教师的教学水平会明显提升,常态课的效益和质量也会明显提高。

3. 探索课堂教学模式,提高常态课质量

深化课堂教学改革,打造高效课堂,是规范办学行为、实现减负增效的必由之路。教师作为课程改革的实施主体,应在遵循认知规律、研究教育教学理论的前提下,大胆革新传统经验型教学模式,用科学观察和艺术创造的慧眼,努力追求既灵动、沉稳,又生态和谐、充满个性的教学风格。为切实提高课堂教学效益,打造有效课堂、高效课堂,金沙高中在多年教学实践和探索的基础上,总结出了具有校本特色的"活动前置式教学模式",在操作策略上分为"指导预习、反馈学情—以学定

教,互动解疑—当堂训练,检测达成—弥补巩固,方法归纳"4个环节。它体现了以教师为主导、学生为主体、训练为主线、目标达成为主旨的课堂教学四主原则,是学校传统"学、思、导、练"教学特色的具体体现,进一步提高了常态课的实效性和针对性。

4. 把常态课质量的提高与教师个人发展相结合

学校和教育主管部门应该经常创造让普通教师外出学习的机会,并制定政策,对常态课提高较快的普通教师给予培训式奖励,激发普通教师的工作热情和学习激情。

同时,也应该聘请教育教学专家对教师们的常态课进行点评指导,让专家引领指导普通教师的常态课,对普通教师的常态课堂进行分析和评价指导,把"以解决实际问题为目的"的研究和培训有机地结合在一起,既解决老师们日常教学缺乏专家指导的问题,避免老师们"萝卜炒萝卜"式的同行研修的弊病,又克服校本培训缺乏针对性的不足。

体验学习新视野(笔谈)

摘　要：本部分由 3 篇探讨体验学习的文章组成,分别从行为目标、生命哲学、过程哲学的新视角对体验学习进行主题研究。

关键词：体验学习;行业目标;生命哲学;过程哲学

行为目标视野下的体验学习

王映学 *

行为目标是基于行为主义心理学提出的一种目标理论与技术,主张以可观察可测量的行为陈述学习的目标。行为目标的核心观点可以概括为三个基本问题:学习的目标或者学习变化是什么,通过何种途径或者手段达到学习者所期望的目标,我们怎样知道自己的学习达到了自己所预期的目标?

从本质上讲,学习是体验性的。对体验学习(experimental learning)的理解,离不开经验。我们可以从两个层面理解经验:作为名词用,强调的是因个体行为而出现的变化,强调的是结果;作为动词用,强调的则是个体学习过程中的感知与体悟,强调的是过程。有人认为取"体验"这个词的内涵要比"经验"更丰富些,理由是,体验不仅包含了学习的结果——经验,也包括了学习的过程——体验。我们认为,体验学习概念本身就包含对学习结果和学习过程的综合,"体验"重在学习的过程,"学习"重在引发的变化。换句话讲,体验学习中的体验自然强调学习的过程,重在亲历性的经验;学习强调结果,聚焦因经验而引发的变化。可以认为,体验学习这个概念就将学习的过程观和结果观统合了起来。

基于上述观点,我们可从学习的目标、过程和评价三个方面来审视体验学习。

体验学习的目标。人类行为突出而鲜明的特点在于其目的性,作为一种人类重要的学习方式,体验学习是一种目标性很强的活动。目标是活动的归宿,是个体活动所期望达到的地方。个体学习是目标性很强的活动,它在一开始就将自己的学习指向某种目的——知识的获得、技能或能力的掌握以及情绪情感的培育。具体而言,体验学习的目标表现为:(1) 认知能力的培养。需要明确的是,提及体验学习,似乎完全将学习视为过程、看作对过程的解释和反思。其实,体验学习不论强调个体的具体经验,还是对经验的反思和概括,都很重视个体认知能力的培养。这种认知能力体现在学习的感知、记忆、思维和想象等认知过程中,通过体验学习,

---

　＊　王映学,扬州大学教育科学学院,教授,博士。

不仅可以获得感知能力、记忆能力、思维能力及想象等认知能力,而且可以发展上述认知能力。(2)情绪情感的培育。人类认知的伟大之处在于,其任何认知活动必然伴随情感或者有情感的参与,正是有了情感,认知活动才有了"热度",认知活动才有自己的个性特征,心理学中提及的"热认知"就是与这种体验学习中的情绪情感分不开的。(3)完整个性的塑造统合。个体的学习是为了其更好适应并创设环境,提高其在变化环境中的生存能力。这种能力不仅要求学习者能认识、体悟现时环境,更能通过自己对环境的认识和理解创设环境,而这种能力显然是一种高度综合化的统合能力,是任何一种单一的外铄式的学习难以承载的。体验学习的目标涉及学习往何处去的问题,是涉及学习变化的问题。

体验学习的过程。对体验学习进行系统而完整阐释的当属美国心理学家库伯(David A. Kolb)。他认为体验学习是连接个人发展、教育和工作的纽带,同时指出,体验学习是由4个适应性学习阶段构成的环形结构,这一环形包括具体经验、反思观察、抽象概括和行动应用。具体经验即学习者的亲历性经验,是个体在特定情境中进行的亲历性行为,在特定的情境中,个体通过感知性的观察活动引发学习。社会学习理论中的亲历性观察学习就包含有库伯所讲的这种具体经验;反思观察是在具体经验的基础上,通过对感知经验的分析和解释,反观自照,是个体感知活动与具体经验环境之间的相互作用过程。这种过程体现为因个体的经验引发学习者的疑问,正是学习者出现的疑问引发了自己进一步思考经验情境的愿望;之后,学习者将自己观察到的感知经验经过反思进一步概括总结,形成一般性的结论或者概论,就达到了库伯所讲的抽象概括阶段;完整的学习不会就此止步,在抽象概括的基础上,学习者会进一步将上一阶段概括并抽象得到的经验应用于经验情境或者完全新的情境,以检验上一阶段获得的经验的合理性与适宜性,这样就出现了库伯学习圈模型中的行动应用。值得一提的是,库伯的学习圈模型与班杜拉(A. Bandura)观察学习过程的4个子过程——注意过程、保持过程、运动再现过程和动机过程有着异曲同工之妙。班杜拉曾明确地提出,许多通过观察学习得来的东西也通过自身体验得以精炼和完善。从完整的个体认识过程讲,体验学习开始于具体经验,但库伯明确指出,体验学习可以从上述环形结构的任何一环节进入。尽管库伯极为重视具体经验在体验学习中的重要性和不可替代性,但他也衷心告诫学习者,学习并不总是始于具体经验。体验学习的过程涉及学习如何到达自己的目标,是涉及目标完成的路径和手段选择问题。

体验学习的评价。一个完整的学习问题,必然涉及学习的评价。体验学习是一种真正意义上的学习,是一种完整的统合性学习,这就必然关乎人们对其学习效果的关注。体验学习的评价是与其学习目标相关联的。我们认为,对体验学习效果的关注,至少要考虑这样几个方面:(1)个体认知能力的变化。体验学习强调通过亲历性的或者间接性的个体经验,获得包括感知、记忆、思维和想象在内的认知能力,一个相对的体验学习单元不一定在上述每一种认知能力都出现我们期望的变化,但体验学习的核心就在于出现这种变化。（2）包括学习动机在内的情绪情感的获得。情绪情感伴随认知活动的始终,体验学习首先是一种认知活动,衡量认知活动的成效,不能剥离对认知活动产生增力或减力效应的情绪情感。情绪情感的效能不仅体现在对认知对象的选择上,也表现在对自己学习行为过程的调节和控制上。因此,对体验学习中情绪情感的关注就成为学习效果的关注所在。（3）适应、塑造并创设情境的能力。体验学习是在特定的情境中进行的,情境性是体验学习的重要特征之一,个体与情境之间的互动是体验学习的重要过程特征。因此,对体验学习的评价,自然要关注学习者对情境的适应、改变和生成。正是在这样的由简单的适应到创设的过程中,才能够真正衡量体验学习的成效,也正是在这样的适应性改变过程中,学习者通过体验学习完成了全方位的成长。体验学习的终极目标是个体统合性的完整的认知与个性发展。体验学习的评价涉及学习是否出现了个体所期望的变化,是对学习是否达到预设目标的追问。

生命哲学视野下的体验学习

张　瑜*

　　体验是人的生命活动过程,是个体与环境交互作用的结果。体验意味着主体的觉醒及心灵的唤醒,是外部世界与自我生命存在状态的一种交融过程。学习中的体验指学生在参与学习活动中获得的情绪感受,并融入自身的经验之中。它强调学生亲历活动,伴有情绪反应,并对原有经验发生影响。

一、生命哲学视野下体验学习的基本含义

　　在生命哲学视野下,学习是一种特殊的生命活动,只有当学生个体"生命在场"时,学习活动才能成为一个不断创造、不断生成、不断完善的生命过程。学习是一种以人的生命发展为归依的活动,它蕴涵着高度的生命价值与意义。学习过程不仅是知识增长的过程,还是适应生命体验性特征、丰富学生精神世界的过程。

　　依据生命哲学的观点,我们将体验学习界定为:立足学生的心理特点,通过真实活动或情境创设呈现或再现教学内容,使学生通过亲身经历,理解并建构知识、生成意义、产生情感,并在实践中加以运用检验的过程,以达到促进学习、发展能力和丰富生命的目的。

二、生命哲学视野下体验学习的基本特征

　　与认知学习相比,体验学习在学习内容上,立足学生生活实际,重视直接经验,关注默会认知,重视学习过程的复杂性,关注整体学习;在学习方式上,体验学习注重主动探索,通过真实活动或实际情景直接参与知识、情感的形成,做中学,做中

　　* 张瑜,女,如皋高等师范学校学前与双语教育系,讲师,硕士。

思,做中悟,直觉与逻辑并用,过程与结果并重。体验学习具有整体性、独特性和创生性的特点。

(1)整体性。学生以完整的生命参与学习,学习内容以整体的形式呈现。人是以一个完整的生命方式参与现实生活与各项活动的,学习作为一种特殊的生命活动,学生主体以生命整体投入其中,通过体验与反省,知识进入自己的内心世界,与自己的生活境遇和人生经验融化在一起,在理解知识的同时感受和体验知识的内在意蕴,获得精神的丰富和完整生命的成长。同时,教育内容回归生活世界,学生个性得以全面展现。

(2)独特性。首先,体验学习强调培养学生的个性。人的生命的独特性表现为每一个体具有不可重复、不可置换、不可模拟等特性。这就意味着每个人都会有不同的价值选择、行为方式,有不同的话题、词语和理解方式。在体验学习中,学生以自己独特的方式对外部世界做出应答,通过创造性的吸纳、辨别、选择和融合来创造一个新的世界。其次,体验学习体现了意义理解的独特性。在体验学习中,个人的见解、个人的探索、个人的情感构成了认知过程必不可少的组成部分,知识与情感获得的过程就是学习者参与建构知识的过程。

(3)创生性。柏格森认为,生命是创造的进化。西美尔也指出,生命过程是不断超越、发展自身的过程,它不仅创造更多的生命时时更新自己,而且从自身创造出非生命的东西。体验学习的创生性体现在学生对学习内容所蕴含的意义的创造和生成上。体验学习是一种伴有情感反应的意义生成活动。在体验学习过程中,学习者与学习内容发生联系,借助想象、移情、神思等心理因素的交融、互汇,使外部世界在主体心灵中被激活、唤醒,生出新的意义。这一创生过程不仅带来学习目标的达成,而且带来学习者生命感的增强及精神力量的提升。

德国教育家斯普朗格认为,"教育绝不是单纯的文化传递,教育之为教育的核心正在于它是一种人格心灵的唤醒"。体验是人对社会生活整体性的参与。在体验学习中,儿童作为一个活生生的、有生命意义的主体,与进入其内心的客体相遇,形成一种认同感,从而感知生命的意义。基于体验的教学能激发学生灵魂深处对生活的热爱与追求,让学生感悟人生的智慧,得到精神的提升,使用学习更加贴近生命的本质。

过程哲学视野下的体验学习

陆 薇*

过程思想古已有之,从中国古代孔子的学习理念、老子的"道"的思想到西方

* 陆薇,女,扬州大学教育科学学院研究生,扬州立智教育学校教师。

的过程神学,再到黑格尔的"绝对精神"。作为过程哲学的集大成者,怀特海系统地总结了传统西方哲学思想,他在《过程与实在》一书中用"实在存在物"(entity)来代替"实体"(substance),认为根本没有不变的实体或本体。

一、过程哲学的基本观点

过程即实在,实在即过程。过程哲学认为,宇宙不是由原初的物质或物质实体构成的,而是由性质和关系所构成的有机体。有机体的活动表现为过程,因此"过程"也是构成宇宙最基本的单位,每个事物都是以过程而存在的,即过程就是实体,世界就是由过程组成的。怀特海指出"现实世界是一个过程,这个过程就是现实实有的生成"。这种"生成和过程原理"阐明了事物的生成、发展和演变的过程。这不是一个简单的流动,不是一种没有形式的连续性,而是从一个阶段进入到另外一个阶段的过程,每个阶段都是后续阶段走向完善的现实基础。

万事万物相互联系并相互制约。过程的另一个含义指关联性活动,因而过程哲学也被称为"有机哲学",它强调万事万物都不是割裂独立存在的,不存在任何独立的实体,人与人、人与世界都是彼此相互联系的,这种相互间的联系构成了一个整体,因此,这种思维方式也被称为整合性思维。同时,万物处于不断创造生成的过程之中。创造性(creativity)是怀特海哲学范畴体系中的一个终极范畴,通过另外两个基本范畴"多"和"一"得以说明:"多生成一,由一而长。""多生成一"是指现实实在的生成过程,"由一而长"则是创造活动产生的结果,即每个现实实在经过创造活动综合而成后,便将自身贡献给现实世界,从而给现实世界增加了一个因素,即它由环境中原有的 n 个因素作为资料组成,但是经过创造活动生成为新个体后,便成了这个环境中的第 n + 1 个新要素。

二、库伯的体验学习观

体验学习研究的集大成者库伯在《体验学习》中强调个体知识来源于感官经验。通过创造一定的情境,将学习者带入真实情境之中,让他们"身临其境"地进行体验。他认为,学习是一种社会过程,是一种精心设计的体验,并分析了体验学习理论的基本内涵。库伯概括了体验学习的 6 个基本特征:第一,体验学习是一种过程,而不是结果。库伯把学习描述为一个起源于体验并在体验下不断修正并获得观念的连续过程。第二,体验学习是以体验为基础的持续过程。学生都是带着一定的经验进入学习情境的,作为教育者,要适当地处理或修正学生的原有经验。第三,体验学习是运用辩证方法不断解决冲突的过程。在库伯看来,学生需要积极体验,也要反思观察;既要经历具体体验,又要实现抽象概括。第四,体验学习是一个适应世界的完整过程。第五,体验学习是个体与环境之间连续不断的交互作用过程。传统教育将学习局限于书本、课堂以及教师,而体验学习强调个人与环境关系的"交互作用"。第六,体验学习是一个创造知识的过程。体验学习注重实现社会知识和个人知识之间的转换,并把学习定义为"体验的转换并创造知识的过程"。此外,库伯还创造性地提出了体验学习圈,由 4 个基本阶段构成的一个闭合的学习系统,即具体体验(concrete experience)、反思观察(reflective observation)、抽象概括(abstract conceptualization)和主动应用(active experience)。

三、过程哲学对体验学习的意义

过程哲学将形而上学与宇宙论相结合,将研究一切事实的形式特征与研究这个时代的一般特征相结合,既有连贯的、符合逻辑的理性层次,又有可操作性的经验层次。因此,用过程哲学所提供的基本思想,对体验学习概念体系进行重构是很有意义的。

在库伯的著作中,他并没有给体验学习进行明确的定义,而是通过对体验学习圈的阐述来揭示体验学习的组成部分即感知学习、反思性学习、理论学习及进行试验。这样组成了体验学习的循环圈,循环往复、螺旋上升。从怀特海的过程哲学以及其教育思想来审视体验学习,我们感到缺少了一些元素,譬如:直接的体验之后一定会使得每个人都进行反思观察吗? 四个步骤之间是否能够完全彼此独立? 主动应用之后又重新回到了具体体验阶段,那么这个体验学习圈的终极目的在于哪里? 等等。因此,体验学习的概念有待重新界定。

从怀特海教育哲学思想的角度对体验学习的概念进行重新解读,我们可以对库伯的体验学习圈进行一些修改与完善。首先,要明确学习的主体是学生,是一个个有生命活力的个体,他们可以去体验感受各种客观知识。但是,这种体验也必须有教师的适当的参与以及恰当的指导。学校教育应当是一种有机教育。其次,体验学习应当以创造力的培养为旨趣,不断地处于螺旋上升的过程之中。最后,对于体验学习的对象,不是零碎的;对于学校课程而言,也不是绝对只能是单一的,学生在学习物理的时候同时可以学到化学知识,或者在进行语文课的体验时也能获得思想道德的启迪。

总之,体验学习是指在激起好奇心的时候以学生的体验和反思为主,以教师的指导为辅,以创造力的培养为最终旨趣的多方位学习。它主要包括 5 个阶段:引发好奇、具体体验、反思观察、抽象概括、实践应用。而这 5 个阶段并不是按照一成不变的顺序进行循环的,而是相互之间都有内在关联。5 个阶段没有绝对的排列,比如在引发好奇后,学生可以根据自己的好奇心先进行反思观察,再进行一定的思考,之后,或许他更加困惑了,需要进行具体的体验才能更好地领悟和总结。又比如在反思观察之后,学生可能会发现新的好奇点,然后又会进行新的体验,这也告诉我们体验学习圈并不是必须进行一个循环之后才能重新开始。正如怀特海指出的那样,任何事物之间都是相互关联的,每个环节有一定的独立性,又无法单独存在。

论教师的课程智慧①

于海波 *

摘 要：课程智慧是影响教师课程问题解决和课程行为选择的重要因素。课程智慧决定着教师个人课程的结构质量和运行水平。本质而言，课程智慧是课程主体具备的有利于课程活动高质量开展和课程问题高水平解决的综合情智结构，具有情境性、文化性、发展性、实效性、创造性和艺术性等特征。提升教师课程智慧应该从提升教师的课程意识、唤醒教师的积极情感、提升教师的知识水平、提供宽松的成长环境、鼓励不断地尝试与反思等几个方面着手。

关键词：课程智慧；教师素养；教师教育

基础教育越来越需要能够灵活、高效地解决课程问题、选择课程行为的专家型教师。而专家型教师的一个共同特征是，不仅具备处理常规课程问题的课程能力，而且具有解决非常规问题的课程智慧。课程智慧研究已经引起国内外学者的关注，但课程智慧与教师个人课程的关系、课程智慧内涵、结构与特征以及有针对性的提升策略等问题还有待广泛而深入的探讨。

一、地位：课程智慧是教师职业素养的"上层建筑"

教师是课程的关键。有了教师才可能有生动、变幻的"活"课程。在课程实践与活动中教师起到了至关重要的作用。教师的核心任务之一就是对课程的"转换"。教师对课程的转换包括 5 个方面：第一，由文本的课程转换为行动的课程。往往课程是以文本的形式存在的，但是以文本形式存在的课程并不具有直接的教育功能，只有将文本课程转换为课程行为，才能引发学生情智结构的变化，课程的教育价值才得以彰显。在这个转换过程中，教师的价值取向、知识结构、课程能力、教学风格等是影响转换成效的重要因素。第二，将公共的课程转换为个别的课程。不管是课程标准、教科书，还是教学参考书、学业评价标准、习题集等都是公共的课程，亦即假设的使用对象是"多数""一般""普通"的学生，然而具体的课程活动却是个别的、差异化的，因此教师必须对公共课程进行取舍、增补，转换成适合自己学生的课程。第三，将预设的课程转换为生成的课程。预设性是课程的重要特征，体现了课程规划者、设计者对课程的规划、设计、编制的思想、观念、意图和定位。而教师是将预设课程转换为实施课程的重要主体。转换过程中既反映了教师的知识

① 本文系作者 2013 年 6 月参加在扬州大学召开的"第三届全国教学哲学学术研讨会"的交流论文。教育部 2011 年度人文社会科学重点研究基地重大研究项目"城乡统筹视域中农村义务教育教师补充机制研究"（项目批准号：11JJD880035）。

* 于海波，东北师范大学，教授、博士生导师，主要研究方向为科学教育、农村教师专业发展。

与能力,也渗透着教师的观念和追求。第四,将个体的课程转换为集体的课程。在课程实施的过程中,教师不仅是演员,更是编剧和导演。为课程的实施选择合适的剧本、制订严密的计划、编制精致的脚本、挑选合适的演员、进行恰当的指导,是教师的重要工作内容。同时,教师必须清楚"表演"不是哪个人的独角戏,而是一个团体演出,如何促使演员们更好地相互协作是教师应该注意的问题。因此,课程实施就是教师与学生的个人课程和经验相互作用、共同生长生成集体课程的过程。第五,将资源的课程转换为现实的课程。广义而言,在课程实施、展开之前,所有与课程有关的要素仅仅是课程的资源而非课程本身,是教师与学生对这些课程资源进行了选择、加工、改造、展示、利用,通过这些行为活化了课程资源,使课程资源与师生的观念、知识、思想与行为发生了实质的作用,而这些作用最终引发了师生的变化。无疑,教师是挖掘和利用课程资源的主要主体。

既然教师在课程活动中居于核心地位,那么为了高效完成课程行为,教师应该具备什么样的素养呢?对于这个复杂问题很难给出一个简单解。但是,这个问题又不能不回答,因为这是关涉到如何理解和改进教师的课程行为的问题。简而言之,教师课程素养的分析可以包括4个维度:知识与思想、技能与能力、观念与态度、技术与艺术。其实,这4个维度之间也不是泾渭分明、决然独立的,它们之间往往具有一定的交叉和重叠,如是划分的一种重要原因是出于分析问题的方便。首先,知识与思想维度。知识是对事物认识、理解的结果,知识的凝练、升华便生成了思想,教师的知识与思想是教师课程观念、行为的前提和基础。其次,技能与能力维度。教师的课程与教学活动需要其具有一定的技能和能力,比如教学的板书板画技能、实验操作技能、语言表达技能、课堂组织技能等;同时也需要教师具备一定的能力,比如课程资源开发能力、教学设计能力、教学媒体运用的能力、课堂调控能力等。"技能—能力"维度主要表征的是与具体内容关联较弱、但对课程行为又具有明显作用的教师个性特征。技能与能力向来被认为是教师课程活动中的"硬实力"。再次,观念与态度维度。观念和态度是教师对事物、过程、问题等的认识、理解、判断的方向和视角,是认知因素与情感因素的交糅,它们对教师的课程行为具有启动、导向和约束的作用。最后,技术与艺术维度。严格来讲,"技术—艺术"维度与其他三个维度不同,它不是方向取向而是水平取向的。技术与艺术只是水平的两端,在这两端之间可以划分出很多的水平,我们约略地将其划分为忠实、调试、创生、个性化4个层次。如何划分层次和命名不重要,重要的是我们应该认识到教师的课程素养具有差异性、层次性、发展性。我们可以将教师能够积极、灵活、高效地开展课程活动、解决课程问题所应具备的综合素养称为课程智慧。

二、澄清:教师课程智慧的内涵、特征与结构

教师的课程智慧决定着教师课程行为的质量,那么,什么是课程智慧呢?国外学者的观点对我们有一些启示。贾丁认为课程智慧是"我们把知识传递给学生,以期他们在世上能继续生活"的本事。亨德森、凯森认为"课程智慧就是在更高层

次上决策,其重点在于解决即时问题"。凯克斯认为课程智慧既是一种判断力,也是一种执行力。① 国外学者的研究无疑是深入而具有启发性的。概括而言,课程智慧是帮助教师促进学生全面发展、完满生活的能力;课程智慧是实现课程理想的重要而复杂的手段;课程智慧是一种教育决策和执行能力。

深入分析课程智慧之前有必要先来看看什么是智慧。有学者认为智慧是高等生物所具有的基于神经器官(物质基础)的一种高级综合能力。智慧是"对食物能认识、辨析、判断处理和发明创造的能力",亦指"智谋、谋略"。② 智慧让人可以深刻地理解人、事、物、现状、过去、将来,拥有思考、分析、探求真理的能力。与智力不同,智慧表示智力器官的终极功能,与"形而上谓之道"有异曲同工之处,智力是"形而下谓之器"。智慧使我们做出成功的决策。有智慧的人称为智者。③ 结合国外学者的理解和语义的分析,我们可以认为智慧是一个能力群、智慧高于智力、智慧能够使人们做出正确的决策。因此我们可以大致地对课程智慧进行定义,课程智慧是课程主体具备的有利于课程活动高质量开展和课程问题高水平解决的综合的情智结构。概括而言,课程智慧具有如下6个特征:

(1)情境性。课程智慧并不能脱离具体的问题和情境存在,课程智慧的施展会因问题、内容、时机、氛围等而异,亦即课程智慧具有一定的情境性。每一位教师都是具体的人,当面对具体的课程活动和课程问题时,都会根据个人的经验、能力、个性有针对性地采用不同的行为。这种行为的选择明显地依赖于当时的客观环境和主观条件,表现出明显的情境性。

(2)文化性。课程活动、课程问题具有一定的文化性。比如对于课程目标的设定、课程价值的定位、课程内容的选择、课程活动的安排、课程评价的设计都具有明显的文化特性。比如,中国与西方文化在教师的职责定位、学生的学习方式、师生关系的理解等方面存在差异,这就对教师的课程智慧提出了不同的要求。

(3)发展性。课程智慧不是教师先天具有的,也不是一朝一夕能够获得的。教师的课程智慧是教师在学习、实践和反思中不断形成和发展的。教师课程智慧的发展具有一定的阶段性和规律性。教师课程智慧的发展性为人们揭示其运行和成长机制、提出有效的干预和培养策略提供了可能。

(4)实效性。课程智慧是以现实的课程问题解决为指向的,评价课程智慧水平高低的一个主要指标就是解决实际课程问题的成效。本质而言,课程智慧就是教师开展课程活动、解决课程问题的本领,忽视了课程智慧的实效性就等于否定了课程智慧存在的必要性。同时,也只有在现实的课程实践中,我们才可能观察、思

① [美]亨德森:《课程智慧:民主社会中的教育决策》,夏慧贤,等译,中国轻工业出版社,2010 年,第21-29 页。

② http://zh.wikipedia.org/wiki/%E6%99%BA%E6%85%A7。

③ 《辞海》,上海辞书出版社,2009 年,第2955 页。

考和研究课程智慧,否则课程智慧便失去了展开的场景和生长的土壤。

（5）创造性。课程智慧不同于一般的课程技能、知识和能力。课程智慧是教师高水平的课程素养。而高水平课程素养的一个重要的体现就是能够创造性地开展课程活动、解决课程问题。当面对从未遇到、难度较大、时间较短而要求又较高的课程活动和课程问题时,教师往往没有先前的经验、成型的方案、完备的计划,这时考验的就是教师创造性解决问题的能力,而这恰恰就是教师课程智慧的核心。

（6）艺术性。真正的课程活动、课程问题往往是与众不同的、非常规的和复杂的,而不同的教师处理这些问题时又会因视角、经验、观念、能力、风格等的差异而有所不同,于是就会常常出现在课程活动和问题解决中效果明显、精彩纷呈但是又无法简单复制、移植和模仿的现象。可见,课程智慧具有明显的艺术性。

拥有课程智慧的教师在认识课程现象、解决课程问题上应该表现出与众不同的价值取向和基本能力。因此,课程智慧会使教师具备或内隐或外显的独特的素养。简而言之,包括以下6个方面:

一是博大的爱心。一般认为庞大的智慧系统的背后应是以雄厚的知识和智力为基础,实则笔者认为在智慧的背后最为必要而坚强的依托恰恰不是认知因素,而是非智力因素。爱心即决定课程智慧生长的动力、成长的速度、发展的方向、运用的效果的重要变量。爱心对课程智慧的形成具有激发、维持、激励、约束和激活的作用,没有对学生和教育的爱心便很难有课程智慧生成。同时,爱心本身也是一种强大的教育力量。

二是广博的知识。知识是智力、技能、能力和智慧的基础。没有广博的知识,智慧的形成与施展便无从谈起。具有课程智慧的人一般要具备实践知识、理论知识、学科知识和生活知识4个方面的知识。知识的广度在一定程度上决定了教师理解问题的深度和解决问题的灵活度,同时课程智慧运用的过程和结果也会展示出教师对不同知识的挖掘、整合、拓展和创新的程度。

三是深邃的洞察力。具有课程智慧的教师的一个重要特质就是能够透过纷繁复杂的课程表象洞察到其本质,并有针对性地提出解决方案。往往课程现象和课程问题都是错综复杂的,具有课程智慧的教师能够迅速理清各个现象、要素、环节之间的内在联系和因果关系,并对问题的敏感点、关键点进行干预和调控。

四是深刻的批判力。具备课程智慧的教师,往往能够超越个人所在的场景和共同体,善于躬身自省和换位思考。这样的教师善于从更新的视角和更高的高度审视自身和共同体的价值取向、课程内容、活动方式和课程结果。他们不仅在能力而且在态度上敢于质疑、否定和颠覆个人和共同体的观点、思路、做法和结论。

五是卓越的创造力。真正的课程智慧只有在复杂、高难度、超常规的课程现象和课程问题的解释和解决中才能得以运用和展示。所以,课程智慧最直接和鲜明的外显就是教师在解决课程问题时所表现出来的创造力。教师课程智慧创造性的表现也不尽相同,有时表现为对课程问题的新认识,有时表现为对课程活动的新设计,有时表现为对课程问题的创造性解决等。

六是扎实的实践力。教师的课程智慧不仅在于对课程问题的认识、理解,更在于将课程思想、教育理念、课程设计转换为课程活动的能力。不过课程智慧的实践与常规的课程实践又有所不同,更强调课程实践上的尝试、探索和调控,更强调在实践中获得前所未有的、高质量的活动效果。课程智慧不只是专家头脑中的思维活动,更是实践者的实践艺术。

三、提升:教师课程智慧的发展策略

教师课程智慧的发展受诸多主客观因素的影响,其培养也是一个复杂的过程,简单而言,笔者认为应该从 5 个方面进行着手。

首先,提升教师课程意识。课程智慧提升是一个复杂的过程,在这个过程中首先应该唤起教师对课程现象、课程问题、课程规律的关注、关心和思考,鼓励其从课程的视角分析和思考问题,也就是激起教师的课程意识。简单地讲,课程意识"就是人们在考虑教育教学问题时对于课程意义的敏感性和自觉性程度"。① 当然,教师课程意识的培养也是一个系统工程,一是,通过引导使教师熟悉教学生活中的课程现象、课程问题的普遍性;二是,通过理论学习,增强教师的问题意识和对课程问题的敏感性;三是,促使教师经常使用课程的语言、逻辑和规律分析和解决问题,培养教师思考和解决课程问题的习惯;四是鼓励教师经常反思个人的课程意识,自觉改善和提高个人的课程意识水平。一般而言,随着课程意识水平的提高,教师就会不断自我评价个人的课程能力水平、查找个人课程实施能力的不足,并主动采取措施进行提升。

其次,唤醒教师的积极情感。简言之,教师的积极情感就是教师的爱心。教师只有热爱一项事业才可能全身心地投入,只有全身心的投入才可能有全部心智的激活,只有全部心智的激活才可能有高水平的课程活动,也才可能有教师课程智慧的发展。如此,爱心不仅是一个师德问题、情感问题,更是一个智慧问题。爱心决定了教师心智取向、投入程度、维持时间,当然也就对课程活动的效果起到了至关重要的影响。爱心比任何一项心智能力的培养都要难,因为它关涉的方面多、机制复杂、结果不稳定。对于教师而言最主要的爱心应该包括两个方面,一是对学科的热爱,二是对学生的热爱。没有对学科的热爱就很难对所教学科有深入的理解,也很难对学科的发展有持续的关注,更无法对学科有全面的生活化的解读。对学科的热爱很难培养,这不是凭借单纯的说教能够实现的,只有在学习学科的过程中不断地体会到学科解释、预测自然、社会现象的力量,感受到学科的内在的和谐与美,体验到它与生活的联系,人们才可能不断增进对学科的理解和喜爱。对学生的爱心的培养同样是复杂而艰难的系统工程。教师教育中经常有一个误区,就是希望通过道德压力和规则约束来提升教师对学生的爱心,但实践证明这是低效的。如

---

① 吴刚平:《教学改革需要强化课程意识》,《人民教育》,2006 年第 11 期。

何通过案例研讨、实践反思、家校沟通、广泛阅读、深入学生生活等方式使教师真正地关注学生、亲近学生、理解学生、喜爱学生,应该成为研究的话题。

再次,提升教师的专业知识和教学技能水平。扎实的专业知识和教学技能是教师课程智慧的硬实力。没有教师扎实的专业知识和教学技能,教师的课程智慧就无从谈起。教师的专业知识主要包括三个维度:一是"学科知识—支持知识";二是"理论知识—实践知识";三是"专业知识—生活知识"。培养教师知识的核心还是专业知识,但是教师的知识必须有一定的覆盖面,往往广度决定深度。同时,教师的知识也不能仅仅停留在理论层面,没有经过个人化、具体化、问题化的知识,是"死"的知识,促进教师知识"活化"的重要途径就是持续的学习、反复的运用、深入的思考和不断反思,这样教师的知识就会不断地转换为实践知识。同时,对于教师而言,有必要将枯燥、艰深、抽象的专业知识转换成生活知识,只有转换成生活知识才能更好地促进学生的理解、激发学生的兴趣、培养学生的习惯、发展学生的能力。知识的生活化,需要教师对专业知识有深入的理解、对生活世界有全面的认识,这样才能做到深入浅出、旁征博引,当然这也是对教师的一个挑战。

复次,提供宽松的成长环境。课程智慧的生成是复杂而艰苦的过程。教师在职业成长的过程中需要不断地努力和学习。在这个过程中,对教师而言,自我的评价、约束、调控、激励就显得特别重要。教师对待课程活动和自身成长需要有严谨的态度。教师的严谨态度体现在教师对待科学问题的一丝不苟、对待学生问题的无微不至、对待教学问题的明察秋毫、对待个人问题严于律己,严谨的态度不仅能帮助教师处理好教学活动和个人成长,更能为教师的成长提供机会和持续动力。而对于学校而言,恰恰要为教师提供宽松的成长环境,在制度建设、教学评价等方面,尽量从教师的长远成长、个性特点、发展潜力等方面出发,为教师的发展提供宽松的成长环境。宽松的成长环境有助于教师情意与能力、知识与思想、技术与艺术的全面提升,而不是仅仅局限在表面的、短暂的、外显的素质上的变化。

最后,鼓励不断地尝试与反思。课程智慧是依靠教师丰富而灵活的知识、全面而扎实的能力、积极而审慎的行动来实现的,然而良性的知识结构、高超的教学技艺、积极的职业态度,单凭理论学习和技能训练是无法获得的。它们的成分不仅仅是静态的知识组块、分散的技能要领和呆板的行为准则,而是与具体问题、情境、活动相联系的,能够灵活调取、运用和激发,并能及时调整和修正的实践知识、技能和情感。实践的素养要靠实践的方式来获得。真正的实践是由大脑、知识、思维、情感和智慧深层次参与的活动,而不是简单的经历和参与,是一个真正的问题解决过程。要鼓励教师在严肃、认真准备前提下的课程和教学尝试,鼓励他们进行一些课程与教学的改革和研究。只有在不断地摸索和研究中教师才能了解学生、课程和教学的真谛,才能认识到课程与教学现象背后的规律,才能不断提升个人的课程智慧。

农村幼儿园转岗教师职业认同现状

王洲林　刘秋君*

　　摘　要：本文运用问卷对绵阳市 173 位农村幼儿园转岗教师的职业认同进行了调查研究。发现：教师的总体职业认同水平较高；在幼儿园工作时间越长职业认同越高；学历越高职业认同越低；私立幼儿园教师的职业认同高于公办幼儿园的教师；从事行政工作教师的职业认同高于从事教学工作教师。

　　关键词：农村幼儿园；转岗教师；职业认同

一、问题提出

　　为尽快有效缓解当前我国幼教师资严重不足的现状，解决中小学富余教师再就业的难题，2010 年 7 月 29 日中共中央、国务院正式颁布了《国家中长期教育改革和发展规划纲要（ 2010—2020 年） 》，其中明确指出"充分利用中小学布局调整富余的校舍和教师举办幼儿园(班)"。① 同年 11 月 21 日国务院再次出台了《国务院关于当前发展学前教育的若干意见》，其中明确要求："公开招聘具备条件的毕业生充实幼儿教师队伍，中小学富余教师经培训合格后可转入学前教育。"② 目前已有相当一部分中小学教师转入幼儿园从事教学及管理工作。虽然学前教育和中小学教育都属于教育领域，但两者存在着本质上的不同。转岗后，一部分老师难以适应新的岗位，缺乏对幼教职业的认同，直接影响工作的开展。农村幼儿园老师绝大部分都是转岗老师，因此，了解农村幼儿园转岗教师对职业的认同情况及影响职业认同的因素，对培养她们的专业情感，使其尽快适应幼儿园工作具有重要的意义。

二、研究方法

　　1. 研究对象

　　本文以 2013 年 3—5 月国培农村幼儿园转岗教师培训项目绵阳师范学院班 180 位农村幼儿园转岗教师为研究对象。

　　2. 研究工具

　　本研究使用自编的《农村幼儿园转岗教师职业认同调查问卷》，本问卷包括三个维度 22 个题目。三个维度分别是职业能力、职业情感及职业认知，问卷 KMO 值为 0.815，三个维度可以解释总方差的 48.809% ，内部一致性信度 a 系数为 0.879。

---

　　* 王洲林，绵阳师范学院教育科学学院，副教授；刘秋君，女，西昌市礼州幼儿园教师。

　　①　国发〔2010〕41 号《国务院关于当前发展学前教育的若干意见》，2010 年。

　　②　http://www.moe.edu.cn/publicfiles/business/htmlfiles/moe/moe_838/201008/93704.html。

3. 问卷的发放与回收

共发放问卷 180 份,回收问卷 175 份,问卷回收率为 97%。去掉无效问卷 2 份,有效问卷总计 173 份,问卷有效率为 96%。

4. 数据处理

采用 SPSS 17.0 软件包对数据进行分析,主要是方差分析和独立样本 T 检验。

三、研究结果

(一)农村幼儿园转岗教师总体职业认同水平

从表 1 可以看出:在最高分为 5 分的计分标准下,农村幼儿园转岗教师的职业认同水平总体较高($M = 4.2026 > 3$)。

表 1 农村幼儿园转岗教师职业认同及其各因素总体水平

项目	维度			总体
	职业情感	职业能力	职业认知	职业认同
M	4.4150	4.0630	4.1056	4.2026
SD	.47372	.51620	.59899	.42505

(二)农村幼儿园转岗教师职业认同在年龄方面的差异情况

从图 1 可以看出:不同年龄的农村幼儿园转岗教师中,36~40 岁的教师的职业认同水平最高,26~30 岁的教师的职业认同水平最低。

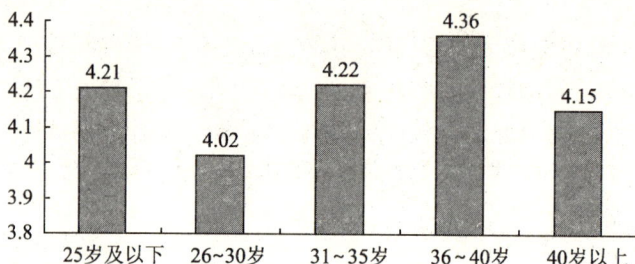

图 1 农村幼儿园转岗教师职业认同在年龄方面的得分平均值

从表 2 可以看出:不同年龄农村幼儿园转岗教师的职业认同差异不显著($F = 1.651, P = 0.167 > 0.05$)。

表 2 农村幼儿园转岗教师职业认同在年龄方面的方差分析

		均 值	标准差	检验 F	结果 P
职业情感	25 岁及以上(32 人)	4.4554	.31198	1.489	.211
	26~30 岁(36 人)	4.2210	.53653		
	31~35 岁(42 人)	4.3967	.52583		
	36~40 岁(33 人)	4.5600	.40844		
	40 岁以上(30 人)	4.4389	.48441		

		均　值	标准差	检验 F	结果 P
职业能力	25 岁及以(32 人)	4.0000	.32676	1.772	.140
	26～30 岁(36 人)	3.9078	.50753		
职业认知	31～35 岁(42 人)	4.0881	.36241	.656	.624
	36～40 岁(33 人)	4.2814	.40830		
	40 岁以上(30 人)	3.9966	.72230		
	25 岁及以上(32 人)	4.1909	.34680		
	26～30 岁(36 人)	4.0195	.67290		
	31～35 岁(42 人)	4.1626	.56499		
	36～40 岁(33 人)	4.2157	.44291		
	40 岁以上(30 人)	3.9958	.77929		
职业认同				1.651	.167

（三）农村幼儿园转岗教师职业认同在幼儿园教龄方面的差异情况

从图 2 可以看出：不同幼儿园教龄的农村幼儿园转岗教师中，随着教龄的增长职业认同水平逐渐增高，而有 6 年以上教龄的转岗教师的职业认同水平明显高于其他教龄层的教师。

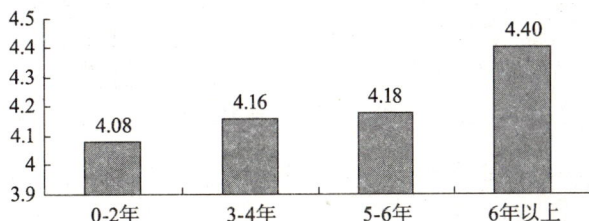

图 2　农村幼儿园转岗教师职业认同在幼儿园教龄方面的得分平均值

从表 3 可以看出：不同幼儿园教龄的农村幼儿园转岗教师的职业认同水平差异显著（$F = 3.727, P = 0.014 < 0.05$），此外在职业情感（$F = 2.815, P = 0.043 < 0.05$）和职业能力（$F = 2.750, P = 0.045$）这两个维度上也存在显著差异。

表 3　农村幼儿园转岗教师职业认同在幼儿园教龄方面的方差分析

		均　值	标准差	检验 F	结果 P
职业情感	0～2 年(60 人)	4.3334	.47739	2.815	.043*
	3～4 年(47 人)	4.3115	.60284		
	5～6 年(34 人)	4.3750	.39886		
	6 年以上(32 人)	4.6147	.35695		
职业能力	0～2 年(60 人)	3.9181	.55925	2.750	.046*
	3～4 年(47 人)	4.0875	.47313		
	5～6 年(34 人)	4.0938	.32036		
	6 年以上(32 人)	4.2490	.49812		

		均 值	标准差	检验 F	结果 P
职业认知	0～2 年(60 人)	3.9919	.54901	2.003	.118
	3～4 年(47 人)	4.0606	.66300		
	5～6 年(34 人)	4.0590	.33632		
	6 年以上(32 人)	4.3180	.67790		
职业认同				3.727	.014*

（注：* 表示 P<0.05）

（四）农村幼儿园转岗教师职业认同在学历方面的差异情况

从图 3 可以看出：不同学历的农村幼儿园转岗教师中，职业认同水平最高的是学历为中师及以下的教师，其次是学历为大专的教师，而职业认同水平最低的是学历为本科及以上的教师。

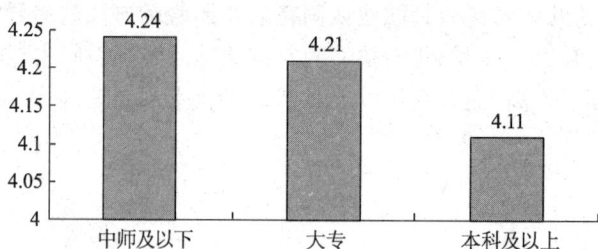

图3 农村幼儿园转岗教师职业认同在学历方面的得分平均值

从表 5 可以看出：不同学历的农村幼儿园转岗教师的职业认同水平差异不显著（F=0.492，P=0.613>0.05）。

表4 农村幼儿园转岗教师职业认同在学历方面的方差分析

		均 值	标准差	检验 F	结果 P
职业情感	中师及以下(33 人)	4.5652	.27662	2.656	.075
	大专(86 人)	4.4118	.52349		
	本科及以上(54 人)	4.2138	.41648		
职业能力	中师及以下(33 人)	3.9482	.44035	.847	.432
	大专(86 人)	4.1067	.54662		
	本科及以上(54 人)	4.0313	.49265		
职业认知	中师及以下(33 人)	4.2298	.75745	.620	.540
	大专(86 人)	4.0700	.55429		
	本科及以上(54 人)	4.0871	.57375		
职业认同				.492	.613

（五）农村幼儿园转岗教师职业认同在单位性质方面的差异情况

从图 4 可以看出：不同单位性质的农村幼儿园转岗教师中，在私立园工作的教师的职业认同水平明显高于在公立园工作的教师。

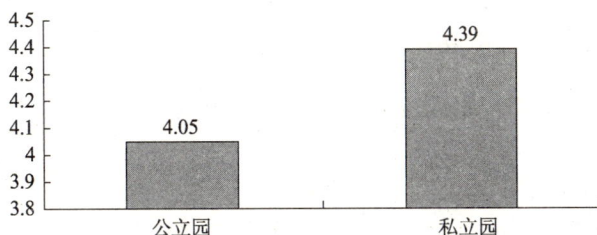

图4　农村幼儿园转岗教师职业认同在单位性质方面的得分平均值

从表5可以看出:不同单位性质的农村幼儿园转岗教师的职业认同水平存在极其显著的差异($T = -4.879, P = 0.000 < 0.01$),在职业情感($T = -3.695, P = 0.000 < 0.01$)和职业认知($T = -5.471, P = 0.000 < 0.01$)这两个维度上也存在极其显著的差异,在职业能力($T = -2.572, P = .011 < 0.05$)这一维度上存在显著差异。

表5　农村幼儿园转岗教师职业认同在单位性质方面的独立样本 T 检验

		均　值	标准差	检验 F	结果 P
职业情感	公立园(123 人)	4.2847	.53853	−3.695	.000 ***
	私立园(50 人)	4.5884	.31320		
职业能力	公立园(123 人)	3.9544	.56151	−2.572	.011 *
	私立园(50 人)	4.2046	.42964		
职业认知	公立园(123 人)	3.8763	.66431	−5.471	.000 ***
	私立园(50 人)	4.4067	.32593		
职业认知				−4.879	.000 ***

(注: * 表示 P < 0.05, ** 表示 P < 0.01, *** 表示 P < 0.001)

(六) 农村幼儿园转岗教师职业认同在岗位方面的差异情况

从图5可以看出:不同岗位的农村幼儿园转岗教师中,在教学与行政管理岗位上的教师的职业认同水平明显高于一般教师。

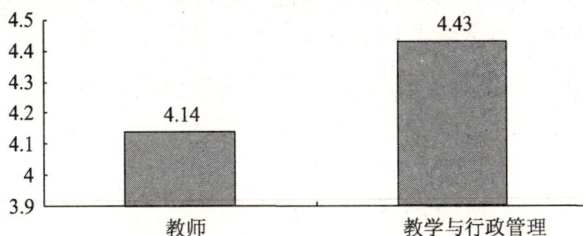

图5　农村幼儿园转岗教师职业认同在岗位方面的得分平均值

从表6可以看出:不同岗位的农村幼儿园转岗教师的职业认同水平的差异非常

显著$(T = -3.714, P = 0.001 < 0.01)$,此外在职业能力$(T = -2.644, P = 0.009 < 0.01)$和职业认知$(T = -3.109, P = 0.003 < 0.01)$这两个维度上也存在非常显著的差异,在职业情感$(T = -2.495, P = 0.014 < 0.05)$这一维度上存在显著差异。

表6　农村幼儿园转岗教师职业认同在岗位方面的独立样本 T 检验

		均　值	标准差	检验 F	结果 P
职业情感	教师(140 人)	4.3822	.48316	-2.495	.014*
	教学与行政管理(33 人)	4.6923	.35581		
职业能力	教师(140 人)	4.0169	.50106	-2.644	.009**
	教学与行政管理(33 人)	4.4038	.57317		
职业认知	教师(140 人)	4.0777	.63139	-3.109	.003**
	教学与行政管理(33 人)	4.3658	.24706		
职业认知				-3.714	.001**

(注:*表示 P < 0.05,**表示 P < 0.01,***P < 0.001)

四、讨论与分析

(一)农村幼儿园转岗教师职业认同水平的分析

1. 幸福感体验强烈是职业情感认同度高的来源

职业情感在三个维度中认同程度是最高的$(M = 4.4150, SD = 0.47372)$,主要原因是由于转岗教师在与孩子的相处过程中,孩子甚至是家长带给他们的幸福感体验很强烈。在问卷"和孩子在一起我感到很幸福"这一项中,173 名幼儿园转岗教师中表示非常符合的有 95 人,占总人数的 55%;表示比较符合的有 67 人,占总人数的 39%。

2. 认识的偏差是职业能力的基调

职业能力这一维度的职业认同从整体上来说是比较高的,但是在三个维度中的认同程度却是最低的$(M = 4.0630, SD = 0.51620)$。这是由于转岗教师对幼儿教师职业能力的认识有一定的偏差。在与转岗教师的访谈中笔者发现,她们中有一些人认为,在幼儿园工作只要能有基本的唱歌、画画、跳舞的技能水平,能够组织孩子进行活动,就能胜任这一职业了。然而,有一定的技能并不一定就能够成为一名优秀的幼儿教师,这些技能只是幼儿教师职业素质的一部分,正确的儿童观和教育理念,以及一定的专业理论水平也是优秀幼儿教师所必备的。还有一部分转岗教师表示自己感到有一定的压力,而这一压力来源于自己对于幼儿教育方面的知识了解还太少。

3. 积极的价值观是职业认知的优势

职业认知维度的职业认同水平比职业情感低,但比职业能力略高,总体水平比较高$(M = 4.1056, SD = 0.59899)$。这主要在于转岗教师的价值观,以及她们对幼儿教师这一职业的认识和态度都是比较积极的。在问卷的"从事幼儿教师职业能够实现我的人生价值"和"幼儿教师职业对社会发展有重要作用"这两项中,173 名幼儿园转岗教师中表示比较符合和非常符合的人数分别是133人和161人,分别占总人数的77%和93%。

(二)农村幼儿园转岗教师职业认同水平的影响因素

1. 幼儿园教龄

由于转岗教师不是学前教育专业毕业的,所以到幼儿园工作就相当于进入一个全新的领域,刚开始会感受到来自自己专业以外的各种压力,并且对幼儿教师这一职业可能没有太多的感情,因此职业认同水平会相对低一些。但是随着教龄的增长,转岗教师渐渐地在工作过程中熟悉了幼儿园工作环境,以及幼儿教师这一工作的性质,工作起来会比较得心应手,所以压力会有所降低,而且在工作过程中会慢慢地对幼儿教师这一职业产生一些特殊的感情,比如会体会到一些幸福感等,职业认同水平也会有所提高。

2. 单位性质

公立园的转岗教师一般都是中小学在职教师转岗去的,所以她们往往会和中小学的教师作比较,认为自己的经济收入没有中小学教师多,也不如中小学教师那样受到尊重和重视,心里会产生一定的落差。而私立园的教师就很少会做这样的比较,并且比较年轻,工作起来也比较有激情。很多私立园都有明确的奖罚制度,老师如果做得好会有奖励,做得不好可能会受到家长的投诉等责罚,所以老师们工作起来都会尽心尽力。

3. 岗位

教学与行政管理岗位的教师经济收入和社会地位都要高于一般教师,并且她们在幼儿园有一定的话语权,这对她们的职业认同会起到比较大的推动作用,她们的职业认同水平会高于一般教师岗位上的转岗教师。另外,教学与行政管理岗位的教师一般能较早地接触和学习到国家新出台的一些政策法规,并且有机会到一些比较发达的城市或者有比较先进理念的幼儿园去参观学习,使得他们有较高的职业认同水平。

小城镇伦理建构与新农民教育
——来自霍华德社会城市理论的教育启示①

薛晓阳 *

摘 要：著名的城市梦想家和文明的设计者霍华德，留给后人的绝不仅仅是城市规划的无限想象力，也留下了丰富而宝贵的教育遗产。在他的城市理论中，包含了对人类文明和伦理生活的理解和选择。他希望，通过城市乡村的构想孕育一个新的希望、新的生活和新的文明。霍氏的城市理论具有强烈的乌托邦信仰和公社情结，在这个信仰和情结中，包含着对共同体教育和自治伦理的教育精神。霍氏的城市理论是一个乡镇梦想，作为一种有限城市的典范，乡镇世界是霍华德城市梦的归宿——和谐、自由、舒适。在这里，可以实现古典希腊式的共同体政治及其教育计划。霍氏的城市规划对乡镇社会的伦理建构和转移农民的道德教育具有极其宝贵的启示意义。

关键词：社会城市；田园城市；小城镇；新农民教育

1898 年，英国城市学家埃比尼泽·霍华德用 78 年的一生撰写的唯一一本著作《明天：一条通往真正改革的和平之路》出版（1902 年再版，更名为《明日的田园城市》）。他在书中提出了社会城市理论，并对城市社会的生活信仰进行了卓越诠释。在后世，霍氏的城市规划形成了一场"霍华德运动"。在我国，小城镇发展是城市化进程的重要标志，而霍氏的社会城市理论及其城市乡村化的梦想恰巧成为小城镇建设的典范和代表，再也没有什么比小城镇更能表达霍华德对城市社会的伦理诠释了。在霍氏的城市信仰中，我们获得了诸多有关小城镇生活及其新农民（乡镇市民或转移农民）教育的深刻启示。

一、霍华德的乡村梦及其伦理诠释

（一）从田园城市到社会城市——乡镇世界的文明与想象

霍华德，这位伟大的城市梦想家和规划师，为我们构想了展现人类未来文明的城市社会和生活形态。而更为重要的是，他传递给我们包含在这种生活方式之中的对人类本性和生活信仰的理解。在他的理论中，城市生活与人类道德被完美地结合在一起。

霍氏理论有两个关键词，即"田园城市"和"社会城市"。而贯穿始终的是沟

---

① 江苏省社科基金重点项目，小城镇社会的伦理建构及新农民教育研究（批准号：12JYA002）。

* 薛晓阳，扬州大学教育科学学院，教授，博士生导师，主要研究领域为德育原理和教育基本理论。

通、交流、合作和平等。霍氏以田园城市为基础建构起社会城市的理想。同时,在提出社会城市理论之前,他首先向我们推荐了田园城市的规划。在他看来,理想的田园城市应当是人口规模为32000人,面积为1000英亩(405公顷)。① 他认为,田园城市应当是人和工作岗位靠近,家庭和工作结合在一起。② 与此同时,他为田园城市确立了生活目标:"最大可能地保护我们现存的平静地区,应该成为一个基本的政策目标。"③在此基础上,由若干田园城市通过城际轨道相连,就构成他所谓的社会城市。非常有意思的是,霍氏所设计的生活方式、城市结构和交通标准,尤其是构成社会城市的基本元素田园城市,就规模设计和生活理想看,与小城镇社会的许多典型特征非常相似。与此同时,在精神气质上,似乎又与中国的农家院落和古典城市的四合院行象形成无形默契——庭院、枣树、竹林、菜园和耕地——幽闲、宁静和安谧。正如学者朱海忠所言:"田园城市虽然起初在农村运作,但最终建成的是城乡一体化的系统。"④小城镇社会恰巧是这一系统的一个典型形态。朱海忠进一步说道:我国的"新农村建设需要城市,特别是为农村所环绕的小城镇的同步发展"。⑤ 事实上,只有小城镇才可能实现这一所谓"农村所环绕的"生态与环境。

从这里可以看到,在霍氏的城市理论中,无论是田园城市还是社会城市,其核心都没有离开乡村元素的构想。对他来说,城市不是拒绝乡村的另一个世界,而是乡村世界的自然延伸。在他看来,纯粹的城市不完美,纯粹的乡村同样也不完美。他既反对独立的乡村,也反对独立的城市,认为并不是"只有两种选择——城市生活和乡村生活,而有第三种选择"。⑥ 即建立所谓"城市乡村"——田园城市。他认为城市应当"坐落于开放的乡村之中,结合了城镇生活和乡村生活的所有最好特点,而没有随之而来的不利"。⑦ 而所谓的社会城市则是以城际交通网络将这些田园城市连接成为一个巨大的多中心的巨型城市——社会城市。而无论城市在规模上如何扩大,其田园式生活方式及其生活信仰永远不能改变。在他看来,城市有乡村没有的丰富性和多样性,而乡村却具有城市没有的宁静和安谧,这就是霍华德社会城市的理念——田园与城市的联合体。⑧ 霍氏的城市构想是乡村性的,其所要实现的理想是"城市即乡村"。

归纳霍氏的城市构想,所谓乡村背景,应当包含以下元素:第一、和谐、安谧和

---

① [英]彼德·霍尔:《社会城市——埃比尼泽·霍华德的遗产》,中国建筑工业出版社,2009年,第19页。

② 同①,第129页。

③ 同①,第140页。

④ 朱海忠:《"田园城市"的构思与社会主义新农村建设》,《天府新论》,2008年第5期。

⑤ 同④。

⑥ 霍华德:《明日的田园城市》,商务印书馆,2000年,第6页。

⑦ [英]彼德·霍尔:《序》,《社会城市——埃比尼泽·霍华德的遗产》,中国建筑工业出版社,2009年。

⑧ 同⑦。

自由;第二,自然、生态和绿色;第三,人性、交流和沟通;第四,共同体验和记忆。霍氏认为,乡村元素是永恒人性的一部分,是永不过时的人类文明。他要用乡村来建构城市,用传统来建构现代。

事实上,霍氏对城市并不排斥,甚至认为乡村同样必须吸收城市元素。事实上,其田园城市就是吸收了城市元素并具有城市丰富性的乡村。比如,剧院、画廊、旅馆、茶社和咖啡屋等。学者朱海忠在评价霍氏城市理论时说道:"他力图将城市的发达与乡村的甜美相结合,构建一个功能自我满足的系统。"①霍氏在展现其乌托邦梦想时实际并未拒绝生活的现实可能。比如,他主张田园城市应当具有产业的支撑。他设想,在田园城市外围的工厂地带应当到处充满机器轰鸣的声音。因此,田园城市不是纯粹的乡村,而是吸收了乡村元素的城市。由此,霍氏被认为既是一位规划大师,更是一位社会改革家。他为人类展现了一个新的生活方式。在霍氏的眼里,乡村因为缺少丰富性而不是一个理想社会,而城市可以有足够的丰富性,但却没有乡村的自由与和谐。因此,他只是希望城市能够"获得城镇的所有机会,乡村的所有品质,而没有任何程度的牺牲"。②

(二)小城镇生活的伦理信仰:为乡镇生活设计道德标准

综合霍氏的社会城市理论可以看到,小城镇世界似乎是霍华德城市梦的归宿和典范——和谐、自由、舒适——完美生活的样板。从田园城市到社会城市,最终走向理想城市,原始的自然和现代的丰富完美结合在一起。霍氏为田园城市所做的规定,无论是人口规模还是生活理想,都恰好符合小城镇社会的生活方式和伦理标准。在霍华德看来,田园城市的关键特征是:"有限的规模,中心广场,放射状的大街,外围的工业,环绕的绿带,以及一旦第一座城市已经填满,就开始又一个定居点的概念。"③在霍氏看来,在田园城市中,人和工作岗位靠近,家庭和工作结合在一起。④ 由此可以看到,田园城市充满乌托邦想象和公社情结,是小城镇精神的完美体现和表达,再也没有什么比乡镇精神更能体现霍氏对城市社会的精神体验了。

社会城市理论,从表面看是一种城市设计和生活方式,但其中包含的真正有价值的东西则不仅是这些,而是霍氏对人类生活的文化想象和道德信仰。在他的城市理论中,包含了对人类文明和伦理生活的理解和选择,而绝不是对城市结构和交通计划的设计。他在书中写道:"要创造什么样的社会,就要建设什么样的城市。"⑤今天,人们越来越把这位规划大师视为一位伟大的社会改革家和人类生活的精神导师。在霍氏的思想中,城市不仅是一种生活方式,而且是一种社会体制、

---

① 朱海忠:《"田园城市"的构思与社会主义新农村建设》,《天府新论》,2008 年第 5 期。

② [英]彼德·霍尔:《社会城市——埃比尼泽·霍华德的遗产》,中国建筑工业出版社,2009 年,第 18 页。

③ 同②,第 13 页。

④ 同②,第 129 页。

⑤ [英]霍华德:《明日的田园城市》,商务印书馆,2000 年,序第 14 页。

政治制度和文明结构。在他的理论中,对所有城市规划的想象都可以视为一种伦理和道德的思考。他希望"城市和乡村必须成婚,这种愉快的结合将迸发出新的希望、新的生活、新的生命"。①如果将其对城市规划的伦理想象应用于我们小城镇生活伦理的建构之中,应用于对小城镇新农民的教育之中,则是一笔伟大而用之不竭的伦理资源和文化遗产。霍氏对城镇和乡村的关系曾有过一段深刻的论述:"城市是人类社会的标志……乡村是上帝爱世人的标志。"②即城市包含着社会的丰富性——科学、艺术、文化、宗教,而农村则包含着人类原始生活的本性。霍氏的这一论述,实际已远远超出对城市规划的策略,而是彻底的道德设计和伦理想象。这一精神和想象对我们探讨乡镇伦理或乡镇精神的独特性,无疑具有不可或缺的重要作用。

相比于田园城市,霍氏的社会城市理论已经远远超出对城市的生态构想和物理规划,是对现代性的反思和人类本质的思考,她反映了人类在现代城市文明构筑的巢穴中试图自我解放的欲望和理想——乡村背景和田园生活——诗性生活的回归。另一位城市学家詹克斯,以所谓紧缩城市的概念表达了霍氏田园城市的生活伦理和信仰。他写道:"便于人们之间的社会性互动""体验城市生活的精髓及多样性的理想境地。"③从某种意义上说,田园城市是生活性的,而社会城市是精神性的。这已不仅是一种城市社区的生活规划,而是对人类生活方式的一种伦理性思考和文化性诠释,表达的是一种道德的信仰和对文明的理解。在霍氏那里,社会城市的"社会",其意义代表一种社会改革,而不是城市规划方案,更不是工程技术,不是要以田园城市去构建一个卫星城的计划。如果那样理解,则是对这位伟大的社会改革家和人类精神导师的亵渎。应当说,这恰恰是霍华德的城市理论的本质,也是诸多现代城市学家的思想。比如,芒福德等城市社会学家,把城市作为人类文明的形态来看待,试图从城市的变迁中发现人类文明和精神信仰的发展。

霍氏的城市伦理试图为城市生活确立生活标准和伦理信仰。其所要表达的已经不仅是对田园精神的渴求,而且是对一种文明的留恋和热爱——农业文明留给我们的精神信仰和永恒价值——一种源于人类乡村经历和村庄记忆的华美之梦,一种既不同于乡村又不同于城市的生活伦理。那既有乡村的宁静、安谧与和谐,又有城市生活的丰富和多样;既有乡村的交流和合作,又没有城市的对抗和竞争;既有乡村的热情和互助,又没有城市的陌生和冷漠。事实上,霍氏不仅将乡村元素引入城市,同样也将城市元素引入乡村,甚至认为乡村建设必须要有城市构想。因此,霍氏城市理论的关键并不在于是迷恋乡村或是热衷城市,其核心在于生活价值

---

① [英]霍华德:《明日的田园城市》,商务印书馆,2000 年,第 9 页。

② 同①。

③ [英]迈克·詹克斯,等:《紧缩城市——一种可持续发展的城市形态》,中国建筑工业出版社,2004 年,第 5 页。

的建构和小城镇生活的道德想象。霍氏是用道德的眼光重新审视城市、乡村和文明。在他看来，城市的丰富性本身并不重要，重要的是城市的一切应当是人性的自然延伸，而不应当成为对抗人性的城堡。过度竞争、自我封闭、自私自利、奢侈靡华等，都是不能容忍的。

二、霍华德的教育遗产：共同体意识与自治伦理

（一）合作公社与乡镇设计——共同体的教育精神

霍氏城市设计中的乡村想象，包含着人类对自我、对生活的理解，交流、合作和人性，完全自由和平等的人类理想。对于霍氏的城市理论而言，不在于庞大的社会想象，而在于他表达了一种对自然状态的迷恋及其建立在这一迷恋之上的社会规划和政治想象，一种建立于人性自然基础上的社区方式和生活意义。他所提出的广泛交流和互助意识，以及全体社会成员的平等和礼让，似乎只有在传统乡村社会才能具有。在这种信念之中，我们感受到一种强烈的共同体意识。他试图建立的田园城市，不仅是一个城市社区，更是一种保留着浓厚乡村意识的社会共同体。因此，霍氏的田园城市的伦理本质就在于以另一种方式再现原始共同体崇拜和信仰，用一种"城市乡村"的信念为乡镇社会确立生活信仰。在这里，让我们更有理由坚信小城镇社会道德建构的独立性及其自我建构的能力。

从某种意义上说，保留共同体信仰就等于保留共同体的社会结构及其对教育方式的选择。滕尼斯在其著名论著《共同体与社会》中说："共同体是一种持久的和真正的共同生活"①，是"一种原始的或者天然状态的人的意志的完善的统一体"，是"相互之间的一种共同的、有约束力的思想信念，作为一个共同体自己的意志，在这里应该被理解为默认一致的概念"。② 在他看来，社会与共同体不同，"在共同体里，尽管有种种分离，仍然保持着结合；在社会里，尽管有种种结合，仍然保持着分离"。③ 由此可以看到，滕尼斯所有这些论述，都是在描述传统乡村社会的图景，而霍氏的城市构想则与滕尼斯的共同体想象不谋而合，力图保留这些"城市乡村"的社会结构和生活信仰。

对乡镇社会而言，霍氏的共同体想象不失为一种伦理态度和教育立场。许多研究者在论述小城镇社会时，特别强调小城镇社会的公共性、直接性和共享性，他们认为小城镇社会的生活方式具有自己的独特性和独立性，表现为在公共服务方面更为直接，社区生活为所有乡镇居民共同占有、共同参与和共同管理，社会生活的全体性、群众性也更为直接。④ 这一描述，深刻体现了小城镇社会的共同体性质，用霍氏的话说，就是所谓"合作公社"和"自治社区"。在这里，霍氏的合作公社

① ［德］斐迪南·滕尼斯：《共同体与社会》，林荣远译，北京大学出版社，2010 年，第 2 页。
② 同①，第 58 页。
③ 同①，第 77 页。
④ 王珉：《论小城镇社区道德文化建设》，《小城镇建设》，2003 年第 10 期。

和自治社区保留了古老村社共同体的浪漫想象和文明印记。乡村社会及其共同体意识对于小城镇社会来说，构成小城镇新农民的生活图景和教育构想，即依托并建立于古老共同体想象之上的新农民教育。

另一位霍氏的崇拜者和追随者英国城市理论家霍尔，在评价后人对霍华德的误解时分析道：霍氏没有试图把人口迁往农村腹地，实际他在设想人口百万的"集合城市"；霍氏没有把人民当作棋子安放，他的梦想是建立"自愿的自治社区"；霍氏的理论不是城市规划，而是社会改革设想，是想通过田园城市建立所谓"合作公社"。在霍尔看来，霍华德用一生撰写的著作《明天：一条通往真正改革的和平之路》的书名就可证明这一点。① 在这里，无论是"自治社区"，还是"合作公社"，或是"和平之路"，都是对共同体信仰的描述。在他看来，霍氏的田园城市不仅是一幅城市蓝图，自由和合作才是他所要表达的核心。② 霍氏所要的正是建立于乡村社会基础上的城市理想，这一切都体现了霍华德对共同体信仰所包含的自然人性的赞美。在他看来，只有这种共同体社会才是最完美的理想。他试图让他的田园城市保持古老乡村共同体的性质及其道德标准，并让乡镇市民接受这种共同体教育计划。

（二）村庄体验与城市乡村——自治伦理的教育构想

霍华德规定田园城市必须要有自己的极限，只允许田园城市一个一个的独立存在，而不允许其真正结合在一起变成一个整体，彼此之间必须保持必要的距离。霍氏的这一社会城市构想，就是防止现代城市在生活方式上对乡村结构的破坏和瓦解。事实上，霍氏田园城市只是一种放大了的"城市村庄"。在他看来，现代城市的发展是不可避免的事情，但现代城市的发展必须完整延续乡村社会的社会结构和文明方式。只有限制田园城市的扩张和结合，才有可能做到既实现城市社会的扩张，而同时又能保持所谓"自治社区"和"合作公社"的共同体结构。唯有如此，才能保持乡村传统在城市社会的延续、存在和发展。

霍氏的自治社区要求有自治伦理的支撑，这种自治伦理只能源于古老的村庄想象。在霍氏那里，教育应当是田园式的母性教育，而他所构建的田园城市恰恰是最适合这种无须国家干预的乡村社会及其田园式教育的典范，他希望依靠乡村共同体的文化与传统来承担田园城市的治理和教育任务。对于霍氏来说，田园城市及其放大的社会城市都可以继续延续乡村社会的自治传统。霍氏所谓平等、交流、合作，虽然没有直接提到乡镇自治的政治伦理，但其基本立场实际与另一位法国学者托克维尔的乡镇自治具有相同的政治态度和伦理信仰，只不过霍氏并未沿着这一思路去思考问题。古老的共同体信仰、合作社会和自治社区等包含在霍氏城市

---

① ［英］霍尔：《明日之城：一部关于 20 世纪城市规划与设计的思想史》，同济大学出版社，2009 年，第92 页。

② 同①，第 100 页。

理论中的核心价值和元素,实际已经直接触及乡镇社会的政治态度和生活伦理等问题。

在这里,霍氏的乡村情结和城市概念,与托克维尔的乡镇精神似有不谋而合之处。托氏在其名著《论美国的民主》一书中认为,新英格兰乡镇自由及由此构成的乡镇精神奠定了美国民主的基础。在他看来,一个没有国家意志干预的地方,恰恰是人类文明理想的梦境——纯粹的自由和自治的生活。他带着无限迷恋之情对美国新英格兰乡镇的自治生活进行了赞美:"国家是人造之物,而乡镇是上帝之造物","如果说建立君主政体和创造共和政体的是人,而乡镇却似乎直接出于上帝之手。"①在托克维尔笔下,新英格兰乡镇居民对自己的乡镇生活怀有自豪和坚信、依恋和爱慕。② 托氏对新英格兰的研究恰好验证了霍华德的城市理论。在现代城市社会的结构之下,不可能完美实现自治民主,即便实现,也不可能同时保有乡村社会的自由、交流和合作,而乡镇社会却有可能完全做到这一点——平等意识、公共参与和商讨共享等——都可能在乡镇社会成为社会习俗和教育的主流价值。

对于中国的传统乡村来说,自治既是乡村社会的生活态度,也是乡村教育的目标和价值。乡村社会的存在不仅构成了中国乡村的教育基础,同时也确立了乡村教育的核心价值。在中国,古老的村庄自治实际同样早有存在,只不过依循着完全不同的模式。乡村自治依靠寺庙、家族、行会的教育和治理,乡村社会的一切问题,包括道德纠纷和社会教化都可得到解决。在那里,老子的"邻国相望,鸡犬之声相闻,民至老死,不相往来"(《老子》第八十章)的理想,在乡镇社会中得到不断重现;在那里,老子的思想和灵魂得到了延续。美国学者罗兹曼,在他的《中国的现代化》一书中专门讨论了中国古代的乡村社会。他认为在中国古代,国家基层组织的责任主要表现为征税、公共秩序、美德教育、司法等,但这一公共事务"国家化"的目标却从来没有真正实现过,大部分公共事务被转化为民间责任。③ 在这里,中国的村庄承担的远比我们想象和已经认识到的要多得多。在他看来,村庄没有国家权力,村庄的公共事务是由家族、商业和行会、寺庙和宗教为基础的社会组织实现的。④ 由此可以看到,霍氏的田园城市及其合作公社和自治社区,演绎着古老农业文明的村庄体验,并让这种体验在现代城市生活中不断延续和拓展。

三、霍华德的乌托邦教育计划

(一)希腊式的城市政治——理想主义的市民教育

霍华德,这位城市社会的梦想家、自治文明的规划大师,其城市理论告诉我们,城市不仅是一种生活方式,更是一种政治文明和伦理态度。因此,田园城市作为一

---

① 熊培云:《一个村庄里的中国》,新星出版社,2011 年,第 338 – 339 页。
② 徐健:《普鲁士改革中的乡镇自治与市民社会的培育》,《史学月刊》,2008 年第 1 期。
③ [美]吉尔伯特·罗兹曼:《中国的现代化》,国家社会科学基金"比较现代化"课题组译,江苏人民出版社,2003 年,第 75 页。
④ 同③,第 76 页。

种进化的乡村或理想的城市,可以并应当具有自己独特的生活态度、市民精神和政治结构。在这一社会条件下,应当无须巨型城市复杂的社会模式和政治制度,可以并应当实现人类社会的政治理想和伦理信仰,一种类似古希腊式直接民主的自治生活。在这一方面,霍氏田园城市中的有限城市理论及其共同体意识与托氏新英格兰的乡镇精神具有异曲同工之妙。霍华德通过城市环境的设计为这种以自治伦理为基础的政治结构奠定了基础,而托氏则是从另一角度设计了在乡镇环境下与霍氏具有同样宗旨的自治共同体。应当说,霍华德主要建构了一种乌托邦理想,而托克维尔则按照这一乌托邦想象寻找到一个现实版本目标——新英格兰的乡镇自治共同体。这种自治精神不是一般的市民信仰,而是具有希腊城邦理想的古典市民精神,即可能直接参与的民主社会和市民道德,全体市民可以直接交流的公共生活。这种古典市民理想不是现代城市政治中以陌生人为主体的间接民主,以及以强大制度体系建构的社会结构。在霍氏的社会城市中,全体市民可以直接参与公共生活。有学者在论及小城镇社会生活时,表达出对霍氏这种有限城市理论的欣赏。认为乡镇社会的公共生活及其公共服务性更为直接,公共生活为社区成员所共有,全体市民共同参与、共同建设和共同管理。① 应当说,从小城镇社会的特点中,我们可以体验到霍氏城市理论的立场和出发点。

在霍氏的城市构想中,尽管充满对乡村世界的迷恋,但他的田园城市并非纯粹的村庄,而是一个经典的城市。他的合作公社和自治社区所包含的自由、合作和交流等理念,看起来是一种纯粹的乡村伦理。然而,在其背后流露出的却是一种标准的城市精神——希腊式的参与和自治——这种精神既不是单纯的乡土依恋,也不是纯粹的城市道德,而是一种理想化希腊式的民主精神。霍氏社会城市理论中的基本元素是田园城市,无论从规模或是政治设想上都是一个典型的雅典式城邦。霍氏的田园城市是最接近希腊城邦政治构想的一个现代版本,在这一构想中有可能真正建立起符合自治伦理的政治生活,让所有居民的共同参与和自我管理这一希腊式理想成为现实。

霍氏的社会城市理论,既是一种政治建构,也是一种教育计划,而不是单纯的城市设计。其城市理论强调的合作、交流和平等,就是最理想的教育信仰和目标,而田园城市是实现这一教育计划的学校和场所,由田园城市构成的社会城市及其城市生活是奠定这一教育理论的基础和主体。在这种社会架构中,一个可能的生活方式和教育理想被确定下来。这是一个巨大的社会工程,也是一个宏伟的教育计划。

(二) 小城镇的社会工程:霍氏的乌托邦教育实验

从某一角度看,霍氏的城市构想及其希腊式的理想主义市民精神,似乎恰好可以安置于小城镇社会之中,可以按照希腊城邦有限城市概念完美建构相似的社会理想。因此,霍氏的田园城市为小城镇治理及新农民教育提供了启示,可以视为在

---

① 王珉:《论小城镇社区道德文化建设》,《小城镇建设》,2003 年第 10 期。

小城镇也只有在小城镇实现的现代市民社会的生活世界。小城镇社会的有限规模和自治信仰,恰好是培育这种理想市民精神和自治伦理的理想之所。霍华德以田园城市为基础所形成的社会城市,是一种基于小城镇构想的"城市乡村",其为建构一种具有理想主义的政治乌托邦世界奠定了重要的社会结构和生活基础。

与此同时,这种乌托邦设想也为小城镇新农民——乡镇市民——的教育创造了可能。因而,从某种意义上说,霍氏的田园城市也是一种乌托邦式的教育计划和工程。在田园城市,乡镇市民(新农民)接受自治伦理的教化,实现古典市民精神的陶冶。在小城镇社会中,既有乡村背景的支撑,又有城市社会的政治可能——自治伦理和民主公民。霍氏的理论给予我们巨大的政治想象——在乡镇社会实现理想市民的训练可能比城市社会具有更大的可能和优势。在这一点上,托克维尔的乡镇自由理论已经给霍氏田园城市理论做出了最好的诠释和注解。他们各自以不同的方式为实现这一现代版城邦想象提供了宝贵资源。

中国的传统城市与西方有不同的历史和经历,西方城市的历史造就了现代自治精神的市民,这种精神与小城镇的完美结合,建构了西方社会的乡镇自由和自治传统。但中国的情况则不完全相同,这种乡镇精神和自治伦理还需要一个培育和建构的过程。美国学者乔尔·科特金在其著作《全球城市史》中认为,农业社会的城市传统,在中国古代的城市与西方有很大不同,是在农业文明框架内兴起的。在他看来,中国古代城市主要是农业性的而不是商业性的。① 在中国古代城市,贵族、宗教和军队是城市的主体,而商人和手工业者只是次要角色,是政治而不是商业主导着中国城市及城市的命运。在这一点上,西方城市发展则与东方城市完全不同,是商业城市为西方现代城市理性提供了基础,并塑造起现代商业精神与市民精神。② 然而,在今天的环境下,中国社会也同样具有了现代城市社会的基本结构,因此,乡镇社会应当成为构建市民社会及其伦理精神的理想之地。再也没有什么地方可能成为再现中国小城镇社会特点的地方了:一种既有古典美德,又有现代城市意识的地方。

新农民这一概念或许是对乡镇居民最好也是最准确的定义。他们既享受着城市生活,但却仍然保持着农民的精神和信仰。他们对土地有特殊的依恋和幻想,但他们又渴望金钱和自由;他们一方面在抛弃土地,但另一方面又认为没有土地的农民是不正经的农民,甚至称出卖土地求生的农民是"败家子"。法国社会学家孟德拉斯对农民的价值系统有很好的评述:"金钱不是一种可靠的价值,真正有价值的东西是土地。"③这种对乡土的看法,仍然是乡镇市民精神深处的观念。他们仍然

---

① [美]乔尔·科特金:《全球城市史》,社会科学文献出版社,2010 年,第 75 页。

② 同①,第 92 – 97 页。

③ 周晓虹:《传统与变迁——江浙农民的社会心理及其近代以来的嬗变》,生活·读书·新知三联书店,1998 年,第 41 页。

保持着安土重迁和安贫乐道的生态伦理,但同时又在现代城市文明的诱惑之下徘徊和犹豫。这种城市与乡村的二重性,使小城镇具有"城市乡村"的特点。这一特点,是构建理想主义希腊式城市生活的最完美的基础。在农村,没有这么多可供参与的社会生活的丰富性;在城市,又缺少乡村社会完全共享的互助和参与的可能性(必须用更强大的体制元素)。目前,国内许多研究中国乡镇自治问题的学者都认为,不断扩大农村社区自治体的规模是一个世界性的趋势,而经过30多年的改革开放,中国农村社会民主政治得到不断发展,为基层实行自治民主提供了重要的逻辑起点。[1] 或许正是从这个意义上说,美国学者施坚雅的标准集镇理论,从另一角度证明了霍氏理论的科学性。在他看来,标准集镇是中国村落社会与国家政治中心,也是最能体现中国政治社会的代表。[2]

---

① 陈思:《中国乡镇自治必然性的理论辨析》,《江汉论坛》,2011 年第 3 期。
② 周大鸣:《凤凰村的变迁——〈华南的乡村生活〉追踪研究》,社会科学文献出版社,2006 年,第 48 页。

小城镇地域文化德育价值及其在居民道德教育中的应用①

彭 云*

摘 要：地域文化具有一定的教育价值。我国小城镇地域文化资源丰富，具有城乡两元性、浓厚的地域特征、传统特色和边缘性。小城镇地域文化的德育价值体现为：地域文化资源的丰富内容是小城镇居民德育的最好素材；地域文化资源的传统属性奠定小城镇传统文化弘扬的基础；地域文化资源的人文属性是小城镇居民道德素质形成的根基。挖掘地方特色道德资源、加强小城镇社区文化建设、注重地域文化传承与创新，有助于小城镇居民的道德教育。

关键词：小城镇；地域文化；德育价值；道德教育

国外学者格雷布纳提出了"文化圈"这一概念，它是指某一文化丛在一定区域内具有的特征，人们看问题往往会主要限定于那个空间。这种与文化丛结合的特定空间被称为"文化圈"。美国学者本尼迪克特提出了著名的文化模式理论。在他看来，一定的文化模式区分了不同的文化，并且塑造着各自所辖的那些个体。② 并且他认为，"真正把人们维系在一起的是他们的文化，即他们所共同具有的观念和准则"。③ 人们在不同的环境中生产、生活，每个地域有其独特的地方文化。我国小城镇面向农村，与农村有密切的联系，小城镇的自然地理、历史文化、宗教信仰、民俗风情等地域文化蕴含丰富的道德资源，是构建小城镇居民道德素质极其重要的社会因素，也是促进小城镇居民道德教育的重要途径。

一、地域文化的教育价值

诚如特瑞·伊格尔顿所言："文化是一种道德教育学，它将会解放我们每个人身上潜在的理想或集体的自我，使得我们能够与政治公民的身份相称，这样的自我在国家的普遍范畴中得到最高的体现。"④有学者认为文化"建构、发展了人的价值心理和价值观念，也告诉人应该怎样生活以及怎样才能活得有价值、有意义"。⑤还有学者指出："地域文化具有丰富的人文价值、多元文化价值和增强凝聚力等育人功能和价值。"⑥从地域文化的构成要素上来看，地域文化包含诸多形态要素，如

---

① 江苏省社科基金重点项目"小城镇社会的伦理建构及新农民教育研究"（12JYA002）研究阶段成果。
* 彭云，女，扬州大学教育科学学院研究生，昆山市裕元实验学校教师。
② ［美］露丝·本尼迪克特：《文化模式》，王玮，等译，社会科学文献出版社，2009 年，第 3 页。
③ 同②，第 11 页。
④ ［英］特瑞·伊格尔顿：《文化的观念》，方杰译，南京大学出版社，2003 年，第 8 页。
⑤ 司马云杰：《文化主体论》，山东人民出版社，1992 年，第 11 页。
⑥ 陈婷：《论地域文化的教育价值》，《北京师范大学学报（社会科学版）》，2013 年第 6 期。

自然地理、历史文化、地方传统文化、社会习惯风俗等。"地方文化传统是维系地方文化生态的重要力量,是地方社会良性运行的精神保障。"①地域文化对当地人们的思想意识、审美情趣、价值观、生活方式等发挥着潜移默化的影响。地域文化中的民风民俗是孕育民族精神和国魂的文化力量。民俗中的传统节日活动是民众精神生活的集中体现,是人们沟通和调节天人关系、人际关系,以及安抚、表达人们内在情感的重要时机。

二、我国小城镇地域文化的特征

(一) 城乡两元性

小城镇地处城市和乡村之间,是联结城市和农村的桥梁和纽带,是传统文化与现代文明交流与碰撞的地带。从社会结构角度来看,小城镇既区别于农村,又有别于城市,是广大乡村基层通向城市社会的中间环节。小城镇社区保留着许多与农村社区基本相同的社会和文化内容,但是又比农村社区高一层次,具有城市社区的某些功能和特征。因此,小城镇成为我国城市和乡村社会与文化内容互动交流的重要空间场所。由于小城镇自身性质具有两元性,即"非城非乡、亦城亦乡、半城半乡"的特点,因而其文化也存在两元性。表现在小城镇既有地域性较强、传统特色浓厚的乡村文化,同时小城镇文化也包含城市开放、多元、现代的文化元素及现代社会习惯和价值判断。生活在小城镇的居民能够体验到小城镇文化娱乐形式的丰富多样,如文化娱乐中心、广播电视中心、报纸刊物订阅中心、乡镇文化站等,城市文化元素极大地丰富了小城镇人群的精神文化生活,不断培养他们新的审美习惯。与此同时,小城镇并不像大中城市那样交通拥挤、生活节奏过快、生活压力过大,来到小城镇的人对小城镇的生活体会是不一样的,他们能够感受到小城镇生活的纯朴、亲切、轻松和自在。

(二) 浓厚的地域特征及传统特色

在我国,分散于乡村之间的小城镇集中了周边农村的传统文化和地域文化。正因为如此,我国的小城镇文化带有浓厚的地域特征,富有较强的传统特色。小城镇在带动周边农村经济社会发展上具有重要意义,在民间传统文化的传承上也发挥着不可替代的作用。在物质上,小城镇为传统文化艺术形式市场化提供了经济市场,成为民间传统艺术走向市场的重要依托。小城镇有可能成为民间传统文化兴起、演变和传播以及发展"文化产业"和树立"文化品牌"的重要空间场所。在精神意义和文化趋同方面,小城镇更加接近农村,很多小城镇居民原来的身份就是农民,因而保留了较多原本农村的传统文化,如价值观念、行为方式、礼仪习惯、生活习俗、忠孝观念等。例如,苏州人家屋内陈设中堂屋朝南墙上一般有神龛和祖宗牌位,乡镇则多挂有吉祥如意的中堂,天然几上平时则放有花瓶大理石插屏等作装

---

① 萧放:《非物质文化遗产核心概念阐释与地方文化传统的重建》,《非物质文化遗产保护》,2009 年第 1 期。

饰,祭祀时则须放各式供品,并拿出珍藏苏绣图案的桌围、椅披布置一番。苏州人喜欢在居室中挂书法作品和花鸟画,讲究的人家夏天挂泼墨山水,观之则有凉意;冬天悬花鸟画,观之则春意盎然。苏州人居住崇尚挂书画的习俗流传至今不衰,还有挂箭挂琴的习俗,剑胆琴心,诗意神奇,又可辟邪,这也是苏州人崇文的佐证。我国江南水乡小镇的民居具有浓厚的地域文化特征及传统文化特色,它集中体现了我国水乡城镇的建筑文化及当地人们的生活习惯和民俗风情。江南水乡城镇具有统一的、极富个性魅力的民居风格,民居之间、街区之间、民居与周围环境之间呈现出河港纵横、民居依水而立、沿水走向曲折蜿蜒的特点。沿河而立,顺河而曲,朴实无华、纤巧精细的民居建筑文化反映了对大自然的尊重,也体现了淡泊宁静的"小桥、流水、人家"的江南文化。浙江的乌镇便是一个很好的例证。同时,江南水乡城镇民居是非常生活化的,它较好地体现了一种真切、纯朴而生动的生活品质。江南民风淳朴,邻里关系融洽,民居紧密排列,以便人们之间更好地接触和交往。

(三) 边缘性

城市是现代文明的象征,在城镇化背景下,乡村文化不可避免地会遭受强势的城市文化的冲击。乡村具有纯朴而富有人情味的文化基因,在市场经济唯利是图思想影响之下,优秀的民间文化尤其是大量的非物质文化遗产面临流失,濒临灭绝。在城镇化推进过程中,大量农村面临拆村并点,一些地方历史形成的街道、胡同、牌坊、宗教圣地等被成片拆除,使得地方文化的相容性和延续性遭到严重威胁。国内有学者指出了城镇化进程中地域文化在当代文明所代表的强势文化面前处于边缘化的趋势,并指出地域文化的自我生存能力处于弱势,其保护和发展面临着诸多困境,延续性受到了挑战。[①] 随着经济社会的发展,小城镇的文化娱乐方式发生了很大改变。小城镇居民生活娱乐方式的转变导致了一些传统文化形式逐渐失去了市场。这主要表现为小城镇人群热衷于模仿城市的生活方式,而城市娱乐方式逐步向小城镇及周边农村地区渗透。如步行街文化、KTV、影剧院、大型文化娱乐中心等在小城镇越来越普遍,而原本农村的传统文化样式如传统戏曲、传统电影院、民间文艺等逐渐衰落,失去了市场,人们对其兴趣和热情不高。此外,一些地区保护和传承地方文化的人才缺失,传统文化在城市化过程中也逐步失去了其特质,传统文化逐步呈现出商业化趋势。

三、我国小城镇地域文化资源德育价值的表现

(一) 地域文化资源的丰富内容是小城镇居民德育的最好素材

人们在看世界时,总会受到特定的习俗、风俗习惯和思维方式的影响。人们在个体行动中所展开的东西反映出其自身的价值观念、生活信仰、生活理想、思维方式。社会习俗在一定程度上主导着人们的经验和信仰。相对于大中城市给人们带

---

① 汪现义,卢晖:《城镇化进程中地域文化的传承与保护研究》,《山西师大体育学院学报》,2011 年第26 期。

来的陌生感，小城镇居民由于长期处于某种特殊的地方文化氛围之中，就会自然而然地受到该地域文化的影响，会对该地区的文化产生归属感和亲切感。而且不同的小城镇处在不同特色的文化区域之中，因此，不同地域的小城镇带给人们的是不一样的文化体验。有学者指出：文化与人格之间有着密不可分的关系，而地方文化与居民的人格之间有着更为密切的联系。① 小城镇具有独特的文化个性，不同地域的小城镇群众有不同的文化活动传统，喜爱的文化活动项目具有地区差异。小城镇说书、书画、曲艺及民间工艺等向人们展现了小城镇精彩纷呈的生活内容，小城镇地方历史文化、风土人文、宗教信仰等凝聚着人们的价值观念、生活信念，是优化道德品质和社会风气的潜在资源。充分挖掘利用地域文化中的教育资源，使居民道德教育更加贴近生活、贴近人群、贴近实际，小城镇居民道德教育才能更有说服力和感染力。

（二）地域文化资源的传统属性奠定了小城镇传统文化弘扬的基础

有学者指出："农村与城市的区别，绝不是外在的形式，而是内在的价值和信仰。"小城镇保留的原来农村的地域文化具有不可或缺的价值。② "我们需要的是用乡村信仰去改造城市精神，而这种改造本质上是用人性去改造城市精神的困惑和迷惘。"③我国的新兴小城镇大多处于城郊结合部，因此保留着农村的"烙印"，有着明显的传统文化资源优势。我国苏南江阴地区的华西村保留了村社共同体，也保留了共有制和家长制。在村庄规划建设中，华西村非常注重对传统文化的保护和创新。华西村将人们对龙、凤的崇拜化为村庄的建筑，在村子入口的体育场建起龙凤阁。华西村中的建筑以传统建筑中的长廊进行连接，这一设计客观上为村民之间相互来往、交流提供了空间和场所，在一定程度上保持了村民传统的礼尚往来、互帮互助的生活方式和生活氛围，继承和发扬了传统文化。此外，村中还建有许多传统的建筑和景点，如桃园结义景点、三顾茅庐景点、二十四孝厅等。这些建筑、景点很好地继承了中华民族的优秀文化传统，还创造了新时代开放、艰苦奋斗、团结奉献、积极进取的文化氛围。

日本社会保留的众多的传统节日，在防止人际关系疏松化中就起着重要的社会整合作用。例如20世纪70年代，日本的三岛町发起了"造乡运动"。该运动是对三岛町原有的雪、山、水等自然景观资源、陶艺和编织等生产资源，以及人文资源进行调查、开发，并在此基础上进行提升和创新，创造了一个具有地域特色的传统文化环境。运动在很大程度上活化了三岛町的传统文化，使传统文化资源在三岛町获得了新生，起到了弘扬三岛町传统文化的作用。小城镇处于城乡结合部，最早

---

① 徐强：《地方文化与居民人格塑造——以江苏省仪征市陈集镇为例》，《南京师范大学学报（社会科学版）》，2009年第6期。

② 薛晓阳：《农村德育的道德价值及其自我建构》，《教育理论与实践》，2012年第19期。

③ 同②。

吸收农民群众创造的文化活动形式,具有浓郁地方特色的文化产品在小城镇形成并通过小城镇向城市传播。这在一定程度上起到了弘扬地方传统文化的作用。

（三）地域文化资源的人文属性是小城镇居民道德素质形成的根基

当今我们所要建设的小城镇应该是充满人文性的小城镇。文化是一个城镇的灵魂所在,就人文性而言,城镇最本质的属性是它的文化内涵。风景名胜、风土人情、道德风尚、民间艺术、民俗民风等是一个小城镇文化的具体表现,它是长期以来该城镇精神文明的积累,蕴藏着深刻的社会文化内涵,真实地反映着该城镇居民的生活方式、价值观念及行为心理。比如,传统的民间信仰是我国小城镇地域文化的组成部分,它具备以人为根本和目的的人文主义因素。民间信仰注重以人为本位去类万物之情,以人为中心去建构世界图景,以人为主体去追求天人合一。小城镇悠久的历史文化是人们理想信念的源泉,可以起到优化人的思想道德素质和改善社会风气的作用。我国地方传统文化强调人文精神,学习和了解我国地方传统文化,体会和践行地方传统文化的精神,对提高当代人的人文素质大有裨益。地方传统文化有着厚实的人文底蕴和扎实的根系,它的伦理精华为小城镇伦理道德教育注入了更多的伦理内涵,对小城镇居民的世界观、人生观、价值观、素质、品格等能够产生深远影响,可以提高居民的人文素质和道德修养水平,提升居民的精神生活和道德境界。

四、充分发挥地域文化在小城镇居民道德教育中的作用

（一）挖掘地方特色道德资源,发挥地域文化的道德教育功能

美国文化人类学家露丝·本尼迪克特在其著作《文化模式》一书中主张,人的本性和群体行为都可看作由文化塑模而成。玛格丽特·米德在其论著《新几内亚儿童的成长:原始教育的比较研究》中也强调了人格与个性是受文化限制的,尤其是文化传统对整个人格的形成具有相当大的影响力。我国地方传统文化资源丰富、历史悠久,经过人们代代相传,有着极其广阔的群众基础。将地方文化资源融入德育活动中,受教育者乐于参与、易于接受,可以起到"寓教于乐""润物细无声"的作用。我国江南具有浓郁水乡特色的周庄、乌镇;江苏北部洪泽县有有"活鱼锅贴城"之称的朱坝镇、扬州历史文化街区东关街等。庙会、传统手工艺、民俗活动等都属于小城镇地域文化形态。总之,小城镇的历史传说、名人典故、地方风俗、奇闻趣事,小镇居民的生活习惯、宗教信仰等都是小城镇重要的文脉,发挥着独特的德育功能。

（二）加强小城镇社区文化建设,营造地方道德教育环境

随着我国城镇化进程不断加快,越来越多的农村人口将转移到城镇。城镇化对于广大农民而言意味着从传统的相对稳定的居住圈迈向新的陌生的生活圈,原来封闭保守的思想文化和生活习惯向开放多元的现代社会转化。小城镇原住居民和搬入城镇的新农民之间在文化、价值观、生活方式、生活习惯上存在诸多差异,人际关系之间的矛盾和冲突日益多样化和复杂化。"社区文化活动在形成一个守望

相助的共同体,培养居民归属感和认同感,使其在社区中感受到一种关系亲密,出入相友、守望相助、休戚与共、同甘共苦的共同体中起着重要作用。"①小城镇社区文化活动内容丰富、形式多样,包括组织居民读书看报、观看影视、学习才艺、参加体育锻炼等。通过加强小城镇社区文化建设,积极开展社区文化活动,可以使小城镇居民在活动中增进相互了解和沟通,增进彼此间的友谊和情感,加强亲族之间的血缘联系,调节邻里之间的人际关系,共享欢乐,增强群体的凝聚力,从而为小城镇营造一个和谐、稳定、温馨、健康的社区环境。

(三)注重地域文化传承与创新,形成小城镇新道德风貌

在我国城市化加速过程中,拆村并点成为城镇化不可逆转的形势。如何让各地的乡土特色在城市化、现代化过程中得到保护并有所创新是挖掘地域传统文化价值的重要前提。小城镇居民的道德教育可以从地方传统文化中汲取营养,在地方浓厚的文化积淀基础之上进行道德内化,奠定居民道德素质的基础。当前我国正处于转型时期,在这个社会中,传统的乡村生活模式已经在逐步瓦解,新的模式正在重组。在这片进城农民的聚居地——小城镇,民间文化不断转化为它的城市文化。小城镇建设,不是对传统生活方式的破坏,不是直接表明失去传统文化认同性,而是表明对新的更普遍、更灵活的信仰与价值模式的探索,塑造新的世界观、气质和道德规范等。"文化在城市远比乡村要丰富,但真正的陶冶却只在乡村中真正存在。"②毋庸置疑,对于那些由农村转移到小城镇的农民而言,"乡村意识及其生活信仰仍然是农民理解生活和体验幸福的标准"。③ 小城镇道德构建必须结合城市和农村道德元素,将城市文明与乡村伦理相融合,弘扬传统文化的核心价值,注重城市文明的传播。正如美国田园城市倡导者霍华德所言:"城市和乡村必须成婚,这种愉快的结合将迸发出新的希望、新的生活、新的文明。"④

---

① 颜善文:《论我国小城镇社区文化建设中存在的问题及解决策略》,《湖北社会科学》,2010 年第 12 期。

② 薛晓阳:《生活中的德育:农村德育的文化与信仰》,《教育科学》,2011 年第 6 期。

③ 同②。

④ [英]霍华德:《明日的田园城市》,金经元译,商务印书馆,2000 年,第 9 页。

小城镇德育的伦理基础与转移农民道德适应方式的建构[①]

姚晓燕 *

摘　要：小城镇社会有自己独特的道德价值,这种独特价值具有兼容性,既包含乡村社会的伦理传统和精神价值,又包含城市文明的公平正义、竞争合作等主流文化。生活在小城镇中的转移农民需要寻求合适的适应方式来融入小城镇这个社会共同体,通过道德认同、道德学习、道德融合和道德内化这四步适应方式的建构指明转移农民德育的方向,促进小城镇伦理道德建设。

关键词：小城镇德育;转移农民;道德适应方式

《中国发展报告 2010》指出:"今后 20 年,中国将以每年 2000 万人的速度实现农民向市民的转化。也就是说,到 2030 年将有 4 亿农民进城,中国城镇人口中有一半是农村移民。"[②]随着城镇化进程的不断加快,大量农村土地被征用,大量失去土地的农民被迫迁移到城镇,这就使得小城镇的特殊性显现出来。小城镇社会既是乡村传统道德的文化象征,又是城镇化进程不断发展的产物,所以在道德建设中有地方性和文化接纳性。在小城镇的道德建设中,乡村伦理道德和城市文明信仰必然会发生不断碰撞,只有处理好这两者间的矛盾,使得两者能够互相融合、和谐发展,才能为农民市民化和小城镇的德育提供道德方法,才能提高农民的整体道德素质。

一、小城镇农民教育的伦理基础

(一) 乡村伦理为小城镇道德建设输送传统精神,奠定农民教育基础

中国作为一个历史悠久的文明古国,一直延续着影响深远的几千年的传统伦理道德。中国传统伦理道德以人性中最本质的东西——血缘、人性等理性为内核,构制了以家庭伦理道德为同心圆的社会伦理道德理想化模式,提出了部分具有一般性的伦理道德原则与社会生活规范,展示了中国传统伦理道德的科学性与超前性。[③] 乡村社会有自己独特的道德价值,这种价值具有不可侵犯的自足性,这种自足性是农村德育自我建构的天然资源。乡村不仅有保守和传统,也有和谐、质朴和礼让。在那里,人类的自然本性与道德信仰得到守护和延续。[④]

---

① 基金项目:2012 年江苏省社科基金项目"小城镇社会的伦理建构及新农民教育研究"(批准号:12JYA002)。

* 姚晓燕,女,扬州大学教育科学学院研究生,无锡市育红小学教师。

② 张兴华:《城镇化与农民进城》,《形势与政策专题讲稿》,《时事报告》,2011 年,第 95 – 113 页。

③ 杜玉珍:《我国乡村伦理道德的历史演变》,《社会主义新农村建设》,2010 年第 9 期。

④ 薛晓阳:《农村德育的道德价值及其自我建构》,《教育理论与实践》,2012 年第 19 期。

首先，乡村中蕴藏着淳朴的家庭伦理向往。虽在夫为妻纲这种观念的影响下，但并未泯灭真情，在相濡以沫的相处中夫妻之情比较稳定。家庭伦理还注重父慈子孝、尊老爱幼。为人父者，慈爱有加，善待子女；为人子者，恭顺孝敬，无艾无怨。夫妻和睦、父慈子孝是农村家庭伦理的最基本的道德素养。这种建立在血亲人伦基础上的家庭关系，以"孝、敬、爱"为主线，构成了家庭的价值认同，也才形成了朴素的家庭伦理道德格局。

　　其次，乡村文明中不带功利的朴素交往。农村社会除了保有传统的家庭伦理，"一争两丑，一让两有""以退为进""吃亏是福""和气生财"等古话教会农民在与人交往中学会谦让，以礼待人。乡村人际格局独特，受血缘群体和宗法制度影响，在传统道德观念中崇尚集体主义，这就形成了农民朴素、单纯的人际关系，交往人群主要局限于血缘、地缘关系。此外，乡村伦理追求传统道义。中国文化源远流长，积淀了丰富的道德思想和价值观念，中国农民深受儒家文化的熏陶，纯朴、厚道、以义制利的传统美德代代相传。儒家道义观注重个人品质和情操的内化，同时又是一种德性观。发展到今天，农村人重义气、讲正义的思想也仍然保留着，影响着他们日常生活的观念和行为。诚实守信也是农民遵守的一个重要的人生信条，"精诚所至，金石为开""与朋友交，言而有信""言必行、行必果""人背信则名不达"……这些传统观念影响着一代代的农民，形成了一根道德标尺，处处规范着农民的道德生活。

（二）城市文明为小城镇道德建设提供现代道德元素，促进农民市民化

　　城市文明，不仅是一个城市外在的建筑风貌，而且还注重内在的精神风尚建设。从伦理学角度看城市文明，它主要指市民的文化素养、精神风貌、德性品质，群体共同的生活方式、民俗风情、礼仪制度等。城市文明的程度是一个城市的进步的内在评价，是判断市民素养的重要标尺。

　　首先，人们的竞争意识逐步提高。社会主义市场经济的发展和城镇化进程的加快，对农民的思想观念产生了强烈冲击，很多农民的思想道德观念、价值观念也随之发生了很大的变化。一些封建落后思想、保守愚昧观念和陈规陋习都有所淡化，城市中新型的商品意识、市场意识、竞争意识、科技意识、法律意识等观念在农民心中树立起来。市场经济的发展，使得农民的效益观念和时间观念得到了强化，许多农民开始融入市场，研究商品、讨论经济，甚至有些具有竞争和创新意识的农民自主创业，从以往自给自足的自然经济融入城镇较大规模的市场经济中，长期以来的小农思想也逐渐退出主要地位。其次，平等自由观念深入人心。在城市生活中，居民能够清楚地了解自身的权利和义务，追求人与人之间的平等。女性也外出工作、赚钱养家，独立自主，夫妻地位平等，家庭关系日益和谐。对待子女教育，方法也逐渐科学化，并不信奉"棍棒教育"，主张孩子身心自由发展，注重发扬孩子的个性。此外，城市文明提倡创新精神和法律意识。和农村因循守旧的思想不同，城市提倡创新精神，只有不断地进行知识创新、技术创新，才能建立创新性城市。个

体积极创业,厂家新产品研发都是城市创新精神的体现。另外,城市文明还注重法制精神:政府相关部门注重法制宣传和学习,更主要的是居民法律认知状况逐步提高,得到改善,能够做到自觉遵守法律法规,主动学习法律法规,了解基本法和工作相关法,为做一个良好的守法公民打下基础;法律运用的意识和能力有明显提高,法律意识和法律手段已经深入人心。

二、转移农民道德适应的方式

(一) 道德认同:转移农民道德规范的价值基础

道德认同是指生活在一定社会关系中的人群对某种道德关系、原则、规范和道德活动等具有共同的道德意识和实践指向。道德认同包括道德观念认同和道德实践认同两个方面。[①] 道德认同具有一定的时代性和主观性,是道德建设的全体和基础,是乡村伦理和城市文明和谐的基石。道德认同实质上是一种文化认同,是形成自我认识的一个过程,也是社会化的过程。文化认同不仅影响着个体的社会身份认同,还影响着自我价值认同。

转移农民的文化认同是指他们保留原有的"乡村人"身份还是成为"城镇人"的过程。生活在小城镇的转移农民对新的道德伦理不适应,产生焦虑,甚至不合群的现象。乡村文化与城市文化的差异使得农民认同混乱,不知道自己是城市人还是农村人,自我意识模糊;生活自信降低,生活满意度不高,幸福指数降低。社区宣传部门和教育部门应该积极完善各项道德教育机制,建立道德规范准则。通过开展城乡联合的文化活动,以规范准则作为依据来进行道德评价,在评价中促使农民道德观念和行为发生变化,从而使其逐步认同城市文明。转移农民的道德认同不是一蹴而就的,更不能强制命令或暴力执行,应循序渐进、长期发展。

(二) 道德学习:转移农民道德进步的有效途径

转移农民道德学习的方法多种多样,概括起来可以总结为两条路径,一是在生活中学习,道德学习无处不在。这主要强调的是转移农民的自主学习能力,在日常生活中自觉地察觉到城乡道德观念的差别,积极融入城镇居民生活中和城镇居民的交往中,了解其风气习俗、文明礼仪、文化活动等,潜移默化地受到城镇道德的熏陶。二是通过规范的课程或活动指导来进行道德学习。社区教育中心和成人教育学校应发挥其教育引导作用,开展道德教育课程,通过榜样示范、先进个人事迹感染等方式来引导农民,让农民在观察中接受新道德,学习强化城市文明。

(三) 道德融合:转移农民道德文化的交流工具

道德融合一是指客观道德的融合,新旧道德之间、本土道德与外来道德之间同时并存、相互借鉴、相互吸收对方的有利因素,协调作用从而形成新的道德体系的过程。[②] 德育部门可以在开展德育文化活动时,引导转移农民认清新旧道德、本土

---

① 刘建荣:《当代中国农民道德建设研究》,湖南师范大学博士学位论文,2006 年。
② 曾广乐:《试论道德变迁及其矛盾过程》,《中共福建党委学校学报》,2004 年第 4 期。

道德与外来道德的优缺点，"取其精华，去其糟粕"。协调各种道德相互取长补短，建构创新出一套最适应现实需要的道德。二是指主体意义上的道德选择。由于个体差异性的存在，不同的利益关系、生活阅历、思想认识和价值观念会使得转移农民在道德规范面前表现出不同的道德取向。这就需要农民发挥其主观意识，面对多种道德元素能够自觉做出道德评价，实现对旧道德的批判继承、对新道德的建构创新，找到适合自己融入城镇新道德的正确之路，最终促进和实现自身道德的优化和进步。

（四）道德内化：转移农民道德适应的最终升华

道德内化是个体道德主体对社会道德的学习、选择、改造、发展的过程，是个体根据时代精神和个体内在要求对现存社会道德体系进行积极扬弃，从而形成个体道德素质和道德人格的过程。[①] 道德内化的过程实质上就是个人道德人格完善的过程。帮助转移农民完善道德人格，促进道德内化，要从两方面入手：一是注重道德约束的他律作用，在道德认知教育的基础上，加强对转移农民的道德行为约束，主要通过奖励、惩罚等道德评价方法帮助他们完善道德自我训练，通过养成良好的行为习惯，促成他们的道德升华。二是要帮助转移农民形成道德自律，把社会生活伦理道德内化为自己的行为准则，形成自己的世界观、人生观和价值观。只有从道德他律过渡到个体自律，转移农民才能成为城镇化需要的新型农民。

三、转移农民道德教育的理论方向——城乡文明"和而不同"

随着城镇化的发展，城市文明逐渐进入农民的生活，和他们根深蒂固的农村文明发生碰撞和冲突。现代性精神的出现可以改造农民落后、封闭的传统思想，促进乡村社会的进步，是社会转型时期不可或缺的部分。目前，转移农民的一些道德观念和生活习惯受到城市文明的影响正面临瓦解，农村文明的精神和社会秩序遭到破坏。游走在城镇的边缘人在失去了家园后，农村文明是否该被城市文明吞没？转移农民面临两种文明，道德标准和行为该如何选择？

（一）尊重文化的多元性，整合优质道德元素

两种文明不断冲突的时期，用一种文化来抑制另一种文化显然是不可取的，应该主张"和"，两种文化相互尊重补充、并存发展，达到总体和谐。霍德华的田园城市理论中就有"和"的元素，他认为城市有乡村没有的丰富性和多样性，而乡村却具有城市没有的宁静和安谧，这就是霍华德社会城市的理念——即田园与城市的联合体。[②] 并且要承认差异性的存在，农村生活完全不同于城市生活，其中包含的教育哲学也不尽相同。乡村用生活实现着道德的教化，而城市却是在用观念进行训练。城市依靠的是"教育"，而乡村依靠的是"生活"。在城市，我们把道德变成

---

① 易小明，赵静波：《道德内化中的主体张扬》，《北京师范大学学报（社会科学版）》，2006 年第 5 期。

② 薛晓阳：《霍华德社会城市理论及其教育遗产——关于小城镇伦理建构及其新农民教育的启示》，《南京师范大学学报（社会科学版）》，2014 年第 1 期。

知识和技能,而在农村则是把道德变成生活和习惯。① 可见,乡村更加注重生活,在生活中陶冶,形成包容、和谐、礼让的社会秩序,因而农村文明中彰显的道德伦理应该被传承。小城镇的精神文明建设需要建立在农村文明的基础上,逐渐引入城市文明,层层递进,引导小城镇道德建设。通过宣传教育,让转移农民理解两种文明的差异性,形成和树立多元文化意识,理解尊重差异性文化,用包容的心态对待自己和他人。只有不同文明的不断碰撞和交流,才能彰显文明的核心,人们才能领悟文化中的道德价值。因此,在道德教育中要培养转移农民的跨文化意识,在两种文化交流中相互尊重和理解,为消除不同文化的冲突做好准备,为两种文化的整合和发展奠定基础,保证转移农民形成良好的道德适应。

(二)寻求主流价值观,避免异质文化冲突

无论是小城镇居民,还是新入的转移农民,都有着普遍公认的社会价值观念和道德准则,比如诚实守信、善良宽容、公平正义、文明礼貌等。这些都是乡村和城市文明共同追求的道德品质,应该得到认可和传承。那么找到一种被广大人群普遍认可并接纳的共同观念和普世道德,是德育实施的重要前提。霍华德构造的"田园城市"就形成了一种既不同于城市又不同于乡村的生活伦理。霍氏不仅将乡村元素引入城市,同样也将城市元素引入乡村;霍氏城市理论的关键在于是迷恋乡村或是热衷城市,其核心在于生活价值的建构和小城镇生活的道德想象。② 霍华德用道德的眼光来审视城市文明和乡村伦理,形成了自己独特的主流价值观。主流文化是在社会中相对具有高度融合力和生命力,一定程度上承担着推动社会文化发展重任的文化模式。主流价值观中蕴藏着主体人群的道德选择,指引人们自我教育的方向。小城镇道德建设离不开主流文化的指引,形成和发展小城镇主流价值观,必然会减少转移农民的道德困惑,更好地融入现代化的城镇社会。

---

① 薛晓阳:《生活中的教育:农村德育的文化与信仰——基于江苏、山东若干乡村的教育调查》,《教育科学》,2011 年第 6 期。

② 薛晓阳:《霍华德社会城市理论及其教育遗产——关于小城镇伦理建构及其新农民教育的启示》,《南京师范大学学报(社会科学版)》,2014 年第 1 期。

中英小学母语课程标准结构比较

殷 琳*

摘 要：英国2007版《国家课程·英语》(the British *National Curriculum · English*)和中国2001年版《全日制义务教育科学课程标准(3~6年级)》在课程设计、课程目标、课程内容、评价建议等方面存在差异，研究英国小学母语课程标准有助于我国小学母语课程标准的完善。

关键词：英国；中国；小学语文；课程标准

语文课程标准结构是指构成语文课程标准文本的组成部分。对中英两国课程标准结构的分析与比较，能够帮助我们全面地了解两国母语课程标准的不同之处，为我国母语课程标准目标和内容的完善奠定基础。

一、英国母语课程标准的结构

英国《国家课程·英语》(the British *National Curriculum · English*(2007版))将5~16岁的义务教育阶段划分为4个关键阶段，分别是关键阶段1(Key stage1)，1~2年级5~7岁；关键阶段2(Key stage2)，3~6年级，7~11岁；关键阶段3(Key stage3)，7~9年级，11~14岁；关键阶段4(Key stage4)，10~11年级，14~16岁。

英语国家课程标准由前言、学习计划和成绩目标构成。英国国家课程中的学习计划相当于我国标准中的课程目标与内容，规定了学生在两个关键阶段为达到成绩目标应该掌握的说和听、阅读和写作三个方面的知识、技能和理解力，以及学习的范围。成绩目标是在学生结束关键阶段学习后在知识、技能和理解力方面应该达到的水平要求。英语学科包含了说与听、阅读和写作三个成绩目标，每个目标都跨各个关键阶段，分为8级水平。在关键阶段1结束时，绝大多数儿童可望达到2级水平，其他儿童在水平1~3之间波动；在关键阶段2结束时，绝大多数儿童可望达到水平4，其他儿童在水平2~6之间波动；关键阶段3结束时，绝大多数儿童可望达到水平5~6，其他儿童可能在水平3~8之间波动。此外，英国课标中还设置了评定安排，对7、11、14和16岁孩子完成该关键阶段学习计划的成绩情况进行检验，除16岁考试继续采用普通中等教育证书考试外，其他关键年龄测验采用关键阶段末考试与教师评价相结合的方式。英语课程标准的框架如表1所示：

---

* 殷琳，女，扬州大学教育科学学院研究生，常州市新北区新桥实验小学教师。

表 1　英国国家课程英语结构框架①

		英国国家课程·英语
第一部分	前言	概述英语学科的意义
第二部分	学习计划	KS1(关键阶段1):概述(该阶段教与学的重点和其他说明) 说和听(包括知识、技能、理解力和学习范围) 阅读(包括知识、技能、理解力和学习范围) 写作(包括知识、技能、理解力和学习范围) KS2(关键阶段2):结构同上
第三部分	成绩目标水平陈述	一般分为8个水平和一个超常表现

二、中国《语文课程标准》的基本结构

我国现行的《义务教育语文课程标准(2011年版)》采用九年一贯制,整体设置课程,对《全日制义务教育语文课程标准(实验稿)》的各个部分都进行了修订,但修订幅度有所不同。《义务教育语文课程标准(2011年版)》由4个部分构成:前言、课程目标与内容、实施建议和附录。

"前言"对语文课程的性质进行了界定,"语言文字是最重要的交际工具和信息载体,是人类文化的重要组成部分。语文课程是一门学习语言文字运用的综合性、实践性课程。工具性和人文性的统一,是语文课程的基本特点";语文课程的基本理念一共有4条,对语文课程的基本要求进行了简要的阐述;对"课程标准设计思路"、课程目标与实施建议的设计结构和出发点进行了简要的说明。②

"课程目标与内容"从知识与能力、过程与方法、情感态度与价值观三个方面进行设计。义务教育阶段的"课程目标与内容"包括"总目标与内容"和"学段目标与内容"。"总目标与内容"对学生学习语文的过程中应培养的情感、态度、品质、价值观、审美情趣、习惯、方法和能力等做出了陈述。"学段目标与内容"从"识字与写字""阅读""写作"(1—2年级为"写话",3—6年级为"习作")"口语交际""综合性学习"5个方面提出要求。"综合性学习"是我国标准中比较有特色的部分,单列的主要目的是为了加强语文课程与其他课程以及生活的联系,促进学生语文素养的整体推进和协调发展。

"实施建议"部分对教学、评价、教材编写、课程资源的开发与利用等4个部分提出了实施的原则、方法和策略的建议。"教学建议"共有5条,对在语文教学中师生的地位、语文教学正确的价值引导、基本素养和创新能力的关系、根据不同学段学生的特点和不同的教学内容进行具体合适教学策略的选择等提出了建议。"评价建议"先提出4条总的评价原则,然后,分别从"学段目标与内容"列出的5个方面一一对应地提出了"识字与写字""阅读""写作""口语交际"和"综合性学

---

① The National Curriculum for England. First published in 1999. Crown copyrigh1999. www. nc. uk. net.
② 《全日制义务教育语文课程标准(实验稿)》,北京师范大学出版社,2012年。

习"的评价建议。"教材编写建议"对教材编写应遵循指导思想、文化的继承、内容的选择、方法的运用等做出了要求;"课程资源开发与利用"列举了语文课程资源的种类,提出了学校和教师在语文课程资源开发利用上的责任。

"附录"主要包括"优秀诗文背诵推荐篇目""关于课外读物的建议""语法修辞知识要点""识字、写字教学基本字表""义务教育语文课程常用字表"。"优秀诗文背诵推荐篇目"根据前面"课程目标与内容"的要求,列出了1—6年级(75篇)、7—9年级(61篇)的推荐篇目,占课程目标要求的50%,其余的由教材编写者或者教师补充推荐。"关于课外读物的建议"根据课程目标要求学生九年阅读总量达到400万字以上,提出了包括童话、寓言、故事、诗歌散文、长篇文学名著的课外阅读建议。"语法修辞知识要点"简要列出了词的分类、短语结构、单句的成分、复句的类型和常见修辞格。①

三、分析与比较

通过对中英两国课程标准结构的比较,我们可以看到两国的母语标准包括了相似的三部分内容:第一部分是对该学科意义的一些阐述。第二部分是分阶段对母语课程内容标准的规定。内容标准规定了学生应该掌握的学习内容,但是对于内容标准的用词却不相同,中国直接称课程目标和内容标准,英国叫作学习计划。第三部分是评价学生通过学习后掌握内容标准的程度或水平以及质量的规定。中国称为表现水平,在实施建议中提出了"识字与写字""阅读""写作""口语交际"和"综合性学习"的评价建议,要求准确反映学生的学习水平和学习状况;而英国课标中称为成绩目标,分为8个水平和一个超常表现水平,虽然4个阶段的内容标准不一,但是都是用9个等级的成绩目标来评定。

然而,具体分析两国标准的结构还是有很大的不同之处:

(一) 课程目标设计思路不同,英国二维体系更易操作

中英两国课程标准的设计思路具有很大的区别,中国课程从"知识与技能""过程与方法""情感态度和价值观"三个方面提出目标要求,知识与技能目标要求学生掌握学科的基础知识和技能;过程与方法目标要求学生通过科学的过程和方法发展学生的创新精神和实践能力;情感态度和价值观关注的是让学生形成正确的世界观、人生观、价值观,成为有责任感和使命感的社会公民。英国只是在学习计划中规定了知识、技能与理解力的单维目标,并提出为了掌握知识、技能和理解力所应该学习的范围,两个维度相互渗透,这是一种对学生认知结果的规定。相对于中国的三维目标而言,英国的单维目标比较单一,为什么会有此不同呢?

第一,英国制定标准的出发点是提高学生的学业成就。1997年英国工党发表白皮书《学校中的卓越》,阐明其教育目标是为所有人提供均等的教育机会并提高教育标准。第二,英国教育向来是国家教育由地方管理,教育的发展与两党执政有

---

① 巢宗祺:《义务教育语文课程标准修订概况(上)》,《课程·教材·教法》,2012年第3期。

着密切的关系。历史上,工党与北方的公会、实业界和劳工阶层联合在一起,而保守党则与商界、中高层结盟,主要扎根南方。① 1902 年《巴尔福教育法》颁布以后,英国形成国会、教育委员会和地方教育当局相结合并以地方教育当局为主的教育行政管理体制。各方都密切关注教育,但是由于互相冲突和对资源的优先配置的不同而分道扬镳,各方的利益不同使他们难以对情感目标达成共识。② 第三,英国认为情感态度和价值观教育应该是相对基础教育全部课程提出的,而不仅仅是母语课程。我国母语课程标准中特别提出对情感态度和价值观的要求,则是由于我国的标准目标设计着眼于语文素养的整体提高,促进学生素质的全面发展,对语文的人文性高度重视。

我国从三个方面提出的目标要求是对学生学习行为变化及其结果所提出的功能性基本要求,指向学生的全面发展,但是这样的课程目标是否可以具体地操作和落实呢？这需要我们在理论和实践中不断研究、不断探索。英国学习计划中只对知识、技能和理解力做出规定,并且规定,在关键阶段学生要掌握这些知识、技能和理解力需要学习的范围。例如,在说方面要求"表达清晰和语调恰当,抓住主要观点,考虑听众的需要",包括的学习范围是"讲故事,大声朗读并尝试背诵,描述事件和经历,与不同的人交谈",两个部分相辅相成、彼此渗透。相比之下,英国的课程标准目标明确,描述准确、具体,贴近实际,非常便于操作和具体落实。

（二）标准内容设置有别,凸显两国文化与语言习惯差别

标准均按照学生年龄发展分阶段提出要求,英国称为关键阶段。我国则称为学段,我国的每一学段均由 5 个部分组成,而英国母语课程标准中每个关键阶段只列举了听和说、阅读和写作部分的内容。

显而易见,英国母语课程学习内容的设置比我国少了两个部分,难道英国不重视识字与写字教学吗？这与两国语言文化有很大的关系。汉字与英语单词是不同的,汉字是世界上典型的象形和会意文字,由音、形、义三个部分构成,儿童要认识它,不仅要分别了解音、形、义各要素,还需建立音、形、义三者的统一联系。汉字的构建比较复杂,由一个或以上的字根、在特定的空间、配置在一个正方块内而组成,我们统称为"方块字",要想彻底地认识一个汉字,需要经过很长的时间并且需不断反复记忆,而且识字与写字是阅读与写作的基础,是学生形成读写能力的先决条件。学生只有认识并会写一定量的字词,才能理解书面材料,才能用书面语言表达自己的思想。可以说,识字教学的成功与否,直接影响着我国语文教学的整体质量和效率。而英语单词由 26 个字母组成,单词的构成十分简单。有些单词只要加上词缀便可成为新的单词,例如:英语词汇中派生词汇在构建中可分为"词缀 + 自由

---

① 周采:《外国教育史》,华东师范大学出版社,2008 年,第 331 页。
② 吕立杰:《国家课程设计过程研究》,教育科学出版社,2008 年。

词根"和"词缀＋粘着词根"。① 英语的词汇相对汉字而言比较简单,容易书写与辨认,学会了音标还可以自己认读新的单词,因此英国课程标准中没有将识字与写字的要求单独列出,而是分解到听说、阅读与写作这几个部分去了。如关键阶段1听说部分涉及英语词汇、句子等语法知识方面的要求,阅读目标中提出要掌握单词辨认字形知识,写作中对拼写策略、书写、语法结构提出具体要求。其实,语言知识教学落实在各项能力培养的过程之中,也就是在听说、阅读和写作的实践中进行语言知识的教学,可能更有利于学生在语言实践中的运用。

课程综合化,是我国课程改革的创新之处,也是各国中小学基础教育课程改革的趋势。2001年颁发的《语文课程标准》首次将"语文综合性学习"和识字与写字、阅读、写作、口语交际并列,成为语文课程的组成部分,并在中小学各学段列出了语文综合性学习的教学目标。② 综合性学习以培养学生的探究精神、创新意识和实践能力为基本宗旨,强调在实践活动中培养学生的语文实践能力。而英国没有明确提出综合性学习,只是在标准中部分内容体现了综合性学习方式,如学习计划中的小组讨论与互动内容,通过运用ICT着重培养学生信息和交流技术能力,更加具有可操作性。

从两国的课程标准结构比较来看,我国的课程整体性和系统性较强,但英国所设置的具体课程目标相对我国来说更加准确、实际,便于操作,各学科各关键阶段达成目标十分明确。学习范围下的各条内容均与相应的知识、技能与理解力要点相对应,可以帮助教师具体地把握教学内容。

---

① 李玉贵:《汉字造字与英语字母造词构建原理比较分析》,上海科技学院外语系,2013年。
② 张英:《中、英两国义务教育母语课程标准的比较研究》,沈阳师范大学硕士论文,2008年。

中芬小学数学课程目标比较

赵春红 *

摘　要：中芬两国小学数学课程标准存在差异,分析比较中芬小学数学课程标准的异同,反思我国小学数学课程目标,能为我国当前正在进行的小学数学课程改革提供借鉴。

关键词：小学数学；课程目标；中芬；比较研究

2001 年中国开始了新一轮基础教育课程改革,时隔十年,在广泛征求意见、讨论修订的基础上,颁发了《义务教育数学课程标准(2011 年版)》。而芬兰也于 2004 年颁布了《基础教育国家核心课程》,数学课程标准是其重要的一个组成部分。这里我们选取中、芬两国最新版本的课程标准,通过对小学阶段数学课程标准中课程目标的深入分析,比较异同、概括特征、提供借鉴,为进一步修订和完善我国小学数学课程标准提供广阔的国际视角。

一、中芬小学数学课程总目标分析

芬兰数学课程标准部分没有"总目标"的提法,但是课程标准中有"教学任务"的表述,这部分相当于中国的"课程总目标"。芬兰是这样描述的：数学的教学任务是培养学生的数学思维,学习数学思想和广泛应用的解决问题的方法。数学是为了培养学生的创造力和严谨的思维,以及引导学生发现、提出并解决问题。数学的重要性已经得到广泛认可。数学影响学生的智力发育,提高有目的的行为和社会交往能。① 课程总目标着重强调培养学生的"数学思维""创造力""发现、提出并解决问题"等能力,并在此基础上明确数学的重要性,这个重要性主要表现在对"智力发育""有目的的行为"及"社会交往能力"的影响上。芬兰课程的总目标尤为重视学生的未来能力的发展,如重视学生的社交能力及提高学生行为的目的性,这些都是未来生活必不可少的能力。

中国数学课程标准明确提出课程总目标,课程总目标具有一定的层次结构,即把"课程总目标"分为"总目标"和"总目标的 4 个具体方面"。"总目标"从总体上阐述对学生的要求,具有全局性、方向性、指导性。总目标的 4 个具体方面主要从知识技能、数学思考、问题解决和情感态度 4 个方面进行表述,并在阐述的过程中渗透着"数与代数""图形与几何""统计与概率""综合与实践"4 个方面的内容。从结构上来说,总目标的这 4 个方面不是相互独立和割裂的,而是一个密切联系、

---

* 赵春红,女,扬州大学教育科学学院研究生,常州新北区圩塘中心小学教师。

① 曹一鸣：《十三国数学课程标准评介》,北京师范大学出版社,2012 年,第 94 页。

相互交融的有机整体。

对于课程总目标,中国这样表述:通过义务教育阶段的数学学习,学生能获得适应社会生活和进一步发展所必须的数学的基础知识、基本技能、基本思想、基本活动经验;体会数学知识之间、数学与其他学科之间、数学与生活之间的联系,运用数学的思维方式进行思考,增强发现和提出问题的能力、分析和解决问题的能力;了解数学的价值,提高学习数学的兴趣,增强学好数学的信心,养成良好的数学学习习惯,具有初步的创新意识和科学态度。① 从内容编排上看,中国新课标非常注重课程的完整性。从具体内容上看,总目标着重强调通过义务教育阶段的学习,使学生获得"四基"(基础知识、基本技能、基本思想和基本活动经验),增强发现、提出、分析和解决问题的能力,认识到数学的意义并培养科学的态度。

二、中芬小学数学课程学段目标分析

芬兰新课标详细地阐述了"学段目标"的内容,将其分两个学段进行阐述,并且"学段目标"的表述方式也是具有层次结构的,它把"学段目标"分为"数学教学的核心任务"和"目标"这两个部分。首先,在学段目标描述之前,列出了在本学段"数学教学的核心任务"。这个核心任务具有全局性、方向性和指导性,明确规定了教师教学应该努力的方向。比如教学的核心任务是这样描述的:1—2年级开发学生的数学思维、练习集中注意力、倾听与交流,以及为数学概念与知识结构的形成提供经验基础;3—5年级开发数学思维,培养数学模型思想,加强基本的计算能力和数的概念,提供理解概念和数学结构的经验。② 从结构上说,这部分是芬兰新课标的特色,是中国新课标所没有的。这为教师的教学提供了努力方向。从具体内容上说,强调教师要在"数学思考""情感态度""知识技能"这三个方面做出努力,这种表述方式与中国新课标"学段目标"的具体内容是基本一致的。其次,第二部分是"目标",目标是从整体上进行表述的,并未将其划分成相应的维度来呈现。但将它与"数学教学的核心任务"相对照,不难发现它是"数学教学的核心任务"的具体化。比如"数学教学的核心任务"中的第一条"开发学生的数学思维"在目标部分是这样表述的,"学会集中注意力、倾听、交流,以及发展思维能力"。"目标"部分一方面强调学生应该如何获得"数学思考""情感态度""知识技能"这三个方面发展,即通过何种途径获得发展;另一方面强调学生在这三个方面应该达到何种程度。

从横向上来看,芬兰课程学段目标既注重学生知识技能的发展,同时也注重学生数学思考、情感态度的发展,但更为重视学生数学思考能力的发展。从纵向来看,芬兰课程目标结合每个学段的学习内容,并综合考虑每个学段学生的年龄特点,在知识的呈现上体现了螺旋上升、循序渐进、层层拔高的特征。

---

① 中华人民共和国教育部:《义务教育数学课程标准》,北京师范大学出版社,2012年,第8页。
② 曹一鸣:《十三国数学课程标准评介》,北京师范大学出版社,2012年,第94页。

中国的学段目标阐述了学生在"知识技能""数学思考""问题解决""情感态度"这4个方面所应达到的要求。从内容的编排上来看,中国课标倾向于分维度进行表述,并且这4个维度是固定不变的。从内容的具体表述上来看,首先,结合学生的年龄特点,在具体表述每个学段目标时兼顾课程标准中"数与代数""图形与几何""统计与概率"和"综合与实践"四大领域内容,体现了课程目标的综合性;其次,结合每个学段的学习内容,并综合考虑每个学段学生的年龄特点和数学知识的逻辑顺序,体现了课程目标的层次性。以知识技能为例,第一学段(1—3年级)经历从日常生活中抽象出数的过程,理解万以内数的意义,初步认识分数和小数;第二学段(4—6年级)体验从具体情境中抽象出数的过程,认识万以上的数;理解分数、小数、百分数的意义,了解负数的意义。① 从中可以表明,一方面,对"知识技能"的表述渗透了"数与代数"领域的内容;另一方面,从认识万以内的数过渡到万以上数的认识,以及从初步认识分数、小数到理解分数、小数、百分数的意义,既符合学生的年龄特点,又符合知识的逻辑结构。总的来说,中国学段目标在内容编排和具体表述上集中体现了课程目标的综合性和层次性。

三、中芬小学数学课程目标比较

(一)均注重目标的层次性,遵循学生的身心发展规律和学科特点

中芬两国现行小学数学课程目标,均注重在螺旋上升、循序渐进、层层拔高的过程中让学生获得知识、形成能力,体现了遵循数学学习规律和尊重数学学科特点的需要。例如,中国新课标在整数的认识方面,一般分20以内、百以内、万以内和万以上4个阶段,逐步扩展、螺旋上升。芬兰课标在概念学习方面,第一学段提出要"理解概念形成的结构",第二学段提出"通过调查和观察学习建构数学概念和概念体系"。从理解概念的形成结构到主动建构数概念和概念体系,可以明显地看出对数概念的要求在提升。从两国的课程目标来看,知识的呈现方式遵循了知识由易到难、由简单到复杂的特点,体现了目标的层次性。

(二)均注重目标的综合性,以促进学生的全面发展

从具体内容的呈现上看,中芬两国课程目标均注重学生的全面发展,体现课程目标的综合性、多样性。中国课程目标既注重学生知识技能的发展,也注重学生数学思考、问题解决及情感态度的发展,一改以往只注重学生知识和技能的单一发展目标。这与当前我国课程改革所奉行的理念,即马克思主义关于人的全面发展学说和素质教育理念是直接相关的,突出地强调了教育是促进学生全面发展的教育,体现在数学上就是知识技能、数学思考、问题解决及情感态度。芬兰课程目标强调学生在"数学思维""数学概念""数学情感"等方面获得发展,旨在让所有学生能够平等地接受教育,从知识、技能及价值观等方面培养学生,为提高终身学习能力、

---

① 中华人民共和国教育部:《义务教育数学课程标准》,北京师范大学出版社,2012年,第16-20页。

应对现代社会和未来发展的挑战奠定基础。[①] 这与当前西方所奉行的加德纳多元智力理论密切相关。加德纳认为,人至少有 7 种智力,每一种智力都是人发展所必需的。但是长久以来,学校数学教育往往只重视培养学生的数理智力,而忽视学生情感态度的发展,背离了教育目标的综合性。

(三) 呈现不同的表述方式,凸显了课程目标的弹性差异

中芬两国在目标的表述方式上极不相同。中国的学段目标从"知识技能""数学思考""问题解决""情感态度"4 个方面进行阐述,非常具体,强调课程目标对教师的明确指导。但是固定的课程设置缺乏活力,易受统一模式的影响,因而缺乏课程弹性。相对中国,芬兰的课程目标颇具弹性,从整体上进行了表述,并没有把目标划分成几个固定的维度,并且随着学段的变化,目标侧重点也做了相应的调整。弹性的课程设置给教师留下了极大的发挥空间。而这种课程的弹性设置是由芬兰基础教育国家核心课程的地位决定的,尽管芬兰国家核心课程是地方课程与校本课程开发的依据,但是国家课程只规定相应课程的目标、内容及相关的教育因素,地方政府和学校对于课程设置、课时安排、教学方法等具有一定的决定权。如果课程的内容规定得太细和太固定,则易受统一模式的影响,不利于地方和学校课程的开发。

(四) 目标侧重存在差异,体现不同的文化传统

相对芬兰,中国课程目标更为重视目标各维度的均衡发展。具体来说,中国课程目标分为 4 个维度进行表述。从课程目标 4 个方面内容的条目来看,知识技能4 条,数学思考 4 条,问题解决 4 条,情感态度 5 条,表明这 4 个方面在数学教育中拥有同等的地位。相比以往数学教育过于重视知识技能(即"双基")、忽视能力与情感态度的状况有了很大的改善。对传统教学的批判与反思,意味着清楚地认识到本国数学教育的优良传统及不足。在改革开放的大环境下,中国开始了新一轮的课程改革。在中外文化的碰撞之下,中国试图选择一条适合自己的道路,最终在继承原有的"双基"的基础上形成了独具中国特色的"四基"目标。中国在学习西方先进经验时,不能全盘照搬外国的理论,需要从本国数学教育实际出发,进行本土化研究,这是决定改革成败的重要因素。[②]"双基"植根于中国教育的优良传统,是长期实践经验的总结,必须尊重和发展自身的优良传统。

相对中国,芬兰更重视学生能力的发展,尤其是创新精神和解决问题等方面的发展。这是因为芬兰坚信经济和教育直接相关,而创新和解决问题的能力必须通过教育来完成。20 世纪 90 年代初,随着科学技术知识信息的发展,芬兰的课程体系从理念到实践都发生了深刻的变化。芬兰国内有句教育名言:"教育是芬兰的国际竞争力。"1994 年芬兰对基础教育课程进行了重组,强调课程以知

---

① 王悦芳:《芬兰基础教育改革的逻辑与理念》,《外国中小学教育》,2009 年第 6 期。

② 吴晓红:《数学教育国际比较的方法论研究》,广东教育出版社,2007 年,第 306 页。

识经济为导向,着重发展学生的学习能力、自信心及自我管理能力,从而构建新的课程体系。

四、芬兰小学数学课程标准对我国的启示

(一)重视学生数学思维能力的培养,着眼于学生的长远发展

数学是思维的体操。数学课程在培养学生逻辑推理和理性思维方面的作用,是其他课程无法替代的。通过数学教育,一方面是让学生掌握基础的数学知识及蕴含在其中的数学思想方法,从而形成一定的技能;另一方面是训练学生的思维,让学生形成一种"数学头脑",能够"数学地"解决日常生活中所遇到的各种问题。所以教数学一定要教思维,但是不能空洞地形式地教思维。学数学也一定要学思维,学生学会了"数学方式的理性思维",将受用无穷。① 如芬兰新课标中明确提出数学的教学任务是"培养学生的数学思维"。芬兰将培养学生的"数学思维"放在总目标的第一点来阐述,由此可见芬兰小学数学教育中对"数学思维"的重视程度。与此相对应,中国新课标总目标部分也明确地提出通过义务教育阶段的学习,学生能"运用数学的思维方式进行思考"。这表明学生在学会知识的过程中也要学会思考,学会思考的重要性不亚于学会知识,它将使学生终身受益。

(二)重视数学的价值,体现数学是现代社会公民必备的素养

数学是历史最悠久而又始终充满活力的人类知识领域,也是每个受教育的人一生学习时间最长的学科之一。数学之所以人人皆学,是由于其作为一门科学的对象、内容、特点和其在人类文化中的地位所决定的。什么是数学,中国新课标是这样描述的:"数学是研究数量关系和空间形式的科学。"②数学与人类发展和社会进步息息相关,随着现代信息技术的飞速发展,数学应用于社会生产和日常生活的各个方面。数学作为对客观现象抽象概括而逐渐形成的科学语言与工具,不仅是自然科学和技术科学的基础,而且在人文科学和社会科学中发挥着越来越大的作用。尤其是 20 世纪中叶以来,数学和计算机技术的结合在许多方面直接为社会创造价值,推动着社会生产力的发展。正是因为数学在人类生活方面面所起的重要作用,才使人们意识到学习数学的意义和价值,从而使数学成为现代社会公民必备的素养。如芬兰新课标明确提出:"数学的重要性已经得到广泛的认可,数学影响学生的智力发育。"③从芬兰的课程目标的表述来看,他们非常强调数学的重要性,因为在他们看来,数学在学生智力发育的整个过程中所起到的作用是至关重要的。与此相对应,中国课程目标也明确提出使学生"了解数学的价值",并在前言部分中指明:数学是人类文化的重要组成部分,数学素养是现代社会每一个公民应

---

① 教育部基础教育课程教材专家工作委员会:《义务教育数学课程标准(2011 年版)解读》,北京师范大学出版社,2012 年,第 123 页。

② 曹一鸣:《十三国数学课程标准评介》,北京师范大学出版社,2012 年,第 96 页。

③ 同②,第 94 页。

该具备的基本素养。近些年,在国际上数学素养一直是数学教育中的一个热点话题,中国在《高中数学课程标准》中已明确体现。此次课改将培养学生数学素养提前到义务教育阶段,可见培养数学素养的重要性,这也是人们对数学教育认识提高的一个重要表现。

中韩小学英语课程标准宏观比较

翁巧玲 *

摘　要：中国和韩国的小学英语课程标准在框架结构、课程目标、课程内容等方面存在差异。韩国的小学英语课程标准对我国小学英语课程标准的完善具有一定的借鉴意义。

关键词：中国；韩国；小学英语；课程标准；比较研究

中韩两国是一衣带水的邻邦，自古以来就有着密切的贸易和文化往来。21 世纪在经济社会高速发展的世界化、信息化时代背景下，英语作为一门极其适用的工具性语言受到了各国的重视，中韩两国作为亚洲经济较发达的国家，对英语的重视程度也是有目共睹的，特别是作为基础教育阶段必须掌握的小学英语，两国都致力于提高其质量。因此，进行中韩小学英语课程标准的比较，对完善中国英语课程标准具有很强的现实意义。

一、中韩小学英语课程标准框架结构比较

（一）框架结构

中国的义务教育英语课程标准由前言、课程目标、分级标准、实施意见、附录等部分组成。① 韩国小学英语课程标准的框架结构为课程性质、课程目标（包括英语课程的总目标、小学目标、初高中目标）、课程内容（包括内容结构和学业目标两部分，内容结构中包括语言技能、交际活动、言语材料。学业目标包括听、说、读、写目标）、教学方法、评价、附录。②

（二）框架结构的比较

1. 中韩课程标准的总框架基本相同

中国和韩国英语课程标准框架的主要内容是一致的，都包括了课程性质、课程目标分级目标、教学方法建议和评价建议。这些内容都是课程标准必不可少的组成部分，对英语的教学起到指导和规范作用。

中韩两国都重视对分级目标的具体化，都重视对分级目标的阐述。虽然两国的划分方式不同，中国以学段划分的方式将小学分为两个学段，而韩国则是用年级划分的方式将小学的 3—6 年级划分为 4 个学段，但是两国对每个学段的目标要求都规定得十分具体明确，并且都以附录的形式对课程的内容进行阐述，运用大量的

---

* 翁巧玲，女，扬州大学教育科学学院研究生，安徽省合肥市肥东三中教师。

① 《中国教育部义务教育英语课程标准（2011 年版）》，北京师范大学出版社，2012 年，第 1－2 页。

② 韩国教育技术部：《小学教育课程解说》，教育科学技术部，2008 年。

篇幅对小学生需要掌握的语言知识和要达到的语言技能作了规定。

2. 中韩课程标准框架结构的精细度不同

韩国的课程标准是由课程性质、课程目标、课程内容、教学方法、评价和附录6部分组成,并根据这6部分针对不同阶段的学生对课程标准进行了具体阐述。而中国的课程标准虽然只有5部分,即前言、课程目标、分级标准、实施建议和附录,但是每个部分都设有子标题,因此涵盖的方面比较多。例如实施建议就包括教学建议、评价建议、教材编写建议、课程资源开发与利用建议这4个方面。韩国的课程标准是将教学方法和评价作为课程标准中的两个部分来叙述的。内容丰富全面固然是好事,但是也可能限制学生发展和教师创造的空间。

3. 课程设计思路有差异

在中国的义务教育阶段,英语的学习是从小学三年级至初中毕业。韩国从小学三年级至高中一年级,英语都是必修课。在课程标准中两国都很重视语言知识和语言技能的掌握,并且运用了大量的笔墨对不同级别的学生在这两方面的目标上进行要求。但是,中国是用学段对学生进行划分的,三、四年级是英语学习的第一学段,五、六年级是第二学段;而韩国在描述学业目标时是以不同的年级划分的,每个年级的学生有他们不同的目标。除此之外,韩国的课程标准中的其他内容都是按小学、初中和高中这三段来划分的。所以,韩国的课程标准的设计思路并不是很统一。我们认为,课程目标中的很多内容不宜划分过细。例如,情感态度这方面,两个相邻的年级之间很难区分有什么不一样的情感态度目标。

4. 韩国更注重教学方法和教学评价

韩国将教学方法和评价分别作为两部分来详细论述,在小学教学方法中介绍了17点,分别从听、说、读、写这4个方面对教学方法进行了细致的阐述。在评价方面,首先规定了评价的方针,要求教师和学生按照评价方针中的要求来合理正确地评价每个学生的英语学习。其次,列举了评价过程中应注意的一些因素,分别分析了对小学生和初高中生评价时应该注意的地方。

5. 韩国小学英语课程标准更重视对课程资源的开发

韩国的小学英语课程标准中没有对教材编写和课程资源开发利用做出相关的规定,而中国的小学英语课程标准对其做出了详细的规定,给教材编写者和课程资源开发利用者提出了宝贵的意见。究其原因主要由于韩国小学阶段的英语教材是全国统一的,即 *Elementary School English*(《小学英语》),它是由国家统一编制统一发行的,而且多年来一直没有变更。韩国的课程资源开发利用程度相对较高,国家的信息技术比较发达,学校的资源设备比较齐全。而中国在教材编写和课程资源开发方面都有待改进,各省各地区的教材纷繁多样,需要有一定的规范和指导。课程资源开发利用的水平较低,学生大多只是学习教材上的英语知识。

二、中韩小学英语课程目标比较

（一）中国小学英语课程目标

中国的英语课程目标分为总目标和分级目标。义务教育阶段英语课程的总目标是：通过英语学习使学生形成初步的综合语言运用能力，促进心智发展，提高综合人文素养。除了总目标还有分级目标。义务教育阶段英语课程各个级别的目标涉及学生在语言技能、语言知识、情感态度、学习策略和文化意识5个方面应达到的综合行为表现（分级目标从略）。

（二）韩国小学英语课程目标

韩国的英语课程目标分为总括目标和各级学校的目标。2008年修订的英语教育课程的总括目标为：培养能够理解和使用日常生活中所必需的英语的基本交际能力，并且能够正确理解外国文化，发扬我们的文化，并为能向外国介绍本国的文化打下基础。这一目标的下位目标是：为作为终身学习者而对英语拥有持续的兴趣和自信心打下基础；培养与日常生活和一般话题有关的基本交际能力；培养理解外国多样的信息并能对其进行灵活运用的能力；通过理解外国文化，对本国的文化有新的认识，并树立正确的价值观。[1]

按照总括目标的要求，小学英语教育课程的目标设定为：拥有对英语的兴趣和关心，培养理解和表达日常生活中使用的基础英语的能力。为了达成上述目标，又设定了更具体的目标：对英语拥有兴趣；拥有将有限的英语基础作为交际工具使用的自信心；打下日常生活中用英语进行基础交际的基础；通过英语的学习理解其他国家的习惯和文化。[2]

（三）中韩小学英语课程目标的比较

1. 中韩两国小学英语课程总目标

中国的英语课程总目标重点突出两点：一是让学生形成初步的综合英语运用能力；二是提高学生的综合人文素养。而韩国的英语课程总目标也重点突出两点：一是培养学生的基本英语交际能力；二是促进文化的交流。相比较而言，中国的英语课程总目标对学生本身的英语能力和综合素养做出了要求，并没有从国家的角度或者社会的角度来论述英语教育的目标。韩国的英语课程总目标不仅对学生提出了要求，也看到了英语教育的国际意义。但是，对学生的要求主要是要掌握基本的交际能力，而没有拓展到英语学习对学生的全面发展的意义。总目标认为学生基本交际能力的掌握主要是为了国际间的文化交流，并让学生从理解外国的文化来进一步理解和定位本国的文化，在此过程中形成正确的价值观。

---

① 韩国教育技术部：《小学教育课程解说》，教育科学技术部，2008年。
② 同①。

2. 中韩两国小学英语课程分级目标的比较

（1）中韩两国小学英语课程分级目标基本相同

两国的小学阶段课程目标的内容有很多相似之处。例如两国都将小学生学习英语的兴趣作为首要目标,都注重学生对英语的表达和运用能力,都希望学生通过英语的学习了解外国的文化习俗。这充分体现出两国都考虑到小学生阶段的年龄特征,首先要让学生产生兴趣,然后才能学好。学习英语不再是学习哑巴英语,两国现在都很重视学生的表达和运用能力。通过英语的学习,通过多种途径了解外国的文化和习俗,这样既可以开阔小学生的视野,也可以增长他们的知识。

（2）小学阶段英语课程目标形式不同

因为中国小学英语学习阶段属于义务教育阶段五级中的前两级,所以在中国的小学英语分级目标中主要阐述的是第一、二级目标。而韩国的小学英语课程有其自己的目标,是将小学的四个年级作为一个整体来阐述其英语教育课程目标的,并对该目标设定了更具体的目标。

（3）中韩小学英语课程目标的内容不同

中国的分级目标主要是指学生每完成一个学段,在语言知识、语言技能、情感态度、学习策略和文化意识等这些方面所达到的标准。对每个学段的目标描述得非常详细全面。而韩国的小学阶段英语课程的目标相对来说简单一点,主要让学生在小学阶段对英语拥有兴趣和自信心,能够在日常生活中用英语进行基本交流,以及运用英语理解其他国家的习俗和文化,并没有详细地介绍学生在语言知识和语言技能等方面达要到什么样的水平。中国的课程目标的内容更具体明确。

（4）中国小学英语课程目标体现了学生发展的梯度

由于中国的小学英语课程目标是分成两个学段的,所以随着学生年龄的增长,他们所要达到的目标逐步提高。例如,第一学段要求学生对英语具有好奇心,到第二学段就要对英语产生兴趣;第一学段中要求学生模仿范例书写词语,到第二学段就要求学生根据提示写出简短的描述,这些充分体现出英语学习者学习语言过程的渐进性。而韩国小学英语课程目标没有体现出这点。

三、启示

第一,课程标准的制定要考虑学校实施课程的有效性。

从小学英语课程标准实现的可能性和实现的程度来看,我国的英语课程标准对每个阶段的小学生的各方面标准规定得过于细致,对教师的教学建议规定得也过于周密。这样的细化给学生和教师留下的发展和创造空间太小,也不利于学校形成特色课程和特色文化。

国家可以将权利适当放宽,以省份或地区为单位,以《义务教育英语课程标准（2011 年版）》为基础,自行创设适合该省份和地区的小学英语课程标准,不同的课程标准既可以体现不同地区的教育特色,也可以使得各个地区相互学习,将中国的小学英语教育推向更高一层。

第二,课程标准的制定要注重英语课程资源的开发和利用。

众所周知,教育事业经过一本书、一块黑板、一支粉笔的漫长历程,随着科学技术的迅速发展,传统的教学资源和教学方式已经满足不了现代科学技术的发展的要求。为了适应这种时代发展的需求,新的教学资源和教学方式已经呈现出不可逆挡之势。而在我国的小学英语课堂中,部分教师为了赶教学进度,节省课堂教学时间,很少向学生提供多样化的小学英语课程资源,例如广播电视英语节目、报纸杂志、网络资源等;学生的课外时间多被课外补习所占据,学生所接触到的课程资源比较少,这对增强学生的自主性、扩展学生的知识面、培养学生的英语学习兴趣,以及增强小学生的跨文化交流意识无疑形成了一种阻碍。①

因此,现阶段小学英语教育的一项重要任务就是积极利用多种形式的课程资源,特别是广播电视节目、录音录像资料、直观教具和实物、多媒体光盘资料、各种形式的网络资源等。首先,教师要有一种运用多种课程资源的意识;其次,教师要加强自身课程开发利用的能力;再次,培养学生自主利用多样化的教学课程资源;最后,教育行政部门和学校要建立资源的采购和管理制度,保证课程资源的采购做到公平、合理、节约,保证资源的更新及时与调整。

第三,课程标准的制定要注重培养学生英语语言实践和运用能力。

韩国和中国同属于亚洲国家,在英语教学的历程中有许多相似点,我们要引以为鉴,不能让韩国英语教学的失败教训在中国的小学英语教学中重演。由于韩国受传统影响,以前的小学英语教学侧重于语法知识的传授和阅读能力的培养,忽视学生的听说能力,教学方法陈旧,应试英语倾向明显。这使得许多学生的总体英语水平较低,以至于韩国的英语课外补习现象十分严重。这不得不引起我们深思。

我国在早期的英语教学中也是注重语言知识的传授,而轻视学生的语言实际运用能力,随着国际全球化的趋势,学生懂英语已经不能满足时代的需求了,更重要的是让学生学会正确、恰当地使用英语。② 中国《义务教育英语课程标准(2011年版)》中将"学生形成初步的综合语言运用能力"作为英语课程总目标之一。课程标准中的各级目标也是以学生"能用英语做事情"的方式陈述。因此,教师要通过创设接近实际生活的各种语境,采用循序渐进的语言实践活动,以及各种强调过程和结果并重的教学途径和方法,培养学生用英语交流和做事的能力。

---

① 吴斌:《信息化在小学英语教学中的渗透》,《科学大众·科学教育》,2013 年第 1 期。
② 陆杨:《新课程标准下小学英语教师加强综合素质培养的研究》,《现代阅读》,2012 年第 4 期。

中日小学社会课程标准比较

吴　岳*

摘　要：中日现行的社会课程标准存在诸多异同。中国是基于基础教育课程改革的大背景下发展社会课程；日本则是在明治维新之后，结合本国国情，促进社会课程的演变。中日社会课程标准在课程目标、课程内容、课程实施等方面存在差异。

关键词：社会课程标准；品德与社会；比较研究

一、中日社会课程标准制定背景比较

（一）日本社会科的产生背景

在日本，社会科的开设，起初是为了清除军国主义和国家主义的流毒。第二次世界大战之前，军国主义和极端国家主义操纵着日本国民教育，以一种自上而下的形式塑造国民，而所塑造出来的国民，实质上只是对以天皇为首的统治阶级的愚忠下层。[①] "二战"结束之后，为建立一个新的民主主义的国家，日本把新国民的培养放到首要位置，努力抵制军国主义残留势力，于1947年，由文部省出台战后第一个学习指导要领，"社会科"首次进入课程体系，与国语、数学等科目并列。这也标志着"社会科"作为一门新学科在日本的诞生，它不仅是新教育的核心学科，也是道德教育的主要途径，并在战后的近60年内一直深受社会各界的关注。

（二）中国《课程标准》制定的背景

针对基础教育阶段出现的各种问题，我国分别于2001年和2010年颁布了《基础教育课程改革纲要（试行）》（以下简称《纲要》）和《国家中长期教育改革与发展规划纲要（2010—2020年）》（以下简称《中长期纲要》），其中《纲要》在基础教育课程部分，从学习态度、课程设置、课程内容、课程实施、课程评价和课程管理几个部分，对短期内的基础教育发展指明道路。《中长期纲要》在基础教育阶段把"减负"作为重要任务，减轻中小学生课业负担，改革考试评价制度和学校考核办法；规范办学行为，建立学生课业负担监测和公告制度；不得以升学率对地区和学校进行排名，不得下达升学指标；严格执行课程方案，不得增加课时和提高难度。[②] 在落实减负方面，课程标准的改革与制定是一大举措。

---

*　吴岳，女，扬州大学教育科学学院研究生，无锡市八士实验小学教师。

① 汪培：《战后日本社会科课程的沿革》，《黄冈师范学院学报》，2008年第4期。

② 中华人民共和国教育部：《国家中长期教育改革和发展规划纲要（2012—2020年）》，2010年。

二、中日社会课程课程目标比较

（一）日本社会科"要领"的课程目标

日本社会科"要领"的总目标为：谋求对社会生活的理解，培养对日本国土和历史的理解和热爱，养成对国际社会有益的、作为民主和平国家和社会的成员所必备的公民素质基础。①

日本社会科"要领"在总目标部分的表述简单，略显抽象，主要从两个方面进行阐述。首先是"谋求对社会生活的理解，培养对日本国土和历史的理解和热爱"，强调对社会生活的启发理解和培养对本国的热爱之情。将这段话细分，则可以分为"对社会生活的理解"和"对日本国土和历史的理解"两个部分。所谓"对社会生活的理解"，出发点在于启发儿童对其所居住的地区及地区社会有所了解，在深化对乡土社会理解的基础上，实现"对日本的国土和历史的理解与热爱"。其次，是"养成对国际社会有益的、作为民主和平国家或社会的成员所必备的公民素质基础"，这部分着重说明了作为合格公民所要求具备的资质的内容。关于"公民"，总目标强调"对国际有益"和"作为和平民主的国家和社会的成员"。② 早在20世纪70年代，日本社会科的教学中便突出强调国际理解教育。时至今日，面对世界日新月异的变化和世界"和平与发展"两大主题，日本小学社会科在强调国际理解之余，添加了对国际有益等要求，不仅顺应了世界发展的潮流，也对日本小学生成长为合格公民提出了新的要求。

（二）中国品德与社会课程标准目标

在我国，教育部颁布了2011年《义务教育品德与社会课程标准》（以下简称《课标》），《课标》在品德与社会课程总目标部分指出："品德与社会课程旨在培养学生的良好品德，促进学生的社会性发展，为学生认识社会、参与社会、适应社会，成为具有爱心、责任心、良好行为习惯和个性品质的公民奠定基础。"③总目标语言简洁、明确，在适应小学中高年级学生特点的前提下，注重与小学低年级的品德与生活、初中思想品德课程之间的良好衔接。品德与社会课程作为一门德育类课程，其总目标应体现将学生培养成为社会主义合格公民的国家意志，并实现学生的良好品德形成、社会性发展的价值追求。此外，在《课标》的总目标部分，突出显现出了社会实践对于学生社会性发展的重要性，体现了知行统一的课程性质。总目标中强调为学生成为合格公民奠定基础，还突出了基础教育为学生将来做准备的社会功能，旨在为学生将来更好地融入社会、为社会做贡献打下良好的基础。

---

① 罗晓牲，宋世云：《日本小学社会科的目标和内容》，《教学与管理》，2003年第4期。

② ［日］松尾正幸：《日本小学社会科教育的目的》，《课程·教材·教法》，赵亚夫译，1999年第2期。

③ 中华人民共和国教育部：《义务教育品德与社会课程标准（2011年版）》，北京师范大学出版社，2012年。

三、中日社会课程课程内容的比较

（一）日本社会科"要领"的教学内容

日本社会科"要领"在小学中高年级阶段主要以学生的学年为依据进行划分，分别为三、四学年，五学年与六学年三个部分，在课程内容方面可以看出由近及远、由低到高、由浅入深的顺序性。例如在对社会生活的认知方面，三、四学年主要认识自己所在市（区、街、村）的特点，五学年认识自己的国家，到六学年则要认识日本的历史和传统以及国际社会。

在日本，地方行政单位划分为都、道、府、县。都、道、府、县均为平行的一级行政区，只属于中央政府，但是各自拥有自主权。日本小学三、四学年的教学范围是由认识身边的事物扩展到认识自己所在的县，主要内容包括了解所在县的地形、公共设施、交通状况、历史古迹等，所在县的生产活动与经济发展，所在县居民的生活所需，所在县的安全，所在县的开发，所在县的地理位置，并能够使用辅助工具进行测量、观察等，这与这一阶段学生的认知能力发展相适应。[①] 三、四学年虽然在范围上并不是很大，但是内容却很丰富，有自然条件、地理知识、公共设施、生产分布、文化遗产、交通、信息、安全、经济开发等。此外，教学内容中在工具使用与能力培养方面，明确提出对地图的使用，以及调查能力、整理分析能力和理解能力等，与学生生活紧密联系在一起。

日本社会科在小学五学年和六学年设置的教学内容都与日本本国有关，但是在范围及深度方面略有不同。其中，六学年的教学内容主要包括对日本历史的一些主要事件、优秀历史人物、历史文化遗产和日本的政体体制、国家宪法、法律法规及国际理解方面的学习。在教学内容的细则部分，微观上看有对古坟、大佛建造、代表性建筑物和绘画、歌舞伎等方面的调查；宏观上则有对国土的统一、日本文化的兴起、室町文化的产生、日本宪法、近代化发展的事实、国际地位的事实等方面的调查。在能力发展方面，则突出学生的思考能力的发展，着重培养学生的认知能力。

日本社会科教学内容由浅入深、视野不断扩大，从横向空间上看，从学生身边社区，到所在县，再到国家、国际社会，不断向外延伸；从纵向时间上看，从历史上先辈的丰功伟绩、历史上的重大事件和历史演变过程到当今社会政治、经济、文化的发展，再到国际社会上的交流等。[②] 可以说，日本小学社会科给学生展示了一幅成3D立体效果的动画，已经形成了相当成熟的体系。

（二）中国品德与社会《课程标准》的课程内容

中国品德与社会《课标》在课程内容部分，是依据课程设计思路按照综合主体的方式呈现的，主要分为六大主题：我的健康成长、我的家庭生活、我们的学校生

---

① 罗晓牲，宋世云：《日本小学社会科的目标和内容》，《教学与管理》，2003 年第 4 期。
② 同①。

活、我们的社区生活、我们的国家和我们共同的世界(见表1)。

表1　中国品德与社会《课标》课程内容与核心①

主题	核心	条数
我的健康成长	认识自我；自尊、自爱；应对困难；诚信做人；与人为善；生命·安全；抵制不良行为，健康生活	8条
我的家庭生活	亲情与感恩；自理与责任；邻里和睦；家庭开支和消费；沟通和谅解	5条
我们的学校生活	地图技能；尊师爱校；学会学习；同学交往——个人与他人；个人与群体；集体规则；集体生活	7条
我们的社区生活	地图知识和技能；环境与生活；尊重劳动者；商业——消费；交通——安全；公共设施、公共秩序和公共安全；尊重、平等；文化和文明生活；社区环境保护	11条
我们的国家	国土意识和环境意识；文明史和文化遗产；屈辱——抗争——救亡图存；爱党，爱社会主义；工农业生产；交通发展；学会使用网络和信息；人民解放军；权利与义务	13条
我们共同的世界	地理和文化；经济和科技；和平与发展；中国与世界	7条

四、借鉴与启示

虽然中日两国的传统文化中都有着儒家思想的影响，但中国的文化组成与日本的文化组成比较，明显单一许多。中国传统文化强调教师的知识传授，而忽视学生学习的过程，成为我国后来的教育改革的艰巨任务之一。2011年版《课标》作为教育改革中的一部分，突出强调学生的主体地位和以"学生发展为本"的思想。所不同的是，日本在过去的文化中吸收了西方的民主思想，这对后来的教育发展起到了促进作用并形成了较好的教育模式，"要领"虽然简短，内容却面面俱到。这是值得我国学习的地方。

（一）我国课程目标与内容的具体化有待加强

与日本社会科课程目标相比，我国的课程目标在总目标方面足够清晰、简明和全面，然而在分目标方面则有所欠缺。如课程分目标的设置，仅仅从学生个人的全面发展出发，忽视了学生发展的顺序性与阶段性，横向目标充分，纵向目标不足。此外，教学目标的设置与实际教学实施的距离较大，教师不易把握。

而日本社会科是依据每个学年学生的发展水平设置课程分目标与教学内容，并将一个学年的学年目标与内容安排在一起。这样的设置有利于教师较好地把握课程目标与课程内容之间的衔接，有效组织教学，促进学生社会性的发展。而我国以主题轴的形式逐步推进教学内容的深度与广度，但是却没有与学生的实际发展较好地搭配起来。简而言之，我国的课程标准与内容宏观指导有余，微观具体不足。

---

① 高峡：《义务教育品德与社会课程标准(2011年版)解读》，高等教育出版社，2012年，第104－138页。

（二）我国相关学科的衔接有待加强

从日本社会科"要领"可以较为明显地发现过去修身、历史、地理的身影,在社会科教学的同时,注重与道德、综合学习时间等课程之间的衔接。我国的课程内容在设置上以主题轴的形式建构课程内容,主题明确,这有利于不同科目知识的整合。

但我国社会课程主题的系统性、完善性还有待加强,如何做到在适应学生发展顺序性的基础上,有效整合社会课程内部知识,处理不同年级间课程的纵向衔接以及同一年级不同课程的横向衔接,这是我国课程改革所需解决的问题之一。此外,不同的主题中穿插着各种学科知识的社会课程设计,对教师的水平提出了更高的要求。在社会课程专业教师缺乏的今天,所谓的"社会课程教师",大多并非社会教育科班出身,而是由其他教师兼任,知识储备较少,如何面对容量如此巨大且条理性不强的社会课程呢? 总之,在增强和完善社会课程与相关课程衔接的同时,需加强教师队伍建设。

（三）我国应突出学生的社会实践活动

日本在小学中高年级的社会科教学活动中,社会实践活动占据重要地位,强调让学生在实地参观、观察和考察中促进学生各方面的发展,培养学生直接的情感体验。而在我国,品德与社会课程的开展还局限于课堂教学,主要通过教师课堂上的语言传授来实现《课标》所规定的教学目标,间接地发展学生的非智力方面的能力,缺乏直接体验,我国的品德与社会实践活动有待加强。

中新小学科学课程标准比较

吴 旭*

摘 要：新加坡《小学科学教学大纲2008》和中国《全日制义务教育科学（3—6年级）课程标准》在课程设计、课程目标、课程内容、评价建议等方面存在差异，新加坡《小学科学教学大纲2008》对我国小学科学课程的修订具有一定的借鉴意义。

关键词：新加坡；小学科学；科学课程标准；比较研究

新加坡《小学科学教学大纲2008》（以下简称《大纲》）是根据国情、学科体系和教学计划的规定，在"重思考的学校，好学习的国民"教育改革方针（TSLN）的影响下，以及大力推行能力导向的科学教育的背景下应运而生的。

一、中新小学科学课程设计比较

课程设计是指按照育人的目的要求和课程内容各要素、各成分之间的必然联系而制定一定学校的课程计划、课程标准和编制各类教材的过程。中新两国课标是课程设计的直观体现。

（一）课程框架结构相似，体现各国优势

表1 中新两国课程框架结构

	课程性质	课程基本理念	课程设计思路	课程架构	总体目标	分目标	内容标准	建议	探究性教学	评价建议	课程资源的开发和利用	行为动词的定义	案例
新加坡	√	√		√	√		√		√	√		√	
中国	√	√	√	√	√	√	√	√	√	√	√	√	√

从表1可以看出，两国课程框架结构比较相似，同时体现了各自的优势。新加坡《大纲》分普通低学段、普通高学段、基础阶段统筹规划，并设有相对应的课程目标、内容标准、评价指标等。而中国《全日制义务教育科学（3—6年级）课程标准》（以下简称《标准》）则将一至六年级整体设计。显然，《大纲》的设计优势在于充分考虑学生的年龄特征和学习需求，划分学段进行设计，更具操作性，而这恰恰成了中国《标准》的劣势。不过，中国《标准》也有明显优势。首先，设计更加完整和全面，囊括了课程资源的开发、利用和参考案例这两个十分必要的部分。其次，进

---

* 吴旭，女，扬州大学教育科学学院研究生，扬州市生态科技新城泰安学校教师。

行整体规划和设计,体现出了更强的系统性和逻辑性,且让教材编写者和教师拥有了较大的创造空间。

(二)课程定位不同,彰显文化背景差异

新加坡将课程定位为培养学生成为新科技时代合格公民的基础课程,主要受经济因素影响。进入 20 世纪 90 年代,面对经济的转型,劳动力素质迫切需要提升,尤其在科技方面。21 世纪初,吴作栋说:"教育是千秋大业,是保持竞争力的基础,需不断学习新知识,人人掌握新科技,在千变万化的领域以求生存。"[①]这些都为课程定位奠定了基础。

中国则定位为培养学生科学素养。课程定位始见于 1977 的《教学大纲》,在 1986 年、1988 年、1992 年、2001 年都做了调整,课程定位从关注僵死的知识转向重视学生科学素养的培养。特别是 20 世纪 80 年代,国际科学教育界认为在基础教育阶段,科学素养教育应是学校理科教育的重要目标。在此影响下,学生科学素养的养成备受关注,小学阶段正是科学启蒙期,因此,小学科学被定位为启蒙课程。

(三)设计思路相异,反映不同课程设置

新加坡小学 6 年头 4 年课程统一,后实行分流,进入"定向阶段"。在 2005 年之前,按成绩将学生分成三个源流:英、中文均为第一语文源流(EM1)、英语为第一语文而中文为第二语文源流(EM2)、英语为第一语文而中文为第三语文源流(EM3)。EM1 和 EM2 组必修英文、中文、数学和科学,EM3 学生则修读略简单的英文、数学和中文,无须修读科学。分流制度的提出和推行有其特定的原因。首先是经济因素。面对经济转型时,对多样人才的需求使得教育体制无力应对,从而考虑分流。其次是社会制度影响。作为一个移民国家,公民在文化背景和语言能力上存在较大差别,统一的课程不能适应。最后是治国理念决定。政府崇尚培养精英人才,确保国家与时俱进。

但在 2005 年之后分流制度发生了变化,EM1 组及 EM2 组合并,EM3 组保留。2008 年,五、六年级推出"普通水平"(Standard Level)和"基础水平"(Foundation Level)两种不同程度课程。这一"科目分班"(Subject—based Banding)制度取代了分流制度,两种水平的学生都要学习科学课程,但"基础水平"阶段的课程较浅显。相较而言,中国小学科学课程趋于统一,不能满足学生的差异发展。

二、中新小学科学课程目标比较

(一)目标均具有弹性,契合后现代主义视角

新加坡《大纲》中的课程目标运用一些简单的词语描述,具有生成性和弹性。《大纲》中提及"空白空间",这一空间专属于教师,在符合课程宗旨的基础上,教师可以创造性地落实大纲,使课程更有意义和趣味。中国《标准》中的课程目标规定了小学毕业时绝大多数学生应达到的水平,这样的整体要求具有动态性和弹性。

---

① 高薇:《新加坡教育改革与经济发展的关系》,《云南教育学院学报》,1999 年第 6 期。

两国课程目标的设定体现了后现代主义课程观。现代范式下,预设的课程目标日益显现机械性,教学缺乏创造性。多尔为扭转这一局面,极力推崇杜威"目标来源于并运行于行动之中……是活动中而非活动的转折点……"的观点。怀特海提出"实体的'存在'由它的'形成性'所组成"的观点,他确信目标是丰富多变和不断生成的,应以"模糊"的词汇来描绘。[①] 两国的课程目标正是如此,充分体现了教育教学过程的不确定性和动态性特征,摆脱了僵死和硬性的规定。

(二)均关注学生,提倡终身发展

新加坡一直秉持着"教育为经济发展"的原则,从劳动密集型、技术密集型到多元化经济时代,经济发展的重点从生产转为创新与创意,教育随之相应地倡导"生存导向教育""效率导向教育""能力导向教育",课程目标也逐渐调整为极大化每个学生才能的发展,并使其被极大化地运用。[②] 因此,课程目标的设定更注重学生的个性和潜能发展,提倡终身发展。

中国小学科学课程目标也随着课程发展的历程不断改变,主要为5阶段:百废待兴、学习苏联经验到自主探索时期;"文革"十年革命与摸索时期;拨乱反正、适应转型时期;普及九年义务教育进行多元探索时期,关注科学素养的新课程改革时期。[③] 课程目标经历了从知识教育为主、全面发展到科学素养养成的历程,从注重结果走向关注过程,产生这些变化的根源是关注了学生的发展。

(三)《大纲》划分能力层次,反映科目分班制度

新加坡《大纲》中的课程目标体现了它特有的"科目分班制度"。由于学生被划分入"普通水平"或"基础水平",因此大纲中画有下划线的部分,对"基础水平"的学生不做要求。"科目分班制度"不但有利于因材施教、培养精英,让每个学生的潜力最大化,且有利于控制学生辍学。

相比而言,中国《标准》的课程目标具有统一性的同时忽视了差异性。我国可以效仿新加坡,根据民族和地区差异,分阶段、分层次开展课程教学,既能充分发挥各地区学生的潜能,又能保证少数民族学生受教育的公平性。

三、中新小学科学课程内容比较

(一)均注重课程内容变革,突出综合性和生活性

新加坡《大纲》的内容标准整合生物、物理、地理方面的知识,通过"五大主题"把各个学科的不同分支联系或串联到一起,具有综合性与多样性(见表2)。

---

① 刘要悟,[美]小威廉姆·E.多尔:《后现代课程观质疑》,《比较教育研究》,2006年第7期。

② 谢宗顺:《新加坡教育改革的核心理念》,《教育学术月刊》,2013年第10期。

③ 潘洪建:《小学自然·科学课程60年》,吉林出版集团有限责任公司,2012年,第3页。

表2　新加坡《大纲》中的内容标准归纳

学段＼主题	多样性	循环	系统	相互作用	能量
普通阶段（低年级 3—4 年级）	生物和非生物的多样性	动植物的循环	植物系统 人类系统	力的相互作用	能量的形式和利用
普通阶段（高年级 5—6 年级）		动植物的循环 物质和水循环	植物系统 人类系统 细胞系统 电路系统	力的相互作用 环境的相互作用	能量的形式和利用 能源保护
基础阶段（5—6 年级）		动植物的循环 物质和水循环	植物系统 人类系统 电路系统	力的相互作用 环境的相互作用	能量的形式和利用

中国《标准》的课程内容相较于原本《小学自然大纲》，突破了单纯强调科学学科自身的系统性、逻辑性的局限，加强了学科之间的联系（见表3）。

表3　中国《标准》中的内容标准归纳

学段＼主题	科学探究	情感态度与价值观	生命世界	物质世界	地球与宇宙
小学1—6年级	认识科学探究 提出问题 猜想与假设 制订计划 观察、实验、制作 搜集整理信息 思考与结论 表达与交流	对待科学学习、对待科学、对待自然、对待科学、技术和社会的关系	多样的生物 生命的共同特征 生物与环境 健康生活	物体与物质 运动与力 能量的表现形式	地球的概貌与地球的物质 地球运动与所引起的变化 天空中的星体

如果说世界科学课程的改革影响两国课程内容的综合性特征的话，那相关哲学思潮和教育理论则为两国的科学课程内容生活化提供了背景。传统科学教育中，鲜活的课程活动被冷冰冰的知识传授和机械的理智训练所代替，学生主体性失落了。从胡塞尔的《危机》一书的问世、"科学世界向生活世界回归"的观点提出，到哈贝马斯的"交往世界"、维特根斯坦的"生活形式"、海德格尔的"日常共在世界"，都批判主客观分离的学科世界。杜威和陶行知的观点虽然存在着某些分歧，但无疑都坚定了教育回归生活世界的观点，使得小学科学课程内容的选择贴近生活实际。

（二）内容编排方式不一，呈现不同设计体系

新加坡《大纲》中的内容标准以多样性、循环、系统、相互作用、能量这五大主题为模块进行编排，将三个维度的目标融合在 5 个内容模块中进行阐述，并贯穿于每一模块若干主题和次主题。中国的内容标准主要包括5个方面:科学探究、情感态度与价值观、生命世界、物质世界、地球与宇宙。每方面包括"具体内容标准"和"活动建议"两个部分,没有将内容与分目标相对应。

可见,新中两国课程内容的编排思路不一,中国《标准》中的课程内容与目标是相对割裂的,课程内容以整合的形式出现,笼统呈现出学生毕业时所应学的课程内容。新加坡《大纲》中将课程内容与目标相对应,使目标依附在具体的课程内容上,呈现出每个阶段学生应达的课程目标及内容,利于教师更有针对性、个性化地设计教学,体现了编排方式的优越性。

(三)新中科学探究侧重不同,彰显主体性和情境性

中国《标准》的一个突破性进展就是突出科学探究的地位。有学者将其解读为儿童自发的探究,且追求儿童天生探究能力的不断完善。[1] 可见,这里的科学探究强调探究的主体性,就如建构主义学者所倡导的那样,学生并不是被动接受知识,而是在原有的观念和经验的基础上积极主动地建构知识。

中国《标准》中强调探究的主体性,新加坡则更注重探究的情景性,这就涉及了建构主义的另一原则:"认知活动是一种用来组织个人经验世界的适应过程,而不是用来发现独立与主体外先前存在的世界,只有在学生经验和背景的情境下教授技能和概念。"[2]《大纲》倡导"基于学生生活和与周围环境相关联的现实内容",结合学生的真实世界,为学生创造探究的情景,使学生的探究更加投入和积极。

四、中新小学科学课程评价建议比较

(一)均强调采用灵活多样的评价方法

现代心理学表明,个体的心理潜能优势领域各异,很难找到一种适合所有人的统一的评价方法,"多样化"是对科学教学评价的核心要求,单纯的书面测验已不能适应课程发展,《大纲》及《标准》中都列举了十余种评价方法,以促进课程发展。虽然两国评价方法均灵活多样,但也存在着问题,在《大纲》中,除了详细地对"档案袋"进行解释和强调之外,对其他方法只运用简单的英语单词罗列,并总结道:"采用哪种方法取决于教与学的情况。"如此,评价变得开放和自由的同时,也易使教师无章可循、无从下手。《标准》中的评价方法则缺乏相应的评价指标,如果能够尝试针对不同水平不同阶段的学习成果设计相应的评价指标,也许有利于培养学生全面的科学素养。

(二)中新评价功能侧重不同,追求选拔性和发展性

新加坡《大纲》指出评价的目标主要是测量学生掌握科学知识、技能和态度的程度,以提供标准化和总结性的反馈。评价功能侧重甄别和选拔,科学课程作为测试科目,成为学生升学和选拔的依据。然而,中国《标准》的评价建议则更关注学

---

① 郝京华:《科学(3~6年级)课程标准解读(实验稿)》,湖北教育出版社,2002年,第76页。
② [美]乔治·J.波斯纳:《课程分析》,钟启泉、赵中建译,华东师范大学出版社,2007年,第212页。

生的发展,科学课程并不作为考试科目,就如建构主义所倡导的那样,评价的最终目标是在于确定个体思考和理解思维技能的发展,中国倡导"建立促进学生全面发展的评价体系",评价功能由传统的"甄别选拔"转变为"育人为本","立足过程,促进发展"被提出。这一变革不仅改变了评价体系,也更新了评价理念。

(三)较之新加坡,中国更倡导评价主体的多元化

新加坡《大纲》提倡评价的主体是教师。而中国《标准》中则提出:学生、家长、教育管理部门、科技管理部门及社区有关组织和人士都参与评价。显然中国《标准》更注重评价主体的多元化。中国倡导评价由上而下,学生被排斥在评价主体之外,致使评价主体直线型和单一性。随后,一些学者主张不能用一把尺度、一个标准来衡量所有的事物,认为不存在一个作为参照标准的中心。① 因此,《标准》中明确学生成为评价主体中的一员,并倡导评价主体的多元化。

(四)较之中国,新加坡更提倡信息技术手段的运用

1997 年,新加坡颁布《信息技术在教育上应用的总蓝图》,规定评价需采用信息技术手段。两年后,推行"教育电子簿"计划,学生通过"教育电子簿"翻看课本并完成作业。② 2003 年,新加坡提出用信息技术获取数据并进行分析,对学生的学习与表现做出诊断性评价。③ 相对于中国的评价手段,新加坡利用信息技术进行评价,具有视听合一、交互性强和图文并茂等特点,没有时间空间的限制,易将学生的学习作品和相关评价资料进行整理、检索和共享;利于师生、家长、社区等共同参与评价;促进学生自主及合作学习。

新加坡和中国课标的比较,有助于我国课程标准的修订与完善,其启示是:(1)完善课程目标的设计,将课程目标与内容相对应;(2)关注民族和地区差异,设置不同类型的科学课程;(3)关注探究主体性的同时,要注重探究的情境性;(4)加强科学与技术的联系;尝试开展 STS 教育;(5)健全课程评价体系,设置评价指标。

---

① [美]小威廉姆·E. 多尔:《后现代课程观》,王红宇译,教育科学出版社,2000 年,第 109 页。
② 杨延昭:《新加坡基础教育课程改革的实践及启示》,《武汉市教育科学研究院学报》,2007 年第 10 期。
③ 赵玉英:《新加坡基础教育课程改革特色及启示》,《世界教育信息》,2006 年第 4 期。

《小学课程史研究丛书》总序①

丛书编委会 *

  广义的小学课程古已有之,如我国的《三字经》《百家姓》《千字文》《千家诗》,就是蒙学读本中的典型代表。现代学科意义上的小学课程则是近代"西学东渐"的产物。1903 年,清政府正式颁布了我国第一个学制《奏定学堂章程》(又称"癸卯学制"),该章程规定了初等小学堂完全科课程 8 门:修身、读经讲经(四书五经)、中国文字、算术(数学)、历史、地理、格致(相当于自然、科学)、体操等课程,附言中还提出可酌情增加图画或手工课程。高等小学堂开设修身、中国历史、地理、格致等课程。该章程对我国小学课程的设置产生了重要影响,我国现代意义上的小学课程便是在此基础上发展起来的。经过民国时期的发展,共和国的小学课程揭开了新的一页。

  小学课程的历史,可以说就是一部课程改革的历史。今天我国小学课程的改革与研究不能割断历史,需要用历史的眼光审视课程改革与发展的历程,总结历史经验,吸取历史教训,进行历史观照,形成历史智慧。梳理新中国成立 60 年来的小学课程发展史,会让我们更好地理解小学各门课程怎样因社会、政治、经济、文化等因素的影响而流变,怎样因课程内部要素的互动而不断调整,并由此界定课程自身的存在。拥有了课程发展的历史眼光和现实观照,我们才能深刻理解眼下课程改革的旨趣与实质,明智地选择课程改革的原则与方向。

  我国当下基础教育课程改革正面临许多困惑、繁难与问题,"剪不断,理还乱"。课程改革究竟有哪些问题,哪些是老问题,哪些是新问题?老问题在历史上是怎样表现的,又是怎样解决的,这些解决方式对我们今天有何启示?新问题又与哪些老问题相关联,是怎样关联的,我们能否从已有的解决方案中找到解决问题的线索?可以说,新中国成立以来小学课程改革的经验与教训为今天小学课程与教学改革提供了一笔宝贵的财富。总结 60 年来小学课程实践与改革的经验,吸取其间的教训,同时借鉴国外的理念与做法,才能推陈出新,确保小学课程与教学改革的有效推进。

  历史是一位饱经风霜的老师,向历史学习,吸取历史智慧,有助于问题的解决与开拓创新,任何异想天开的、割断历史的改革注定难以持久。因为完全与历史无关的、断裂式的课程开发是不可思议的。正如一个人的本质是他(她)的全部生活

---

① 《小学课程史研究丛书》5 卷已由吉林出版集团有限责任公司、江苏大学出版社于 2010—2013 年出版。

* 编委会,潘洪建教授执笔,2010 年 10 月。

124 当代教育评论(第 1 辑)

史一样,小学课程绝不是某个抽象的概念或静态的文本,而是它们自身产生、发展全部历史的产物。没有对新中国成立60年来课程发展的历史观照,就不能真正理解我们今天在做什么以及为什么要这样做。譬如,不了解小学语文课程史上关于语文课程性质的种种理论探讨和实践摸索,就难以真正把握今天提出的"语文课程是工具性与人文性的统一"的丰富内涵,更难以明智地将之贯彻于自身的课程实践之中。没有小学数学"双基"(基础知识和基本技能)教学的长期实践,也就难以形成我国小学数学教育的优良传统和对"双基"教学价值的理解。课程改革与发展的历史为今天的课程改革提供着丰富的思想资源,有待我们挖掘与利用,并在此基础上进行明智的抉择。因此,学科课程史研究对于总结教育经验,指导教育实践,推动课程与教学改革具有重大的现实意义。

课程史是教育史的重要组成部分,长期以来,我国教育史的研究主要集中在教育家的教育思想与宏观的教育制度两个领域,出版了系列研究论文与著作,而学科课程史的研究却未得到应有的重视,研究相对滞后,与教育史学科发展极不相称,形成巨大反差。这不仅影响了教育史学科的整体构建,而且不能满足基础教育课程改革的现实需要。从已有研究成果看,"中国小学各科教学史丛书"(含小学语文、小学数学、小学思想品德、小学常识四科)梳理了从古代到近代、现代小学学科教学(含课程)的历史脉络,但由于时间跨度太长,新中国成立后的小学课程发展的内容涉及不多。新中国60年小学课程的发展亟待梳理、总结。

该研究通过检视我国小学主要学科60年理论与实践、思想与制度的发展轨迹,对各小学课程、教学、评价的历史演变做一次较为全面的审视和系统的考察。该研究通过回顾各学科课程发展的历程,总结各学科课程实践与改革的基本经验,揭示各学科课程发展的共同规律,展示新中国成立以后小学学科课程发展的成就与问题,初步描绘一幅小学各学科课程发展的历史画卷,从而提出改进学科课程实践的策略、推进学科课程研究的建议,以丰富学科教育理论,为小学课程改革与发展提供历史借镜。

该研究对自1949年新中国成立至2009年60年来我国小学主要学科,如小学语文,小学数学,小学思想品德,小学自然(科学)、小学历史、地理、社会等科目的课程设置、教学大纲、教材教法、教学评价诸方面的经验、做法,进行客观的评述,概括不同阶段学科课程的基本特点,探讨发展中存在的问题,展望未来发展动向。研究的具体内容如下:(1)课程设置,含课程名称的变化、课时变动情况等。(2)教学大纲,含对学科性质、地位的界定,学科教学任务、内容的设计与规划。(3)教材研究,含教材结构、内容体系、课文、作业、练习等。(4)教学方法,含教学方法、教学手段、教学模式、教学评价。(5)影响较大的教材、教学改革实验,学科教育人物、思潮、流派评介。该研究力求全面、立体地展示60年来小学课程、教学改革与发展的成果,深入探讨存在的问题。

该系列研究的主要特色有:

（1）研究对象的时间跨度较新。以往的研究大多集中在 1949 年以前，尽管也有一些涉及新近的研究，但不够全面系统。本课题主要探讨 1949—2009 年小学学科课程 60 年的历史进展，重点考察新中国小学学科课程的历史演进，较为全面、系统地考察小学主要学科课程的历史发展。

（2）第一手课程资料比较丰富。紧扣小学课程改革与发展，围绕这一主题搜集资料，具体而微地展示 60 年小学课程改革与发展的生动历程，如选择代表性的课文（或课文片段）、教学设计（教案）、课堂教学实录、作业练习、课外活动等资料，而不是笼统地抽象分析。

（3）研究方法上的创新。除了文献研究、比较研究，我们还尝试性地运用口述史的研究方法，让特定历史的经历者回忆、讲述亲身参与的课程实践故事。如"文革"课程史的研究，由于资料缺乏，以往大多数研究仅仅涉及课程教材改革，教学改革语焉不详，或高度概括，或简单说明。我们采用叙事研究方法收集资料，收集一些来自教学一线教师生动、鲜活的研究资料，以弥补这方面的不足与缺陷，为学科课程史研究积累一定的资料。

（4）写作方式上的创新。该研究的写作宗旨是：按照学科课程自身发展的内在逻辑展开研究和叙述，勾勒学科课程发展的脉络，从历史角度揭示学科课程发展的基本规律，力求做到历史与逻辑的统一。既强调尊重史实，收集多方面的资料，又在叙述真实历史的基础上进行分析阐述，论从史出，史论结合，而不是简单地概括，更不是按照事先制订的框架剪裁历史，力图还历史以本来面目，并揭示历史的当代蕴意。

"小学课程史研究丛书"共 5 册，包括：《小学语文课程 60 年（1949—2009）》《小学数学课程 60 年（1949—2009）》《小学思想品德课程 60 年（1949—2009）》《小学自然·科学课程 60 年（1949—2009）》《小学历史·地理·社会课程 60 年（1949—2009）》等。潘洪建教授担任丛书主编，负责研究的设计、组织、协调工作。丛书对新中国成立 60 年来我国小学学科课程发展的历史加以系统地发掘、整理、比较、评析，力图使读者在直观 60 年鲜活的课程发展史实的同时，能够领悟 60 年课程发展的蕴涵。各分册在写作宗旨、研究方法、写作风格上基本保持一致。当然，由于各门课程的历史发展有其自身的特点，各分册在课程发展的历史分期、写作的逻辑结构、史料选择的侧重点上又有所不同。

总之，本着实现"尊重历史，鉴往知来"的研究目的，丛书作者广泛涉猎、搜索研究资料，耗费了大量时间、精力在课程史料中爬梳、整理，断断续续，前后用了 3 年左右时间，付出了艰辛的劳动。但囿于资料、学识和视野的限制，研究可能存在不少疏漏与错误，恳请读者批评、指正，使该项工作臻于完善。

完善校长职业制度 推进校长专业发展

查永军*

摘 要：无论在理论还是实践层面，我国中小学校长还没有真正成为一种职业，这非常不利于校长的专业发展，更不利于学校事业的发展。积极进行改革，建立和完善校长职业制度是我国教育管理的现实选择。具体需要从校长职业资格制度、校长录用制度、校长评价制度、校长专业发展制度及校长激励保障制度等方面进行改革。

关键词：校长；职业；专业发展

"校长是一个学校的灵魂"，这句话凸显了校长在学校事业发展中的重要性。解放校长，去掉一切对校长工作不合理的束缚应该成为我国教育管理改革的现实选择。把校长真正作为一种职业对待，是解放校长、激励校长的有效路径和制度选择。只有把校长作为一种职业，才能让校长们放下包袱，把全部的工作时间、精力用于学校事业规划和发展。时至今日，我国各级各类学校校长并没有成为真正的职业，他们多为学校的"双肩挑"人员。

一、校长应该成为一种职业

校长是教师的领头人，是学校的决策者，是学校文化建设的倡导者、践行者，是教育事业的忠实守护者。我们不仅应该在职业分类中明确校长是一种职业，而且应该在实际教育管理实践中将校长作为一种职业。唯有将校长作为职业才能让从事该项工作的人一心谋求学校事业的发展，而不是既从事学校管理工作，又承担教学等工作，不能一心用于学校事务。有学者指出，把校长作为职业更能够使校长专职办学，校长的根本任务就是根据教育规律和学校管理规律来管理和经营学校。①尽管现实中存在着不少教师出生的校长在有关学校发展历史进程中起到了关键性、转折点作用，更多的教学型校长只是学校事业发展的维持者，而不是开拓者或领军人物。职业校长是一种社会职业，专业性较强，受聘于市场和协议，努力将学校办好是他们的目标。

在我国各级各类学校中存在着：校长应该是专业能手，在教学、研究等方面应该非常出众才能服众等根深蒂固的观念。这种观念由来已久，是传统"学而优则

---

* 查永军，扬州大学教育科学学院，副院长，教授，博士。

① 黄崴：《中小学校长：从行政职务到管理职业》，《教育理论与实践》，2005 年第 4 期。

仕"观念在学校人才使用中的一种体现。其实，我们应该认识到，一名好的校长，首先必须是教育工作者，但同时还应是教育工作的管理者，甚至在一定程度上，后者比前者更为重要。校长需要具有出色的行政管理能力，有效的沟通交流能力及社会活动能力，还要有决策魄力、人格魅力、奉献精神等。① 这需要我们有开放心态和国际视野，突破思维定势，重新认识、认定校长的职责，真正认识到校长全身心的投入对学校的巨大贡献，而不是简单承担一点教学任务。有学者对校长作为一种管理职业的特征进行分析后认为，校长作为一种管理职业具有管理性、教育性、专业性、公益性等特征。②

二、积极进行制度设计与改革

1. 实施职业资格制度

职业资格制度是对行业从业人员规定的职业准入标准制度，是在职业的专业化中出现的，要求从业人员必须经过严格、专业、系统的教育与学习，获得能胜任工作的专业知识、专业能力及专业情感，从而获得职业资格证书的职业管理制度。如同教师、律师等职业一样，校长职业也应该有全国性或地区性的校长职业资格证书制度，系统考查申请者的职业素养、专业知识、专业能力及专业情感等方面是否达到职业预期。这种考试既有关于教育学、心理学、管理学等学科的理论知识，同时，更应注重考察申请者运用学科知识解决现实教育管理问题的能力。因为我国职业资格制度起步较晚，校长职业资格制度还处在一个逐渐完善、成熟的阶段。

目前，我国中小学校长基本实现了持证上岗，不过，这种"证"与我们强调的职业资格证书是不一样的。职业资格证书是从事校长职业前的一个准入证，而持证上岗的"证"是在校长工作岗位上接受有关校长培训而获得的一种学习证明材料。在实际操作中，这种"岗位培训合格证书"很容易获得，导致校长素质难以得到保证。此外，正是因为只有已经从事校长工作的人员才有资格接受"校长培训"，其他有志成为校长的人士是无法获得这样的学习和获取证书的机会的。无疑，这不利于更广泛地选拔杰出的管理人才，也不利于校长队伍结构的优化。所以，积极推进校长职业资格制度，通过专业、系统的教育为幼儿园、中小学培养专业的职业校长(园长)是教育管理的一项现实选择。进行校长(园长)职业教育、培训是当下的重要工作。职前培训是指按照中小学校长岗位规范要求，对拟任校长，包括部分新任校长进行以掌握履行岗位职责必备的知识和技能为主要内容的培训。它旨在提高拟任和新任校长对校长职业的全面认识，对校长角色的全面把握，对校长权利与义务的全面了解，以及在校长素质和能力要求全面认识的基础上提高他们的领导和管理能力。③

---

① 陈雪芬：《美国中小学校长专业发展路径探析》，《教育发展研究》，2009年第8期。
② 黄崴：《中小学校长：从行政职务到管理职业》，《教育理论与实践》，2005年第4期。
③ 杨海燕：《中小学校长专业发展的影响因素》，《教育理论与实践》，2003年第3期。

2. 改革校长录用制度

现实中,校长任用制度有委任制、选任制、考试录用制和聘任制等。我国中小学大部分新任校长是由上级教育部门任命的。他们多为学校的教学骨干、教学能手,大家也基本习以为常,认为校长就应该从教师中的教育教学工作优秀者中产生,而无须特别的专业知识和能力,就应该是"好教师当校长"。从优秀教师中选拔校长不失为一种有效的手段,但是,并不是所有的优秀的学科教师都适合担任领导职务。管理本身的工作性质决定了管理工作者必须具备适合此项活动的特殊才能,比如决策能力、规划能力、统筹协调能力、良好的心理素质及人际关系的处理能力等。这些要求与作为教书育人职业工作者的教师的素质条件是不一样的。简言之,教学能手、优秀的教育工作者不一定能成为优秀的校长。

改革校长录用制度,变任命制为聘任制,去除校长的行政级别,实现职级制。校长由政府任命或派任的方式有着特殊的历史背景,是在政府直接投资、创办、管理学校形势下的一种制度选择。在政府简政放权、进一步落实学校法人治理的形势下,政府对学校的作用方式应该由直接行政管理向依靠法律、经济、监督等间接作用方式的转变。此等情形下,政府与学校之间的关系发生了相应变化,校长的录用同样应该成为学校自主权的一个方面。自然应形成一个由教师、教育行政机关、学科及社会名流等构成的一个校长选聘委员会,全权负责校长招聘、考核、鉴定等工作,从具备校长资格证书又有志于从事学校管理工作的人员中择优选择,报政府教育主管部门批准、备案。

3. 完善校长评价制度

评价是管理工作的重要环节,不可或缺。不过,评价有很多种类型,包括诊断性评价、总结性评价、终极性评价及发展性评价等。不同类型的评价发挥着差异性的作用。如有针对性的、综合运用好评价手段是能积极帮助、推进校长工作的。校长评价是对校长的工作举措、工作成绩进行分析、判断的过程,其目的在于了解校长工作表现的优劣得失及其原因,以帮助校长改进其服务质量,同时为校长的奖惩、晋升提供依据。可见,对校长进行评价是改善学校办学绩效、促进校长专业发展的一个重要途径。

不过,我国还没有形成系统、成熟的校长评价方案,对校长的评价主要以考核为主,有年度考核和任期考核等。年度考核在年终进行,任期考核一般在任期届满前进行。有学者认为,这种以考核为主要手段的评价,主要目的在于决定校长的升留免降或奖惩,而不注重对校长领导能力、服务品质的改进和校长专业水平的提升。另外,评价标准比较笼统、模糊,主要关注个人的德能勤绩,此外,还考核校长在教学、研究等业务方面的工作成绩。评价方式偏重于教育行政部门的外部评估,而不重视校长的自我评价与学校内部评价。在评价主体的组成中,没注重评价主体组成的多样性,如教育评估专业机构、社区人员、学生和家长、同行等人员参与甚少。

校长在任期上应有充分的自主权,根据国家教育法律法规的规定,以学校中长期规划为指南,逐渐实现预期目标。相应地,在校长考核环节就不应再把校长的教学、科研等作为考核的硬性指标,而是考核其在全校教学、学生发展、文化建设、特色建设等方面的成效。所以,学校事业发展是对校长考核的重要指标。教学、人才培养、教师满意度、学生及其家长的满意度、学校事业的进步程度等应该作为考核的重点。应该将校长自我评价、剖析,师生评价、社会评价等几个方面主体的主动性、积极性充分调动起来。

4. 大力推进校长专业发展制度

校长既然是一种职业,就应该有职业标准,只有获得职业资格的人才能竞争上岗。这种职业资格就是专业知识、专业能力、专业情感、专业自我等。具体而言,对于校长专业化的标准认同度比较高的是以下几个方面:具有现代教育意识,具有现代教育理念和管理理念,具有强烈的服务观点,以此作为自己专业行为的理性支撑。构建以教育管理知识为核心的复合型知识结构。校长专业化的知识结构是一种通识型、通才型、一专多能的知识结构。校长的知识结构由现代科学与人文基础知识、教育管理的专业基础知识、教育管理的专业知识、现代信息知识等组成。具有学校管理的专业能力,主要包括:校长的决策能力,理解他人和与他人沟通、交往的能力,指挥、组织、协调的能力,学校经营和公共关系的能力,反思与探索研究的能力等。具有学校管理的智慧与艺术主要表现为:发现学校教育、管理存在问题的敏锐性和判断力,处理问题的机智,善于把握教育时机和管理时机,具有吸引人、影响人的形象和魅力。接受专业养成教育和专业训练,参加一定的专业团体。校长必须接受任职资格培训、提高培训和高级研修培训,积极参加教育管理专业协会的活动等。

作为职业工作者就必须具备胜任工作的基本素养、基础知识、基本能力。而且这是一个无止境的持续学习、进步的过程。校长应该不断学习,不断提高自我、超越自我。已经成为校长的人员依然需要不同的学习,向专家学习,向书本学习,向实践学习。

5. 完善各项保障激励制度

(1)积极推进校长薪酬制度改革。获得稳定而丰厚的经济收入是专业人员不断追求专业发展的基本物质保障。任何一个专业成熟度很高的职业,都以相当高的经济回报作支持。有了完善的薪酬制度才能吸引更多优秀人才加入到学校管理行业,才能促使从业人员不断提高自身的专业水平,建立严格的职业伦理规范,从而提高职业的社会地位和声誉。现实情况不能令人满意,一般中小学没有校长专门的薪酬制度,他们还是以教师身份领取工资报酬,而且工资水平远远低于其工作付出。有学者强调,没有明确的专为校长设立的工资保障体系,专业能力、工作绩效不与薪酬体系挂钩,不利于调动校长工作的积极性,不利于校长主动、自觉地进行自我专业发展和提高专业水平,从而提高办学实绩。

（2）建立职业职级晋升制度。在职业生涯中,职级晋升是激励个体不断追求自我职业价值的重要手段。对于专业人员,追求领域内的专业水平认可,获取不断提升的专业地位与社会声誉,是他们追求专业发展的最直接目标。在校长晋升方面,我国实行的是校长职务与行政级别挂钩的管理制度,中小学校长套用机关行政级别,并享受相应的干部级别待遇,这种管理制度随着教育改革及人事制度改革的推进,越来越不适应校长队伍的建设,不适应校长作为专业的学校管理者的职业发展。必须实现职务校长向职业校长的转变,将校长的办学实效与其职级晋升挂钩,与其薪酬待遇挂钩。

聚焦课堂导学　提高教学质量
——扬州文津中学课堂导学的研究与实践①

王军文 *

摘　要：导学是指导、引导学生适切地学、更好地学；课堂导学是在教师指导、引导下的有目标、有路径、有方法、有评价、有发展地学。以引导学习为设计导向，突出建构力；以互动情景为课堂导向，强化学习力；以问题方法为研学导向，提升导学力；以改进促进为价值导向，优化评价力；以提升教学质量为指向，保障推进力。

关键词：课堂导学；问题加方法；教学质量

课堂导学是学生课堂学习的主要活动形式，作为课堂学习过程的中心环节和影响学习质量的关键环节，课堂导学是学生获得生成的主要渠道，同时也是发展能力的重要路径。课堂导学结构是一个开放的系统，它包含课前导学、课中导学和课后导学，各阶段形成彼此联系、相互促进又循环上升的有机整体；课堂导学内涵注重引导学生问题解决、思维训练和能力培养，以及培养可持续学习力和终身学习能力；课堂导学价值关注的是学生的学，旨在让学习真正发生在学生身上，使学生成为真正的学习者，在学习过程中促进学生的发展。课堂导学的核心要素包括课前预学、课堂问题、课堂方法和课堂与课后评价。预学、问题、方法和评价融为一体，更能彰显课堂的本真意义。

一、以引导学习为设计导向，突出建构力

丹麦教育心理学家克努兹·伊列雷斯的全视角学习理论认为学习包含两个过程：个体与环境之间的互动过程及内部心智获得与加工的过程，并据此提出了学习三个维度说，即内容、动机与互动三个维度。内容维度包括知识、理解和技能，关系的是学习者学习什么；动机维度包括动力、情绪和意志，关系的是学习者心智与身体的平衡；互动维度包括活动、对话与合作，关系的是个体与所处社会性及物质性环境之间的互动。②

以学习为核心，以如何展开和进行学习为主线，以如何学得专注、深刻、高效为评价指向，本着对课堂导学进行整体设计的指导思想，用"提高·发展"的价值观

---

① 课堂导学模式 2012 年获扬州市首届基础教育教学成果奖一等奖，2013 年获江苏省基础教育教学成果奖特等奖。

* 王军文，扬州文津中学，校长，中学高级教师。

② ［丹麦］克努兹·伊列雷斯：《我们如何学习》，孙玫璐译，教育科学出版社，2010 年，第 26 页。

对课堂导学进行整体设计,旨在形成有利于学生发展的基础性学习和发展性学习框架;用"参与·互动"对课堂导学活动进行优化设计,旨在促进学生形成以问题解决、方法掌握为核心内容和以主动参与、自主发展为课堂导学策略的学习力的提升;用"促进·持续"对课堂导学效果进行评价设计,旨在转变重教轻学为以学评教,引导学生可持续学习力的发展,提升学生学习力。

基于上述构想,我们所构建的文津课堂导学模式力图由单纯的教师的教转向教师引导学生自主地学,从强调学生学习的结果转向强调学生学习的过程,从封闭的教学组织形式转向开放的教学组织形式,从而对课堂进行整体性变革。文津课堂导学模式突出从学生学习的视角,从学生的学习需要和能力培养出发,以导学为主线来设计、建构和实施课堂教学。其意义在于,以导学为课堂核心,探寻实现课堂导学力得到科学有序地开发与提升,学习质量得到大幅度提高,学习能力和学习品质能够可持续提升的有效路径,实现教学关系上体现"主导 + 主体"的结合、学习内容上紧扣"教材 + 导案"结合、学习方式上"自主 + 合作"结合、学习时间上突出"课前 + 课中"的结合和学习效果上追求"学会 + 会学"结合等5个维度的价值追求,努力实现课堂导学的校本化。

文津课堂导学包括"导预疑学、导问研学、导法慧学和导评促学"4个结构性板块(以下简称四导四学)。每个板块均有明确的设计思想,其中,"导预疑学"是引导学生用质疑的思想预学,"导问研学"是搭建平台引导学生自主解决问题,"导法慧学"是引导学生用适切的方法优化学习,"导评促学"则是引导学生通过评价促进再学习。这个课堂导学的模块化结构从学习者的角度关注学习的设计,包括学习目标的确定、学习内容的组织、学习策略的选择与运用、学习评价的实施等活动。由于模块之间是彼此贯通、相互联系的,形成了有机渗透的整体,因而它既是一个以导学为核心的课堂操作系统,又是一个以学习为中心的课堂学习系统。

课堂导学的探索路径:

(1)学校课堂教与学的现状研究。通过对学生的学习习惯、学习负担、学习准备、课堂专注程度、参与程度和达成效度等问题的现状调查、统计、分析,全面把握研究实施的起点,准确把握提高课堂导学效率的重点和难点。

(2)文津课堂导学模式的内涵、特征和操作路径的研究。从理论和实践层面探究"四导四学"课堂导学模式的具体内涵,课堂教学各环节的实施特征,形成各环节操作流程及整体性框架。

(3)文津课堂导学模式的实践研究。根据形成的模式的通式和变式框架,从整体设计和环节设计等角度进行实践研究,即课堂设计与实施研究、课堂师生互动设计与实施研究、课堂导学方法与策略研究、课堂导学评价设计与实施研究。

(4)学生学习的资源平台建设研究。强化以集体备课为主要环节的对教材二度开发的力度,形成优化的便于学生课堂导学、支持学生课堂导学的学习文本——导学稿;进一步梳理、整合学校的教学资源,强化图书馆、实验室、网络等资源建设,给学生提供优质学习资源。

（5）以提升教师学习指导力为核心的校本研修研究。通过我校既有的"青年教师发展学校"平台和文津青年教师三级培养机制等，以学习、培训、交流、沙龙等为校本研修方式，切实提高教师课堂导学指导力。

（6）服务于课堂导学的教学管理制度设计研究。以服务课堂导学为宗旨，重新设计、研制教学管理各项目、各流程、各环节的管理制度，改变评价教师、评价学生的角度和方式，形成有利于促进课堂导学的制度保障。

（7）文津课堂导学模式案例研究。以学科组为单位，以点课、研究课、示范课等为形式开展模式统领下的不同学科、不同课型的通式与变式研究，形成各学科、各课型的典型案例，以丰富本课题研究的内涵，促进课堂导学模式的发展定型。

二、以互动情境为课堂导向，强化学习力

学习力是一种引导、保持、拓展学习的本领和力量，是获取和整合知识并把知识资源转化成知识资本的本领和力量，所以课堂变革的核心是学习力，课堂评价指标根本上也是学生的学习力。

根据丹麦教育心理学家克努兹·伊列雷斯的学习"内容、动机与互动"三个维度说，互动维度包括活动、对话与合作，关系的是个体与所处社会性及物质性环境之间的互动。对话和互动也是建构主义的重要观点，已成为新课程实施的基本原则。对话是课堂主体间的平等交流，互动是课堂主体间的相互作用。对话和互动都具有交互性特征，是民主、平等师生关系的具体表现。"师生关系带有对话交往的特点——双向的和交互作用的，而不仅仅是单向的和信息性的……要求教师成为好的倾听者和交往者，而不仅仅是好的讲解人。"①对话和互动可以激活课堂，激发学生对学习的兴趣，而课堂情境化的对话与互动则会使学生思维始终处于活跃、积极、高效的状态，有利于形成课堂专注学习。

建构主义认为，学习总是与一定的社会文化背景即"情境"相联系的，在实际情境下进行学习，可以使学习者能利用自己原有认知结构中的有关经验去同化和索引当前学习到的新知识，从而达到对新知识的意义的建构。有鉴于此，我们把课堂导学情境定位于"支持和促进学习的平台"，在民主、平等的师生关系和学习情境中指导、帮助学生利用情境充分发挥其主动性和专注力，以积极的情态主动地参与学习活动，把积极的情感活动与认知活动结合起来，以此激发学生的发散思维、聚合思维、想象力和创造精神，实现达成学习目标、生成学习能力的课堂学习目的。在建模过程中，我们搭建"平台"营造展示的舞台，让学生在展示中体验成功，也在展示中暴露问题，以此有序、有度地引导学生的学习。我们在文津课堂导学模式中设计的起始板块"导预疑学"，就是搭建的一个让学生展示预学成果的平台。课堂上学生的预学展示包含预学作业展示和预学质疑展示两部分，展示内容包括：收获

---

① ［美］小威廉姆·E. 多尔：《后现代课程观》，王红宇译，教育科学出版社，2000 年。

点、共识点；易错点、质疑点。尤其是"预学质疑"环节，其实质就在于用质疑的思想引导学生的预学。以预设的作业为载体引导学生初学、初识文本（教材）并在此基础上思考初学、初识过程中遇到的问题，提供学生尝试性预学的平台，通过质疑而获得课堂导学的主动权，为学生课堂导学的自我建构提供体验、做好准备，进而培养学生良好的学习习惯和自主学习的意识与能力。

在实践中，我们感到，课堂展示是激活学习内驱力的一把金钥匙，展示中已解决的问题会使后续的板块活动内容更集中，在预学展示基础上存留和质疑的问题则成为后续板块必须解决的问题，而且真正是能引起学生集体思维的问题。可以说，充分的预学准备和预学展示会使学生学的方向更明确、学的内需更切实，所以学习力的生成效度应作为衡量课堂导学质量效益的重要尺度。

三、以问题方法为研学导向，提升导学力

"Ask（问），是学习者字典中最好的三个字母。"①产生、提出与整合问题是发展学习的核心，问题包括发展知识的问题和发展思维的问题。真正有价值的能转变学生学习方式、促进学生发展的问题则是能引起学生集体思维的问题，也是课堂最重要的生成动力。基于问题解决的课堂导学活动过程中，教师是学生学习的引导者、指导者和辅导者，而不再仅仅是信息的传递者。教师要相机引导学生调整学习行为，引导学生在搜索与获取信息的同时对已有的信息进行筛选、比较和归类，形成针对课堂导学目标的主问题及解决主问题的相关辅问题（或子问题），这对教师的导学智慧是一种全新的检验。

我们设计的"导问研学"板块是文津课堂导学模式的主体板块，也是课堂导学的核心环节。所以这个板块同样在建构一种结构化、框架型的学生自主解决问题的空间平台，通过学习的"互动维度"的"活动、对话与合作"，形成师生间的民主、平等的对话关系，以互动激发课堂生成的活力。这个板块的核心元素是"问题"。我们把"问题"作为课堂导学的平台之一来突出课堂导学的重点。我们认为，"问题"要基于学生的最近发展区。课堂"问题"首先源自教师对课程标准、对教材的研究与梳理，源自对学习目标的分解。这些"问题"与教师的备课和集体备课研讨的需要解决的问题和来自学生的质疑，形成能引起集体思维的问题，再经过"提取"与"整合"而形成核心问题，其表现形式为"问题链"。课堂导学中，师生依据"问题链"，运用多种互动方式在活动中参与探究问题，在对话中互动研讨问题，在合作中共同解决问题，从而提高学生独立地发现问题、钻研问题的自主性，实现课堂导学过程中围绕"问题"而深刻、主动学习的追求。

学习是人的智慧中十分重要的一种能力。具有学习力实际上就是善于学习，能够智慧学习。真正的学习活动就在于能把握和领悟知识本身意义的同时并把它们转化为自身的智慧。陶行知先生认为："教学生学是什么意思呢？就是……对

---

① ［美］珍妮特·沃斯，［新西兰］德莱顿：《学习的革命》，顾瑞荣，等译，上海三联书店，1998 年。

于一切问题不是要先生拿现成的解决办法来传授给学生,而是要把这个解决方法如何找来的手续、程序安排停当,指导他,使他以最短的时间经过相类似的经验,发生相类似的理想,自己将这个方法找出来,并且能够利用这种经验、理想来找别的方法,解决别的问题。"①他所强调的是方法对于学习的重要性。

我们在文津课堂导学模式中设置的"导法慧学"这个板块则是在教师的引导下为学生提供或帮助学生形成优化的解决问题的思路、策略和途径。"导法慧学"就是以"导法"的手段和路径达到会学和学会,实现课堂智慧地学习。方法的引导体现于教学的三阶段。在教前阶段,方法的引导侧重于预学方法的指导;在教中阶段,方法的引导是随着问题、任务与活动的逐步展开而呈现出来的,旨在搭建学习方法的平台,达到努力自主解决问题的目的;在教后阶段,方法的引导主要是巩固、复习、作业的方法的指引与指点。方法的意义在于使问题解决简便化、规律化。一方面,学生学习方法包括解决问题的方法的获得,无论来自外在还是发自内在都离不开教师的引导与构建。另一方面,课堂导学的效率在很大程度上取决于教师是否能恰当地选择有效的教学方法,实现优化学习,让方法成为学生优化学习和轻负高质的有力支撑。这也是教师导学力的具体体现。所谓"慧学"就是用好的方法学,就是得法地学,就是用适切的方法解决学习的问题。方法是对规律的总结与提炼,技能是方法运用的实际体现。学生解决问题过程中,教师要重视对解决问题的过程和方法的引领,并使之升华到解决问题的思路。

在对学生解决问题的策略或方法加以有效的评价和运用中,我们注重三个引导:一是引导学生从解决问题的具体方法提高到想出思路,即思想方法,要让学生懂得事物是可以转化的,要懂得任何转化均是有条件的;二是要引导学生重视解决问题的思路训练,即重视多角度思维;三是要引导学生重视对自己使用方法的能力作自我评价,学会采用优选优化的方法,以培养自己的优化意识和优化能力,促使学习更有效。

可见,课堂导学过程中,围绕问题和方法而展开的活动、对话与合作等互动活动也是教师导学最具活力的重要内容。

四、以改进促进为价值导向,优化评价力

众所周知,课堂评价是一种价值判断活动,它规范、引导、激励着学生的学习。有评价的学习与乏评价的导学其意义和效率是大相径庭的。导学过程中的评价不仅仅是评价学生的学习,更重要的是通过对学生学习动机、学习内容、学习行为和学习结果的影响,改进和促进学生的学习,促进学生的学习是课堂评价的主要目的。在此过程中,学生的已有认知和经验能否被调动,学生主动学习的兴趣和愿望能否被激发是导学活动的关键。所以,以评促学,激发学生主动学习的兴趣、内驱和愿望,以此不断改进、促进发展,依然是课堂导学应有的题中之意。特别是以学

---

① 陶行知:《教学合一,陶行知教育名篇》,教育科学出版社,2011 年。

生在课堂中的体现"内容、动机与互动"三个维度的学习状态作为评价内容,以激励性评价为手段,以发展性评价为指向,引导学生建立、改进和促进自我评价,已成为文津课堂导学模式重要的评价观。

我们在文津课堂导学模式中设置"导评促学"这个板块就是意在用多种评价的方法和手段,激励学习,促进主动学习,促进学习发展。课堂导学过程中同步包含着对学生的4次评价,即对预学质疑的评价、对学生解决问题的评价、对学生获得、建构方法、技能的评价及当堂巩固反馈的评价。每一环节的推进都同时伴随着对学习的评价,而这种评价又同时并同步促进学生学习的展开和推进,是一种基于过程的学习评价。因为根据比格斯的学习过程理论,学生的学习方式不仅是决定学习结果的重要因素,而且其本身就是学习结果的重要内容。而文津课堂导学模式专项设置这个环节是为了对课堂导学的过程、方式及结果进行及时的巩固,是一种基于课堂导学目标达成度的总结性评价。因为我们认为,没有质量的课堂教学改革是不会有生命力的,所以目标达成的评价是课堂导学质量最基本的评价指标,包括评价课堂导学目标设定的效度与信度、可操作性与可检测性、评价课堂导学目标的达成度与生成率,更重要的则是学生知识结构的发展和学习能力的提高等。

我们在课堂导学评价指标中设置的关于学生学习活动效度的主要评价指标有:(1)清楚本节课的学习目标;(2)注意力集中,参与度高;(3)有自主学习思考的时间和空间;(4)能有效地进行听说读写等基本训练;(5)明了知识的获得过程,学到运用知识的方法;(6)得到良好的(自我)评价。

可以说,这样的评价指标明确地把学习的过程与学习过程的形成评价,把学习目标与学习目标的达成评价,把知识的获得与方法的掌握与运用的效度评价三者有机地结合起来,形成课堂导学"人人都能学,个个获评价,生生有发展"的生本化显著特征。

五、以提升教学质量为指向,保障推进力

文津中学的课改起步于2003年,先后经历了准备期、探索期和建构期:

(1)准备期(2003—2005年)。这一阶段通过校本教研主要完成了思想准备、制度准备和行为准备,明确了"实现大面积合格率"的校本教研基本目标,确立了校本教研以"导学"为基本理念,以"指导、引导、辅导"三导合一为"导学"的基本原则。(2)探索期(2006—2009年)。这一阶段明确了校本教研致力解决的两大问题:课堂导学中"备"的问题和"导"的问题。以"改造教学方式,打造高效课堂"为教改主题,形成了以"两优一强"为主要内容以及"预习检测与展示、师生互动与探究、当堂检测与巩固"等三大环节为基本特征的导学稿教学,取得了教学质量大幅攀升、教师专业化成长成果丰硕和学生学习习惯养成良好等三大成效,学校走上了以强化校本教研为路径,提升课堂教学品质的内涵式良性发展之路。(3)建构期(2010年—至今)。自2010年开始,我校以历经7年的导学稿教学实践研究为基础,开始建构课堂导学模式,并从理论研究与实践探索两个维度双线并进。2008

年,我校研制了《文津中学教师课堂导学结构解析》和《文津中学学生课堂学习结构解析》两个文本,用以规整课堂导学流程。在此基础上,实施"案稿一体,教学两翼"的章节(单元)式导学稿备课,结合课堂导学模式的研究与实践,研制了导学稿的通用模版,明确了基于四大板块的课堂基本流程,用于各学科研制具有本学科特质的导学稿。

为保障课堂导学的有序推进,我校强化了推进工作的组织化程度:(1)加强组织领导。学校成立以校长为组长的领导小组以及项目小组,加强对课堂导学模式建构工作的领导,确保推进有序,实施有效。(2)做实校本教研。充分发挥各级名师、学科带头人、骨干教师的示范引领作用,带头上好引路课、示范课、观摩课。学校自主开发了校本 e 教 e 研平台,真正地研究问题,研究真正的问题,尤其是坚持开展以"解决问题"为目标的诊断性研究,实现常态教学优质高效。(3)抓好课题研究。文津课堂导学模式是"十二五"江苏省规划课题,江苏省首批精品课题培育对象,我校将课题研究列为学校头号重点项目予以推进。(4)加大激励措施。我校将课堂导学的成果与年终绩效考评捆绑考核。对活动中表现突出、成效显著的教师给予表彰和奖励,对先进经验予以总结和推广。

高中课堂功利化的表现、成因与对策

姜宁兵 *

摘　要：普通高中课堂功利化倾向色彩浓厚,主要表现为:新授课复习化、复习课习题化、讲评课标准化、导学案全能化。"功利化"的成因错综繁杂,教师方面的成因是教师教学思想"太偏"、教学心态"太急"、教学行为"太乱"、自我发展"太懒"。普通高中课堂去功利化的对策有:"三六九"考评工程引导教师评价机制、"问题导学·灵动课堂"推动课堂教学改革、两个"18条"规范教学行为、教学文化濡染教师成长。

关键词：高中教育；课堂教学；功利化

随着新课程改革的深入推进,普通高中课堂无论是课堂容量、学生思维,还是关注学生的主体地位、多媒体技术的运用均明显改观。通过一千多节课的观察,笔者发现,普通高中相当一部分课堂功利化色彩严重,教师过于专注考试,教学片面追求短期效果和眼前利益,而忽视教育目的、教学规律、思维训练,以致出现了考试主宰课堂的局面。庄子有言："功利,必忘夫人之心。"意思是说,眼前的功效、利益必定不会放在德行兼备人的心上。真正的课堂要大胆地与"功利化"说不。

一、透视高中课堂功利化现象

高中课堂功利化的最主要倾向就是各类课型"错位""越位""缺位",教师无视学情、教学规律,其表现可归纳为以下 4 个方面。

1. 新授课复习化

新授课复习化的核心表现是重结果轻过程,具体表现有:教学节奏偏快,基础知识夯实乏力；教者心态急躁,教学过程匆匆忙忙；教学起点偏高,思维训练虚空；教学容量贪大求全,知识生成轻描淡写。一堂课题为"对数函数的图像和性质"的新授课,教者"对数函数"概念教学蜻蜓点水,重点在解题。显然,在学生一知半解之后,教师就跟进题目演练,略去新知识生成过程的演绎和思维品质的锤炼,只能是重复模糊、强化错误。

2. 复习课习题化

复习课习题化的核心表现为习题讲练。具体表现有:重单一知识点反复训练,轻知识结构的建构与梳理；重综合能力一味拔高,轻基础知识的夯实与挖掘；重题量轰炸,轻基本规律的提炼与总结、学科思想生成强化。一节英语"虚拟语气"复习课,教师首先以题目聚焦考点,让学生在反复练习中总结各种句式语气的特点,

---

* 姜宁兵,江苏省如东县马塘中学,校长,中学高级教师。

再以题巩固。整个课堂除了做题就是讲题，教师忽视了学情，无视语言生活情景的特点，这不仅难以夯实基础、提升能力，还可能导致教学误入题海低效抢时的歧途。

3. 讲评课标准化

讲评课标准化的核心表现就是用讲评标准答案替代对学生问题的矫治。具体表现为：教师一讲到底，无视答题诊断，无对症下药；只讲答案，无解题思维点拨，无文本梳理解读；就题讲题，无知识拓展延伸，无规律总结。一堂诗歌习题课讲评，教师竭力把学生往标准答案上拉，往规律性知识和技巧上拽，讲不透之处则答案一报了之，学生困惑处依然模糊不清。教师一味迁就标准答案，缺乏对文本的个性化阅读与细节解读，长此以往，学生学科素养每况愈下。

4. 导学案全能化

导学案全能化的核心表现就是用导学案包办教学流程。具体表现为学生以填写导学案代替记录课堂笔记；教师以讲解导学案代替教学、学法的备课笔记；教师以知识体系梳理代替板书设计；师生以习题训练代替文本研读；师生以讲义代替作业本的规范练评。如一位历史教师讲授"中国特色社会主义建设道路"，导学案编写囊括课标要求、知识体系结构、问题导思、课堂板书、典型例题等方面，但教师的课堂教学没有备课笔记、课堂板书，学生也没有听课笔记和二次反思。以用代讲，缺失教与学应有的步骤与过程，整个课堂也完全失去了历史课应该具备的古朴厚重、韵味情趣和思维深度。

二、剖析高中课堂教学功利化主因

高中课堂教学不避言高考，也不忌谈成绩，若课堂教学唯分数论，那么就"功利化"了，成因错综繁杂，我们认为，教师方面的因素至少有 4 个方面。

1. 个别教师教学思想"太偏"

为了阶段性的成绩，教师偏离循序渐进的认知规律，罔顾学生的接受能力；为了快速完成新授课，延长复习时间，教师偏离考纲课标，填鸭式地灌输知识，挤压学生自主消化的时空，制造"虚假泡沫"；还有的偏离教书育人的宗旨，视学生如产品，把教育作为谋生职业。教师教学思想的偏移归根结底还是考评机制太简单、太粗糙。

2. 部分教师教学心态"太急"

教师对知识尚未理解到位就急不可耐地让学生去背、去默；一些知识模糊处、困惑处尚未厘清，就急速高频训练，机械强化，漠视知识本身的系统性和趣味性；为了阶段性成绩，省去生成环节，教师心急火燎、仓仓促促一言堂。急功近利的心态又可归因于课堂结构的不规范和课堂评价的不健全。

3. 某些教师教学行为"太乱"

教学思路凌乱，重点难点在哪里，先讲什么，后讲什么，都缺少基本的设计，课堂被教材"牵着走"。组织教学杂乱无章，课堂提问随意，缺少步步为营的主问题设计，无法激活学生的思维火花。教学语言枯燥乏味、单调啰唆，学生听得昏昏欲睡、索然无趣。教学风格散乱,课堂教学亦步亦趋,今天学了甲老师一招,就全单接受,明天学了乙老师一招,又照搬照抄,课堂教学无连续性的教学风格和独立的教学思想。教学行为"凌乱"的根源还是课堂行为规范的约束乏力。

4. 少数教师自我发展"太懒"

部分教师患上多媒体的"依赖症",对着 PPT 照本宣读,以图片取代板书,以声影变幻取代学情把握,以呈现答案取代文本研读。有的复印完他人教案就进课堂,拿着标准答案就上课,一味依赖备课组,懒于二次备课,懒于班情学情研判,懒于文本研读,懒于个人教学风格的提炼,懒于课后的反思。教师"慵懒"的背后是校园激励文化的缺失。

三、探索高中课堂淡去功利化的对策

课堂教学如何淡去功利化,如何把我们的课堂真正交给学生,充分实现人的全面发展,没有现成的经验可以借鉴,我们可以从以下几个方面进行探索。

1. "三六九"考评工程引导教师评价机制

新课标指出:学校评价应起到监控教学过程、反馈教学信息、促进教师改进教学的重要作用。我们从校情出发,推进"三六九"考评工程,即三项团体考核,分别是:年级捆绑考核、班级捆绑考核、备课组捆绑考核。不以个人论英雄,发挥集体智慧,互学共进,六个梯度分别是:合格教师—教坛新秀—骨干教师—学科带头人—名教师—教书育人楷模,铺就名师成长之路。如第一步当"合格教师",需要在三年内"过五关",即师德关、教材关、课堂关、管理关、科研关。九个维度评价教师,分别是:课堂改革突击手、行为习惯管理能手、教学设计标兵、教学激励之星、行为规范之星、板书艺术之星、语言凝练之星、科研明星、优秀班主任。每一名教师都能在多元的评价中找到自己的特长与位置,实现自我价值,感受成长乐趣。

2. "问题导学·灵动课堂"推动课堂教学改革

建构主义的核心观点就是强调学生对知识的主动探索、主动发现和对所学知识意义的主动建构。亚里士多德曾说:"思维从对问题的惊讶开始。"学生主动发现问题、思考问题,就是对学习本真的回归。教师用问题引导学生深化学习,就是对教学原点的归位。面对一般生源,我们提出"问题导学·灵动课堂"的教学模式,即第一步预设问题,引导预学;第二步生成问题,深化思考;第三步探究问题,合作学习;第四步提炼问题,归纳总结;第五步反思问题,巩固拓展。在实践中不断完善操作要领,在发现问题中查找思维纠结处,在解决问题中优化思维品质,在巩固训练中提升思维质态,在课堂上能听到学生思维拔节的"声音"。

我们还制定了"课堂教学评价表",从有效先学、独立思考、适当合作、主动交流、大胆质疑、认真倾听、达成率高等6个维度量化学生的课堂表现;从善于引导、充分激励、功底扎实、语言生动、板书合理、媒体恰当等6个维度量化教师的素养。课堂上学生的主体地位越来越凸显,教师自我发展的动力越来越充足。

3. 两个"18 条"规范教学行为

美国心理学家斯金纳的行为强化理论告诉我们:用正强化来影响学习行为,从而修正其行为。学生行为习惯形成必须以教师行为规范为引领与表率。为此,我们从备课、上课、听课、作业、辅导、考试等 6 个环节制定了《教学常规 18 条》规范教的行为,要深入全面研究教材,精心编制导学案,有完整的板书设计与务实的教学反思;上课时教学语言规范,教学节奏舒缓有度;作业有布置必先做,坚持全批全改;重视个别辅导。

学生行为习惯养成需规则约束。我们从预习、听课、笔记、自修、作业、考试等环节制定了《学生常规 18 条》规范学的行为,着力培养学生预习提问的习惯,听课积极思考、踊跃发言和独立笔记的习惯,自习能最大限度地做到自主整理、消化、检测、纠错,考后及时优化学习态度与方法。规范教与学的行为后,教师教得更顺手,学生学得更自信。

4. 教学文化濡染教师成长

积极厚重的校园文化能在无形中为教师提供健康向上的生活空间和学习氛围,促进教师专业成长。学校通过读书、沙龙、青蓝结对、比赛等载体丰富校园文化,充实教师生活。我们坚持每学期为教师购书,通过简报、宣传栏、评奖等方式分享他们的读书心得,读书学习已成为教师们的一种生活方式。

针对教学中急功近利的现象,我们举办了主题为"慢"的教学沙龙,剖析了"快"的功利化根源,叙述"慢"的具体做法,我们的课堂渐渐有了思维的张力。我们还打破年龄限制,创新青蓝工程师徒结对。学校有青年教师百余人,通过考学、演讲、微课、命题、教案设计等系列比赛平台,让他们在竞争中快速成长。

当然,立足现实教育语境与社会期待谈高中课堂教学淡去功利化,不能弱视高考对社会、家庭的影响力。务实之举就是将高考备考与生命课堂结合起来,优化教师评价和课堂结构,规范教学行为,提升教师素养,水到渠成地淡去普通高中课堂的"功利味"。

中小学校长漫谈教育教学(笔谈)

摘　要：本部分介绍了8位中小学校长有关教育的观点,主要包括：教育的作用、宗旨、理想是什么；如何准确定位校长角色、提升校长领导力；如何加强农村高中德育管理；如何通过课程统整,助推教师发展；如何实施差异教学。

关键词：教育；校长领导力；德育管理；课程统整；差异教学

教育的力量:让理想照进现实

沈文涛 *

教育者应该是理想主义者。要始终相信教育的力量,教育可以促进每个学生和谐健康的发展。虽然无条件地说"没有教不好的学生"并不客观,但每个优秀教师都应该孜孜以求地追求这种境界。

从本质上说,教育就是为了人的幸福。幸福是一个难以言说的概念,这就是教育的难题所在。世界上没有什么工作会比教育更加复杂、更加有意义。从古至今,关于教育的作用众说纷纭,无论理论还是实践,教育都显示出强大的力量。文明的传承、个体的幸福都离不开好的教育。但是,教育的方向和手段却是丝毫不可粗疏的,因为稍不留神,教育也可能成为扼杀学生个性、钳制和谐发展的桎梏。

从教育现状看,教育之弊端触目惊心。一切为了升学的应试教育,忽略了学生身心的和谐发展,置品德良知教育于不顾。教育应促进人的身心和谐健康发展,在增进学生知识的同时要更加关注他们作为一个现代公民应有的品德素养,要培养学生的学习力,让他们热爱学习、学会学习,既能自主学习,又善于合作探究,让他们懂得"学习是一种很幸福的机会,是为了获得知识和扩大眼界就必须彻底利用的一种机会"。

我们教育的目标是希望学生既成人,又成才。那么成人和成才是什么关系呢?一般来说,二者应该是相辅相成的促进关系,并没有明显的先后之分。但就其重要性而言,是先成人,后成才。《论语》中有一段论述阐明了这个道理。"弟子入则孝,出则悌,谨而信,泛爱众,而亲仁,行有余力,则以学文。"有人伦之道,又有社会公德,再加上有学问,"文质彬彬,然后君子"。

人之幸福离不开个体的修为,也得益于自然和社会的和谐。教育应该指明这个方向。对待自然生态,不是征服,也不是被动地俯首,而是主动地和谐

---

* 沈文涛,扬州市邗江区公道中学,校长,中学高级教师。

共生,这就是"天道"。就社会而言,小到个人,大到国家民族,需要的是克制与宽容、理解和尊重。这就是"人道"。无论是天道还是人道,都离不开世道人心。所以古人讲,"修身齐家治国平天下"。从个体的修为开始,"己所不欲,勿施于人"。

教育应该从做人开始,而且是要一直致力于做人的教育。离开了做人,一切皆是舍本逐末、缘木求鱼。小则害个体,大则害社会。教育者应该是理想主义者。要相信教育的力量,要相信好的教育可以改变生活中的丑恶,可以让人向善向美。

教育不能总是指向未来,教育更要立足当下。人生就是一次旅行,不是百米冲刺,而是漫漫旅程。要珍惜我们走过的日子,更别忘记欣赏正在经过的风景,对于未来,我们要永远保持好奇心,要充满希望。有时候为了激励孩子们刻苦学习,我们总是说,现在辛苦是为了未来幸福。这实际上是一个伪命题。不可不慎!

基于上述理念,公道中学有了自己的教育理想和实践。我们相信,教育是这样一种生活,她能够给师生带来更多快乐和意义,特别是能给师生带来未来和希望,也就是幸福生活。公道中学的理想是让每个孩子都能找准自己的位置,都能收获一份属于自己的幸福。公道中学追求最合适的教育,不虚夸、不浮躁,定位"面向农村,质量上乘,充满关爱,人人成才"的教育目标。要让农村的孩子接受和城里人一样的教育,让农村的孩子也能自信自强、落落大方。当一个个暂时后进的孩子取得进步、不断成功的时候,当一个个孩子拿到他们曾经不敢奢望的重点大学通知书的时候,很多家长说,选择了公道中学就是选择了理想。于是,周边县市的孩子来了,城里的孩子也来了,家长说,孩子在这里,我们放心。对于成绩好的学生,我们倡导优学优教,通过多年的努力,一大批优秀学生从这里走向了全国各地的重点大学。成绩暂时后进的学生,则会受到严格细致的管理,老师会给予更多的督促和鼓励,增强其信心,夯实其基础,发展其特长,让他们相信,只要努力,就没有什么不可能。同样,这些孩子,也可以成人成才。

真正的教育能够促进孩子的全面发展。就分数抓分数,无异于缘木求鱼。把每个就读的孩子送进他们向往的高等院校是人们最朴素的愿望和追求,但教育的起始课却是理想前途教育。"穷则独善其身,达则兼济天下。"每个经受教育洗礼的孩子都要从学会做人开始,孝敬父母、友爱兄弟,立"修身齐家治国平天下"的志向,"勿以善小而不为,勿以恶小而为之"。热爱学习、积极上进,有了这些品质,哪有不成功的道理呢!

让理想照进现实,让现实接近理想,通过务实行动,才能完成乡村教育的伟大使命。

寻找教育的阿基米德点

陈余根 *

阿基米德说过:"给我一个支点我就能撬动地球。"这是一个漂亮的假设,这是一个美丽的逻辑。教育的阿基米德基点其实就是人性与智慧的耦合,人性是智慧的源头,智慧是人性的延伸。

一、立足本土文化,回归教育本真

学校发展需要从本土出发,从本色做事,从本质入手,寻找本真。姜堰教育的本土文化主要是明代理学家泰州学派的创始人王艮的《乐学歌》:"人心本是乐,自将私欲缚。私欲一萌时,良知还自觉。一觉便消除,人心依旧乐。乐是乐此学,学是学此乐。不乐不是学,不学不是乐。于乎,天下之乐,何知此学,天下之学,何如此乐。"由此我们可以悟出:良知的重要,反思的重要,学习让人的精神充实,学习让人能体验幸福。学与乐如此循环、螺旋上升,学成了生命的一部分,学成了人的一种生活方式,学成了生活的应然;乐成了读书的生成物,乐成了学的副产品,乐成了学习的必然。我们认为,本真教育让学生回归本真。

本真教育的理念是:尊重教育的规律,回归教育的原点,顺从儿童的天性。其内涵是:"坚持本色,解放智慧,追求真理,学做真人。"

"坚持本色"是强调做人要诚实、朴实、笃实;做事要踏实、务实、厚实。教师的本色是对教育的无限尊重,学生的本色是对知识的无限向往。"解放智慧"是教育之"道"。解放教师的智慧,让教师怀有崇高的情感,具备深刻的洞察力,形成独特创新的教育方法;解放学生的智慧,让学生"自我规划,自主管理,自觉发展",在学习中大胆地思考,大胆地质疑,从而创造性地学习。创新则生,守旧则亡。"追求真理"是既有追求真理的科学方法,又有追求真理的人文情怀,用科学家的人格熏陶学生,培养百折不挠、坚韧不拔的意志。"学做真人"即"千教万教教人求真,千学万学学做真人"。"真人,正人也",培养正直的、善良的人。做真人是教化的力量,也是一个人内化的过程,个人素养的长期修炼,也需要良好环境营造。

二、彰显办学特色,打造名师队伍

教师是学校里最大的变量,教师是学校的镜子,教师是学生的楷模。学校应立足现有队伍,通过提高素质、挖掘内部潜力,实现教师新的发展,最终目的则是发展学校。实施"名师工程",有助于建立一支业务精湛、师德高尚、富有创新和合作精神的教师队伍,实现学校的超越发展。

---

* 陈余根,江苏省姜堰二中,校长,中学高级教师。

20 世纪 90 年代,姜堰二中英语老师只有三人有本科学历,底子薄、能力弱。学校不惜代价,每周六、日风雨无阻地用大客车把教师送到扬州大学去培训。新世纪以来,学校又将大批的英语教师送到国外去培训。本着"交流、反思、实践"的目的,学校引导青年教师制订职业生涯成长规划,学校支持,专家指导,名师引领。2008 年,依托省教科院,在"教师发展学校"的基础上成立了"青春文化学习社",由专家及相关的高校教授担任指导教师。"131"人才工程的实施,各个层次的教师角逐教坛新秀、教学能手、学科带头人、特级教师。"名校造就名师,名师支撑名校",姜堰二中先后培养了 5 位教授级教师、9 位特级教师,被社会誉为"培养名师的摇篮"。

三、依托文化活动,寻找逻辑起点

有什么样的逻辑就有什么样的价值观。"方向对了,路不再遥远",如果我们教育的逻辑起点是:人是可以教育好的。那么我们就会不断地教育学生、教化学生,用不同的方式、不同的手段影响学生。如果我们教育的逻辑起点是:人是潜力无限的,人的潜能是可以激发的。那么我们就会不断地鼓励学生,让他自身的价值充分地发挥。

姜堰二中的教育逻辑是什么?那就是在追求高质量和有效实施素质教育上寻找一个平衡点。学校贯彻"7∶3 原则",70% 的精力和时间用在培养学生的能力和高考方面,30% 的精力和时间用在培养学生的生活态度、生活情趣、文明礼仪等基本素质方面。如何让学生的生命诗意地栖息在充满生命活力的校园?学校设计了学生活动的"八大文化节":人生规划——植树节;师生和谐——师生节;阳光成长——心理节;展示才情——艺术节;舒展身心——秋游节;启迪智慧——科技节;孝悌教育——感恩节;未来责任——成人节。教育教学强调"四基"——基本知识、基本技能、基本能力、基本活动体验。通过这一系列文化活动,我们的学生身心得到了修养,情趣得到了培养,精神得到了涵养,在活动体验中健康成长。

准确定位校长角色,扎实提高课程领导力

贝新华 *

课程领导力是校长学校管理能力的集中体现,它主要表现为课程设计的规划和决策、课程实施的组织与管理、课程评价的组织与指导、课程资源的统筹与运用,以及课程开发的协调和指导。在校长的诸多职责和能力要求中,课程领导力是校长的核心能力。课程领导的落实能最大限度地提升课程品质,提高教学质量,促进

---

* 贝新华,苏州市吴江区汾湖高级中学,校长,中学高级教师。

教师水平,促进学生的全面发展。校长课程领导力主要体现为:

核心力——修炼课程艺术。领导力是一种艺术,不仅要在做事上有高超的能力,而且在做人上更要凸显优越的品质和个性的艺术。从理论上说校长应该具有远见,思维敏锐、富于创新意识;应该具有积极的人生观,诚心、大度、宽容;应该工作负责认真,应变能力强。社会、学校要求校长应该具有综合的人格魅力。实际上,一些校长特别是许多年轻校长缺少社会阅历,虽然具有远大的抱负,有工作干劲,但遇到具体问题时往往思考不够周密,工作方法比较粗糙,情绪不稳定,与教师交往时缺少热情、真诚。随着时代的发展、教育的发展、学校的发展,作为学校的领导者,校长要成功带领全校师生积极实践二期课改,必须在日常生活中注重自我修炼,不断增强个人魅力。

引领力——壮大课程队伍。一个青年教师的成长,除了具有正确的教育观念、良好的职业道德、丰富的教科研能力、纯熟的学法指导能力、扎实的基本功、现代教育技能、显著的个人兴趣特长及广阔的知识背景外,还应该能全身心投入,不断学习,把学习力转化为实践和创新的能力,所以校长要能够引领教师的发展。对青年教师的培养是汾湖高级中学教师队伍建设的一项重要而紧迫的任务。我校首先确立了"教师是学校发展的第一资本""骨干教师是学校最具竞争的核心力量"的理念。通过开展集体备课、校内评课、校际交流、专家讲座等,为青年教师的发展提供指导和帮助。通过实施青蓝工程、名师工程,努力为教师的快速成长搭建平台。通过组织40周岁以下的青年教师参加"把握学科能力的解题竞赛",提高教师的业务能力,促进教师专业成长。此外,还力所能及地为青年教师给予生活上的关怀,给他们心灵上长久的温暖与慰藉。由于青年教师教育能力参差不齐,构建完善青年教师培养机制,激励他们立志于献身学校的教育事业,显得尤为重要。

权衡力——发挥课程优势。为了充分发挥每一位教师的教学特长,学校一方面应重视对全校教师的任课进行优化组合,另一方面尽量让教师的任课相对稳定。我们认为:简单的事情重复做就是专家,重复的事情用心做就是赢家。"把关制"任课和"循环教学"相结合的管理模式,可以使教学分工更精细、教学水平更专业、教学质量更优良。实践证明,相对固定的教师任课不仅有利于提高教学质量,还有利于学生的平衡发展和全面发展。所以,教师任课的年级、任教的学科基本稳定不变,而且每学年重新编班可以使学生有接受更多教师教育的机会,使学生的弱势学科变为强势学科。通过抓过程管理,一方面对每位老师负责,不搞平时不管理、秋后算总账;另一方面考核又比较客观,公正、公平、公开,为年度绩效考核减少了不少麻烦。

创新力——超越课程计划。课程实施最核心的任务是依据课程计划制订学校课程实施规划,并能带动教学团队落实课程实施规划。首先,在课程规划的制订与实施中,要充分强调构成课程基本要素的条件;在课程的设计、开发、整合、执行、评价、反思、修正过程中,校长要特别提醒教师团队对构成课程基本要素的重视和遵循。课程的基本要素主要涉及课程目标、课程内容、课程方式、课程评价等因素。另外,学校课程体系的建立也是校长需要精心规划的重要工作。课程体系的建立首先要观念先行,努力探索以学生的个性发展为出发点、以提升"以生为本"的课程内容,重要的是校长在课程设置的同时,要有超越意识,能够站在课程改革的最前端,给教师团队以超前的创新力,并能够超越课程规划。

构建力——创设课程氛围。课程氛围的营造来自于整个团体的自觉和内驱力,课程文化的构建需得到师生们的情感认同,并成为师生们的精神归属。经过多年的积累与沉淀,"闪光教育"已成为汾湖高中课程文化的重要载体。学校根据"闪光教育"理念,研究"活动育人"方案,加强对体育、艺术、劳技、科普及学科讲座的管理,提高活动质量,激活学生的创造能力,为学生特长的展示以及获得成功提供平台,让每一位汾湖学子在汾高"闪光"。学校根据活动进程,多方设置肯定学生、表扬学生的情境,充分肯定学生在活动中所发挥的主观能动作用,肯定他们的创造精神,为学生成才开拓了空间。

从"心"着手,加强农村高中德育管理

查仪勇 *

目前,农村学校留守学生多,单亲家庭孩子多,学困生较多,品质有缺陷的孩子多,行为控制力差的孩子多,家庭经济困难的孩子多。这些问题常常困扰农村中学,再加上农村高中教育设施、德育资源缺乏,利用奖惩等外铄手段刺激学生,要求学生反复识记某些道德规则、纪律条文,不断重复某种行为从而养成习惯的传统德育管理方式,难以达到良好教育的效果。我们认为,只有从"心"着手,注重德育过程的内化,引起学生思想感情的共鸣,提升学生的幸福感,才能让学校绽放出灿烂的德育之花。

从"心"着手,首先要重视学生需要的满足、动机的培养,关注学生的感受、认同和理解,形成自觉自愿的行为。德育只有深入到学生的心灵世界,教师成为学生的良师益友,才能真正对学生的发展产生实质性影响,学生才会"相率喜好"。常州市第一中学"三自教育"就是很好的证明。还有形式多样、内容丰富的主题班会也是既传统又有效的形式。如在临泽中学,高一学生步入新的人生阶段,"我与青春有个约会""我们的生活主旋律"等系列主题班会能够让学生明白责任、理想的重要性。高三学习紧张、压力大,心理问题突出,"诗意高三""舌尖上的高三"等活动,让学生以闲适之心品味高三。

* 查仪勇,江苏省高邮市临泽中学,校长,中学高级教师。

从"心"着手，还要丰富德育管理形式，实施多样化的德育方法。苏霍姆林斯基说："信念就其本质来说，不可能是一种不劳而获的精神财富。只有通过积极的活动，信念才能起作用，才能得以巩固，才能变得更加坚定。"学生的思想行为只有在活动中才能充分地表现出来，并在活动中获得充分发展与提高。多样化的德育活动，可以拓展道德实践的空间，寻找到学生的幸福源头，提升学生的幸福感。精心建设校园环境，创设和谐健康的道德教育氛围；注重德育与学科教学的有效结合，给学生以潜移默化的影响，以期收到"润物细无声"的效果；充分利用乡村可行的人文资源、乡土文化资源，能让学生由自豪感内化为成功的激情；从培养农村学生的良好行为习惯入手，实施养成教育，让学生在日常生活中锻炼行为，养成良好习惯；举办各种活动，演讲比赛、艺术节、体育节、评选文明之星、评选身边榜样、社团活动等，让学生寻找自身价值，展现自我价值，提升幸福感，从而形成积极向上的精神风貌。

"道德是为人而设的，应当顾及大众的需求与实践的意愿，这样才能有恰当的可行性"，在学校德育管理中，只有将"道"与"生"结合，用"心"理念，契合生之情，提升幸福感，才能"道"人合一，才能实现有效的学校德育管理。

应对教育信息化，提升校长领导力

宋　健*

随着教育信息化工程的深入推进，微课程、微信、翻转课堂、慕课、云计算、大数据等新名词、新手段、新技术不断冲击着我们传统的教育教学观念，随之而来的将是教学环境、教学内容、教学评价方式、创新性人才的培养模式的转变。信息技术与课程的深度整合是大势所趋，校长的领导力也将在信息化决策、资源组织、资源利用、信息化培训、数字化校园建设等方面面临巨大的挑战。

首先，校长信息化领导力的提升是时代发展的必然要求。

在实施新课程改革的今天，新技术的使用特别是信息技术的使用被提到一个全新的高度。传统的校长角色正在发生悄然转变。校长不仅是学校管理的执行者，还应该是学术方面的带头人和教育科学研究的推进者。在这个角色中，原有的学校管理的职能继续保留，领导学校教学、不断找寻提高学校教学质量途径也成为校长的重要职能。在当前教育信息化时代，校长对学校教学的领导、对学校管理的领导必须走上信息化的轨道。信息技术与学校管理、信息技术与教育教学管理的融合日趋紧密。以信息化实现学校跨越式发展，已经成为现代学校的必然选择。这个形势要求我们校长必须提高信息化领导力，以引领教学改革，提高管理效益。

＊　宋健，江苏省包场高级中学，校长，中学高级教师。

校长的信息化领导力包括以下 4 个方面的内涵:教育信息化系统规划能力、信息化教学与课程改革领导能力、信息化建设中对人的领导力、教育信息化文化的建设能力。

其次,提升校长信息化领导力的基本策略:增强内功,更新理念。

校长自身内在的信息素养也是决定校长信息化领导力大小的重要因素。这里所说的信息化素养包括校长的信息化意识和信息化应用能力。

面向信息化的校长领导力的建设过程,本质上是一个面向信息化的校长专业发展过程。因此,校长也要有强烈的自我发展意识。同时,校长的信息化应用能力是校长信息素养的基本要求,需要不断学习、与时俱进。特别是校长要带头使用信息化管理软件来管理学校日常工作,并指导管理团队将信息技术融入学校管理的各个方面,以提高学校管理的效率。

很显然,如果一个校长没有正确的信息化发展观念和良好的信息技术领导力,那么他就不可能以积极的心态来面对教育信息化的挑战,就不可能在学校中建立良好的教育信息化建设机制。在目前情况下,学校信息技术的管理通常是由信息技术教师来完成的。由于信息技术教师的专业背景,他们可能更加擅长信息技术的使用,而对全校的信息化建设、发展与管理,缺乏全局性、长远的思考。而校长由于信息技术的素养的不足,从而忽视了新技术的使用,使学校教育信息化的建设、发展和管理缺乏深层次的思考。因此,在推进学校信息化建设进程中,校长信息化领导力的提升不能仅仅停留在短期培训上,要加强长效管理和学习。校长在平时工作中也要有意识提升自身信息化理念和信息素养水平,从而以更强的领导能力来考虑和应对新的形势和问题。学校建设需要朝着信息化路径行进,在行进的过程中以最新的技术成果和新信息化设备,服务学生学习、服务教师教学。

以"真·行"提升学校品质

高鹏凌 *

扬州市培智学校是扬州城区最小的一所九年制学校,2000 多平方米的校园,老师学生加在一起也只区区百人,可就这巴掌大的学校在刚刚公示结束的国家教学成果奖评比中却获得了二等奖。小学校何以大创造? 作为一校之长,我以为共同的信念与追求至关重要,而这其中的核心就是学校训示"真·行"二字。

首先是"真"。

真,取意真实,包含着真诚朴实的处世态度、认真务实的工作作风、教学"真"人的办学根本。

---

* 高鹏凌,女,扬州市培智学校,校长,中学高级教师。

一是提倡真诚朴实的处世态度。这一点缘于培智学校的特殊性。我们学校的服务对象是智障为主的儿童，许多家长因为孩子的缺陷心里很痛苦，甚至有低人一等的自卑感，他们渴望心灵的抚慰和支持。再有就是在学校，师生之间本就有强弱之势，加之我们的学生又都是智障孩子，优劣态势更为突出。教师往往是关爱有余，尊重有缺。因而正确对待家长、学生，非得有真诚朴实的处世态度不可。

二是培养认真务实的工作作风。这也是缘于学校的特殊性。在全纳思想的影响下，我们招生对象的残疾程度和类型在不断发生变化，过去沿用的人教社教材、大纲越来越难以实施。尽管前几年教育部颁发了新的课程设置方案，然而与之配套的教材文本至今尚未出台。其实，即便有了统一的教材，也难以满足当今学生巨大的个体差异。这就需要培养教师认真务实的工作作风，静下心来、加强学习、拓宽视野、攻坚克难，使得有效教学得以实现。我们获奖的生活适应课程便由此而来。

三是坚持教学"真"人的办学根本。陶行知先生说："千教万教教人求真，千学万学学做真人。"教学"真"人，既针对学生，也针对教师。我们认为，培智学校的教师应当是有德性、有本领的人，他们真诚善良，有专业背景……只有这样的人才有可能把智障生培养成"真"人。而智障生学做"真"人，是减轻社会、家庭监护负担，获得社会地位的必需。学校从文明就餐、如厕等基本生活习惯培养起，逐步训练学生掌握一些基本的生活本领、技能。

其次是"行"。

"行"取意于做，在这里就是指践行。"行"在荀子看来，是教育或学习的核心。立足于"行"不仅是中华民族的教育传统，也是当今教育的特质。

强调"行"，是由于学校教学受传统观念的影响，讲多练少，偏偏学生又不领情，老师讲老师的，自己玩自己的，本就难以集中的注意力更是天马行空，一节课下来，老师口干舌燥，学生依然故我。为此我们通过研究论证，推行了"二四一"的课堂教学结构模式，从管理层面要求将课堂中心环节给学生动手实践。

在后来的学校管理工作中，我们也越来越感觉到"行"的重要。不断发展的社会带来许多新的问题和挑战，如何应对干出成绩呢？当然依靠"行"。因为只有做了，才会发生问题；有了问题，就要动脑筋想办法去解决；问题解决了，工作目标才有望实现。在这个过程中，个人能力必定得到了锻炼，有了提高。回头想想：行——不怕做、认真做，集体个人两受益，何乐而不为呢？

"真行"，有时也会用它联词的含义，一方面号召教师做有本领的人，干好特教工作，另一方面用以勉励学生一点一滴不断进步，让培智学校成为有益于师生共同成长的乐园。希冀每一位培智人都能用"真""行"，让学校越来越好，造福社会。

课程统整　助推教师发展

王　岚[*]

通过大量课堂观察诊断,我们发现,课堂教学的高投入与低产出之间不仅存在于新手教师的常态课堂,也频频出现在成熟教师的教研课堂。如何提高教师课堂教学的有效性呢? 2005 年起清英外国语学校实施了"课堂教学效益月",十年坚持,不断超越。

一、形成共识:创造性地"耕好自己的田"

建设三材资源库。在"教师即课程"观点的指导下,整合不同版本的教材资源,创造性地进行"三材"建设。引领教师丰富教材、思考学材、设计习材,让教师不断丰富自己的教育积淀,学会合作,学会分享,学会资源再创。教材的深入解读、科学认识,让教师拥有了广角镜;学材的外引内联、个性定制,让教师拥有了显微镜;习材的分层设置、自选模式,让教师拥有了放大镜。个性化的教材、学材与习材使新手教师有抓手、成熟教师有比对、骨干教师有引领,全面提高了教师课程实施能力。

效益月主题推进。学校每年 4 月和 10 月为课堂教学效益月。聚焦课程聚焦教学,聚焦效益聚焦发展。到目前已分别聚焦语数英、科学信息音乐美术体育综合实践品德课程,开展主题研修活动。主题研修板块有:导航板块(特级引领、专家指点、名师课堂);历练板块(基本功的夯实:素养调研、封闭备课说课上课、作业点评);磨课板块(人人进入思考状态、人人进行课堂展示);展示板块(团队成员幸运展示);活动板块(教育即生活,如攀登芳茅山、红月亮垂钓)。通过以教研组和备课组为单位的主题研修,提升教师对于本学科的思考力、设计力与实践力。耕好自己的田,让教师们感受到了自己学科的魅力。

二、换位思考:尝试性地"耕耕别人的田"

教育的世界是综合的,需要我们从整体教育的宏大视野中去看待教学。作为一名教师,要有大教育质量观念,需要建立大课程观和教学观。从兼任开始行动,学学"耕耕别人的田"。语文、数学、英语专任老师走进音乐、美术、科学、信息、体育等各个课程田野。暑期由学校教师培训组织部门设计专项培训单元,对兼任教师进行上岗培训,由专任教师分析课程标准、讲解教材教法,进行模拟课堂教学、模拟作业批改。通过培训考核的兼任教师获得上岗证后,由课程部分配兼任课务。走近专职教师的兼任课堂,每个人都在别样的教研中收获思考。一位新来的音乐老师翻开记得密密麻麻的听课本说:"数学教师郁老师真不像是一个兼任的音乐

＊ 王岚,女,常州市武进区清英外国语学校,副校长,中学高级教师。

老师,她钢琴弹得非常熟练,对声乐知识了如指掌。这节好课让我这个专职教师都自叹不如。"语文壮老师这样反思:"今天上了一堂信息技术课,别有一番滋味在心头。磨课的'苦',设计推翻时的'酸',学科组相互帮忙的'甜',在一次活动中让我尝了个遍。"打破学科壁垒,由各教师自主申报参与其他学科的教学竞赛活动,成效明显。

三、群体共生:合作性地"耕出我们的田"

如果把第一阶段"耕好自己的田"定位为学科内部的统整,那么第三阶段"耕出我们的田"就是学科之间的统整。学科之间的统整,有助于促进教师群体合作、分享知识与经验交流,有助于学生化支离片段知识为整体概念。其做法是:围绕某一主题,以主题为链接的中心点,将语文、数学、英语、体育、美术、音乐、信息等学科中的两个或多个进行有机整合,让学生参与、体验、探索涉及多学科目标的学习活动,建构有意义的个人知识。主题的选择可以由学生讨论产生,也可以由教师组织进行。在第十届课堂教学效益中,以"旅游""环保""家乡"三个主题进行了同主题综合教学。如"走近西双版纳"主题中,可以结合数学课程的位置与方向感受"四面八方"的相对位置,结合品德与生活课程了解中国版图和怎样到达目的地,结合语文课程感受傣族的泼水节,结合音乐课程感受西双版纳的音乐舞蹈特色,结合美术课程进行读写绘,实现课程活动的系列贯通。在这样的课程实施中,需要语文、数学、品德、音乐、美术等多个学科的教师协同思考、共同设计,把语文课程的"欢乐的泼水节"、音乐课程"金孔雀轻轻跳"、品德课程"怎样到达目的地"等教材资源加以整合沟通,体现内容的统整、资源的统整、目标的统整、经验的统整与能力的统整。让教师们尝试着用全学科的视野来审视自己的学科、解读自己的教材,使他们对于课程与教学有了个性化的思考,拓展了课程视野。通过主题链接,学科不再高墙四筑,学习开始从封闭走向开放,从单一走向综合。

差异教学:给每个学生出彩的机会

林 俊*

教育即生长,教育即发展。教育必须考虑学生的差异,允许学生在发展的方向、路径、速度、类别上有所不同,发展学生个性特长,鼓励差异发展。实现差异发展是差异教学的价值追求所在。所谓差异教学,即在班集体教学中立足学生差异,满足学生个别的需要,以促进学生在原有基础上得到充分发展。课堂教学中,实现差异教学的主要路径有:

---

* 林俊,扬州市育才小学,副校长,中学教授级高级教师。

一、基于学生不同的学习需求,让学生自主学习

自主选择学习目标。学生学习的差异首先表现为学习能力的差异。如果教师忽视学生学习能力差异的客观存在,必然导致教学过程中部分学生因"吃不了"而丧失学习信心,部分学生因"不够吃"而失去学习的兴趣。制定差异学习目标,可以满足不同层次学生的目标要求,即在厘清学生学习总体目标的基础上,设定学习的基础目标和发展目标。将原来过于刻板的、划一的教学目标,改为学生能自主抉择的基础性目标、提高性目标、发展性目标等,由学生根据自己的兴趣、需要、能力、优势等自主选择。

自主选择学习内容。由于学生的知识经验不同、认识角度不同、思维方式不同、个体信念不同,即使相同的学习内容,其学习的感受、体验也是不一样的。每个人在学习过程中对所学习的内容都有独特的认识与理解,这就是学生学习体验的差异。尊重学生学习体验的差异,提供丰富的、多样的学习材料,让学生选择,并组织学习交流活动,使每个学生在学习交流中得到不断的完善与发展。

自主选择学习方式。教师要关注学生学习方法的差异,允许学生用自己的方式学习,引导学生进行个性化学习。只有这样,学生才能展示自己的学习个性,并在学习过程中实现原有认知经验基础上的个性发展。引导学生个性化学习,还能为课堂教学活动提供丰富的、生成性的课程资源,通过学习过程的交流与互动,达到取长补短、思维碰撞、共同发展的目的。

自主选择作业程度。教师可以尝试将作业设计分成三类:A 类作业是基础性的,适合全班学生;B 类作业是提高性的;C 类作业是综合性比较强的。教师在布置学生作业时,出示三种不同类型的作业,允许学生自由选择当天的作业,学生可以根据自己的需要和意愿自由选择。由于作业是学生自己选择的,学生是主动做作业的,所以作业质量比较高,学习主动性强。

自主选择学习期限。美国教育学家布卢姆指出"许多学生在学习中未能取得优异成绩,主要问题不是学生智慧欠缺,而是由于没有适当的教学条件和合理的帮助造成的","如果提供适当的学习条件,大部分学生在学习能力、学习速度、进一步学习动机等多方面就会变得十分相似"。按照布卢姆的掌握学习理论,以群体教学为主,如果给一些学生充裕的学习时间、适当的个别教学,可使95%以上的学生达到传统教学条件下少数优秀学生取得的成绩。香港教师对待有的特殊学生,不仅课堂作业可以迟交,而且考试时间还可以延长,这值得效仿。

二、基于学生不同的智力水平,设计挑战性学习任务

教学目标层次化。目标的层次性是指,在教师设定的教学目标中,既要有面向全体学生的共同目标(或"基础性目标"),又要有面向少数学生的个性目标(或"提高性目标")。共同目标与个性目标、基础性目标与提高性目标的区分,实际上是和目标的难易分层联系在一起的。无论是哪一种教学目标,都需要学生投入一定的思维水平,不能只是在同一思维水平上徘徊。从基础性目标到提高性目标,对

学生认知水平的要求越来越高,教学目标实现难度越来越大。

问题空间弹性化。目前,教师设计的问题存在两个极端:一是问题太小,过于琐碎,探索空间狭小;二是问题太大,超越了学生的认知水平,过于笼统。高质量的问题有一定的弹性,要设计在学生思维的"最近发展区"内,是学生经过努力可以解决的。因此设计的问题要有层次、有坡度、有弹性,应尊重学生的特殊需要,以适应不同学生的心理需求;应考虑学生的学习方式,以适应不同学生的思维水平;应促进学生的个性发展,让每个学生得到不同发展。

三、基于学生不同的学习风格,鼓励多样发展

不同的学生存在不同的学习风格,而学习风格按照不同的标准有不同的分类。从感知方式分为视觉倾向型、听觉倾向型和动觉倾向型;从学生个性特点分为外向型和内向型;从学生对学习环境的依赖程度分为场依赖型和场独立型两类。不同的学习风格对外界信息刺激的反应、对新信息的感知、加工处理及解决问题的方式上都存在着差异和区别,这些将不同程度地影响学生对某些教学的方式方法及策略的选择与认同。

因此,在实际教学中,教师应该了解学生学习风格的偏好,避免采取单调、单一的教学方式和信息呈现模式,应丰厚教学内容的呈现方式,丰富教学信息的交互方式,丰盈学习成果的展示方式,让学生在课堂上有更广的学习路径、更多的表达方式和更大的选择空间。如果我们能够客观地承认差异、友善地对待差异、深入地理解差异、合理地利用差异,那么我们的孩子就会更加生动活泼,我们的课堂就会更加绚丽多姿。

语文教师课堂主导地位的弱化与捍卫

缪春蓉*

摘　要：教师课堂主导地位弱化所带来的问题有：教学目标缺失、忽视对文本的尊重、浅层次阅读的泛滥。捍卫教师主导地位的策略为：尊重预设，追求生成；尊重文本，鼓励学生独特体验；强化教师的引导作用，拒绝浅层次阅读。

关键词：教师；主导地位

《基础教育课程改革纲要（试行）》将学习方式的变革提到了史无前例的高度，提倡"学生主动参与、乐于探究、勤于动手，培养学生搜集和处理信息的能力、获取新知识的能力、分析和解决问题的能力以及交流与合作的能力"。在这一理念指导下，自主、合作、探究的学习方式广泛运用于中学语文课堂，课堂活起来了。但随之而来却出现了新的问题：学生的主体地位被夸大，导致教师的主导地位被弱化乃至缺失。

一、教师课堂主导地位弱化的问题

（一）教学目标的缺失，教学处于无序状态

课堂是教师与学生共同参与的双边活动。教师在课堂中的主导地位弱化到一定程度时很有可能导致教学目标的缺失。教师在课堂教学中承担着"组织者"的角色，课堂教学伊始，教师就要首先拟定好课堂教学目标。如若教师的主导地位得不到保障，教学目标也很有可能随之得不到落实。当然，我们相信课堂教学是一个灵动而丰富的过程，在此过程中，通过思维的碰撞，智慧之花会无声地绽放，于是生成性的目标便成了课堂的精彩，但是流星划过天际也只是偶现的灿烂，课堂仍然需要预设目标。笔者听过这样一节语文课，老师和学生共同学习杜卫东的《明天不封阳台》一文，课上针对"封阳台好，还是不封阳台好"这个问题展开了讨论。学生分成了两大辩论组，一组支持"封阳台"，另一组支持"不封阳台"，教师成了旁听者，大半节课就在这样的讨论中结束了。后来，教师在阐述教学设计时提到，预设教学目标是：仔细阅读课文，在抓住中心事件的基础上，体会简洁而传神的描写和形象化的议论在文中的作用。然而，过分尊重学生主体性的结果是：语文课上成了辩论课，"简洁而传神的描写""形象化的议论"这些充满语文味的目标完全没有落实。

---

* 缪春蓉，女，镇江实验学校魅力之城分校，硕士，中学一级教师。

教育教学是一项长期而系统的工程,如果这一项工程经常出现目标缺失的情况,必然会使工程陷入杂乱无序的状态,学生的自主学习终究会成为自由学习。所以,应当保障教师在课堂中的主导地位,重视落实预设的教学目标,因为它是一切教学的出发点和归宿。

（二）夸大学生的独特体验,忽视对文本的基本尊重

新课改以来,过去"教师以标准答案的权威规范学生的感悟"的做法遭到了史无前例的口诛笔伐。相反,是否"尊重学生在学习过程中的独特的体验"几乎成了评判一节课是否优秀的一项重要衡量标准。诚然,"一千个读者就有一千个哈姆莱特",尊重学生在学习过程中的情感体验是对学生主体地位的尊重,但笔者以为,在此过程中过分地削弱教师的主导地位,为学生的见解盲目叫好,则是披上创新的外衣对学生无原则的吹捧。比如,学生在读《阿里山纪行》后竟说"台湾人真傻! 明知神木这么高大,也不装个避雷针,不是遭雷劈嘛!"还有学生听完《愚公移山》的故事之后,感叹"愚公真愚,不搬家也不必移山,挖个隧道不是很好嘛!"学生的这些理解、这些体验可以说是无视文本内涵且忽视文本时代背景的解读,很难想象长此以往,对学生的价值取向会有什么样的影响。

在此,笔者以为我们在研读课标时,一定不能断章取义。课标中完整的阐述是:"因此,应该重视语文的熏陶感染作用,注意教学内容的价值取向,同时也应尊重学生在学习过程中的独特体验。"①所以,课标仍然将"注意教学内容的价值取向"放在首位。

（三）浅层次阅读的泛滥

时下,部分语文课堂中充斥的是无感受的阅读、无效果的探究、无思考的交流,这样的语文课堂很"热闹",似乎有真思考的"安静"的语文课堂已经不被看好。在那样热闹的语文课堂上,语文教师似乎不需要对文本的内涵做深刻的挖掘,教师只需要一声令下"现在开始讨论",于是,热热闹闹的讨论便开始了,不一会儿,各种各样的理解也就生成了。教师只需要选择一些生动的语言对这些理解大肆赞扬即可。其实,情感的独特体验、创新的灵感岂是能够在学生自己热闹的"交流、讨论、探究"中实现的? 显然,在课堂中,教师"点拨者"的地位不能缺失。如浙派名师张悦在执教《故都的秋》一文时,当提出"文字背后站立着一个怎样的郁达夫?"这么一个探究主题的时候,学生在探究过程中始终浮于表面,很难深入到文章的内涵中去。当一位学生提出郁达夫是一位非常安闲的人时,张悦老师及时提出追问:"早晨起来,泡一碗浓茶,没有喝饮料,也没有喝咖啡,这一碗'浓茶'意味着什么? 郁达夫来到了北京,他没有住三星级宾馆,而是住在破院里,从这个'破'字你想到了什么?"由此,将学生探究的重点引到了"浓茶"和"破院"上,从而,学生就能够从

---

① 教育部基础教育司组织语文课程标准研制组:《全日制义务教育语文课程标准解读》,湖北教育出版社,2002 年,第 10 页。

"浓茶"的苦涩和"破院"的破败联想到北京城过去的沉重、沧桑和衰败,由此才能想到,其实大文豪郁达夫身上也有着一种感怀过往的恋旧的情怀。这一节课如果教师不及时进行引导,那么很明显学生是很难抓住"浓茶"和"破院"来进行赏析的,也很难通过郁达夫的文字触及自己的灵魂。所以,语文课堂离不开安静的阅读、沉静的思考,更离不开语文教师的点拨。

二、捍卫教师主导地位的思考

(一)在尊重预设性目标的基础上,追求教学生成性目标

教师首先要在课前做弹性预设。当然,预设不是一个唯一的、刚性的执行教案的过程,它应该是一个多元的、开放的、情景的、动态的设计和规划。首先,语文教师在预设时不可能也不必穷尽课堂的可能性的变化,应凭借自己的智慧在教学过程中机智应对。我们追求的是有效的课堂,需要在有限的时间内完成相应的教学内容,因此教师在课堂中,要集中更多的时间和精力去展开有效果的和有创造性的活动,及时地舍弃或转化一些"教学意外"。有了课前的弹性预设,就为课堂教学中生成性目标和预设性目标的有效融合创造了条件,从而真正做到了生成性目标和预设性目标两者相互促进、相互融合,这才是课堂教学智慧化的有效境界。然而,这一切都依赖语文教师充分发挥自身的教学主体性作用。

(二)在充分尊重文本内涵的基础上,鼓励学生的独特体验

成尚荣先生曾说过,语文教学的灵魂应该附"体",这个"体"就是文本,只有吟咏品味、含英咀华,才能真正对文本做出创造性解读;离开文本,解读就会失去灵魂。① 所以,即使文学文本的意义存在不确定性,我们在鼓励学生进行文本理解的时候也必须立足文本。当然,当前是一个思想和观念都比较开放的时代,语文课堂重视的是人文内涵的挖掘,教师自身的情感体验有时能够左右课堂中的价值取向,教师在充分挖掘文本内涵的基础上,结合时代和社会背景,丰富文本内涵,只要符合真善美的基本原则,对学生而言都是一种有效、积极的引导。如此引导,学生对文本的解读就有可能超越"复制文本""反映文本"而能够自由解读,且赋予文本丰富的内涵。当然需要注意的是,其实在此过程中,教师要做的并不是带着某种价值取向走向学生,而是引导学生去感受、去体验正确的文本价值;不是引导学生理解,而是真正地引导学生探究。

(三)强化教师的引导作用,拒绝学生浅层次阅读

且以笔者教学苏教版八年级下册《孔乙己》的教学片断为例。教学参考书中在对本文的主题思想的阐释有:"揭露科举制度的弊害。"②笔者在课堂"细品语言"环节,要求学生根据文章中的具体的语言文字揣摩文章的主题思想,学生找出"丁举人家把他腿打折了""长衫帮、短衣帮拿孔乙己的心病来当众伤害他"等细

---

① 曾兵:《新课程背景下中学语文文本多元化解读的探讨》,华中师范大学出版社,2007 年。
② 洪宗礼:《义务教育课程标准试验教科书语文教学参考书八年级(下册)》,江苏教育出版社,2012 年。

节,众口一致认定文章的主题是:批判人情的冷漠与凉薄。笔者以为,学生根据《孔乙己》语言文字得出的主题虽超越了文本,但并没有损害文本,且是对文本新鲜、多样化的理解。

教师在教学过程中要充分发挥引导性作用,引导学生从不知到知、从知之不多到知之甚多。人并非生来就具备自我学习的能力,教师需要在学生的学习过程中适时地给予指导,教会学生学习的方法。《论语》中的"不愤不启,不悱不发"就指明了这一点。教师在学生学习的关键时候的引导,能够将学生的理解引向深入,使其思维得到扩展。

在此过程中,教师充当的是一个"帮助者"和"指导者",而学生则会在这一过程中,产生自己的"期待视野",寻找"认知空白点",构建自身的文本意义。仍以笔者教学苏教版八年级上册《老山界》为例,在品读文章准确生动的语言的时候,有学生提出"山下有人送饭上来,不管三七二十一,抢了一碗就吃"中的"抢"字看得出来当时的红军部队还是缺乏严明的纪律,人性本恶流露出来了。笔者听后,不予立即评价,接着道:"请用'抢'字组词。"于是学生都说开了,"争抢、抢夺、抢先……"当有学生提到"抢先"时,笔者继续追问:"那你觉得'抢先'和'争抢'哪一个词更符合本文的意境?"学生一致认为是"抢先"。教师简单、准确的点拨,学生迅速地领略到了词语真正的内涵,由此可见,教师主导性地位的发挥能够引导学生抓住文本解读的限制和自由的契合点。

综上,教师主导性地位的捍卫及有效发挥不仅不会限制学生创造性思维的培养,反而有利于打造知识与生命共鸣的语文课堂。

语文教师智慧理答的"入格"与"出格"

戴秀梅*

摘　要：课堂理答是一种基本的教学行为与评价行为，与教学质量关系密切。语文教师智慧的理答，应坚持"入格"与"出格"的统一，既要教师在平时修炼内功，又要教师在课堂教学中彰显智慧。

关键词：教师；主导地位

课堂理答是教师对学生回答问题后的反应和处理。它既是一种教学行为，也是一种评价行为，是教师对学生的回答做出的即时评价，是一种重要的课堂教学"对话"。特级教师王崧舟曾将理答能力的提升比作练书法，他说："首先要入格，然后才能出格，达到人课一体的境界。"那么，语文教师的智慧理答又该如何"入格"与"出格"呢？

一、入格——修炼内功

（一）增强理答意识，构建智慧课堂

许多教师对理答的认识还不够明晰，有人认为课堂理答就是课堂评价，其实二者是不能等同的，比如教师对学生精彩朗读后做出的评价就不属于理答；也有人认为理答是师生间的教学对话，其实这也不完全属于对话。比如，教师进行的非语言理答已经不属于对话范畴了。理答是指教师对学生回答问题后的反应和处理，是教师对学生答问结果及表现给予的明确有效的评价，以引起学生的注意与思考。有效的理答能激发学生的学习兴趣，调动学生思维的积极性，营造一种积极探索、求知创造的人文化的课堂氛围。一线教师应该重视理答行为，明确理答行为的分类，并努力践行有效理答，让课堂彰显更多智慧，实现有限课堂空间里的无限张力。

（二）丰富文化积淀，厚实理答底蕴

老师们常常叹服名家大师在课堂上的那份游刃有余、从容不迫。不管学生怎样回答，或对或错，或到位或不足，他们都能巧妙地结合文本，引至理解的深远处、情感的高潮处、思维的亢奋处。可当自己模仿名师课堂时，总觉得缺乏那种灵动、自然的感觉，甚至出现冷场、卡壳的现象，导致学生参与课堂的积极性不高。究其原因，名师的魅力在于他们智慧的理答，而智慧的理答更源自他们丰厚的文化积淀，所以教师一定要多读书，读各种各样的书，提升自己的文化素养。于永正、孙双金、薛法根等小学语文专家，有谁的文学底蕴不是书堆起来的？哪一个不是博览群书而成就事业的呢？试想如果一个语文教师不爱读书，缺乏学养，照搬教材，如何

---

*　戴秀梅，女，扬州市解放桥小学，小学一级教师。

面对学生一双双渴求知识的眼睛，又如何从容应对课堂上学生的一个个质疑和那些意想不到的变数？可以这样说，不读书的教师从事的是简单的劳动，唯有广泛涉猎才能为形成智慧理答能力奠定厚实的基础。

（三）潜心解读文本，重视理答预设

小学语文教育专家沈大安认为"上好阅读课，文本细读是基础"。《语文课程标准》也强调"阅读教学是学生、教师、文本之间对话的过程"。所以，教师应在课前细读文本，把握文本内涵，精心设计教学过程，充分预设学生学习过程中可能遇到的困难、提出的疑问，并着眼于学生生命的发展考虑应对策略。于永正老师教《秋天的怀念》一课，反反复复地读课文，读着读着，就读出了"母爱是一堆细节"。他说"课文读懂了，方法也随之就有了"。由此可见，读中自有情和趣，读中亦有策与略。语文教师只有将文本内化为自己生命化的语言存在，课堂上才可能挥洒自如、有效理答，促进学生语言和思维的发展。当然课堂上的许多生成是我们无法预测的，但是我们坚信"机遇只青睐有准备的人"。

二、出格——彰显智慧

（一）激发学生兴趣，营造民主课堂

课堂上，对于学生的答问，教师始终应持尊重、鼓励的态度，从而激发学生积极参与课堂学习的热情，营造和谐民主的对话氛围。即使学生的回答有悖于我们的教学目标，也不应该简单否定、讽刺挖苦，而应该究其原因，有效引导，让学生品尝到学有所得、学有所乐的滋味。

苏教版小学语文第四册练习四中有"乌鸟私情"这一成语，在借助插图引导学生理解成语时，笔者问学生："从这幅图上，你看到了一只怎样的乌鸦？"一位男生竟情不自禁地大叫："乌鸦笨死了！"课堂一片哗然，同学们笑话他又不听讲了，还胡说。好奇心驱使我走到他面前，"李舒，你为什么这么说乌鸦呢？"他略显局促，说道："乌鸦爱听好话，被狐狸骗走了肉，害得孩子们没得吃。"我庆幸孩子并非不听讲，而是联想到了以前学过的课文。"同学们，李舒善于将新旧知识联系起来，这叫大智。"课堂安静了，该生的表情也放松了几许。我接着探问："《狐狸和乌鸦》中的那只乌鸦的确很笨，那你认为这幅图上的乌鸦怎样？""它很孝顺。"孩子郑重地说。"同学们，李舒把新旧知识进行对比，这是学习的好方法。如果能听清老师的提问就更好了。"老师肯定优点、化解讥讽、友善提醒，满足了学生对信任、对尊重的需求，营造了民主平等的课堂氛围，实现了有效的课堂理答。

（二）倾听学生发言，锤炼理答技能

著名主持人杨澜曾说，"在访谈类节目中，主持人的倾听比提问还重要"。在语文课堂教学中又何尝不是呢？教师唯有善于倾听，才能捕捉学生的智慧，真正实现以生为本，享受理答带来的愉悦，正所谓"会听是金，会答更是金"。可看看诸多课堂教学，有的老师似乎在认真倾听学生发言，其实脑海里想的是下面的教学环节该如何进行；有的老师在学生回答的同时忙于操作多媒体教学设备，缺少了与学生

目光的交流、神情的期待;有的老师因学生的回答游离于教学目标之外,没有耐心听下去而打断学生……这种形式化的倾听,谈何对学生的尊重,又怎能准确接住孩子的发言,与学生真情互动呢? 所以,倾听是教师生命的一种全方位敞开,是教师的教学品质。能听懂童心,并利用学生回答生成教学资源,向课堂未知方向挺进,更是教师的特殊本领。

(三) 反思理答实案,促进有效提升

教学反思是一种有益的思维和再学习活动,教师可以通过教学反思不断地丰富和完善自我。叶澜教授说过:"一个教师写一辈子教案不一定成为名师,如果一个教师写三年反思可能成为名师。"①课堂理答是项技术活,不是任何人都能够很好运用的,特级教师亦然。

走进王崧舟老师的博客,你会惊叹:这样的一位大师也曾遭遇过课堂的瞬间扭曲。那他又是如何沉思觉醒,到达智慧理答的巅峰的呢? 王老师执教《我的战友邱少云》一课,在播放了邱少云被烈火烧身的视频后,问学生:"面对这样一位战士,你有什么话想对他说吗?"继三位感动于英雄壮举的学生回答后,一男生说:"邱少云,你真是一个傻瓜!"全场一片愕然! 这位学生竟然也被这一片愕然给愕然住了! "傻瓜? 你才是傻瓜! 坐下!"这是王老师当初的瞬间反应,这令本已推向高潮的课堂进程落入深谷。面对这样的教学事故,王老师"思之思之,又重思之",将其归结为:儿童的观念从根本上说都是善的!

后来,王老师再次应邀执教本课,觉醒后的他最期待的,莫过于看到"傻瓜事件"的再度发生。课的流程预设没有作任何调整和修改,他刻意故伎重演。果然一学生铿锵有力地说:"邱少云,假如我是你,我就打几个滚先将火灭了,说不定这个时候山上的敌人正在睡觉呢。"期盼的"傻瓜事件"终于出现。

师:孩子,你不希望邱少云死,是吗? (男孩郑重其事地点了点头)

师:我理解你的心情,将心比心,谁想死啊? 谁不希望自己能好好地活着,是吧? (男孩脸上泛起一层被人理解的幸福和喜悦)

师:这样的希望,不光你有,大家也有。不光大家有,我相信,在邱少云的内心深处也一定有——我要活下去。(男孩目光炯炯地对视着老师,认同着老师)

师:但是,作为一名军人,一名以服从命令为天职的军人,此时此刻,面对残酷的战斗形势,面对自己的危险处境,我相信,一定还会有另一种声音在他的内心深处响起。大家听,另一种更加强烈、更加坚定的声音在对他说……(短暂的等待——小手如林)。②

王老师在沉思中觉醒,才有了和"傻瓜事件"的美丽约会。我们一线教师要想达到智慧理答的境界,又何尝离得开反思、反思再反思呢? 记载成功之笔,牢记失

① 叶澜:《重建课堂教学价值观》,《教育研究》,2002 年第 5 期。
② 王崧舟博客——智慧的觉醒,http://wangsongzhou.blog.zhyww.cn/index.html。

败之处,捕捉瞬间灵感,珍视学生见解,进行再教设计……这些应成为我们教学生活中和智慧理答追寻中的多彩旋律。

智慧理答,让语文学习成为师生收获快乐的生命历程,这是每一个语文教师的终极追求。如果我们潜下心来,扎扎实实地修炼内功;大胆实践,努力让课堂处处彰显睿智,我们达到的将是人课一体的境界,享受的将是和谐、智慧、灵动的课堂理答文化。

大班额语文学习共同体建设的行动研究

何蓓蕾 *

摘　要：针对大班额语文教学中存在的问题,开展语文学习共同体构建的行动研究。首先设计高中语文学习共同体建设研究计划;然后根据实施研究计划,并记录实施过程,提炼研究成果;最后对研究效果进行评价,并反思研究存在的问题。

关键词:大班额;语文学习共同体;行动研究;策略

一、大班额语文学习共同体建设的研究计划

1. 研究目标

开展大班额语文学习共同体构建的行动研究,形成"语文学习共同体"的教学方式与策略,提高大班额班级的学生的教学效率。

2. 研究内容

(1)组建学习共同体。根据学生的学习成绩、学习能力、性格、性别,4～6人组成学习共同体,全班共组成十多个语文学习共同体。

(2)建设学习共同体。明确学习共同体学习的具体目标。学习共同体根据共同目标,搜集信息、交流信息、探讨问题、整理观点,形成各个共同体的成果。

(3)评价学习共同体。以共同体为评价对象,注重从学生发展的角度出发,做到多种评价方法相结合。

3. 行动研究对象

某中学高二(1)班,60人。

4. 资料搜集方法

运用课堂观察、学生练习、访谈等方法收集研究资料。

二、大班额语文学习共同体建设的实施策略

1. 共同体的组建

(1)确定合理的团队规模

依据组织行为学的团队理论,优秀团队的组织"理想的情况下,你的团队人数应该为7～9人"。在组建语文学习共同体时,我们在团队的规模确定上除了参考管理学上团队规模的经验,同时结合实际情况加以确定。高二(1)班共60人,根据学生的学习成绩、能力、性格、性别状况,由教师安排,同时尊重个人意愿,4人一个小组,组成共15个语文学习共同体。语文学习共同体结构如图1所示:

＊ 何蓓蕾,女,江苏省如东高级中学,硕士,中学一级教师。

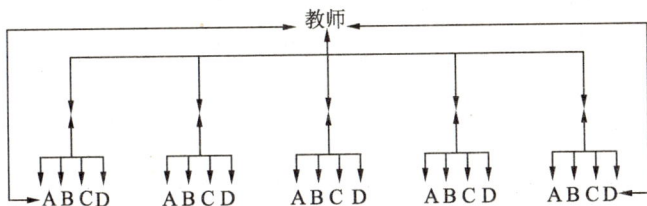

图1　语文学习共同体结构图

说明：A:组长　B:记录员　C、D:成员

（2）确定不同能力的团队成员

组织行为学的团队理论指出,团队的有效运作必须具备以下两个基本条件:"一个团队需要三种不同技能类型的人"和"能够使员工恰当地匹配不同的角色"。首先,一个团队需要三种不同技能类型的成员:需要有技术专长的成员;需要具有解决问题和决策技能,能够发现问题和提出解决问题的建议,并权衡这些建议然后做出有效选择的成员;团队需要若干善于聆听、反馈、解决矛盾冲突以及其他人际关系技能的成员。其次,团队的有效运作需要"能够使员工恰当地匹配不同的角色"。这意味着成功的合作团队的关键在于有能够胜任关键位置的队员,这些观点给教师在开展课堂管理过程中的重要启示就是要根据学生的个性特点、能力素质把学生安排在合适的位置上。高二(1)班在班主任协调下,按综合各个科目学习成绩、学生学习情况、男女生相间和性格互补的原则安排位置,组成4人学习共同体,全班15个共同体。每个共同体成员有义务对同学发言和就个体学习结果进行评议、质疑、讨论、补正,也有责任代表本组其他成员去积极参与全班讨论发言。每个共同体选举一个组长,以时间为期限,实行轮换制,赋予组长针对具体问题安排学习活动的权利,并承担相应的责任。如此安排是为了促动学差生,不放弃任何一个学生,使得每一个学生都能得到更好的发展。每组安排一个记录员,由做事细致的学生或懒惰的学生担任,主要任务是记录学习过程中的点滴收获,以便最后整理成学习小组的学习成果。他们在其他成员的监督下认真记录,培养其好的学习习惯,有利于改掉懒惰的坏毛病。采取发言代表轮换制或者教师随机点名,可使每个学生处于紧张状态,积极参与共同体的合作学习。

2. 加强共同体的建设

（1）计划导航,内容真实——让共同体有步骤、有意义地进行

共同体学习活动应该有计划有步骤,否则,乱成一团便失去了共同学习的意义,也不能提高学习效率。而且,学习共同体制订学习计划可以使学生提高学习的兴趣和自主发展的意识。当然,学生制订的学习计划不是盲目的,它需要教师的指导。这种指导是在尊重学生选择的基础上,提出合理的建议。比如,在共同体建设初期,高二(1)班学习《等待葛多》这篇文章时,教师先分发拟好的导学案,让学习小组按照导学案上的计划,由简到难,逐步解决老师提出的问题,这样避免学生漫

无边际地低效学习。随着学习小组的成长,在教师为学生制订学习计划的同时,要求各学习小组形成自己的计划,然后按照计划实施。以高二(1)班"活力无限"学习小组为例。学习刘亮成的《寒风吹彻》,小组拟出了几个问题:

问题一:文章开头"我在这样的一个雪天,围抱火炉,吃咸菜啃馍馍想着一些人和事情,想得深远而入神"。在飘雪的这个冬天,作者想到了哪些人和事?

问题二:"寒风"指什么?

问题三:"吹彻"又指吹遍了哪里?

问题四:这篇文章有哪些人生感悟?

这4个问题,由浅入深,有梯度,横向纵向思考相结合,能有步骤地引领学生参透文本。全班其他小组也根据"活力无限"小组的计划进行学习探讨。这样的计划比教师提出的计划更切合学生的学情,学生也更感兴趣。

(2)民主信任,融洽和谐——让共同体轻松快乐地学习

心理学告诉我们,中学生的心理发育还很不健全,心理承受能力还比较差,因此,相对宽松的教学环境对他们来说显得尤其重要。在教学中必须努力营造融洽和谐的氛围,让学生在愉悦的氛围中轻松活泼、卓有成效地学习。

第一,营造师生民主和谐的氛围。师生关系是影响教学质量的重要因素,是支撑教育大厦的基石。师生之间只有结成共同体,互相把对方当作有主体性的人看待,互相尊重,关注彼此生命存在的价值,才能从对方的生存发展中获得自身存在的价值和意义。

第二,营造学生之间信任融洽的氛围。要让学生在语文学习的共同体中有强烈的归属感和信任感,进而营造学员之间信任融洽的氛围。教师应该促进学生之间的相互了解,因为相知所以接受,接受进而信任,通过信任达到深度认同,这种沟通才会真正有效。

(3)规范秩序,监控过程——让共同体平稳健康地发展

语文学习共同体的活动应当实现一定的"秩序"化。在语共同体活动中,必须要有监控。首先,作为教学的组织者,语文教师应对过程有自己的组织和调整,学习共同体的活动时间、学习内容、学习方法及结果测评,预设过程是语文学习共同体活动顺利展开的保障。当然,这种预设还要根据教学中各种教学要素的变化作适时调整。

(4)提供资源,鼎力相助——让共同体持续高效运行

教师主动给予学生帮助引导,提供学生需要的学习资料、研究方法及解决问题的办法。

学校建设健康的网络空间,以保证学习者学习的需要。可以是网络课程、网络课件、媒体素材、案例、题库、知识介绍等,也可以是班级日志、QQ、BBS 等交流工具。

图书馆对学生全天候开放,以便学生查阅。共同体的学习是自主合作并且有

着共同愿景的学习方式,学生需要自己去查阅资料的情况很多。所以,作为学生要好好利用图书馆,而学校要尽可能地为学生提供方便。

(5)形成共同体的个性学习文化

让学生参加语文学习共同体的学习是比较简单的,但是要让共同体的每一位学生都能自觉地长期融入共同体进行高效学习则难。一个运行良好的团队必须营造出一种强调合作与互相负责、鼓励沟通、经验共享的团队文化,应致力于让学生们形成一种共同关注、一种整体的认同感,从而形成共同体的文化气质。只有这样,才能促进学生之间逐渐形成共同的情感意识和理智倾向,在个人目标基础上形成共同愿景,才能促进课堂学习共同体的形成。学习共同体在学习成长的过程中,每个小组内部经过长时间的磨合,逐渐形成默契,并且互相影响,在潜移默化中形成特有的气质。比如,前面提到的"活力无限"共同体,这个小组由于陈欢、陆郁可两位同学喜欢思考、发言、质疑,在他们的带动下,在多次成功的体验中,这个小组积极活跃,每个同学都很有自信,擅长思辨成了他们小组的标志。再如第三组"静水流深"共同体,三位女生一位男生。男生易建楼是我们班写作非常有特色的一个学生,文风优雅、语言清丽。三位女生也是"慕名而来"。在长期的学习互动中,这个小组更擅长于写作、表达。这样的共同体文化使得小组成员之间更有共同话题,也更有积极性。

3. 强化共同体的反馈评价

(1)健全共同体反馈环节

建立健全反馈环节就是要把活动前反馈、活动中反馈、活动后反馈三个步骤有机结合并贯穿于语文学习活动的始终。

具体地讲,活动前反馈是在共同体具体活动前,教师事先对学生调查研究,了解共同体中学生的构成、需要、行为等,针对学生的情况确定学习目标、内容或方法,使学生自觉融入共同体活动中来。活动中反馈是在师生、生生沟通过程中,学生对共同体学习内容和方法进行评价,发表意见,通过面对面或其他渠道反馈给教师,或者学生之间互相反馈。活动后反馈是在一次具体的学习活动结束后,学生之间互相反馈,以及教师通过观察学生的思想、行为的变化,总结和评定学习共同体学习的效果。对于取得的正面效果,在下一次共同体学习活动中继续保持和放大,增强其原有的效果;对于不足,认真分析,并针对性地改进和优化下一次的学习内容、形式。如此循环往复,使学生逐渐理解认可共同体的学习,使学习效果最优化。

以学习《寒风吹彻》一文为例。课前教师要编写导学案,那就不能根据教师的个人想法编写,必须考虑学生长期以来的学情,既不能过于简单,也不能难度过大,这就需要教师掌握大量的学前反馈。学生拿到导学案,在个体独立思考的基础上,根据教师在巡视过程中提出的反馈意见,小组内交流,对自己的见解进行修正、完善并提出小组不能确定和无法解决的问题,将这些问题再次反馈给教师。又如,在学习《寒风吹彻》这篇文章时,不少学习小组对"死于父亲、姑妈、母亲他们而言,为什么这么平常?"这个问题感到困惑,主要是因为在小组内部形成了不同的答案。教师又将这个信息反馈到"班级"——这个大的共同体,立即引起了争论:

A生:他们已经习惯了这种突然的生离死别,死对于他们来说很平常。

生:嗯?(下面有学生发出表示怀疑的声音)

B生:我觉得死固然是一件不必急于求成的事,但是,人非草木孰能无情?我觉得A的答案不合人之常情。(学生因为已有自己的思考,因此,面对其他同学的回答会更加关注,以明确是否与自己看法相同。高效快速的反馈,提高了学生的反应能力,加深了学生的思维深度,拓展学生的思维宽度。同时学生也明白一个道理:语文的答案是丰富多彩的,语文的学习是多姿多彩的。)

师:首先表扬A生的语言非常好,那么刚刚两位同学的答案,大家怎么看?

(课堂里产生了争辩)

一生:我还是坚持我们组的看法,人们已经习惯了这种突然的生离死别。正如文章前面所提到的,一个老人冻死在路边,这样的情况如果在我们身边发生的话,不也让人觉得"不合人之常情"吗!我们要站在那个特殊的背景中去体会啊。

(陆续又有几个组发表了他们的看法)

可见,活动中反馈是一个师生、生生不断交流的过程。课后,笔者找了部分学生,请他们谈谈对这堂课的感想和对构建学习共同体的看法。

我们可以在语文学习共同体里畅谈对文章、题目的想法;我们可以在为捍卫自己"领土"吵得天翻地覆却听到完全不同的答案后相视而笑;我们可以在原本无聊到直打瞌睡的课上精神抖擞地期盼着老师的答案来证实自己的理念;我们可以和理应严肃的老师进行辩论,偶尔看到老师被反驳得哑口无言的时候感慨:"原来老师也可以那么近。"

语文学习共同体是一个交流的平台,一次阐释自己观点的机会,一份相处和谐的师生情。学习共同体让我知道,语文课,可以像体育课一样刺激,可以像数学课一样逼迫自己脑袋高速运转,可以像辩论赛一样畅所欲言……

共同体讨论确实激发了我们语文学习的积极性。主动思考并参与讨论,使得我们的思维处于活跃的状态之中。但是,讨论时偶有对文章的理解偏离主线的情况。所以,老师能在我们讨论的时候及时提示、引导思路,甚至是参与我们共同体的讨论就好了……

听着学生的这些反馈,教师不断地思考、改进共同体学习课堂。这样,学后反馈又成了新一轮共同体学习活动的学前反馈。

(2)建立合理多样的评价机制

评价是指以每个语文学习共同体成员的"教""学"状态的变化来反映学生、教师发展状况,并给予下一步的指导。评价的目的是为了促进改进。

高二(1)班学习共同体学习情况具体评价标准:每个小组发言次数的多少(制作表格,勾画发言次数,累计10次得1分)、发言水平的高低(根据具体分值同学互评或教师给分,每堂课选出发言水平最高的小组,得 1 分)、平时作业完成情况(根据具体分值给分)、考试成绩小组总和的高低、学期末进行优秀小组(10 分)、进步小组(5 分)、特色小组(2 分)的评比……。这些评价,由老师和学生共同参与,以保证公平、公正。

三、大班额共同体建设的效果与反思

1. 共同体建设的效果评价

(1)学生的学习状态得以改善

课堂构建语文学习共同体进行语文教学。课前,学生根据手中的导学案,努力地查询资料,常常沉浸在获得资料的快乐中。课中,学习气氛显得轻松、活泼,同学们时而脸上露出笑容,时而又眉头紧锁。一些课上缩在课桌上、萎靡不振的学生,眼睛中也有了亮光,打瞌睡的现象也完全消失了。一些平常内向胆小的学生在同伴的鼓励带动下,也变得主动起来,对自己更有信心了,积极地投入到小组活动中来。课堂气氛有了极大的改观,学生的学习面貌也有了很大的改变。甚至,到了课后,有些同学还意犹未尽,继续进行一些观点的争辩。

(2)学习能力与成绩明显提高

通过学生之间互相交流、互相评议、互相检测活动发现,优等生拓展了思维深度,中等生拓宽了思维空间,差等生也能积极学习了。与传统的课堂教学相比,学生的表达能力、倾听能力、思维能力、想象力得到了提高。下面以两份试卷为例,将实验班与另一个运用传统教学方式授课的班级进行比较。

试卷一构成:两篇文学类文本阅读题,8 小题。其中一篇现代文即为《寒风吹彻》,题目大部分来自于课堂。另一篇文学类文本选用高考试卷中的一篇文学类文本阅读题阿城的《溜索》。总分 23 + 23 = 46 分。试卷一考试成绩对比如表 1 所示:

表 1　试卷一考试成绩对比

班　级　＼　内　容	《寒风吹彻》部分均分	《溜索》部分均分
高二(1)班	17.32	15.18
高二(3)班	16.2	13.29

可以看出:《寒风吹彻》部分的均分高二(1)班高出高二(3)班 1.12 分;《溜索》部分均分高二(1)班高出高二(3)班 1.89 分。虽然原本高二(3)班的基础比高二(1)班要稍差一点,但是,对于语文而言,一项题目的分差达到 1 分以上,已是比较大的分差了。

试卷二构成:语音、成语、病句各 3 题,每题 3 分,共 27 分;文言文选择题 4 题,12 分;文言句子翻译 3 题,10 分。试卷二考试成绩对比如表 2 所示:

表2　试卷二考试成绩对比

内容 班级	字音部分均分	成语部分均分	病句部分均分	文言文部分均分
高二(1)班	8.65	7.31	6.04	19.75
高二(3)班	8.36	6.72	4.95	17.97

高二(1)班部分同学平时基础题检测成绩比较。检测题总分值为90分。

采用共同体方式学习的班级在语文成绩上有着明显的优势,显示出学生通过自主学习,互相交流、取长补短,优化了学习过程,获得了学习成绩的提高。

(3) 形成团队精神

由于采用共同体计分制,一改以往个体积分制,每个成员的努力目标都会提高共同体的成绩。长期下来,学生树立了同舟共济的团队意识,形成了团结奋斗、优势互补的团队精神。

2. 共同体建设存在的问题及思考

(1) 共同体合作学习虽然活跃了气氛,但是学生的活跃状态不仅仅是因为思维的活跃和讨论的激烈,有时可能是在说笑玩乐。如何让学生积极地讨论又能避免"说闲话",始终全身心地投入呢? 对于这个问题,我们认为提倡共同体学习并不是完全让学生自己学,更不是"闲置"教师,教师要发挥监管作用,随时观察学生的学习状态,发现不良现象及时纠正。

(2) 学生刚接触这种学习方式时,比较激动,可是时间长了,也就"感觉没意思"了。没了动力,怎么办? 这就需要在共同体学习过程中强化共同体间的竞争意识,使之处于一种不断竞争的状态,这与我们的评价环节有密切的联系。此外,共同体组建之后,经过一段时间的学习,形成各个小组的特色文化,但是如果长时间处于这样的固定状态中,没有流动改变,学生就会产生"审美疲劳"。这时可根据具体情况和学生要求拆解再重组或增加新成员,这样可以让小组活起来,在一定程度上减少学生的倦怠情绪。

(3) 语文学习共同体在学习过程中,因为观点不一致又缺乏交流技巧,会导致一部分学生之间闹矛盾,产生消极情绪。此时需要教师用正确的舆论导向来增强共同体的凝聚力,培养班级荣誉感,让学生明白并共同拥有一个愿景:集体的荣誉是最高荣誉,也是每个人所必须维护的。此外,榜样的力量是无穷的,教师表扬大度、会交流的学生,学生之间也可以相互教育,逐步在班级中尤其是后进生中形成对班级文化的归属感、认同感,从而形成良好的班风、学风,让正气抬头,铸造积极向上的班级文化。

真学：生本理念下的高中语文课堂

陈 军*

摘 要：以生为本的教学理念已为越来越多的人所认同。但是，在教学实践中，伪生本的课堂状态并不少见。要彻底改变这种状况，必须追求课堂的"真学"质态，做到：导学案设计体现导学助学"真"需要，合作交流体现文本研读"真"需要，教师讲授成为解决学生问题"真"需要。

关键词：真学；生本理念；高中语文课堂

"生本理念"即以学生为本的教学理念。生本教育，是"真正以学生为主人的，为学生好学而设计的教育"。① 应该说，生本是通过学生内驱力的内化而实现的，也就是说，在教学的所有环节中，都要围绕学生的学而展开。生本理念已经为广大语文教师所接受，但在一线教学中，生本理念的落实却存在着游离课堂的现象，课堂呈现出伪生本的状态。因此，当下的课堂，"真学"尤为重要。

所谓"真学"即谓"真的学"，课堂上学生处于一种真正学习的状态，在这样的课堂上，"学"是课堂教学的根本，教师的教服从于学生的学，课堂的所有教学行为、教学手段都是为了让学生进入"真实"的学习状态，真正保障学生主体地位的落实。那么，高中语文课堂如何实现"真学"呢？

一、导学案设计要体现导学、助学"真"需要

第一，预设问题有"真价值"。导学案的目的是让学生有效地"先学"，体现"先生后师"的教学理念。但目前导学案所设计的问题大多来自于教师的预设，对结合学情的问题一笔带过，甚至避而不谈，也就是说，问题来源于教师的主观判断。我们认为，只有学生的问题才是课堂上要解决的"真"问题。教师要重视来源于学生的问题，可以在学生阅读的基础上收集学生的问题，然后加以分类归纳，提炼出几个关键性的问题，做到问题设计基于学生，又富有概括性、层次性。比如，在教学《前方》时，根据学生读文后的问题，教师加以归纳，设计出三个问题：

问题一：在这篇摄影散文中，作者揭示了哪些人生哲理？这些哲理是围绕哪些关键词展开的？

问题二：为什么说"人有克制不住的离家的欲望"？

问题三：作者是从哪些方面来说明"人生是一场苦旅"的？作者说"人生实质上是一场苦旅"，这"实质上"三字能否去掉？为什么？

---

* 陈军，江苏省如东县马塘中学，教科室主任，中学高级教师。

① 郭思乐：《教育走向生本》，人民教育出版社，2001年，第4页。

问题一从文章结构内容上设计,问题二从关键句的理解设计,问题三从主体内容及重点句的分析设计。三个问题涵盖了文章的重点,拎起了解读文本的关键。

第二,学案设计有"真效益"。导学案的编制应做到简约、实效、可操作性强。要考虑学生的实际水平、完成时间,长度应有控制,一般16K的纸即可。导学案是"导学"的,是学生学习文本的拐杖,不能将课后的任务也归属于此。同时,导学案的问题设计应有一定的梯度,让学生思维状态能拾级而上,不是低水平的重复,不是将文本内容的简单复现和机械填空,也不是大而无当的、空洞无依的诸如"谈谈你读了这篇文章的感受"等问题。

第三,学案内容有"真性情"。语文学科的导学案应该体现语文学科的人文特性,这跟自然科学类应有所不同。但是我们发现,在实践中,一些教师把导学案简单弱化为"习题演练""一课一练",要求学生在课前完成相应的练习,实际上是将学生的作业前置。学生既要完成一节课后的作业,又要准备后一课的"导学案"作业。导学案包罗万象,有字词积累、语段分析、重点语句分析、写作技巧归纳等,事无巨细,无形中反而增加了学生的课业负担。语文学科不同于其他学科,它应当是在课前为学生与文本对话提供的一个媒介,是教师与学生的纸质的交流,是引导学生逐渐走进文本的钥匙。因此,我们认为,作为语文学科的导学案,应该含有一种提醒、一种人文的关怀、一种语文特质的情怀流露,它是工具的,也是人文的。难怪有的学生一看到语文学案就索然寡味,没有了阅读的兴趣,就是因为导学案功利化太明显,学生只能以完成任务的心态来面对导学案。面对课文,这样的导学案还是不用为好。一份优秀的导学案应该蕴含着教师对学生心理素质的了解、对语文基础知识的把握、对文本独出己见的理解及对生活赤诚独到的感悟。题型的设计应该考虑到不同层次学生的学习需要,既不过量,又要具有启发性。①

第四,导学流程有"真用途"。导学案要成为课堂教学中重要的依托。导学案是帮助学生更好地自主学习的学案,它实施于课前,更应延伸至课内,成为课堂组织教学活动的一个有机载体。然而,我们看到,在一些课堂上却不见了导学案的踪影,课堂上,教师依然按照自己的备课思路组织教学,导学案和教师的备课笔记、课堂的教学流程成为两张皮。有的课堂虽然也有导学案的影子,但仅仅是作为检查预习情况的一个部分,课堂主体依然是与导学案无关的。这样的结果就是,学生并不重视课前导学案的完成,久而久之,导学案也就成了"以生为本"的点缀。

二、合作交流应体现文本研读"真"需要

《学记》云,"独学而无友,则孤陋而寡闻"。西方学者也认为,"任何学科领域的任务,都可以合作小组的形式来完成"②,语文课堂教学也不例外。但是,讨论什

---

① 沈松怀:《高中语文导学案:想说爱你不容易》,《语文教学通讯》,2013年第12期。
② [美]D.W.约翰逊,等:《合作性学习的原理与技巧》,刘春红,孙海法编译,机械工业出版社,2002年,第2页。

么问题,讨论多长时间,如何分组讨论,都值得研究。

(1) 问题质量不高。从心理角度看,较为复杂或有一定层次性的学习任务才具有合作探究之价值和必要。反观我们当下的一些课堂,有的问题设置过于简单,没有小组合作讨论之价值,比如《怀念红狐》,"说说这篇散文写了哪些事?"很容易到文中找到,没有小组讨论之必要;有的问题过于大而空,讨论没有抓手,难以取得成效,比如《怀念红狐》,"这篇文章要表达的主旨是什么";有的问题不能体现语文学科的特质,这样的讨论对提升学生的语文素质没有作用,比如《前方》,"你有没有离家的欲望,为什么";等等。

(2) 时机把控不准。有时候,教师觉得自己讲得比较单调乏味了,就用讨论以期调节课堂气氛,但讨论还没有怎么展开,教师就强行终止,又回到了预设的轨道上。有的语文课堂,讨论频率较快,一遇到问题就小组合作,课堂一直乱哄哄,师生的心境也难以有宁静的时刻,对文本的研习参悟缺少应有的安静时空。有的课堂讨论长度安排不合理,或过短,学生还没有进入状态,教师就匆匆收场;或过长,课堂教学缺乏应有的疏密调控,课堂节奏松散,教学任务难以完成。

(3) 学生状态不佳。由于任务不明确,分工不具体,有的小组呈现出"合而不作"的状态。在讨论中,学生自由成组,三三两两,有的在小组中就是随便说说,完全没有任务意识、责任意识;有的似乎置身事外;有的随意附和;更有甚者,说些与讨论无关的话。这样的交流讨论,都是低效甚至无效的。因此,作为语文教师,应从合作小组的构成、成员的职责、氛围的营造、话题的确定、合作后的交流等环节精心设计,让课堂讨论成为"真讨论"。

(4) 反馈展示不实。课堂的讨论没有达到理想的状态,讨论后的反馈展示环节也就难以做到实在。有的展示变成了几个学生的"秀场",更多的学生则表现出"思维不在场"的状态,扮演着课堂的看客和听众,缺乏生生之间更多的思维碰撞;有的展示还停留于文本的简单复制,对问题的思考蜻蜓点水、浅尝辄止;有的仅仅是发言者个体的思考,根本不能代表小组的讨论成果。

三、教师讲授应成为解决学生问题"真"需要

奥苏伯尔说:"最重要的影响学习的因素,就是教师是否探明了学生已经知道什么,并且能否从这一点开始教学。"[1]学生有需要的才可以讲,学生能够自己学会的,教师坚决不讲;部分内容学生可以通过小组讨论、班级交流学会的,教师也不需要讲。教师的"讲"必须讲在关键处、要害处,讲在学生思维的纠结点。目前,在高中语文课堂上,教师的"讲"还存在一些突出的问题,表现为:

(1) 缺乏取舍,包罗万象。一些教师在教学中,对文本的方方面面都要兼顾到,在课堂上不加取舍,严格按照事先的教案程序步步为营,对文本每一段进行条分缕析,对教参资料提供的问题解析全面讲解。有的老师课件制作是充分利用网

---

① 雒晓春:《教育心理学(中学最新版)》,中国经济出版社,2012年,第72页。

络资源和教参内容，PPT 制作了几十张，课堂上教师和学生完全被课件牵着走，时间不够，只能如观马灯一样匆匆而过，学生来不及思考，来不及做笔记，一堂课下来，收效甚微。这种机械性的照搬，难以有课堂预期效果，"以生为本"成了空话。

（2）忽视学情，越俎代庖。虽然课前学生已经对导学案上设置的问题进行了思考，课堂上也有讨论等体现学情的环节，但在实际教学中，一些教师只将导学案放置一旁，将学生问题简单处理，基本依赖教学参考书和自己的备课思路，依然用"讲"代替了学生的"学"，一讲到底，包办代替，现代文用教师的赏析代替学生的品悟，文言文用教师的串译代替学生的诵读，讲评课用标准答案的讲解分析代替学生答案的诊断纠偏。不管学生讨论的情况如何，都要归到教师预设的答案中去，教师的办法就是千方百计地诱导学生朝着自认为标准答案的方向行进，答案明确了，目标便达成了。

（3）缺乏功力，难见突破。在生本理念之下，教师"讲"其实是考验着教师的教学功底，考量着教师的课堂驾驭能力。有的课堂虽然有很多学生活动的时空，教师"讲"的时间得到了控制，但是，教师的"讲"却不能做到讲在关键处、要害处。因为教师对文本的研读还不深不透，对学情的分析还没有完全到位，对课堂上学生的学习状态还缺少充分的准备。因此，课堂上的"讲"还不够清晰、不够深刻、不够到位，缺乏让学生纠结的思维状态豁然开朗、让学生的灵性得到顿悟、让学生的知识能力有效延展的理想效果。

笔者以为，教师的"讲"应是对学生学习、讨论中产生的困惑的点拨，是对学生在问题解决过程中的或纠错，或完善，或提升，应于无疑处生疑，于有疑处点拨；在争鸣时引导，在释疑时归结。教师的"讲"，不仅要立足于解决学生的困惑，也要提出自己在研读文本中所形成的有价值的问题，与学生共同探讨，以扩大学生的思维张力，加深对文本的理解。

小学语文教科书应寻求"四大平衡"

殷亚玲 *

摘　要：现行小学语文教材存在着或多或少的问题，其中突出的问题有"四大缺失"：经典的缺失、快乐的缺失、儿童视角的缺失和事实的缺失。小学语文教科书的编排应注重教育性与儿童性、经典性与改编性、传统性与现代性、真实性与虚构性这 4 方面的平衡。

关键词：小学语文教材；四大平衡

在"一纲"的前提下，出现了多个版本的教科书，这是课程编制的一大进步，但是纵使这样，现行的小学语文教科书，依然被众多学者指出存在着这样那样的问题。由郭初阳等一线教师组成的研究小组在对苏教版、人教版、北师大版的小学语文教材研究后，犀利地指出小学语文存在"四大缺失"——经典的缺失、快乐的缺失、儿童视角的缺失和事实的缺失。《收获》杂志社副编审叶开也对语文教科书展开了深度的剖析与批评，并出版了影响颇深的《这才是中国最好的语文书》。加之最近网友对《开明儿童国语课本》的热捧，又把现行的小学语文教科书推向了风口浪尖。那么，到底应该怎样去平衡"儿童文学""经典故事""道德感化""儿童天性""教育目的"等要素于语文课本中呢？我们认为，应处理好四大关系：

一、教育性与儿童性的平衡

造成小学语文教材不让学生快乐最深层次的原因是儿童情绪的成人化。只有成人化的儿童，才是好儿童，这恐怕应该是小学语文教科书选文传递的价值取向。只有劳动干活的才是好孩子，比如北师大版中的《三个儿子》；只有懂事孝顺的才是好孩子，把这一"哲理"极致化的便属人教版的《玩具柜台前的孩子》了，作者用了"目不转睛""兴奋""喜欢"等词来描写小兵对于玩具汽车的喜爱与渴望，但是当售货员提议小兵母亲买一辆给孩子时，小兵竟然主动拒绝，而且态度坚决："不，我只看看，不要妈妈买。"这种懂事真是让人不敢相信。

有学者指出，语文教育的核心不是意识形态的道德教化，不是思想改造，语文教育的核心思想，一是认文写字，二是阅读经典。① 但是语言文字本身的传情达意这一属性，就决定了它的传递道德观念、思想观念和价值观念等生活意义的作用。儿童作为新一代的成长中的接班人，对其教育一定要遵循根本的教育目的，所以教育性是不可避免的，也是不可忽视的。但是儿童之所以称为儿童，也是由他们的身

* 殷亚玲，女，扬州大学教育科学学院研究生。

① 叶开：《对抗语文：让孩子读到世界上最好的文字》，复旦大学出版社，2013 年，第 8 页。

心的状况所决定的,有其特殊性。所以,怎样使教育性与尊重儿童天性达到平衡是一个很重要的问题。

周作人说:"艺术里未尝不可寓意,不过须得如做果汁冰酪一样,要把果子味混透在酪里,决不可只把一块果子皮放在上面就算了事。"的确,儿童文学作品里未尝不能出现功利色彩,关键在于功利性与文学性的融合。语文课本中的成人和儿童都是简单化了的成人和儿童,并不是真正生活中的具有复杂情感的人,教科书里成人的形象大多是儿童的引导者、指引者、拯救者。但是真正的儿童文学选文中的儿童形象更鲜活、饱满。儿童是独特的生命存在,其本真的特质不同于成人。纯真体现的是儿童的善良之美,拙稚体现的是儿童的瑕疵之美,"顽童"体现的是儿童的顽皮之美,他们是不完美的但却是最真实的,也是最接近现实生活中儿童的经验世界的。

语文课本选文中顽童形象很匮乏。沙托曾经说过:"儿童是一个玩耍的精灵,而不是别的什么。要问儿童为什么玩耍就如同问儿童为什么是儿童一样。"儿童以自己的眼光,无拘无束、没有固定框架的眼光打量这个世界,顽童身上充塞着一种童年特有的奇异幻想与放纵感。巴里笔下的彼得·潘,林格伦笔下的长袜子皮皮、小飞人卡尔松,勒内·戈西尼笔下的小淘气尼古拉等儿童形象都是儿童文学世界里典型的顽童形象。顽童形象对于童年生命的意义在于它能够使儿童在阅读经验世界中体验童年的欢愉,激荡儿童的本真心灵。

有人可能会提出质疑,把这样直接的顽皮的儿童形象选入语文课文,是不是不利于儿童教育,或者有反面作用。其实不然,儿童只是拥有游戏的天性,并不是说他们辨不清是非,明不了善恶。所以在选文中应加大展现儿童本性的儿童形象,经过适当的加工,达到教育性与儿童性的平衡。笔者认为,教科书选择的儿童形象应具有现实生活中儿童的身心特征,这样才能引起学生的共鸣,才能达到教育的目的。儿童的情绪和情感是复杂多元的,不应该将成人化的情绪强加给儿童。

二、经典性与改编性的平衡

有很多学者对语文教材的选文质量提出质疑,认为经典性的篇目过少,或者是对原文改编的痕迹过大等。

第一线的研究报告指出,在所研究的三套教材中有关母亲、母爱的作品很多,但来自经典作品的选文少之又少,有些即使选择了经典篇目,却还要给它"加工"一番。比如苏教版将原来朗朗上口的《游子吟》费尽心思地包裹起来,搞成所谓的"文包诗",显得臃肿而赘余。报告同时指出,在文学的长河中,有关"母亲"的经典数量之大,面对这些优秀的文本不用,大抵是由于无知中外经典或是为了别有用意的思想灌输。改编痕迹过大,或者经典篇目减少,可能是由于选文受到文章字数、主题至上等因素的束缚,并不能仅仅归结为无知中外经典或是为了别有用意的思想灌输,这样解释有失妥当。

首先什么是经典?词条上有这样的解释:(1)经久不衰的万世之作,后人尊敬它,称之为经典。(2)经典是指具有典范性、权威性的著作。(3)经典就是经过历史选择出来的"最有价值的书"。卡尔维诺在《为什么要读经典》中曾经这样表述："经典作品是一些产生某种特殊影响的书，它们要么本身以难忘的方式给我们的想象力打下印记，要么乔装成个人或集体的无意识隐藏在深层记忆中。"在文学的长河中符合这些条件的经典作品不胜枚举，但到底什么样的经典可以或者需要选入语文教科书呢？经典是不是就意味着难以理解和接受呢？我想如果是成人文学中的作品，有很多是不适宜进入小学语文课本的。

叶圣陶在撰写儿童读本的时候秉承着这样的观点："小学生既是儿童，他们的语文课本必得是儿童文学，才能引起他们的兴趣，使他们乐于阅读，从而发展他们多方面的智慧"。① 所以，在这里笔者坚持认为，应从儿童文学中选取经典的材料，经过慎重的思考，以最合适的方式进入小学语文教材。加拿大的培利·诺德曼（Perry Nodeman）在其撰写的《阅读儿童文学的乐趣》中认为：儿童只是审美经验缺乏的人，绝不是审美能力低下的人。所以改写儿童文学作品不能只关注语文学科教学的价值而忽视其根本的文学本位价值。② 许多儿童文学作品经过改编后徒有儿童文学的外在形式，却没有真正的儿童形象、儿童语言、儿童情感。比如苏教版一年级上册的《冰花》，当孩子发现玻璃上结上了冰花的时候，作者迫不及待地用成人化的思维，加上自以为是的儿童的口吻抛出一连串比喻，代替了儿童的想象，固化了儿童的思维，完全没有儿童的视角。

小学生身心具有可塑性大、发展性强等特殊的特点，需要阅读更多的经典，通过经典本身的地位，来给儿童更多的熏陶和感染，给他们人生态度的发展奠定一个好的基调。

三、传统性与现代性的平衡

有人指出，不论是真实还是编纂的故事，宣扬的都是传统的价值观，很少涉及现代价值观的。③ 纵观语文教科书中的选文，大都渗透着礼让、谦虚、孝顺、懂事、权威等不可动摇的传统的价值观。尊老爱幼、团结友爱、互帮互助、谦逊礼让等都是中华民族的传统美德，这些好的传统我们理当继续传承与发扬。但比如独立、自由、自主、解放等这些闪烁着现代理念的价值，也应该在小学的语文选文中占有一席之地。我们的道德教育，片面地宣扬孝顺、节俭、谦让、服从的道德，而漠视独立、权利这样的现代价值观念，使现代人格存在传统与现代失衡的现象。

传统价值理念在语文中的比重过大，很大程度上是由于对语文的人文性这一工具的放大，使之成为对思想品德进行培养的材料。选文中的父母、老师等有经验的长者，往往具有不可动摇的权威性，他们的价值评判也是唯一的标准。比如苏教

---

① 叶圣陶：《开明儿童国语课本》，中国青年出版社，2011年。
② 陈聪：《小学语文教科书中的儿童文学选文研究——以人教版小学语文教科书为例》，上海师范大学硕士论文，2012年。
③ 杨于泽：《小学语文的真正问题是现代价值缺失》，《中国青年报》，2009年9月24日。

版《蘑菇该奖给谁》中的兔妈妈就是唯一的权威。她片面地认为,因为小白兔敢和强者比而应该得到奖励。儿童往往属于从属地位,但是在现代社会,我们更倡导培养的是能独立思考、具有创新精神、能够善于观察和发现的儿童。所以应力求传统价值观与现代价值观的平衡。在保证传统美德的根基的基础上又有现代社会需要的价值态度。只有这样,教育出来的人,才算是一个合格的现代公民,因此,在选文的内容上应力求平衡。在选文内容上的平衡,体现为已有传统道德的根基与现代价值理念的融合,引入更多体现现代价值的故事。

四、真实性与虚构性的平衡

"第一线"的研究者认为,讲不好故事没事,孩子不快乐没事,但是你不能随意杜撰文章。一些研究发现,小学语文课本中无作者、无出处的文章随处可见,比比皆是,即使有出处和作者,也根据编者的需要进行了大刀阔斧的修改,这样,文章的真实性就大大降低了。还有研究者经过仔细的探究发现,有一些故事完全是编造出来的,比如说有关爱迪生用智慧救母亲的故事、"陈毅探母"等都查无实据。

无独有偶,很多有识之士在对语文教科书的弊端进行指责时,都不约而同地强调事实的重要性。他们指出,选文在虚构故事、虚构人物,用虚假的道德情感来绑架孩子。但是,造成这一现象的原因可能是:为了通过一定的故事进行道德教育,强调榜样的作用,即所谓的名人效应,选编英雄、伟人的轶事,出现常识性错误,大概是编者在编纂时的疏忽所致。

为了一定的教育需要,对名人的故事进行包装、改编本是无可厚非的,但怎样以一种更为贴切的方式去利用这些名人轶事却是值得深思的问题。首先,古今中外名人轶事或者普通人的善举一定多得数不胜数,应以真实性为前提,选择贴合实际的故事;其次,在进行改编或者编撰时,不应出现常识性的错误,让人啼笑皆非。

古诗教学：兴趣、背景、诵读、意象

葛明存 *

摘　要：在诗歌教学中，积极创设情境，营造氛围，可激发学生学习诗歌的兴趣。了解诗人所处的时代特征和诗人写作时的心灵体验，可做到知人论世。指导诵读方法，能让学生激发情感，体会诗歌情味。了解典型意象，创设诗歌意境，能让学生理解作品内容及升华思想感情。

关键词：诗歌教学；兴趣；背景；诵读；意象

古典诗歌是我国文学殿堂中的一朵奇葩，一篇篇诗歌闪耀着情感和智慧的光辉。它对滋润学生心灵、陶冶学生情操有着不可替代的作用。在平时的教学中，由于害怕学生看不懂，教者常常是字字解释、句句翻译，甚至要求学生背诵诗句的译文。这样学生似乎听懂了，但面面俱到的讲解大大破坏了诗歌的美，一篇篇充满灵性的古诗变得索然寡味、毫无生机。如何教学古代诗歌，让学生在中国古代诗歌的徜徉中领悟中国文化的博大精深、感受语文的无穷魅力呢？我们认为，古典诗歌的教学策略有：

一、营造氛围，激发兴趣

由于古代诗歌距离学生时代久远，与学生的生活、经历差别很大，学生对此比较陌生，激发学生学习诗歌的兴趣就是学好诗歌的第一步。"知之者不如好之者，好之者不如乐之者。"教师可以巧妙设计导语，或运用现代化教学辅助手段，合理增设一点音乐或图画，用音乐来渲染情境，用图像来显示情境，这样不仅可以激发学生的兴趣，还有利于激发学生的情感。另外，还可以通过一些典故、趣闻、轶事来激发学生学习古诗的兴趣。

如杜牧的《泊秦淮》"烟笼寒水月笼沙，夜泊秦淮近酒家。商女不知亡国恨，隔江犹唱后庭花。"这首诗歌意象具体可感，在悠扬而舒缓的乐曲声中，我们展开想象：如烟的雾气，朦胧的月色，笼罩在河面以及水边的沙滩上。诗人把船停泊在酒家附近，隐约传来歌女吟唱的《玉树后庭花》，夹杂着达官贵人的嬉乐和叫好声……告诉学生想得越细致越好。然后让同学们回答此时的诗人会是什么样的感觉。这样，学生就融入一种对时局的忧愤中，很快地进入文本。

再如，陶渊明的《饮酒》。陶渊明"不为五斗米折腰"的故事让学生初步了解诗人为何会寄情山水、归隐田园，同时也激发他们学习这首诗的兴趣。由于古诗作者写作时间的特殊性，在教学中，应根据诗歌所表达的不同意境来营造不同的氛围与

---

* 葛明存，女，江苏高邮市南海初级中学，中学一级教师。

诗词所描绘的意境,产生一种和谐的意向。这样才能活跃他们的思想,激发他们学习古诗的兴趣。学生带着这样的心境来学习,自然会兴趣盎然。

二、了解背景,知人论世

诗歌创作大多是诗人在特定的环境和特定历史条件下心境的体现。诗人所表达的思想感情也会深深地烙上时代的印迹。学生要读懂诗歌,就必须对这些信息进行有效的解读和还原。鲁迅在《题未定草》中说:"世间有所谓'就事论事'的办法,现在就诗论诗,或者也可以说是无碍的罢。不过我总以为倘要论文,最好是顾及全篇,并且顾及作者的全人,以及他所处的社会状态,这才较为确凿。要不然,是很容易近乎说梦的。"可见,了解诗人的生平事迹和社会背景是学生学习诗歌的关键。学生通过了解诗人所处的时代特征和诗人写作时的独特心灵体验,做到知人论世,才能真正鉴赏诗歌。

李白,其人生体验多来自于盛唐,诗歌风格形成于大唐最为辉煌的年代,再加上他狂放不羁的个性,因而形成了豪迈飘逸的浪漫主义诗歌风格。在他的诗歌中,常抒发怀才不遇的失意,如"抽刀断水水更流,举杯销愁愁更愁",但更多的是"天生我材必有用"的乐观自信。而杜甫呢,给他更深切感受的是"安史之乱"。其诗歌的主导风格成熟于遍地哀号的苦难之中,因而形成了"沉郁顿挫"的诗歌风格,在诗歌中更多地表达的是忧国忧民的情感。"国破山河在,城春草木深""烽火连三月,家书抵万金"写出了诗人忧国思家的情感。"安得广厦千万间,大庇天下寒士俱欢颜"的诗句,诗人推己及人、忧国忧民的博大胸襟充分地体现了出来。由此可见,同一时代不同的作家因其主要经历不同,风格也不同。诗人所选择的题材,所要表现的思想,所要抒发的情感,都是由他生活的时代背景、他的修养、他的学识、他的遭遇、他的思想,甚至是他的诗风所决定的。所以我们在平时应尽可能多地了解掌握知名作家的生平、思想、诗风,以及他们生活的时代背景,如此,在鉴赏作品时我们才能充分地调动记忆细胞,把诗歌作者或作者所处时代背景所孕育的暗示功效充分地挖掘出来。

三、指导方法,重视诵读

诗歌是感性的,同时古代诗歌离我们年代已久远,要让我们去领会,谈何容易,但古人却云:"书读百遍,其义自见。"可见,诵读对理解诗歌意义重大。叶圣陶说:"诵读得法,不但了解作者说些什么,而且与作者心灵通了,无论兴味方面,或受用方面都有莫大的收获。"特级教师于漪也说:"要反复诵读,把无声的文字变成有声的语言,读出感情,读出气势,如出自己之口,如出自己之心。"诗人的感情和诗歌的韵味往往正是反复吟唱表达出来的,因此诗歌教学强调多诵读。诵读的目的是让学生能恰当地理解作者寄寓文中的沉郁顿挫、奔腾激越的情感。在学生进行诵读的教学环节中,教师要对学生进行必要的指导,使他们掌握朗读的技巧,懂得重音、停顿、速度、语调的要领;掌握有关诗词音乐美的一般知识,了解旋律、用韵、节奏等常识。教师要指导学生边读边思、逐步深入。让学生通过诵读,激发情感,体会诗歌情味,领略语言之美。

可以这样说,不诵读,不足以体会文章的音韵之美、文字之精;不诵读,不足以体会文章的情感之切、意韵之深;不诵读,不足以体会文章的风格之新、手法之巧。单靠总结讲解,永远是防不胜防的,因为对于学生来讲那些体会、理解只是客观感受,很难转化为主观体验。

四、捕捉意象,领会意境

意象,就是诗歌中倾注了诗人的思想与诗人主观情感的生动鲜明的形象,既指叙事诗中塑造的人物形象,也指抒情诗中的抒情主人公,更多的则是指诗歌中所描写的景或物。它是寄情山水、抒怀言志的凭借与依据。因此领会诗歌意境必须从把握诗歌的意象入手,并由此展开联想,进而理解作品的内容及思想感情。

诗歌中常有一些意象是具有固定的内涵的,我们可以借用一首小诗初步归纳:松梅竹菊寓高洁,借月托雁寄乡思。杜鹃猿猴啼凄凄,落花流水传愁绪。别时长亭柳依依,草木仍在人事移。教师在平时就要指导学生有意识地记一些,有一定的知识储备,在接触具体诗歌时才好捕捉到这些关键意象。

对于一些较陌生的意象,教师就要指导学生展开联想和想象。首先从这个意象的常见含义着手,然后运用联想和想象从相似性着手。如苏轼的《水调歌头》中的"人有悲欢离合,月有阴晴圆缺,此事古难全"。月象征着人生的圆满或缺憾,寄托着思乡怀远、孤单寂寞之情。再如鹧鸪的叫声、鸿雁的秋季南迁等,我们要探究它们的特殊内涵。

阅读诗歌,捕捉意象是学生易理解的,但在此基础上创设出意境则是对作品的艺术形象进行再创造的过程。这一再创造的审美活动,离开了读者生动活泼的想象将是无法实现的。可见,在诗歌教学中,教师引导学生要联系自己的生活实际,借助意象,在头脑中构筑诗中所描绘的画面、形象、人物和性格,更可以发动他们将这诗境诉诸笔端,真正绘成画。这样学生领会了诗的意境,审美情趣得到了提高,想象力和创造力也有了施展的空间,对诗歌的主旨把握也更准确了。如马致远的《天净沙·秋思》中用枯藤、老树、昏鸦、古道、西风、瘦马等意象渲染出萧瑟凄凉的意境,衬托出天涯游子孤寂愁苦的心情。

初中语文文本细读初探（6篇）

古诗词文本细读初探

蒋晓美 *

摘　要：语文教材中所选古诗词均为古典文学精华。在古诗阅读教学中，应用文本细读的理念和方法，进行素读、研读、悟读的训练，引领学生沉入文本、走近作者、体验生活、感悟情感，能有效激发学生自主品读古诗的兴趣，提升学生古诗鉴赏品位和综合分析能力。

关键词：文本细读；古诗词教学；应用探究

　　古诗词是语文阅读教学的重要组成部分，传统的诗词教学大多采用"读诗词—品字句—悟感情"的方法。这种功利性很强的古诗鉴赏方法，并没有真正引领学生走进文本，学生难以深入体会到古典诗歌的魅力，因而不能提升学生解读古诗文本的能力。如何使古诗词教学走出困境，这就需要教师树立细读古诗词文本的意识，以教材为范本，引导学生在联想、想象、还原、比较、质疑等自主探究活动中，细细品析古诗词的语言、意象、意境和形式，从中发现古典诗词的意蕴美和形式美，从而触类旁通地掌握诗词鉴赏的方法和技巧。

一、素读：读出文本的原汁原味

　　素读是日本人对我国古代私塾教学方式的定义：不追求投入理解，只是将其反复诵读，烂熟于心，从而达到夯实文化根基的目的。① 古人说"熟读唐诗三百首，不会作诗也会吟"就用的这种"素读"法。可现在很多人却丢掉素读法，把研读的重点放在教参上。虽然有多元解读，却缺乏自己独特的感悟，很难激发探究的欲望。若要读出个性、读出自我、读懂作者，就要学古人原汁原味素读数遍，然后才能"操千曲而后晓声，观千剑而后识器"。

　　著名特级教师于永正老师就是素读的典范，其素读有 4 步：第一步是理解字、词、句在文中的意思，边读边画出生字、新词及含义深刻的句子，在关键之处、精彩之处做上记号；第二步是朗读课文，做到正确、流利、有感情，一般要朗读四五遍，情感型课文朗读的遍数还要多，力求将文本读"活"；第三步是细心琢磨、领会作者遣词造句、布局谋篇的意图；第四步是认真思考课后练习题的要求，有的还要做一做。他说："如果老师能够把书读好，就是不写教案也很好了。我备课没有什么诀窍，

---

　　* 蒋晓美，女，扬州市翠岗中学，校长，硕士，中学高级教师。
　　① 曹彦杰：《改进母语教育的救命稻草：素读教学法》，http：//blog. tianya. cn，2013 – 05 – 08。

就是翻来覆去地诵读、默想,当读出自己的理解、情感,读出了文章的妙处(小到一个字、一个词、一个句子,大到一段文字、篇章结构、文章立意),读出了自己的惊喜,我便敢走进课堂。"①

如果我们都这样素读,并以独特的视角、深刻的感悟和真挚的情感和文本对话、和作者对话、和同伴对话,就会在对话撞击中产生共鸣,从而唤醒言语生命意识,提升言语赏析能力和评判能力。如特级教师董一菲执教《迢迢牵牛星》,就让学生用素读法体会叠词的作用,结果学生读出了"叠词回环的音韵美""有情人的相思美""文章意境的开阔美",还读出了"迢迢"距离的悠长,"皎皎"光泽的永恒,"纤纤素手"的辛劳与美丽,"盈盈一水间"的相思无奈与悲伤,"脉脉不得语"的一往情深和柔情似水。如果按教参分析,就成了冷冰冰的音韵美和相思苦,很难体会本诗的忧伤、朦胧、含蓄美,更不能联想李清照"寻寻觅觅,冷冷清清,凄凄惨惨戚戚"的国破家亡之恨、一波三折的回肠荡气和语言的重重叠叠、平平仄仄之美。

"书读百遍,其义自见",读熟、读透古诗词可培养节奏语感,可体味情感底蕴,可产生共鸣的审美愉悦感。如《泊船瓜洲》中的"一水""只隔""又绿""何时还"等,都表达了一种浓烈的思乡情。学生在教师的引导下可素读体会到古诗词的音律美、意境美、形象美,也可深深感受到诗人思乡心切的心情。②

二、研读:品出文本的核心精华

"研读"的关键在于找到进入文本的"切入点"。而"切入点",可从语言入手,抓住文本的根基;可从语境入手,把握文章整体之美;可从文本出发,注重细节的解读;可从内部组织结构入手,了解表现手法。③ 研读的目的是品味语言背后的内涵与风格,真正把握文本的真谛,发掘文本的核心价值。下面以《送孟浩然之广陵》为例,借用文本细读,用知人论世法、比较法、还原法、联想想象法、多元解读等方法,引领学生研读古诗的语言、意象、意境和形式。

1. 知人论世,了解送友人的背景。借助"泛文本"素材可知李白当年送友人的背景:李白与孟浩然的交往,是在他刚出四川不久,正当年轻快意时,他眼里的世界,几乎像黄金般美好。此时的孟浩然比李白大十多岁,陶醉在山水之间自由而愉快,并诗名满天下。学生可联系实际,想象此时的诗人在江边极目远送老朋友去繁华的扬州,应该是怎样的羡慕与向往。

2. 比较体味,感受送别诗的情味。引领学生比较同主题的送别诗,本诗不同于王勃《送杜少府之任蜀川》那种少年刚肠的离别,也不同于王维《渭城曲》那种深情体贴的离别。这首诗,可以说表现的是一种充满诗意的离别。因为这是两位风流潇洒诗人愉快的离别,而且这次离别是在一个繁华的开元盛世时代、繁华的烟花

① 陆云峰:《从素读到研读:师本阅读的有效轨迹》,http://art.ntjy.net/my_blogs/6277,2008-03-17。
② 陈晓秋:《新理念指导下的古诗教学》,《语文教学通讯小学刊》,2005年第10期。
③ 庞瑛:《抓住关键词句进行文本细读》,《考试周刊》,2012年第11期。

三月季节、繁华的地区黄鹤楼,自然带着李白对扬州的向往,无形中增添了不少诗意。

3. 还原生活,再现送别时的氛围。"故人西辞黄鹤楼",黄鹤楼乃天下名胜,提到黄鹤楼,就会联想到美丽的传说和诗意的生活,这和李白心目中孟浩然即将去的扬州,又构成一种联想,增加了愉快畅想曲的气氛。"烟花三月下扬州",把送别环境中那种诗的气氛涂抹得尤为浓郁。烟花者,烟雾迷蒙,繁花似锦也。给人的感觉绝不是一片地、一朵花,而是看不尽、看不透的大片阳春烟景。三月,固然是烟花之时,而开元时代繁华的长江下游,又何尝不是烟花之地呢?"烟花三月",不仅再现了那暮春时节、繁华之地的迷人景色,而且也透露了时代气氛。

4. 想象联想,体验古诗词的意蕴美。"孤帆远影碧空尽,唯见长江天际流。"一句看似写景,实则包含了一个充满诗意的细节。借助想象联想,我们仿佛看到:李白把朋友送上船,船已扬帆而去,而他还在江边目送远去的风帆,一直看到帆影逐渐模糊并消失在碧空的尽头时,才注意到一江春水在浩浩荡荡地流向远远的水天交接之处。"唯见长江天际流"的眼前景象,既写出了诗人翘首远送的时间之久,暗示诗人对朋友的真挚友情;又写出诗人此时神驰目注、心潮起伏,暗示诗人对友人远赴扬州的向往之情。联系全诗,不难发现:这场带着李白一片向往之情的诗意离别,被诗人用绚烂的阳春三月景色,用放舟长江的宽阔画面,用目送孤帆远影的细节,传神地展示出意境之美。①

5. 多元解读,兼容、共享细读经验。"有一千个读者,就有一千个哈姆雷特",同样,读同《送孟浩然之广陵》,很多人联想想象的形象并不相同。如读《游子吟》,有人想到的是儿子睡在床上,母亲在床边灯光下给儿子缝衣服;有人想到的是儿子在灯下看书,母亲在灯前缝衣服;还有人想象儿子临行时穿着衣服,母手拿针线在儿子身上缝补。② 作为老师,应允许学生自由想象、多元解读、自主感悟。还应鼓励学生突破常规、大胆质疑。如比较《早梅》"昨夜数枝开"和"昨夜一枝开"哪句好。学生在争论中,思维空间得以拓展,潜能得以发挥,个性得到张扬,也让课堂和诗词都焕发出生机活力。

三、悟读:读懂文本的表达方式

诗人表达情感的方式很多,无外乎直抒胸臆、间接抒情(寄情于景、情景交融、借物抒情、托物言志、托物言理)、欲扬先抑、欲抑先扬、以小见大、化虚为实、虚实结合、动静相依、以乐写哀、对比映衬、巧用典故、比兴等。以送别诗为例,世间离别情万种,有的是把酒言别,有的是以目相送,有的是执手相看泪眼,可《送孟浩然之广陵》一诗无一字提及离别的痛苦和伤感,又如何表达离别的不舍与惆怅呢? 我们不妨用以下步骤质疑追问,感悟一下送别情的表达方式。

---

① "孤帆远影碧空尽,唯见长江天际流"全诗赏析,http://www.shicimingju.com,2011 - 01 - 03。
② 《新课标下的古诗词教学策略》,http://www.xzbu.com/9/view - 3054676.htm,2012 - 06 - 05。

（1）轻读，勾画关键词语。找出诗中体现离别景物的关键词语："烟花三月""孤帆远影""碧空""长江天际流"。

（2）琢磨，读活词外之义。"烟花三月"，阳春三月，在柳如烟、花似锦的美妙季节里，友人去了美丽的扬州，此时爱四处游历的李白会怎么想？"碧空"天空晴朗，诗人心情并未随着船的"远影"而万里无云。何以见得？长江自古以来就是航运要道，不可能只有"孤帆"！如果有其他船只，作者只看到朋友的船仅仅说明友情深厚吗？"长江天际流"，长江好像流到了天边，水天相接，朋友的小船已经消失在视线里，按常理诗人应回去了，可是他还伫立江边，在想什么呢？通过对景物描写关键词的感悟琢磨，我们"破解了一个谜团"：李白在江边送走友人，心里除了恋恋不舍，还有羡慕之情，他内心其实也很想去扬州看看。

（3）换词，体验情景交融。情景交融是诗歌创作的重要方法。这首诗明里写景，暗里将诗人的情感蕴含其中，可字面上很难发现。此时教师要引导学生透过景物，揣摩背后的情感，并且要将与自己相关的体验调动起来，与之对接。比如，诗中每句都各用一个动词"辞""下""尽""流"，这些充满动感的词语不但带来了时空上的转换，更使诗歌本身情景交融，营造出离别时的幽深高远、雄浑壮阔的意境。

（4）悟读，关注特定语境。古诗词的解读主要从形象分析、表达赏析、内容把握、语言鉴赏4方面进行。要真正读懂诗词必须关注特定的语境，切不可生搬硬套、牵强附会。比如牡丹，一般被视为富贵的象征，然而，宋代诗人陈与义的"一自胡尘入汉关，十年伊洛路漫漫。清墩溪畔龙钟客，独立东风看牡丹"却与众不同。原来，诗人写这首牡丹诗的时候正在浙江公干。当时，他的故乡洛阳已被金兵侵占，不能回去了，诗人只得独立风中看牡丹，是借看牡丹抒发战乱使自己游离他乡、思念故乡的深情。

此外，品析"诗眼"、关键词，也不能凭空分析或泛泛说用了什么修辞，生动、形象、富有感染力；而要结合语境，分析炼字使怎样的事、景、人、物、情更形象、更含蓄、更有意蕴等。比如，李清照的《如梦令》全词"诗眼"是"绿肥红瘦"，极富表现力。其表现力既体现在用"肥"字写叶准确、凝练，不仅写出叶多、大，还写出润泽鲜亮之状；又体现在感情融注用"瘦"字写花，不仅写出花少、小之状，还可感受到惋惜怜悯之情。

记叙文文本细读初探

张 俊*

摘 要：记叙文阅读教学是初中语文教学的重要组成部分，在教学中我们可以将文本细读的方法和记叙文阅读的技巧相结合，在记叙文的文本细读中引导学生寻找切入点抓住文章主题，分析词句在语境中的深层内涵，引导学生关注变形句体会作者的匠心，引导学生发挥想象填补文本的空白。

关键词：记叙文；文本细读；方法举隅

记叙文一般篇幅较长、内涵深刻，在有限的时间内，如何使文本解读既不囫囵吞枣也不支离破碎呢？这就要求我们掌握文本细读的方法和记叙文阅读的技巧。

一、寻找切入点

学习一篇记叙文如何让学生最快地抓住它的精髓呢？寻找文本解读的切入点十分重要。切入点，可以是一个词语、一个句子或一个段落等。这些关键的词、句、段往往是整个文章主题思想、情节内容、篇章结构的聚散点，可以起到概括文章内容、揭示文章中心、点明文章情感、暗示文章思路等作用，找到了它们也就找到了解读文本的钥匙。那么如何寻找切入点呢？

1. 以关键词作为解读文本的"切入点"

关键词如同文眼，我们可以通过快速阅读文本找出关键词，以关键词作为突破口，进而深入到对文本的深层解读。那么关键词从哪里找呢？

首先，看文章标题。有些课文的标题就概括体现了全文的主要内容或暗示了文章的思路。教师在教学时可以直接运用标题本身或者标题中的关键词作为切入点。比如朱自清的《背影》，标题中的"背影"一词，可作为概括全文主要内容的切入点。围绕"背影"，学生很容易理清故事情节："开头设疑，点出背影；望父买橘，刻画背影；父子分别，惜别背影；别后思念，再现背影。"再引导学生从描摹、品读背影中去进一步理解主题。

其次，找文中词语。即从文中寻找关键词作为解读文本的切入点。比如老舍的《济南的冬天》，我们可让学生通读全文找出"温晴"这个关键词，再围绕"温晴"设计问题，思考作者是如何体现出济南冬天"温晴"的特点的。学生通过阅读分析，可以发现文章开头通过与伦敦、北平的对比，得出济南冬天"温晴"的特点，接着从阳光下的济南老城、小雪后济南的山及济南的水三方面具体描写，展现出济南冬天的"温晴"。扣住了"温晴"，也就读懂了老舍笔下的冬天的济南。

---

* 张俊，扬州市翠岗中学，中学一级教师。

2. 以关键句、段作为解读文本的切入点

我们还可以把关键句子、段落作为解读文本的切入点。如《我的母亲》一文中："我的母亲只是一个平凡的母亲，但是我觉得她的可爱的性格，她的努力的精神，她的能干的才具，都埋没在封建社会的一个家族里，都葬送在没有什么意义的事务上，否则她一定可以成为社会上一个更有贡献的分子。"可以将这句话作为切入点，提问母亲"可爱的性格，努力的精神，能干的才具"在文中是如何具体体现的？又为什么说"都埋没在封建社会的一个家族里，都葬送在没有什么意义的事务上"？这样既理解了母亲的性格特征及对我的关爱，也更深层次地揭露了母亲悲剧的社会根源，以关键句为核心，很快便理清了文章的脉络、深入了解了文章的中心。

总之，找准切入点可以起到纲举目张的作用，设计问题时以切入点为中心进而辐射到整个文章，可使学生通过阅读在最短的时间内抓住文章的主题。

二、分析语境义

所谓语境，简单地说就是指赋予语词或文句以意义的言语环境。中国语言文字具有含义丰富的特点，同一个语言单位（字、词、句）可以包含多个含义并引起多种理解，因此，只有进行细致的分析才能理解在不同的语言环境中的不同含义。比如《背影》中车站送别的场景描写中，两次出现"聪明"一词。结合上下文语境，我们可以看出这里的"聪明"应该理解为"糊涂、不懂事"，实为反语，是如今理解了父爱后对当时的自己不懂父爱的愧疚与谴责。理解了"聪明"一词，也就理解了作者对父爱感悟的情感变化的过程。

再如《幽径悲剧》中"我是一个没出息的人"。放在全文的大背景中，这里的"没出息"显然是对愚氓灭美这种现象的极度悲愤的反语，是对那些无情无义毁灭美的无知愚氓的强烈谴责。正确理解这句话也是深入理解文章主题的必要前提。

为了进一步理解一些词、句、段的深意，我们还可以在记叙文的文本细读中采用对比法。对比法可运用于词语对比、相似句式的对比、表达方式的对比等，指导学生通过多方面的对比，可加深对文本意义的理解。如《孔乙己》中，孔乙己"排出九文大钱"，可以提问将"排"改成"拿"行不行。通过两个动词的比较可以清楚地得出结论，"排"字表现出了孔乙己复杂的心理：一方面表明自己分文不少是个规矩人；一方面是炫耀自己有钱，遮掩被嘲笑的窘态，虽只一字却生动地展现了孔乙己诚实而迂腐的性格特点。还可以将"排"字与孔乙己最后出场时的"摸"字进行对比。从一个动词的变化体现出孔乙己被打折了腿后穷途末路的凄惨境遇，为他最终的悲惨而又必然的结局做铺垫。小小的一个动词几经对比便是一个人物曲折命运的呈现。

再如《故乡》一文中可扣住作者对闰土外貌的两次描写进行比较，两次外貌描写有何异同？为何会有这样的变化？少年时代初见闰土"紫色的圆脸，头戴一顶小毡帽，颈上套一个明晃晃的银项圈……"；20年后再见中年闰土"先前紫色的圆脸，已经变作灰黄，而且加上了很深的皱纹……他的头上是一顶破毡帽，身上只一件极薄的棉衣,浑身瑟缩着……那手也不是我所记得红活圆实的手,却又粗又笨而且开裂,像是松树皮了……"从"紫色圆脸"到"灰黄""皱纹",从"小毡帽"到"破毡帽",从"红活圆实"到"松树皮",是什么让少年健康活泼的闰土变成了这样一个饱受生活折磨、失去了活力与热情、麻木而又卑微的闰土?寥寥几个形容词的变化,一组相似而又富于变化的句子,却构成了人物形象的巨大反差,无须教师更多的语言赘述,学生自能通过品读从文本中找到答案,去体味其中蕴含的人生辛酸衍生的社会矛盾,去体悟鲁迅对于现实社会和未来生活的思考。

朱熹《论读书诗》中有云:"读书切忌在慌忙,涵咏工夫兴味长。"我们在阅读文章的过程中,不妨静下心来细细咀嚼、品读文章的语言,弄清楚词句在文本中的语境深意,进而体会作者的写作意图。

三、关注变形句

在生活中为了把话说清楚,语言的表达常常要遵循一些"常规"。如句子成分必须齐全,意思要表达完整;词句要遵循一般语法上的语序,逻辑性要强;词语的指谓性要明确、稳定,避免模棱两可。而文学语言为了情感表达的需要,有时会故意含糊词语的指谓性,任意增加或删减普通语言所规定的信息,借助于语言变形,以求得异常的审美效果。① 在进行记叙文阅读时,如果能注意这种变化,往往会有意想不到的发现,从而获得全新的阅读体验。

如鲁迅的《秋夜》开头的一句:"在我的后园,可以看到墙外有两株树,一株是枣树,还有一株也是枣树。"看似语言重复啰唆,但我们仔细咀嚼后,却发现鲁迅通过这个看似重复的句子传达出了扰人心烦的单调之感和寂寞之情。再如鲁迅的《孔乙己》:"我到现在终于没有见——大约孔乙己的确死了。""大约"与"的确"是一组看似矛盾的词语,整个语句的语意初看十分模糊。但通过对整篇小说的阅读我们不难看出这两个词都有它独特的指意,"大约"表明了孔乙己的命运并没有人去关注,揭示了整个社会的世态炎凉。"的确"表明在当时的社会中孔乙己这样人的结局注定了只有一个——他必死无疑。这样两个看似矛盾的词语却发人深思,巧妙揭示了孔乙己的悲剧命运深广的社会意义,这也正是鲁迅高妙语言技巧的体现。

可见,普通语言一经奇妙的变异,就增添了丰厚的内蕴,获得了诗意的灵光,可以为我们展现更为广阔的语义世界。所以,我们在引导学生阅读文本时要善于抓住这些与众不同的变形句进行分析体会。

四、填补空白处

空白是指文本中未呈现的部分。尽管文学作品中的空白无所不在,但常规阅读所形成的思维定势往往使读者在阅读中对空白视而不见。其实阅读文章不但要看作者挑选了什么,也要看他舍弃了什么。阅读教学要及时关注空白,发现空白,填充空白,以培养学生对文本的感悟能力,培养学生的想象力和创造力,同时也能

---

① 倪效思:《于细读中体味语文之美》,《人民教育》,2009 年第 6 期。

直接与作者对话,触摸作者的心灵世界。①

在记叙文文本阅读中,引导学生发现这些空白就需要让学生多读、细读、深读,获取各方面信息,在头脑中进行推理想象并加工,实现与作者的情感互动,空白只有在读者的能动阅读活动中才能获得生命。如《变色龙》中奥楚蔑洛夫的语言描写:"哦!……叶尔德林老弟,给我穿上大衣吧……好像起风了,挺冷……你把这条狗带到将军家里去,问问清楚。就说这狗是我找着,派人送上的。"这一段话中有三处省略号,且语意转折了三次,看似并不连贯,其实却是真实地再现了奥楚蔑洛夫此时的心理活动。可以让学生想象三处省略号省略了什么。空白处省略的正是奥楚蔑洛夫心理的变化过程,穿大衣和所谓天冷的托词,是知道这是将军家的狗之后产生的恐惧心理及强作镇定的表现,待缓过神之后立刻又想到将狗送到将军家以便邀功,其媚上欺下的本质暴露无遗。文中的省略与空白正是奥楚蔑洛夫心理变化的极佳展现,起到了无声胜有声的作用,应当引导学生细细体会。

金圣叹说:"人看花,人到花里去;花看人,花到人里去。"要引导学生对记叙文进行正确的文本细读,要让优美的文章如花朵般在学生心头绽放,我们教师首先就要做到对文本中的每一句话、每一个词甚至每一个标点符号,都抱有高度的敏感和警觉。走进文本的世界,成为其中一个角色,细致询问,深入探索,做到叶圣陶所说的"一字未宜忽,语语悟其神"。

当然,记叙文文本细读也并不等同于对文章支离破碎的解读。王崧舟老师曾说"文本细读虽然强调沉入言语、逐字逐句解读,但这种解读并非漫无目的、毫无重点的散步式细读。有时,处处精细就是扼杀精细。"②而且,并不是所有记叙文都需要或者适合细读,有的不妨略读,有的不妨浏览,有的甚至不妨扫视。

说明文文本细读初探

房佳楠*

摘　要:说明文是一种重要的文体,在初中语文教材中占据着一定的地位。通过细读结构、细读语言、细读情感,可以引导学生真正地走进文本、感受文本的美感。

关键词:文本细读;说明文教学;情感教育

说明文作为一种重要的文体,在初中语文教材中占据着一定的地位。众所周

---

① 陈玲:《注重文本细读 提高课堂效率》,http://www.jxteacher.com,2013-07-01。

② 王崧舟:《文本细读:徜徉在言语之途》,http://blog.sina.com.cn/s/blog_5043d1ee01009jxa.htmll,2008-05-12。

* 房佳楠,女,扬州市翠岗中学,中学二级教师。

知,说明文是一种以说明为主要表达方式来解说事物、阐明事理而给人知识的文章体裁,它通过揭示概念来说明事物的本质特征及其规律性。

一、说明文教学的误区

1. 说明文教学中的情感教育游离文本

很多教师在确立说明文的教学目标时都有情感目标,但实际教学中往往只强调说明文的科普性和常识性,忽视了情感教育。其实,现行初中语文教材中的说明文,虽然没有小说的形象美、散文的构思美、议论文的说理美,但都是文质兼美的文字,具有说明文的情趣美,这里的情趣美就包含情感之美。① 可是,目前的说明文教学,很多教师并不从文本出发,而是习惯于"知识先行",即把说明对象、说明顺序、说明方法等知识一股脑儿地塞给学生,学生往往听得云里雾里、不知所云。② 这种游离文本的学习自然不能激发学生的阅读兴趣。

2. 说明文教学中缺乏对文本语言的细读

受应试指挥棒的影响,很多教师在讲说明文时,连文本都不仔细看,而是直接将传授科普知识作为主要的教学目标,完全忽视了文章内容、结构、语言表达方式的研读。其实,说明文自有它独特的文本魅力,其涉及的内容丰富多彩、包罗万象而又富于科学性;文章结构条理分明,过渡照应连贯严谨;语言文字准确精练,深入浅出、通俗易懂;说明方法妥帖合理、形式多样。如果教师带领学生走进文本,认真揣摩篇章结构,细细品味语言,自会感受到说明文的美感。

二、说明文教学误区的成因

1. 应试训练的功利性造成师生文本解读的机械

叶圣陶先生曾经说过"教材无非就是个例子",加之现在中高考基本不考课文内容,很多教师便误解了这句话。其实,教材的"案例"作用决定了教师要用教材来教,而不是单纯地教教材。

受"以考试为中心,以升学为目的"的应试教育思想影响,很多教师往往错误地认为"只要教会学生解题的技巧,就能获得理想的教学成绩",以至于花费大量的时间和精力研究考纲、猜测教育部门的考试方向,却忽视了对于教材的钻研。可是,若一味地机械解读,只是追求解题技巧,就无法了解作者是通过什么样的结构、运用什么样的语言将所要说明的对象生动地表达出来了。

2. 教学参考资料的依赖性导致师生的文本泛读

教学参考资料是辅助教师教学的重要资料之一,里面涵盖着多方面的内容,例如,说明对象、篇章结构、语言特点、难点分析和重点解读等。因此,很多教师认为根本没必要去仔细品味课文中所蕴含的丰富内涵,用不着自己去细读课文,只要根

---

① 吴计厅:《别让说明文教学中的情感教育游离文本》,《教研前沿》,2009 年第 10 期。
② 高莉娜:《说明文教学在阅读中渗透文体知识——以〈苏州园林〉一课为例》,《教育研究与评论》,2013 年第 6 期。

据自己班级学生的实际水平选择合适的、现成的参考资料就可以了。这助长了部分语文教师的惰性,日久就会使学生失去对文本解读的细心与耐心。

文本细读理论倡导从文本语言开始,对文本的形象、结构和叙述、情感和意义进行全面分析,由表及里、层层拓展,使学生获得对文本意义的深度建构。说明文文本是学生学习的主要对象,说明文语言的准确性和生动性、字里行间所渗透的情感,都是耐人寻味的,值得学生去仔细琢磨。教师课堂上若引导学生深入文本,仔细挖掘文本的细节,思考文本的内涵,体悟作者的情感,有利于学生领悟到说明文的语言美,有助于激发学生阅读说明文的兴趣。

三、说明文文本细读的教学策略

1. 细读结构——揣摩谋篇布局的匠心

说明文语言较为平实简洁,仔细解读,就会发现内容条理井然,结构清晰缜密,作者的表达意图、表达内容与表达的形式高度和谐、完美统一。①

如:《苏州园林》的教学(片段)

环节一

提问:苏州园林到底美在何处?请同学们阅读课文,任选一个角度,说明你理解了课文的内容:(1)找出一个最能说明苏州园林特点的词语。(2)找出一个最能说明苏州园林特点的句子。(3)找出一个最能说明苏州园林特点的段落。

师生讨论,明确:(1)全文都围绕"图画"这个词语,在说明文中我们称它为"打比方"。打比方是一种说明方法。(2)最能说明苏州园林特点的句子是:"务必使游览者无论站在哪个点上,眼前总是一幅完美的图画。"(3)最能说明苏州园林特点的是第 2 节,这是全文的中心段,是全文的总纲。

课中小结:要想把一个事物说清楚,一定要抓住这个事物的特点,突出它的特点,如此才能给人留下深刻的印象。作者就是抓住了"务必使游览者无论站在哪个点上,眼前总是一幅完美的图画"这一特点来说明苏州园林的。

环节二

引导:作者为我们介绍了哪些美景来说明这一特点?请同学们阅读课文第 3 至 9 节,画出每一节的中心句。

讨论明确:苏州园林并不讲究对称。从 4 个讲究到角落美和色彩美。第二段中的 4 个讲究是不能调换次序的,因为第 3 至 6 段是依次介绍的。很明显,这是按照从主到次,从整体到局部的顺序来介绍苏州园林"务必使游览者无论站在哪个点上,眼前总是一幅完美的图画。"这一特点的。

课中小结:苏州园林无论是整体,还是它的每一个局部,甚至每一个细部,处处都注意到了图画美,作者始终紧紧抓住苏州园林的特征,并且运用合理的说明顺序

---

① 蒲海红:《情理相依 言意兼得——略论说明文教学中的文本解读》,《江苏教育研究》,2011 年第 12 期。

来说明这一特征,条理非常清晰,给人的印象非常深刻。

在对文本细细地品读的过程中,教师应教会学生了解文章的结构和说明的顺序,着眼于篇章;在关注文章"表达了什么"的同时,应引导学生关注"如何表达";在开放自主的学习环境中,教师可引导学生去学习感受作者谋篇布局的精妙,去体会作者精心运思、巧妙布局的能力,从而深刻理解说明文特有的严谨之美与知性之美。

2. 细读语言——体会遣词造句的情味

所有的课文都有美的属性,要让学生在学习说明性文章的过程中获得愉快的精神享受,必须牢牢地抓住文本语言。如果缺失了对文本语言的品味,就丢掉了语文的真味。说明性文章短小精悍、选词考究、表意准确,细细品读会发现它有着独特的魅力。教学中,要抓住重点词语,引导学生阅读品析,感悟叙述的生动性,领悟文章遣词造句时的情味。

如:《苏州园林》教学(片段)

环节三

园林是一幅完美的图画,也需要用完美的语言来描绘。下面就请同学们先自由地朗读课文,再画出你认为美的句子作批注,然后再进行小组交流。

师生讨论:学生从语言的严密性、生动性及说明方法等角度找到了自己的答案。如:"园里有古老的藤萝,盘曲嶙峋的枝干就是一幅好画。开花的时候满眼的珠光宝气。"其中的"珠光宝气"写出了开花时的繁华。(打比方)"没有修剪得像宝塔那样的松柏,没有阅兵式似的道旁树"(打比方)"俯仰生姿"动态化,写出了一幅高低错落、有层次的画面。"池沼里养着金鱼或各色鲤鱼,夏秋季节荷花或睡莲开放,游览者看'鱼戏莲叶间',又是入画的一景"——"鱼戏莲叶间"就是一幅画,一幅动静结合、色彩丰富、诗意盎然、富有情趣的图画。

总结:从品读语言的环节中,我们感受了说明文语言的生动性和准确性,也能感受到作者对苏州园林的喜爱。

正是通过对语言的细读,学生对说明文的可读性和趣味性感受得更为深刻,也会在语言品析中感受到作者对此事物的感情。

3. 细读情感——感受语言的张力

纵观初中语文教材,散文、小说居多,大部分同学也因其语言美和情节曲折而愿意去自主阅读。说明文没有情节,也没有如诗如画的语言,加之部分老师在教学时只重视说明对象特点、说明方法、说明顺序的分析,忽视了品味说明文的字里行间里流露出的感情,导致说明文教学的枯燥无味。如何让说明文教学的课堂也富有吸引力呢?

其实,说明文虽然叙述方式较为客观冷静,文字也大多严谨科学,但字里行间也饱含着作者的情感。在教学说明性文章时,语文老师要善于挖掘说明文的情感因素,让学生在与文本的对话中体会到词语的感情色彩,感受文章的意境。

如《苏州园林》这一课中,文中的"标本"这一词体现了苏州园林在中国园林中所具有的地位;"俯仰生姿、珠光宝气"不仅体现了语言的生动性,也流露出作者对苏州园林的喜爱和留恋。这篇文章的作者是叶圣陶先生,他一直在苏州长大,对于苏州园林必定有不一样的情感。这些隐藏的情感,在教学中要尤为关注。

说明文教学不能沦为科普常识课,说明文的文本细读有很多文章可做,笔者在教学实践中深深地体会到:通过细读结构、细读语言、细读情感,引导学生真正地走进文本、感受文本的美感,会让学生在探究与对话中强化说明文学习的要求,并逐步建立起一个完整的、系统的说明文知识体系,也会使说明文的课堂阅读教学更有效、更有活力。

议论文文本细读初探

杨丽娜 *

　　摘　要:议论文是中考语文的必考文体之一,怎样才能使学生潜下心来、细读文章、切实提高议论文阅读水平呢? 笔者从分析题目、梳理结构、诵读语言和设计提问4个角度引导学生细读议论文文本,有效地提高了学生的阅读能力,达到了举一反三的效果。
　　关键词: 文本细读;议论文阅读

据统计,初中阶段收入教材的议论文大约有10篇,学生要在学完10篇文章后达到《语文课程标准》的要求:"阅读简单的议论文,区分观点与材料(道理、事实、数据、图表等),发现观点与材料之间的联系,并通过自己的思考,做出判断。"就需要教师在有限的课堂教学内,引领学生在文本细读和方法研究上下功夫,特别要带领学生"沉入"到议论文中去,慢慢读,细细品味,和作者、作品进行全身心的、亲密的接触。

一、从分析文章题目入手,引导学生把握议论文的中心论点

众所周知,论点是议论文三要素之一,是文章的核心,是作者就某个问题或现象发表的自己的观点或看法。因此,读一篇议论文首先要知道作者通过这篇文章究竟想要表达什么。那么,怎样才能准确地把握住文章的论点? 我们可以从文章的题目入手,因为一篇文章的题目往往能够准确、凝练地概括出文章的主要内容,尤其是议论文的题目,要么介绍文章的论题,要么表达作者的观点。比如苏教版《语文》八年级下册中的《人的高贵在于灵魂》《多一些宽容》,文章的标题就是论点,而《敬业与乐业》就是交代文章的论题。由此可见,关注题目对我们把握文章的论点有很大的益处。

---

　　* 杨丽娜,女,扬州市翠岗中学,中学一级教师。

1. 从语法上作分析。教师可引导学生对文章题目作语法分析，弄明白作者在这篇议论文中究竟想表达什么。如《敬业与乐业》，题目由并列词组构成，只要把文章读完，学生几乎立刻就能明白这篇文章中作者要谈的就是敬业和乐业的话题，文章第一小节的最后一句"我确信'敬业乐业'四个字，是人类生活的不二法门"就是文章的中心论点。当然，从这篇文章的标题中，我们还能看出这篇文章的结构是并列式结构。

2. 抓关键词多揣摩。教师要引导学生对题目中的关键词进行揣摩，帮助学生有效地把握文章的论点。比如，苏教版《语文》九年级上册中有一篇《论美》，标题的关键词是"美"，作者要谈论的是关于"美"的话题。看完标题之后，教师就可以引导学生思考：作者认为"什么是美"，这个美到底指的是外表美还是内在美，你是从文章的何处发现的？带着这些问题去阅读文章，学生自然就会明确文章的论点是"美德最美"。

3. 根据题目设疑问。有些议论文光从题目上是看不出什么的，此时教师应根据题目巧设疑问，促使学生去读文章及相关背景资料，从而理出文章的中心论点。苏教版八年级《语文》下册的《纪念白求恩》，单从文章题目上看，是一件事而非观点，但如果教师根据题目，紧扣文章内容，设计这样几个题目：白求恩是谁？毛泽东为什么要提出纪念他？他有哪些地方值得人们纪念？这样学生就会自觉地去细读文章的写作背景和文章内容，找出文章散布在每个小节的分论点，这样文章的中心论点也就迎刃而解了——"学习白求恩同志的共产主义精神"。这个中心论点又有三个分论点，分别是学习白求恩同志的国际主义精神，学习白求恩同志的毫不利己、专门利人的精神，学习白求恩同志对技术精益求精的精神。三个分论点都统属于"共产主义精神"的内容，都对中心论点起补充证明的作用。

其实，议论文的论点不一定都在题目上，它还经常出现在文章的开头、中间和结尾，甚至在文章中不直接表现，需要读者去概括。但不管出现在哪儿，只要用细读文本的方法，我们就会找到关键词、关键句子、关键段落。

二、从梳理文章结构入手，引导学生理清议论文的论证思路

结构是文章的组织法则。议论文的结构是非常清晰严谨的，具有很强的逻辑性，可谓环环相扣。细读文本可了解议论文的结构，对于概括论点、梳理作者的论证思路是非常有帮助的。怎样才能从文章的结构入手，有效地梳理出议论文的论证思路呢？

1. 根据议论文的一般性结构，理清议论文的论证思路

议论文的目的是为了说服读者，需要靠充足的论据去进行严密的论证，其结构一般是"提出问题—分析问题—解决问题"。大部分议论文都采用这样的结构，只要细读文章，找出相关段落的相关句子，基本就能理出文章的写作思路。如苏教版《语文》八年级下册中的《错过》一文，作者先在开头部分提出问题"大小错过真不少"，接着分析问题"人生为什么充满这样多的错过"，最后解决问题，告诉读者"怎

样对待错过"。如果学生熟知议论文的一般结构,自然就能理出作者的论述思路。

2. 通过细读勾画,理清议论文的论证思路

并非所有的议论文都严格按照"提出问题—分析问题—解决问题"的结构来写,因此教师在进行议论文阅读教学时要引导学生细读文章,把文中那些在结构上起到过渡、总领、总结等作用的语句勾画出来。比如黄鸣的《意识比能力更重要》一文中,作者的论证思路是这样的:开头1、2段,先针对很多人的观点提出自己的观点"意识比能力更重要",再论述"要把意识转变为能力,需坚持不懈地、有目的地去提升改造自己";在主体部分3~5段,从三方面论述了"如何具有强烈的、积极提升改进的意识";第6段总结全文,强调"要想成为一个成功者,不是他已经具备了什么样的能力与素质,而是要具备改变他人及环境的强大意志力和自信力"。只要学生在阅读时勾画出"关键""当然""首先""再则""另外""总而言之"这些词语,就能发现观点与材料之间的联系,作者的论证思路也就一目了然了。

三、从诵读文章语言入手,引导学生感受议论文的情感倾向

王先霈曾指出:"文本细读的第一步是识字断句,一个字、一个标点、一个句子地往前看过去;如果是听别人诵读,也是要一个字、一个词、一个句子地听过去。"①字词句构成了文本,而作者鲜明的感情就蕴含在议论文的字里行间,因此教师只有引导学生关注关键的字词句,细细品读,学生才能感受到议论文作者鲜明的情感倾向。

怎样从文章语言入手去引导学生感受议论文的情感倾向呢?

1. 通过反复诵读,在细节处体会情感

比如余映潮先生在教授《纪念白求恩》一文时,就要求学生特别注意两个"极端",以及"无不""没有一个不"的重音,并反复诵读,使学生感受到作者充沛的情感。特别引导学生先对比朗读关键词"满腔热忱"和"冷冷清清、漠不关心、麻木不仁",再对比朗读全句,体会"对工作""对同志对人民"的不同态度,最后提醒齐读句子的时候,要注意情感,在读重要词语的时候,要读出重音。这样的细读文本和语言分析,不仅使学生理解了词语的含义和表达作用,理解了句式之间的感情层次,而且读出了向白求恩同志学习的景仰之情。② 又如李镇西在教授《在马克思墓前的讲话》时,曾让学生对文章最后两个自然段进行了反复诵读,学生通过诵读,体会到了蕴含在文字背后的作者对好友的深沉情感,获得了一种审美享受。③

2. 反复朗读、细细品味

议论文的语言具有"概括性、准确性、严密性、逻辑性、生动性"的特点,品味词语含义时,要注意反复朗读、细细品味以下5方面的词语:(1)体现作者观点的词

---

① 王先霈:《文学文本细读讲演录》,广西师范大学出版社,2008年,第62页。
② 黄发连:《余映潮〈纪念白求恩〉教学实录》,《语文教学通讯》,2003年第11期。
③ 李镇西:《〈在马克思墓前的讲话〉教学实录》,http://www.360doc.com。

语;(2)表现文章主题思想的词语;(3)反映深层次含义的词语;(4)反映具体语言环境的词语;(5)对文章结构起照应连接作用的词语。经过多次朗读感悟,就能深深地感受到作者的情感、态度。

四、从设计课堂提问入手,引导学生分析议论文的论证方法

论证方法是联结论据和论点的纽带。初中阶段要求学生掌握的论证方法主要是4种:举例论证、对比论证、比喻论证和引用论证。其实学生要找出论证方法还是很容易的,但是,回答论证方法究竟有什么作用时,学生的回答常常是五花八门的。究其原因,还是因为学生在阅读议论文时粗枝大叶,不能做到潜心研读。因此语文教师要善于设计问题,并以课堂问题为抓手来引导学生分析文本,从而不断激发学生探究文本的兴趣。

巧妙设计问题,引起学生探究文本的兴趣。应该从学情出发,因为学生才是课堂学习的主体。因此,教师在引导学生分析论证方法的作用时要注意设置的问题难度应符合学生的实际情况,切忌大而空。

如在教授《纪念白求恩》这篇课文时,引导学生分析第二小节中的论证方法时,可以设计这样的问题:(1)白求恩对工作的态度是怎样的?(2)对同志、对人民的态度是怎样的?(3)而党内不少人却不是这样,他们是怎么做的?(4)谁是正面写,谁是反面写,作者这样正反对比写有什么作用?(5)这一小节除了运用正反对比论证之外,还运用了什么论证方法?有什么作用?经过一系列的追问,学生像剥笋一样,层层深入探究,最后很轻松地找到论证方法并在分析论证思路中体会论证方法的作用。

小说文本细读初探

张志强 *

摘　要:初中语文教材所选小说多为经典文本,具有丰富的教育意蕴和发展价值。教师如能把握小说细读的4个纬度:细度、深度、广度和角度,就能切实引导学生进行小说阅读,提高小说阅读的效果。

关键词:小说阅读;文本细读;阅读纬度

《义务教育语文课程标准》指出:"阅读教学是学生、教师、文本之间对话的过程。""阅读是学生的个性化行为,不应以教师的分析来代替学生的阅读实践。应让学生在积极的思维和情感活动中,加强理解和体验,有所感悟和思考,受到情感熏陶,获得思想启迪,享受审美乐趣。要珍视学生的独特感受、体验和理解。"①

---

* 张志强,扬州市翠岗中学,中学一级教师。
① 中华人民共和国教育部:《义务教育语文课程标准》,北京师范大学出版社,2011年。

小说是多方面、细致深入地反映社会生活的一种叙事性的文学样式。它通过描写典型环境中的典型人物来反映社会生活,且具有丰富意蕴和价值。入选初中语文教材的小说多为经典文本,值得我们细读。小说文本应该如何细读? 细读时又该把握哪些度?

一、把握广度——注意教学内容结合点

　　文本细读中的"广度",是指阅读不能仅仅局限于教材本身,而是要广泛地阅读与文本相关的书籍资料,构建大语文阅读观。① 要想了解一篇小说的真正内涵,单靠教参资料是不够的,泛泛阅读也是不行的。这就需要教师引领学生在把握阅读广度的基础上,寻找与教学内容相关的结合点。小说创作背景及意图是我们深入解读文本的通道,如果我们能由"时代"和"作者"入手,还原写作的时代背景和作者的心境和意图,就能丰富小说阅读的体验,实现有效的文本细读。

　　如都德的《最后一课》一文的教学,小说第四段中有这样一句话"又出了什么事啦?"如何理解? 可引导学生联系作者的身份、所处的环境及写作时的时代背景去展开讨论,由此开展师生之间平等的互动交流。

　　交流一:结合课文内容,了解时代背景。普法战争后法国战败,割让了阿尔萨斯和洛林两地,普鲁士占领后禁教法语,改教德语,爱国的法国师生上了最后一堂法语课。一个"又"字,写出了在那个动荡的时代里战乱频繁、变故迭起、人心惶惶。"最近两年来,一切坏消息都是从那里传来的。"阿尔萨斯地区的百姓在这两年里,经历了太多的事情:法国战败、征发人员、调集物资……

　　交流二:结合人物语言,走进作者。一切的坏消息都是在这块布告牌上发布的。这块布告牌简直成了一张法国社会状况的记录表! 因此,小弗郎士一见到有许多人围在布告牌前,就立刻意识到"又出了什么事"了。"又出了什么事啦"这一句,还通过孩子的疑惑的眼光,为后来的最后一节法语课上的情节埋下了伏笔,预示着重大事件即将发生。此外,还能表现出作者内心的痛苦。

二、注意深度——提炼教学目标着力点

　　"深度"就是要引导学生向更高的阶段发展,而不是满足于课程的热闹。小说阅读教学的深度体现在引领学生把握小说主题,并在品读中走向生活、读出自己。任何一篇小说都是现实生活的反应和作者情感的载体。如何让文本所反映的客观现实及其思想内涵为学生所接受? 我们需要让文本与生活对接,把文中的事物还原,生活还原,情感还原。

　　以高尔基的《童年的朋友》为例,该文中有着这样一段对话:"我不想睡!""不想睡就不睡好了。"教学时我先让学生揣摩自己的生活有没有类似的场景,再试着让学生朗读体验、比较。于是学生读出了"我不想睡!"当中感叹号态度坚决的语气,体会到"我"在外祖母面前的无拘无束乃至略微的放肆。而面对"我"这样的话

---

　　① 《从三个维度看文本细读》,http://www.docin.com/p-379304429.html。

语,外祖母马上表示同意"不想睡就不睡好了"。学生又从这平常的话语中,感受语言如同那窗外的阳光温暖着"我"幼小的心灵。从中读出外祖母就是这样善解人意,尊重我乃至迁就我。

三、注意角度——突出教学设计侧重点

小说的文本细读可以有若干角度,但受课堂容量所限,无法做到文本细读面面俱到。这就要求教师教学设计有侧重点。一堂好的语文课,一定有它内在的生长逻辑。需要教师在课堂设计前,先做到文本细读。我们在解读小说时既要以读者的身份与文本、与作者开展心灵对话,又要参照《义务教育语文课程标准》的要求,读出编者的编排意图,更要以学生的身份去开展细读,最终寻找到与孩子一起进入文本细读的支点,共同走进文本,研究文本,使学生情感受到熏陶。①

小说的三要素是人物、情节和环境,这是小说教学惯用的切入角度。情节的编织、人物的刻画、环境描写的技巧,可从中遴选某一个点,深入进去细细品读。叙述角度、叙述节奏、话语模式等,均可作为课堂的切入点。这里以王愿坚的小说《七根火柴》的教学片断为例,进行"读出文本的层次感"为切入口的文本细读设计。

第一层次,走近文本,读出人物形象。所谓形象就是读者展开丰富的阅读想象,将文本大脑中还原、加工成鲜活的图像。这是小说文本细读非常重要的一环。当卢进勇把剩余的六根火柴交给指导员——清点时,他的胸中必定涌动着失去战友的悲痛。教学时,可适时让学生扮演角色,点评优劣,学生能较快走近文本。此处引领学生有感情朗读,读出人物所处的情境、人物的真实状态等。

第二层次,深入文本,读出表达方式。小说阅读的一项重要目标就是让学生积累语言、学会表达。因此引导学生细读时,要深入文本,读出表达方式和语言特色,课堂上可这样提问学生"这里是如何描写卢进勇的动作、语言的? 为什么要这样写? 如果你来写又会怎样写?",等等,充分调动学生,感受文本的语言魅力,积累语言、学会表达。

第三层次,走进文本,读出情感思想。这是文本细读的难点所在。所谓思想是指作者通过文本想要表达的观点,它往往潜藏在文字的背后。这需要师生共同全身心地投入文本,与小说中的人物合为一体,见人物所见、闻人物所闻、想人物所想,走进人物的内心世界,与人物进行生命对话,用理性的思维去倾听文本背后发出的声音。在主题把握后,加上前面的情境铺垫,学生可能抛出各自不同的细读见解,如"此刻卢进勇悲痛,但同时他感动,欣慰,振奋,因为无名战士的精神和意愿又是那样催人奋进,于是点燃了卢进勇的革命激情,所以他会用一种异样的声调数着。""卢进勇数火柴一,二,三,四……,这不是普通的数字,我从中读出数字中所包含的内心的沉重和慎重,读出了不屈的信念和高尚的精神,读出了光明与希望,这里不用顿号而用逗号。""每一根火柴都是用艰辛与生命换来的,都是一簇簇可

---

① 姜发树:《小学语文"文本细读策略与方法课题研究"结题报告》,http://www.jxteacher.com。

以救命的篝火,都是一点点可以燎原的希望之火。"对此文本的细读,学生真正走进了卢进勇的内心世界,也走进小说作者王愿坚的内心世界。

四、注意细度——抓住语言能力训练点

所读细度,是指小说中的字字句句,都要琢磨得有滋有味。叶圣陶先生在《语文教育二十韵》里说,"一字未宜忽,语语悟其神"。① 教师在授课前,需要"精读""研读"文本,反反复复仔细地阅读,不要轻易地放过任何一个字。作者为什么用这个字、这个词、这个句子,能换用其他的字、词、句吗? 需得细细地体会其内蕴所在。当然,学生预习时也需这样的细读。

1. 咬文嚼字

细读,首先就要从语言文字入手,仔细推敲。因而细读文本时对每一个字、每一个词都不能轻易放过,要细细体会作用,在此基础上再整体把握文章的主旨。

鲁迅先生的《孔乙己》,讲到孔乙己有钱时去咸亨酒店买酒,在付账时将铜钱"排"出来,一个一个排出来。一个"排"字形象刻画出孔乙己当时的那种炫耀的心理,觉得自己很是"阔绰",但实际上呢? 并非如此。后来的情节是他的腿被打断了,穷得只能靠窃书为生,他再去咸亨酒店买酒,变成了哆哆嗦嗦地从口袋里"摸"出铜钱来。从"排"到"摸",表面上看不过是拿钱动作的一个小小的变化,背后的实质却是人物命运的重大改变。

细读文本时,需要抓住小说中的重点字词品读,不但要读出词语本身的信息,还要引发开去,结合人物形象和小说主旨,才会获得更为深刻的感受。

2. 细品文句

小说中某些语句对刻画人物、凸显主题有着重大的作用。这些句子意蕴丰富,起着画龙点睛的作用。抓住这些关键句引导学生细细品味,能"触一发而动全身"。

如李森祥的小说《台阶》,是一部普通农民为了实现生活理想而艰辛创业的奋斗史。教学中可引导学生把握关键句——"我们家的台阶低"来理解文本,把握人物形象。教学时引导学生思考"父亲为什么要用毕生的精力,把家门口的台阶由三级筑到九级呢?"文中先后两次出现这"我们家的台阶低",这是为什么呢? 言为心声,这正是父亲内心的真实写照。再联系文章内容,原来台阶不仅仅是台阶,而是身份地位的象征。可见,每一个句子的背后,都有着深长的意味。

3. 关注细节

所谓细节,即细枝末节,小说中的细小的情节是小说完整地描绘人物性格、事件发生和环境景物的一种不可缺少的手段,值得发掘。

例如俄国短篇小说大师契诃夫的《变色龙》便是巧用细节艺术的典范之作,值得我们细读和玩味。文中对"手指头"和"军大衣"的细节描写,在刻画人物形象、推动故事情节发展和揭示小说主题等方面起到了非常重要的作用。它刻画了奥楚

---

① 雷维平:《叶圣陶〈语文教学二十韵〉语译》,《宁夏教育》,1983 年第 11 期。

蔑洛夫趋炎附势的形象,推动了故事情节的发展,揭露了沙皇专制统治的反动。教学时,要注意引导学生关注细节变化,体会作者实际是借此反映当时社会人物的风貌,从而将矛头指向整个社会。此处可引导学生联系现实生活中似曾相识的一幕,帮助学生了解社会、认识生活。

美学大师朱光潜在他的著作《谈美》中送给青年朋友一句话:"慢慢走,欣赏啊!"小说文本细读的旨趣正在于此,细腻地读、细致地读、细心地读,我们必将发现小说文本世界的另一番天空。

文言文文本细读初探

徐小丽 *

摘 要:文言文是中国文化的瑰宝。在初中语文课程中,文言文占了很大的比重。改革传统的文言文教学模式,从知识学习和能力培养两方面入手,激发兴趣、加强朗读、夯实字词、紧扣字句、联系背景、比较阅读,把握文章的内涵,能有效提高学生文言文的学习兴趣和阅读能力。

关键词:初中文言文;文本细读;方法初探

"阅读浅易文言文,能借助注释和工具书理解基本内容,有意识地在积累、感悟和运用中,提高自己的欣赏品位和审美情趣。"①文言文在中学语文教学中的地位如此重要,可在现实中大多数学生却惧学、厌学文言文,谈"古"色变,认为文言文学习枯燥、低效。要解决这一矛盾,就迫切要求语文教师在实践中改革创新。

一、激发兴趣,引入文本

"只有学生把教育看成是自己的需要且乐于接受时才能取得最佳效果",苏霍姆林斯基的这句话道出了教育的真谛。在文言文教学中有意安排一些趣味性很强且与授课内容相关的故事,就能很快激发学生的学习兴趣,使学生以一种轻松、愉快的心情投入到文言文的学习中去。②

刘禹锡的《陋室铭》一文借陋室表达了自己高洁傲岸的节操、安贫乐道的情趣。这一内容与今天学生的生活相去甚远。如果学生不知道刘禹锡是在怎样的情况下写下这一不朽名篇的,理解起来就会有一定的难度。所以,在导入部分可以以讲故事的形式介绍本文的写作缘由,让同学们了解到这是一篇不畏权势的战斗檄文,从而带着对刘禹锡铮铮傲骨的佩服之情学习此文,品味其儒雅高傲之感。《出师表》一文,字数较多,且以议论为主,学生学习前有畏难的情绪。针对这一情况,

* 徐小丽,女,扬州市翠岗中学,中学二级教师。
① 中华人民共和国教育部:《义务教育语文课程标准》,北京师范大学出版社,2011 年。
② 张鹏:《中学文言文学习的重要性及文言文教学方法初探》,http://wenku.baidu.com。

在学习时可先给学生讲"白帝城托孤"和"诸葛亮南征"的故事,让学生体会到诸葛亮对先帝知遇之恩的真挚感情和北定中原的决心,在此基础上很自然地过渡到《出师表》,激发他们学习这篇深奥的文言文的热情。

文言文导入方式很多,如在教《爱莲说》时,在听着潺潺的流水的声音、看着满池千姿百态的莲花的同时,让学生回忆所学过的有关莲的诗句,如"接天莲叶无穷碧,映日荷花别样红""小荷才露尖尖角,早有蜻蜓立上头""清水出芙蓉,天然去雕饰"等,利用多媒体充分调动学生的感官,学生陶醉在莲花之美的情景之中,上课自然兴趣盎然。

二、加强朗读,感悟文本

作者的思想情感常常蕴含在富有音乐美的语言之中。清代名臣曾国藩就说过,名诗美文"非高声朗诵则不能得其雄伟气概,非密咏恬吟则不能探其深远之趣"。因此,重视文言文朗读无疑可以达到事半功倍的效果。① 所以,在教学文言文时,应把朗读作为一根主线贯穿始终,组织学生通过听读、自读、比读、诵读等方式达到读中有感、读中有悟的目的。

《与朱元思书》是南朝梁文学家吴均的一篇著名的山水小品,该文被视为骈文中写景的精品。文中许多语句句式整齐、音韵和谐、对比立意、相映成趣,读来朗朗上口,节奏感极强。因此在学习本文时,可让朗读贯穿整堂课,让学生在读中感知语言,在读中揣摩作者的感情,充分发挥文章的巨大感染力。教师可设计几个朗读环节:(1)导入讲完背景故事后,让学生自由大声地朗读课文,让学生初步感受短文的优美语言,产生阅读的欲望。(2)在正音的基础之上让学生齐读,要求读准字音,把握节奏,引导学生初步进入文本。(3)根据骈文的特点,读出文章的节奏。指导学生读押韵的字时要适当拖音,读骈句的时候要能把握轻重缓急,读出节奏。(4)在分析文章的时候,让学生结合分析的结果再带着感情朗读相应的语句。让学生在朗读中体会作者鄙弃功名利禄,厌倦官场政务,爱慕美好大自然,避世退隐的高洁志趣。(5)几轮朗读之后,学生对文章的内容已经有了充分的理解,在此基础上,让学生当堂背诵。

三、夯实字词,读通文本

文言文的字句与今天的语言习惯相去甚远,要想读懂,关键还在字句的读通上。只有理通了字句的含义与内容,才能准确地理解文章的含义和内容。在疏通字词这个环节,应改变以往以教师串讲为主的方法,让学生先利用工具书自学,然后开展小组合作学习,互相质疑、互相解答。对重点难点,教师适当点拨、强调,夯实每一课中重要实词的意义,并当堂检测,强化学习效果。至于虚词,教师应给学生讲解一些重要虚词的用法,让他们掌握分析虚词的方法。

为帮助学生积累词汇,教师应指导学生学完古文后,对所学字词按一词多义、

---

① 李会琴:《中学文言文诵读的重要性》,http://wenku.baidu.com。

通假字、古今异义、词类活用分类整理，但同时又不局限于一篇，要汇总从前学过该字词的意义和用法，从而做到纵向积累和横向积累相结合。

词义识记和古文阅读应该是一个互为因果的关系，两者应该齐头并进。因此，除课文中的字词学习外，教师还应该选择一定量的课外文言文供学生阅读，真正把课内识记的文言文字词句转化到课外的运用中。长此以往，就会因积少成多、循序渐进而夯实文言文字词基础。

四、紧扣字句，理解文本

"不同的文言文，语言上各具特色，有的明白晓畅，有的凝练含蓄，有的粗犷豪放，有的细腻婉约。"①仔细玩味，就可于细微之处体味文章深隐的内容，在潜移默化中得到艺术表现力的熏陶。

白居易的语言风格自然而简朴。《卖炭翁》中"可怜身上衣正单，心忧炭贱愿天寒"这一名句历来为人所称颂。教师可让学生紧扣字句体会人物矛盾心情，在此基础上才能更好地理解文章的深层内容。"身上衣正单"，在寒冷的冬天自然希望天暖，然而这位卖炭翁把解决衣食问题的全部希望都寄托在"卖炭得钱"上，所以他"心忧炭贱愿天寒"，在冻得发抖的时候，却一心盼望天气更冷。诗人如此深刻地理解卖炭翁的复杂内心活动和艰难处境，只用十多个字就如此真切地表现了出来，又用"可怜"两字倾注了自己的无限同情，感人至深。同样的《观刈麦》中的"力尽不知热，但惜夏日长"，也有着异曲同工之妙。

好的言辞还讲究形象鲜明与生动。这主要表现在比喻、排比、夸张等修辞手法的运用上。如《木兰诗》"将军百战死，壮士十年归"一句，少数学生理解起来有这样的疑问：为什么作战中将军都死了，只有壮士回来了？学生小组讨论加上老师引导，让学生明确这里运用了互文的修辞手法，翻译时应该将将军、壮士并列作为主语，这样一强调，战争的艰苦及木兰那种久经沙场、九死一生的伟大形象立刻在学生面前展现了出来。《陋室铭》一文形式短小、文字简洁，写的是陋室，但作者却不吝笔墨在开头和结尾用26个字来写山、水、诸葛庐、子云亭，引导学生明白作者在开头以"山""水"作类比，由"山""水"引出"陋室"，由"仙""龙"引出"德馨"，是为了点明文章主旨"惟吾德馨"。结尾以大家熟知的人物的居室作类比，让读者明白诸葛亮居草庐时的"淡泊"，杨雄处陋室时的"清静"，都是作者所倾慕的人生，表达了作者政治、文学的两大理想。由此可见，作者以山、水类比，以古代贤人自比，实则句句在暗示陋室不陋，含而不露地展示了自己品德高尚、不慕荣利、安贫乐道的鲜明形象。

五、联系背景，拓深文本

白居易说："文章合为时而著，歌诗合为事而作。"每一篇文章都有它产生的社会背景，有作者独特的情感体验。因此，需要教师在学生自学的基础上，对作者所处的社会环境及个人遭遇作必要的介绍，让学生从中获悉作者的性情特点及写作

---

① 《文言文诗文解题法》，http://wenku.baidu.com。

特色,这对于理解文章思想内容、把握作者的情感很有好处。

《记承天寺夜游》一文中苏轼紧扣一个"闲"字,写了夜晚无眠之闲、寻友之闲、中庭漫步之闲、庭中观景之闲。一个有着革新除弊的抱负的人怎会如此之闲?穿插背景介绍,可让学生明白这是作者被贬谪到黄州任团练副使时所写,虽是个官,但不得"签书公事"。在这种情况下,作者近乎流放,心情忧郁,于是写了这篇短文。对月色所做的美妙描绘,表现作者安闲自适的心境,其中也透出了自己不能为朝廷尽忠的抱怨,真实地展示了作者当时的一个生活片段。①

《小石潭记》一文,作者有形、有声、有色地刻画出小石潭的动态美,置身于这样的美景中本是一件乐事,为何作者觉得"凄神寒骨",并因"其境过清"匆匆离开?通过补充资料得知柳宗元当时因拥护王叔文的改革而被贬为永州司马。政治上的失意,使他常常不避幽远,伐竹取道、探山访水,以排解内心愤懑之情。文章正是通过景物描写,抒发作者自己的不幸遭遇。这一乐一忧,正是由他参与改革失败被贬后愤懑、凄苦心情的写照。

六、比较阅读,学活文本

比较阅读是文学鉴赏中常用的一种方式,以多角度有创意的方式拓展了学生的思维空间,提高了阅读质量。教师若重视学生文言文学习的迁移和应用,就会使学生运用所学方法或知识举一反三、触类旁通。

教完《晏子使楚》,可引导学生有选择地学习《晏子使楚》全文及《晏子春秋》中的几个片段,如《景公饮酒七日,不纳弦章之言》《景公衣狐白裘不知天寒》《景公所爱马死,欲诛圉人》等。这不仅能巩固拓宽文言文字词的积累,更让学生对晏子的形象有进一步的了解,并且对这一类以事写人的文言文手法和技巧有一定的把握。

除了题材的拓展,手法上也可进行相应的拓展,如《陋室铭》《爱莲说》都运用托物言志的写法。《陋室铭》借陋室展示了作者不与世俗同流合污、洁身自好、不慕名利的生活态度。《爱莲说》借莲花表现了作者洁身自爱的高洁人格和洒脱的胸襟。通过比较,学生认识到托物言志类文章的特点是用某一物品来比拟或象征某种精神、品格、思想、感情等。其中的"物品"与"志向"、"物品"与"感情"都有一定的内在联系。

中学阶段的文言篇目有"记""说""表"和史传文学等,可引领学生进行文体归纳类比以发现共性。如《小石潭记》《岳阳楼记》《醉翁亭记》《桃花源记》四篇文章,学生通过比较、综合评价山水游记作品,不难发现山水游记具有写登山临水的见闻观感的一般特性,它以山水为题材,在描写当时所游历的美景的同时适当穿插议论、抒情,从而展示自己当时独特的心境。

---

① 《古典诗词鉴赏〈记承天寺夜游〉》,http://www.fjjcjy.com。

人教版与苏教版"认识分数"的课程内容比较

高明洁*

摘　要：以人教版与苏教版的小学数学教材中"认识分数"的课程内容为研究对象，从内容编排、呈现形式、习题水平等方面进行比较，通过比较，可以看出两种版本的教材在多方面存在着差异，各有千秋。

关键词：人教版；苏教版；小学数学教材；认识分数

小学数学教材是实现课程目标的重要载体，是实施教学的基本线索。《基础教育课程改革纲要（试行）》指出："实行国家基本要求指导下的教材多样化政策，鼓励有关机构、出版部门等依据国家课程标准组织编写中小学教材。"2001 年《全日制义务教育数学课程标准（实验稿）》颁布后，先后有 7 种版本的小学数学教材经全国中小学教材审定委员会审核通过。这些教材风格各异、特色鲜明、内涵丰富。本文主要以人民教育出版社（以下简称人教版）和江苏教育出版社（以下简称苏教版）两套教材中的"认识分数"的课程内容为研究对象，从内容编排、呈现形式、习题水平三个方面进行比较。

一、内容编排

《义务教育数学课程标准（2011 年版）》将小学"认识分数"的学习分布在两个学段内。第一个学段"数的认识"的具体目标规定为：能结合具体情境初步认识小数和分数，能读、写小数和分数。第二学段"数的认识"的具体目标规定为：结合具体情境，理解小数和分数的意义，理解百分数的意义；会进行小数、分数和百分数的转化（不包括将循环小数化为分数）。

1. 分数的初步认识

人教版、苏教版教材关于"分数的初步认识"的内容编排比较如表 1 所示：

表1　两种教材关于"分数的初步认识"的内容编排比较

教材版本	册次	教学内容安排
人教版	三年级上册第七单元"分数的初步认识"	1. 认识几分之一（一个物体平均分） 2. 比较几分之一的大小 3. 认识几分之几（一个物体平均分） 4. 比较同分母分数的大小 5. 同分母分数（分母小于10）的加减法 6. 1 减去几分之几

---

* 高明洁，女，扬州大学教育科学学院研究生。

教材版本	册次	教学内容安排
苏教版	三年级上册第十单元"认识分数" 三年级上册第四单元"认识分数"	1. 认识几分之一 2. 比较几分之一的大小 3. 认识几分之几 4. 比较同分母分数的大小 5. 同分母分数的简单加减法

两种版本的教材的内容编排在第一学段都是分数的初步认识,包含了5个基本的知识点:学生从认识几分之一开始学习和理解分数,在感知几分之一的基础上,展开几分之一的大小比较的教学。两种教材都在第一学段将分数的加减运算的内容呈现给学生,让学生学会初步的同分母分数的简单加减法,并且强调解决简单的分数实际问题的教学内容。通过上表的比较,不难看出两种教材在内容编排方面的差异:

(1)人教版"分数的初步认识"的内容编排在三年级上册,循序渐进,主要有6个知识点,比苏教版多了一个关于"1减去几分之几"的知识点,强调认识单位"1",采用比较传统的做法,只安排学生认识一个物体(图形)的几分之一和几分之几。

(2)苏教版"分数的初步认识"的内容编排与人教版不同,它的一大创新是将教学内容分布在两个循环阶段,在三年级的上学期安排"学生初步认识分数和简单分数加减法",三年级的下学期安排"认识整体的几分之一与几分之几和求整体的几分之一与几分之几是多少",引导学生通过操作,初步学会解决求一个数的几分之一或几分之几是多少的实际问题。苏教版教材新增加了一个内容,即"求一些东西的几分之一、几分之几是多少"的问题研究,突破了传统的内容编排做法。

2. 分数的意义

人教版、苏教版教材关于"分数的意义"的内容编排比较如表2所示:

表2　两种教材关于"分数的意义"的内容编排比较

教材版本	册次	教学内容安排
人教版	五年级下册第四单元 "分数的意义和性质"	1. 分数的产生 2. 分数的意义(一个整体平均分)、分数单位 3. 分数与除法 4. 真分数与假分数 5. 分数的基本性质 6. 公因数、最大公因数 7. 约分 8. 公倍数与最小公倍数 9. 通分、分数大小比较 10. 分数和小数的互化

教材版本	册次	教学内容安排
苏教版	五年级下册第四单元"认识分数"	1. 分数的意义和分数单位 2. 真分数和假分数 3. 用分数表示两个数量的关系 4. 分数与除法的关系,用分数表示除法的商 5. 把假分数化成整数或带分数 6. 分数和小数的互化

两种版本教材中关于"分数的意义"都包含 4 个主要知识点:分数的意义、真分数和假分数、分数与除法、分数与小数的互化。但是从上表的比较中也能发现两种教材之间的不同之处:

（1）人教版是将分数的意义和基本性质放在一个章节,学生在本章节内就可以完整地学习分数的意义和基本性质。苏教版是将分数的意义和基本性质放在同一册的不同章节,"认识分数"在第四单元,"分数的基本性质"在第六单元,苏教版是分两个单元对学生进行教学。

（2）"分数的产生":人教版在第一学段用"你知道吗"简述了分数产生的历史,但教材在第二学段依然用一页纸的内容来呈现,在教材内容编写上多侧面地展示了分数的来源。而苏教版是在三年级上册第十单元用"你知道吗"来引导学生了解分数产生和发展的历史。

（3）整数或带分数化成假分数的内容:人教版删除了整数或带分数化成整数的内容。而苏教版保留了把整数化成假分数的内容,删去了把带分数化成假分数的内容。

（4）编排顺序:人教版教材是先概括出分数的意义,然后呈现单位"1"。苏教版是先概括出单位"1"的概念,在此基础上总结归纳分数的意义。

（5）分数的意义:人教版教材分数的意义表述为:一个物体或一些物体等都可以看作一个整体,把这个整体平均分成若干份,这样的一份或者几份都可以用分数来表示。苏教版教材分数的意义表述为:把单位"1"平均分成若干份,表示这样的一份或几份的数叫作分数。

二、教学内容的呈现形式

教材是教与学的基本依据,它为教学活动的开展提供了基本依据,是学生学习的重要资源。教材知识点确定之后,如何组织教学内容,以怎样的形式呈现教学内容,这都会影响教师的教与学生的学。

教材内容的呈现主要指数学知识结构的外部表征,包括情境设计、表达形式、内容表述的思维形式等。情境设计大致可以分为生活情境、实践操作、科学实验三种情形;表达形式主要分为图表、图文结合、文字符号;内容表述的思维形式主要表现为关于概念、命题、规则的内容是以直观操作的形象思维为主,还是以归纳或演绎等抽象思维为主的形式。

1. 分数的初步认识

人教版、苏教版教材关于"分数的认识"课程内容的呈现形式比较如表3
所示：

表3　两种教材关于"分数的认识"课程内容的呈现形式比较

教材版本	内容呈现	认识几分之一	比较几分之一的大小	认识几分之几	比较同分母分数的大小	同分母分数的简单加减
人教版	情境设计	生活情境+操作情境	生活情境	操作情境	操作情境	生活情境
	表达形式	主题图+问题	图主文辅	文主图辅	图主文辅	主题图+问题
	思维形式	直观定义	直观+归纳	直观定义	直观+归纳	直观+归纳
苏教版	情境设计	生活情境+操作情境	操作情境	操作情境	操作情境	操作情境
	表达形式	文主图辅	图主文辅	图主文辅	图主文辅	图表+问题
	思维形式	直观定义	直观+归纳	直观定义	直观+归纳	直观+归纳

（1）情境设计：两种教材在"分数的初步认识"这一章都注意情境运用和学生
动手操作来引入新知，将课程内容与学生的生活经验相联系。"认识几分之一"：
两种教材都通过引入学生分食品的情境，与学生动手折正方形的操作来激发学生
学习的兴趣；"比较几分之一的大小"：人教版通过月饼的直观图让学生进行比较，
而苏教版是让学生动手涂色操作来比较大小的，这有利于发挥学生学习的主动性，
培养学生动手操作的能力；"认识几分之几的"：两种教材都是通过让学生去折一
折正方形这样的实践操作来帮助学生认识几分之几的；"比较同分母分数的大
小"：人教版是通过学生涂色进行比较的，苏教版则是学生自己动手折纸比较大小
的；"同分母分数的简单加减"：人教版是通过设置师生分西瓜的情境来引入新知、
加强数学与生活的联系的，苏教版是通过让学生动手给正方形涂色，通过学生的自
我感知引入新知的。苏教版教材强调问题情境，激起学生的求知欲望，更为强调比
较情境的创设。其一大特点是"在认识中比较大小，在比较中巩固对分数的认
识"，把认识几分之一与比较几分之一的大小紧密结合在一起。

（2）表达形式：两种教材都注重文字与图形的结合，主要以图片为主、文字为
辅，利于激发学生探究新知的欲望。人教版主要以图形为主、文字为辅，以"主题
图＋问题"的形式引入新课，形象生动，激发学生的学习兴趣，同时呈现适量学生
可操作的图形，采用适当的陈述性语言直接阐述分数的知识。苏教版三年级上册
主要以图形为主、文字为辅，以生活图形提出的问题引路，呈现大量学生操作的图

形,以阐释性的文字阐述分数的内容;苏教版三年级下册则以图形为主,阐释性文字基本没有出现在教材之中,只是用文字来阐述问题,主要是呈现大量的生活图形,让学生在解决问题的过程中加深对分数的认识。

（3）思维形式:根据皮亚杰的心理阶段理论,三年级的学生心理处于具体运算阶段,学生已经具有抽象概念,思维有可逆性,能够进行逻辑推理,但是离不开具体的直观事物的支持。人教版和苏教版教材都根据小学生的学习心理,进行直观教学,提供大量的直观图形让学生通过观察、操作等方式进行学习,同时教材在直观教学的基础上,也注重学生的概括归纳,在"比较几分之几的大小""比较同分母分数的大小""同分母分数的简单加减"方面,教材都是通过呈现一个直观的例子,然后教师引导学生通过交流、归纳得出一个一般的结论的。

2.分数的意义

人教版、苏教版教材关于"分数的意义"课程内容的呈现形式比较如表4所示:

表4 两种教材中关于"分数的意义"的课程内容的呈现形式比较

教材版本	内容呈现	分数的产生	分数的意义	分数与除法	真分数和假分数	分数和小数的互化
人教版	情境设计	生活情境	生活情境	生活情境	实践操作	生活情境
	表达形式	文主图辅	文主图辅	主题图+问题	文主图辅	问题探究
	思维形式	直观定义	直观+概念	直观+归纳	直观+归纳	直观+归纳
苏教版	情境设计	历史情境	实践操作	生活情境	实践操作	生活情境
	表达形式	图主文辅	文主图辅	主题图+问题	文主图辅	文主图辅
	思维形式	直观定义	直观+概念	直观+归纳	直观+归纳	直观+比较归纳

（1）情境设计:两种教材关于"分数的意义"这一章节都注意以适当的情境引入新知识。"分数的产生":人教版是以学生分饼干和水果的生活情境和历史图片帮助学生理解分数,是从现实需要和历史需要两方面产生的,苏教版是把分数的产生以"图片+文字"的形式来呈现给学生的;"分数的意义":人教版是从三个小朋友举例说明分数四分之一的情境帮助学生了解分数的意义,苏教版是通过涂色图片来引入单位"1",引导学生学习分数的意义;"分数与除法":人教版设置家人分蛋糕的情境和两道计算题引入新知,苏教版则是利用一个情境设置一系列的问题,层层引导学生学习新知;"真分数和假分数":两种教材都通过学生回答涂色题,让学生操作学习;"分数和小数的互化":两种教材都设置了数学问题情境,激发学生

学习的探索欲望。

（2）表达形式：两种教材都是文字与图形相结合，基本是文字为主、图形为辅，内容简单明了。"分数的产生"：人教版以两幅图片加上陈述性语言来阐述分数的产生，苏教版将这段内容作为课外辅读，以三张图片与适当的解释文字呈现内容；"分数的意义"：人教版以两句陈述性语言直接阐释分数的意义，苏教版则是通过单位"1"的概念来引出分数的意义，对分数的意义的阐释是利用一些图片而未用直接的陈述语言；"分数与除法"：两种教材都通过主题图和问题来激发学生的学习兴趣；"真分数和假分数"：两种教材都是图形结合，用陈述性语言直接向学生呈现真分数和假分数的概念；"分数和小数的互化"：人教版是以一道数学计算题和陈述性语言引导学生学习互化的，而苏教版是以分数和小数的比较来引导的，并没有直接的语言来描述方法。

（3）思维形式：两种教材都根据小学生的心理阶段特征呈现教学内容，将直观操作—归纳总结—演绎推理相结合，利于学生理解概念，掌握规则与方法。两种教材都注重学生对分数进行相互比较归纳，但苏教版在"分数与小数的互化"中，比人教版更注重比较类比方法的应用，以"比较"引入新知，引导学生类比归纳，利于发挥学生的学习主动性，培养学生分析问题、解决问题的能力。

三、习题水平

习题水平指课本中的习题的难易程度。根据布卢姆的掌握学习理论，将教育目标分为认知、情感和动作技能三个方面，其中认知领域包括知识、领会、运用、分析、综合、评价。以布卢姆的认知领域为基本，将习题水平主要分为4类：识记——记住学习过的材料，包括知识、技能、方法的再现或再认；理解——弄清学习材料的由来及主要特征等，它可以表现为将学习材料从一种形式转换为另一种形式；简单运用——将学习过的材料运用于新的情境，解决一些简单的问题；综合运用——将学习过的多种材料综合运用于新的情境解决一些较为复杂的问题。

1. 分数的初步认识

人教版、苏教版教材关于"分数的初步认识"的习题水平量化统计表如表5所示：

表5 两种教材关于"分数的初步认识"的习题水平量化统计表

教材版本	习题名称	总题数	识记	理解	简单运用	综合运用
人教版	做一做	6	6			
	练习	27	8	7	5	1
	总数	33	14	7	5	1
苏教版 三年级上册	试一试	2	2			
	想想做做	15	4	5	4	2
	总数	17	6	5	4	2

教材版本	习题名称	总题数	识记	理解	简单运用	综合运用
苏教版 三年级下册	试一试	1	1			
	想一想	2	2			
	想想做做	24	9	7	6	2
	练习	5	2	1	1	1
	总数	32	14	8	7	3

　　根据上表,可以看出两种版本教材的习题总量相差较大,由于苏教版教材是将"分数的初步认识"这部分内容分在了两个学期,因而习题数量也比人教版多了22题。上表显示,人教版安排"做一做""练习"两个部分,苏教版安排"试一试""想一想""想想做做""练习"4个部分,可以看出,苏教版的习题更注重学生"想一想"之后"做一做",这样利于发展学生的数学思维;同时,人教版和苏教版的"做一做"和"试一试""想一想"都是作为例题之后的习题出现,主要考查学生的识记能力,而"练习"和"想想做做"部分则将识记、理解、简单运用和综合运用都体现出来,人教版的"练习"中识记的比重较大,注重考查学生对知识的记忆能力,相对来说苏教版各项比重分布比较平均,考查学生对知识的记忆水平的同时,也注重培养学生对知识的理解能力和学生对知识的运用水平,这样更利于培养学生各方面的能力,益于学生的全面发展。

　　2. 分数的意义

　　人教版、苏教版教材关于"分数的意义"的习题水平量化统计表如表6所示:

表6　两种教材关于"分数的意义"的习题水平量化统计表

教材版本	习题名称	总题数	识记	理解	简单运用	综合运用
人教版 五年级下册	做一做	11				
	练习	47	10	15	17	5
	整理和复习	4	2	1	1	
	总数	62	12	16	18	5
苏教版 五年级下册	试一试	5	5			
	练一练	9	6	2		1
	练习	35	9	13	11	2
	整理与练习	16	4	6	3	3
	总数	65	24	21	14	6

　　在"分数的意义"这一章中,两种版本教材的习题总量比较接近,在 60~65 之间,但各部分的分布有一定的差异。首先,人教版分为 3 个板块,即"做一做""练习""整理和复习",苏教版分为 4 个板块:"试一试""练一练""练习""整理和复习";其次,两种教材中"做一做"和"试一试""练一练"都是作为例题后的练习用于考查学生对知识的识记水平,在苏教版"练一练"中,也注重考查学生的理解能

力,有一道题是将"千克和克""秒和分"转化与"分数与除法"综合运用;两种教材的"练习"都是对一部分内容的综合考查,注重考查学生的理解和运用能力,对识记能力的考查相对较少;人教版的"整理和复习"是对单元内容的巩固,只有4道题目,将本章内容的重要知识点呈现给学生,苏教版的"整理与练习"是以较多的题目来考查学生对本章知识的识记、理解等水平,注重培养学生对知识的简单运用和对学过知识的综合运用能力。

四、几点启示

第一,人教版和苏教版教材都按照课程标准的要求将教学内容分布在两个学段,但两者在学习时段和具体内容方面有较大差异。人教版循序渐进地安排在三年级上册和五年级下册,内容采用较为传统的做法,没有较大的创新;苏教版则大胆创新,分在三个学期即三年级上下册和五年级下册,尝试把过去教材中六年级学习的分数乘法的简单内容安排在了三年级学习,有利于激发学生的探究欲望,加深学生对分数意义的理解。同时也引发思考:这样的编排是否为一种更好的编排方式,是否还有改进的地方?

第二,两种版本教材根据小学生心理发展阶段特征进行直观教学,注重创设情境和学生动手实践操作,利用情境激发学生的学习兴趣,动手操作利于培养学生的动手能力。人教版注重利用主题图来提出问题层层引导学生学习,较多地采用陈述性的语言直接定义概念,在引导学生的归纳总结方面较苏教版使用的少;苏教版较多利用问题情境引发学生思考,重视培养学生在直观的基础上进行自我归纳总结规则、方法的能力。苏教版教材尤为重视培养学生自我归纳总结的能力,在这部分,人教版可以做一些改进,将一些直接概念的陈述改为学生的自我归纳。人教版以主题图加问题的内容呈现方式更为适应学生的认知水平,而苏教版虽然也利用问题情境,但是问题较散,可以围绕一定的主题展开,呈现教学内容。

第三,两种版本教材都从识记、理解、简单运用、综合运用4个方面考查学生的能力。人教版比苏教版更重视对学生识记水平的考查,以加深学生对知识的掌握,但对知识的综合运用的比重比苏教版少,苏教版注重对学生理解知识、运用知识能力的考察,尤为重视将学生学过的旧知识和新知识的综合运用,利于学生对新旧知识的联系和运用,培养学生分析问题、解决问题的能力。小学生的心理处于具体运算阶段,由具体形象思维向抽象逻辑思维转变,应注重在训练学生的基础知识的基础上更多地培养学生的抽象思维能力。人教版在习题的呈现上较少地注重培养学生的抽象思维能力,可以更多为学生呈现理解、运用的习题,以利于培养学生的运用知识、解决问题的能力。

基于 APOS 理论下负数的概念教学设计

姚 进*

摘 要:APOS 理论是美国数学教育家杜宾斯基等提出的一种建构主义学说,他将数学概念的建立分为操作 A、过程 P、对象 O、图式 S 4 个阶段,并用于指导教学实践。本文以负数的概念教学设计为实例,分析 APOS 理论在小学数学负数概念教学中的应用。

关键词: APOS 理论;概念教学;负数

在数的发展过程中,负数是数系的一个重要组成部分,传统教学都是在初一年级安排学习负数。由于受思维定式的影响,很多学生在开始接触负数时都感觉困难,所以负数是初中数学教学的一个难点。因此研究小学数学负数概念教学有着重要的现实意义。

一、APOS 理论的基本思想

皮亚杰认为,儿童数学知识的获得是在自己的活动中对外部世界的主动建构,儿童数学能力的发展是认知结构从低到高的过程,要经历同化、顺应、平衡三个阶段。

在皮亚杰的研究基础上,杜宾斯基等人根据数学学习的特点,提出数学概念学习要经历操作(Action)、过程(Process)、对象(Object)和图式(Scheme)4 个阶段。APOS 分别是由这 4 个英文的第一个字母组合而成。"操作 A"是学生建构数学概念的起点,是理解概念的一个必要条件。通过活动学生亲身感受概念的直观背景和概念间的关系,为过程阶段提供感性的素材。"过程 P"是学生对活动进行思考,通过观察、联想、归纳、概括,对活动进行描述和反思,抽象出概念所特有的性质。"对象 O"是通过前面的抽象,认识了概念本质,赋予其形式化的定义及符号,成为一个具体的对象。在以后的学习中,以此为对象进行新的活动。"图式 S"是在头脑中形成综合的心理图式。

在整个概念形成环节中,相应的操作为图式的形成提供了必要的基础。图式的特点就是只注意离散的操作、过程和对象,而把具有类似性质的其他知识点隔离开来,而多个图式阶段注意了各个图式中蕴涵的知识点之间的关系和衔接,把知识点组合成一个整体。然后进入到了迁移阶段,个体才能彻底搞清楚在上一阶段中提到的相关知识点之间的相互关系,并建构出这些知识点之间的内部建构,形成一

---

* 姚进,女,扬州大学教育科学学院研究生。

个较大的图式。①

二、负数概念的教学设计案例

1. 教材分析

数的概念产生于日常生活中的实物计量,但真正与实体直接相关联、通过日常经验可获得的数只有自然数,其他的数都需要通过理性的思考才能获得。现行的中小学数学教材中,数系扩充从某种测量的实际需要出发来说明扩充的必要性。以苏教版小学数学教材为例,"认识负数"安排在五年级上册第一单元,共编排4个例题②,例1与温度计有关,例2与海拔有关,例3是盈利与亏损问题,例4与数轴相联系。负数是在学生认识了自然数、初步认识了分数和小数的基础上进行教学的。学习负数的知识,有助于理解生活中负数的应用,拓宽学生的数学视野;有助于扩展学生对数的认识,使学生更好地理解自然数、整数的意义,提高学生运用数学认识世界和解决实际问题的能力。

2. 负数的教学设计

(1) 操作阶段:创设情境,引入概念

概念的引入要考虑学生的认知规律,体现直观性和可接受性原则,解决概念引入的必要性问题。小学生已经建立起高低、前后、左右等具有相反意义的概念,教学中可充分利用"温度"这一学生熟悉的事物展开。"负数"这一概念安排在五年级上册第一单元,这一段时间江苏地区天气状况不允许安排实地的观测活动,所以教学时只能创设情境进行教学。设计游戏《截然相反》,要求学生根据老师的语言,说相反的话。如:上一下。这样能迅速地把学生带入到"相反"的意义中,为负数的学习做好铺垫。后播放天气预报片段,让学生观察温度的表示和读法,介绍温度计的基本知识。后直接呈现例1三个城市的温度(图1)。提问两个"4"表示的温度一样吗?学生可自己去发现、交流、体验。自学课本,在彼此的交流中掌握读和写的方法。

图1 苏教版教材认识负数例题呈现

操作阶段是学生对于感知到的对象进行转换,以实际经验来获取信息,通过实验、观察,经历数学概念形成过程的活动。在负数概念教学中,教师合理设计并开

---

① 佟亮亮:《APOS理论视角下数学概念教学模式的探究》,东北师范大学硕士论文,2013年。
② 孙丽谷,王林:《义务教育课程标准实验教科书(数学六年级上册)》,江苏教育出版社,2007年,第1-5页。

展操作活动,提供充足的时间和空间,让学生在操作中感知领悟,体会生活中引入负数的必要性。

(2)过程阶段:抽象概括,归纳概念

出示例 2 直观图,明确虚线表示的是海平面,观察直观图。获取相关信息,交流讨论。明确珠穆朗玛峰和吐鲁番盆地海拔高度的表示方法,为学生初步了解正数和负数是一对相反意义的量再次提供了直观形象的模型。对之前所写下的数进行分类,通过学生间的交流,明白 +4、19、+8844 这样的数都是正数,像 -4、-11、-7、-155 这样的数都是负数。归纳和总结出负数的概念。

概念的概括实际上就是定义数学概念,是从已知概念明确另外一个概念内涵的逻辑方法。教学中应该充分发挥学生的主动性,通过独立思考、合作交流等多种形式,给学生营造再发现、再创造的氛围。负数这个概念,学生通常是从以前学过的数前面添上减号去理解和接受的。

(3)对象阶段:深入理解,剖析概念

通过前面的活动与抽象,学生已经认识到负数概念,并对其赋予了形式化的定义和符号,成为一个具体的对象,学生在以后的活动中将以此为对象进行新的活动。在对象阶段,可设计如下的教学活动:请三位学生到教室前,一位学生的位置固定,另两位学生向东、西各走三步,探究应该怎么表示他们运动后的情况。解决这个问题,学生要把负数作为具体的操作对象在具体的问题情境中应用,建立数轴概念。如下:

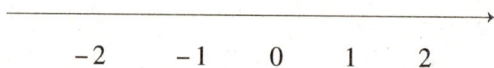

$$-2 \quad -1 \quad 0 \quad 1 \quad 2$$

这个过程引导学生把数轴上的点与抽象的正数、零、负数对应起来,渗透对应和数形结合的思想,同时感受正、负数的排列规律,为后继进一步的学习做好准备。进入对象阶段时,概念是一种静态的结构关系。通过比较找到概念对应的条件,揭示概念的内涵与外延,阐明隐含的数学思想,从整体上把握概念。

(4)图式阶段:实际应用,形成图式

通过上述三个阶段,负数概念已经形成一种含有具体实例、抽象过程、完整定义,以及和其他概念(如零和负数等)既有区别又有联系的综合心理图式。图式阶段要加强应用,帮助学生形成稳定的心理图式。"试一试"是如何在数轴上填数、读数。相对前面的例题而言,这是一个逆向思维的问题,该问题的解决包含了比较实数大小的问题。教学中应当深化学生对所学概念的理解、把握与应用,有意识地加强学生分析问题与解决问题的能力。

个体对操作、过程、对象,以及他自己头脑中原有的相关方面的图式进行相应的整合,就会产生新的图式。这个阶段,概念已经从具体中抽象出来,而这个抽象的过程中又有了对概念的完整的定义,是对以上三个层次的综合。个体的思维和认识状况,在这种持续建构中已经上升到了更高的新的层次。①

　　总之,学习数学概念就是对数学对象、图式的一种渐进的建构过程,操作、过程、对象、图式四阶段是一个整体,教学中应以活动为先导,在过程中反思,让学生经历概念形成的各个阶段,分层次展开各个教学环节。同时也应该注意,虽然各阶段的目标不一样,但并没有严格的区分,对象、图式阶段是数学概念在学生头脑中建立的长远之计,二者可以循环上升。② 一个数学概念由"过程 P"到"对象 O"的建立有时是既困难又漫长的,"过程 P"到"对象 O"的抽象需要经过多次的反复,循序渐进,螺旋上升。随着学习的深入,学生的认知结构会不断按"平衡→不平衡→平衡"的模式动态发展,联结点会越来越多,知识结构会变得越来越复杂。随着有理数运算、无理数概念的学习,学生会进一步认识和理解负数概念。

---

①　唐平:《浅谈基于 APOS 理论下的负数概念教学》,《小学教学参考(数学)》,2013 年第 10 期。
②　唐艳:《基于 APOS 理论的数学概念教学设计》,《上海中学教育》,2005 年第 12 期。

小学生数学学习动机的激发

李德超[*]

摘　要：在小学数学教学过程中,培养和激发学生的学习动机是教师的一项重要任务,构建和谐的教学环境、精心设计教学环节是激发小学生数学学习动机的基本途径。

关键词：学习动机；教学环境；教学设计

学习动机是推动主体学习的内在动力。对于学生的学习而言,学习动机是一个关键因素。在小学数学教学过程中,培养和激发学生的学习动机是教师的一项重要任务。那么,如何有效地激发小学生的数学学习动机呢?

一、努力构建"爱与支持"的教学环境

"学习动机是引发和维持学习行为的内部状态。"马斯洛对人的需求曾做过全面分析,提出了著名的需求层次论。学生学习动机属于"自我实现"层次的需要,实现这种需求的前提条件是某些低层次的需要必须先得到满足,比如"爱与归属"的需求等。因此,学生的学习动机的激发需要前提条件。首先,教师要与学生建立民主、平等、和谐的师生关系,学生才能"亲其师、信其道"。其次,教师的教学应富有爱心、耐心、专心与精心,学生才能乐于接受指导。再次,教师要善于进行课堂管理,使正常的课堂教学活动不受纪律不良学生及其他意外因素的干扰,帮助学生养成良好的学习习惯、促使学生保持良好的学习风气。总之,教师要为学生营造出和谐融洽、积极向上、充满爱与支持的学习环境,学生内在的学习动机才能充分激发,学生的学习才能高效。

二、精心设计"以生为本"的教学环节

1. 创设问题情境,激发学习动机

"创设情境"就是在教材内容和学生求知心理之间制造一种"不协调",把学生引入一种与问题有关情境的教学过程。教师创设与教学内容有关的情境,以引起学生的好奇与思考,是激发学生学习动机的有效手段。或在学生心理上造成一种悬念,使他们的注意力、记忆、思维凝聚在一起,以达到智力活动的最佳状态,指向富有情趣的学习内容,引发学生探求知识的奥秘和愿望。例如:如教学"认识几分之一"(苏教版三年级上册),可以创设这样的情境:秋天到了,学校组织了一次郊外野餐活动。小红和小华一组两人平分 4 个苹果、2 瓶矿泉水和一个蛋糕。怎样分才能都满意呢? 谁愿意帮她们分一分? 这样的情境引导,从学生熟悉的生活现

＊ 李德超,扬州市三元桥小学校长,中学高级教师。

象入手,在掌握平均分的基础上,通过动手操作,进入一个新的问题情景,让学生凭着生活经验自然体会"一半""二分之一"这个结果,然后顺势切入到"认识几分之一"这个教学目标。这样的处理,既让新旧知识建立联系,又充分激发学生的数学学习兴趣。

2. 丰富呈现方式,增强学习动机

佩维奥的双重编码理论认为:"对于同样的内容信息,以言语和图像两种形式编码的学习效果要优于一种形式编码的效果,能更加激发学生的学习兴趣。"集图像、声音、动画于一体的多媒体技术运用于课堂教学,具有其他教学手段无法比拟的优势。运用多媒体辅助教学可以营造良好的学习氛围,强化信息刺激效果,可以有效地增强学生的学习动机。例如教学"认识百分数",按照教学环节可以制作如下课件:先播放一段美国篮球职业联赛的视频,再投影关于我国著名篮球运动明星姚明的最新赛季百分数投篮成绩统计数据。然后通过视频切入学校篮球队员投篮训练的画面,引出投篮命中率的问题,导入新课。在巩固练习时,课堂又出现了校门外的小摊小贩卖的食品合格率统计、我国西部资源存储量统计等画面。精美的课件设计能还原生活现实、丰富有关百分数信息,激活学生记忆,给学生提供自主探究、合作交流的时空。学生情趣交融,于不知不觉中获得数学体验、掌握认识百分数的教学内容。

3. 注重动手操作,培养学习动机

皮亚杰说:"儿童的思维是从动作开始时,切断动作与思维的联系,思维就不能得到发展。"要解决数学知识的抽象性和小学生思维的形象性之间的矛盾,必须加强学生动手操作活动的组织,以动手操作启发学生的思维,活跃课堂气氛,培养学习动机。例如:在教学"长方体和正方体的表面积"时,可让学生拿出课前沿棱剪开的长方体和正方体纸盒,展开平铺在课桌上,让学生数一数各有几个面。比一比每个面的大小,看看有什么发现。然后再让他们合拢围成长方体和正方体,并对照立体图形,说一说如何计算长方体和正方体的表面积,怎样算比较简便? 这一系列的问题全部在学生的操作活动中获得解决。这样的操作活动,不但能使学生深刻理解长方体和正方体表面积的计算公式,而且通过动手激发学生的求知欲望,使他们多种感官参与其中,牢固掌握长方体和正方体的表面积计算公式,大大提高学习效率。

4. 联系生活实际,深化学习动机

美国教育家杜威曾打过一个生动的比喻:"不调动儿童内在动力而填鸭式地灌输知识,无异于强迫没有眼目的盲人去观看万物,无异于将不思饮水的马匹拉到河边强迫它饮水,这种教育显然是愚蠢的。"他认为,"从孩子现实生活中进行教育,就会让儿童感觉学习的需要和兴趣,产生学习的自觉性和积极性,这种教育才是真实的、生动活泼的,才是有益的。"在学生的现实生活中寻找数学知识的生长点,用学生喜闻乐见的方式展开数学教学活动,这样的课堂数学教学活动才是高效的。比如,在教学苏教版三年级上册"简单的分数加减法"时,可以创设这样一个

生活情景:小明过生日那天,妈妈为小明烤制了一个大蛋糕,说:"今天是你生日,妈妈给你吃蛋糕,先要回答出妈妈的问题:我把大蛋糕平均切成了 8 块,2 块抹上了巧克力、3 块抹上了草莓酱。两种抹酱的蛋糕一共是几块?""5 块",小明快速地回答说。"这两块抹酱的蛋糕一共是这个大蛋糕的几分之几呢?"这个问题把小明难住了,请同学们帮助一下小明吧。过生日是学生日常生活中非常熟悉的场景,也是小学生特别开心的时刻。将过生日分蛋糕的生活实际问题引入教学,可以充分激发学生学习的兴致,让学生体验到数学就在身边,生活之中处处有数学。

5. 重视及时反馈,强化学习动机

如果学生在其学习的长时间中,不能了解自己取得的成就水平,则很难继续保持较大的学习热情。同时,教师及时提供关于学习的反馈信息能有效帮助学生及时发现问题、纠正错误、调整自己的学习方法和进度。因此,教师应高度重视学生课堂上的及时反馈。另外、教师也要注意及时对作业、测试、活动等情况给予反馈,并使反馈与评价相结合,让评价与指导相结合,充分发挥信息反馈的诊断作用、导向作用和激励作用,不断强化学生的学习动机。

6. 恰当使用控制,激发学习动机

为了激发学生的学习动机,教师需要对学生进行适当而必要的外部控制,这种控制主要依靠对学生的表扬与批评、奖励与惩罚来实现。表扬与奖励,象征着学习上的成功;批评和惩罚则象征着学习上的挫折和失败。二者对学习动机的影响,一般来说是前者大于后者。表扬与奖励,一般都可以加强好的效果。但批评和惩罚则不然,如果使用不当,往往会产生与教师愿望相违背的效果。因此,教师在教学中应慎重地使用批评与惩罚的手段。同时,新近的学习动机研究表明:传统学校和课堂奖励结构是以成就定向为主,追求考试成绩,注重学生间横向比较,这些做法不利于调动学生学习的积极性。因此,心理学家呼吁重建学校和课堂奖励结构,使之从成绩定向转向掌握定向。按掌握定向的奖励结构,应保证每个学生的数学学习有所得,只要他取得进步,都有权利获得充分肯定的分数评价。在数学教学中,引导学生与他自己的过去相比,设立"进步奖""新苗奖"和"创新奖"等奖项,通过纵向比较,让学生减少横向竞争,不断看到进步和成长。这样的奖励结构能够更好地激发学生数学学习的内在动机。

数学教学反思个性化的思考

顾标明*

摘　要：数学教学反思的个性化包括：记录教学中的成功之处，记录教学中的不足之处，记录教学中学生的个性化见解，记录学生的课后问题思考及质疑，记录"同仁"可圈可点的内容并内化为自身的个性化思考。

关键词：数学教学；教学反思

教学反思是教师执行课时计划后的及时总结，是课堂教学中成功与失败的体现，是教师及时调整教学方法、改进教学措施的重要依据，是积累教学经验的有力素材。"教学反思"就是课后的"再备课"，它有利于教师丰富教学经验，将自己的感觉、体验升华到理论高度。那么，教学反思该记些什么？又如何对它多一些个性化的思考呢？

一、记录教学中的成功之处

成功的教学体现在教师以自己创造性的教学思维，从不同的角度和深度去把握教材内容，以恰当的方法和表现力去处理教学环节。将教学过程中自己感受深刻的、达到预期效果和引起共鸣的做法记录下来，日积月累就成了一笔宝贵财富——教学经验。它具体包括：独到的见解、巧妙的课题引入、突破难点的方法、教师适时巧妙的设问、突发事件的处理、简洁明了的板书等。这些教学设计、教学方法、学法指导、信息技术方面的独到见解，都是教学成功的重要因素，课后将这些课上发生的点滴花絮记录下来，日后进行整理归纳，经验就会越积越多，驾驭课堂的能力和综合素质也会有大的飞跃。例如：讲用字母表示数时，可以通过一首有趣的儿歌引入：一只青蛙一张嘴，两只眼睛四条腿，"扑通"一声跳下水；两只青蛙两张嘴，四只眼睛八条腿，"扑通""扑通"跳下水；四只青蛙四张嘴，八只眼睛十六条腿，"通""通""通""通"跳下水。让学生感受到从数学上说这首儿歌既啰唆，又漏掉了3只青蛙、5只青蛙的情况，如果用字母表示数，我们就可简单说成：n只青蛙n张嘴，$2n$只眼睛$2n$条腿，"扑通"n声跳下水。这样学生觉得既简洁全面，又贴近生活实际。这样的引入别出新意，容易引起学生想探究数学知识的欲望，有创意，可以写进教后记（教学反思）。

二、记录教学中的不足之处

教学中的疏漏与失误在所难免，关键要看如何对待，如教学内容安排欠妥、教学方法设计不当、教学重点不突出等，这些问题都需要教师拿出勇气去面对。下面

---

* 顾标明，江苏省扬州市邗江美琪学校，中学高级教师。

是笔者讲七年级上册《活动　思考》后的一篇教后记：

观察月历(图1)

日	一	二	三	四	五	六
		1	2	3	4	5
6	7	8	9	10	11	12
13	14	15	16	17	18	19
20	21	22	23	24	25	26
27	28	29	30	31		

图1　月历示意

(1) 月历中右上角 2×2 方框中的四个数之间有什么关系？任意一个这样的方框都存在这样的规律吗？

(2) 月历中中间 3×3 方框中的9个数之间有什么关系？

(3) 小明一家外出旅游5天,这5天的日期之和是20,请你说出小明几号回家。

学生解决上面问题后,增加了学生的合作互动环节,将学生两人一组,相互随机框 2×2 方框中的4个数和 3×3 方框中的9个数,让对方说出它们的关系及和,接着一名学生说出每一种框法的和,求出相应的日期。这既调动了学生的学习兴趣,又培养了学生合作学习的精神和逆向思维的能力。

缺陷就是没及时发现学生根据报出的和求出的日期不符合实际意义的情况,只有等到辅导课再来强调了。如求出的日期是分数或超出31号的情况。

三、记录教学中学生的个性化见解

在课堂教学过程中,学生是学习的主体,学生总会有"创新的火花"在闪烁,教师应当充分肯定学生在课堂上提出的一些独特的见解,这样不仅使学生的好方法、好思路得以推广,而且对学生也是一种赞赏和激励。同时,这些难能可贵的见解也是对课堂教学的补充与完善,可以拓宽教师的教学思路,提高教学水平。在一次数学课上,笔者曾经给学生这样一道练习:一辆汽车从甲地开往乙地,已知前一半路程的速度是2m/s,后一半路程的速度是3m/s,求这辆车从甲地到乙地的平均速度。我是这样讲的:设全程的总路程为 s ,那总时间为 $(s/2 + s/3)$ 秒,所以 $s/(s/2 + s/3) = 1.2$ m/s。讲完后,有个同学说:"我设全程为6米,这样总时间为 $(3 + 2)$ 秒,所以全程的平均速度为 1.2 m/s。"这个同学的解法比我的简单、直接、具体,解法独具一格。我对这位同学给予了肯定,并将这种方法及时记录下来,为将来的教学积累了经验。

四、记录学生的课后问题思考及质疑

下课后,学生会提些问题,有些是学生没听懂的,有些是学生的一些误区,有些

是学生对内容更深层次的思考。这些都记下,可以使自己在以后的教学中具有一定的针对性,减少偏差。比如讲"应用题"时,学生理解不透题意,不知道从哪些关键词句入手,课后有许多同学来问,这就说明上课时未讲清楚,于是想到培养学生认真阅读数学题目的问题。数学阅读要求读写结合,认真细致。数学阅读应是一种主动式的阅读,要求手脑结合,要求在适合的地方,通过思维或推演主动预测或概括下文将要给出的结论,而不是直接去阅读结论。通过平时观察了解,发现学生解题出错的很大一部分原因是学生受思维定势的影响,题目没有完整地阅读一遍就开始解答。如某企业今年 1 月份产值 10 万元,2、3 月份产值持续增长,3 个月总产值 82 万元,求平均每月增长率。学生在列方程时易将 3 个月总产值误读为 3 月份产值。因此,教师在解答每道题的过程中应向学生渗透"有效阅读"的"三步走策略",即粗读(了解这道题属于什么类型及题目的大致意思,知道题目中所讲的是怎样的事情)、细读(一句一句地读,抓住关键句弄清题意,知道题中数量之间有怎样的关系,哪两个条件可直接联系,能得到什么结论)、精读(一个字一个词地读,抓住题目关键字词,对易混淆或易误解的字词倍加注意,破析题目内涵),可通过提问、讨论、检查等方式督促学生认真阅读,对于易混淆或易产生误解的题目,提醒学生增加阅读的次数,分清其中的区别之处,防止一知半解,通过这样的阅读习惯的培养,学生解答的错误率会大大降低。笔者把这些也写进教后记,以免再走弯路。

五、记录"同仁"可圈可点的内容并内化为自身的思考

为提高教师的教学水平,教研部门和学校经常要举行公开课、观摩课、优质课等。听课的人有各级领导和学科同仁,他们会对教师的课进行评价,并提出一些合理的改进意见,我们要珍惜这些宝贵的意见并写在教案后面。年青教师更要经常请教学经验丰富的教师或其他学科的教师听课指导,虚心听取他们的意见,积累好的教学经验,不断提高自己的业务水平。前不久,我去听了赵志老师的课后,写了以下反思:

例 1　如图,菱形 $ABCD$ 中,对角线 AC、BD 相交于点 O,
(1)若 $AC=6$,$BD=8$,则 $AB=$_____,菱形 $ABCD$ 的周长为_____。

(2)若边长为 4cm,$\angle ABC=60°$,求这个菱形的对角线 AC、BD 的长。

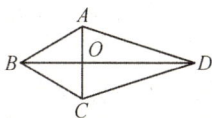

【例 1 变形】

1. 在例 1 的图中,菱形 $ABCD$ 的周长为 16,相邻两角的度数比为 1:2。

① 菱形 $ABCD$ 的对角线的长为_____;

② 求菱形 $ABCD$ 的面积。

分析:第①题引导学生将题中的条件转化为例 1 的条件,从而发现答案与例 1 相同。

第②题引导学生得出菱形的面积公式为:菱形的面积 = 对角线乘积的一半。

2. 菱形 $ABCD$ 中,对角线 AC、BD 相交于点 O。

① 若 $AC = a$,$BD = b$,则菱形 $ABCD$ 的面积为_____;

② 若 $AC = 6$,$BD = 8$,则 $S_{菱形ABCD}$ = _____,AB = _____,AD、BC 间的距离为_____。

设计说明:

第②题主要是引导学生用多种方法求菱形的面积,并感受同一个菱形的面积是不变的,但可用不同的面积公式来表示,从而找到 AD、BC 间的距离 $= S_{菱形ABCD} \div BC$。

教学设计是决定课堂生成的重要因素,提高教学设计的有效性是提高课堂教学质量的关键环节。本环节中内容的合作探究更是教学设计的关键,教师通过巧妙变式、一题多解、精心组织、互动活动等独具匠心的设计,成功地实现了有效教学。

初中英语课外阅读指导策略

张扣珍 *

摘　要：初中英语阅读包括课内阅读与课外阅读。课外阅读指导的教学策略有：从组建课外阅读小组、精选阅读材料、设置课外阅读指导课、运用多种评价方式促进课外阅读。开展初中英语课外阅读指导，对于促进学生课内阅读、发展学生综合语言运用的能力具有重要意义。

关键词：课外阅读；指导策略

　　课外阅读包括学生按照自己的兴趣选择、确定阅读内容的自主阅读和在教师指导背景下的班级阅读。笔者对自己所任教学校的初三年级学生英语课外阅读的现状进行调查，调查显示：学生普遍缺乏课外阅读兴趣；教师对课外阅读的重视不够；课外阅读材料单一、题材范围狭窄。由此可见，开展课外阅读教学十分必要，如何开展课外阅读教学，笔者开展了行动研究，现将指导策略归纳如下。

一、组建课外阅读小组

　　遵循"组内异质，组建同质"的原则进行分组。组内异质有助于小组成员间的合作，组间同质则有利于小组之间的竞争。[①] 采用 6 人构成的阅读小组，在小组成员分配上力求学业成绩、性别、性格趋向等方面具有异质性。根据以上要素和上学期期末英语考试成绩，将实验班的 36 名学生分成 6 个阅读小组。同时，采取男女生搭配的原则，因为不同性别混合的小组合作效果更为显著。这样，每个小组成员构成基本上是 1 名成绩好的学生、4 名成绩中等的学生和 1 名成绩差的学生。确定小组后，对每个学生进行分工，以便合作阅读时责任明确，确保小组活动顺利有效地进行。每组推选 1 名组织能力较强的同学担任组长，统筹本小组的活动并记录小组的活动情况。

二、精选阅读材料

　　教师应向学生介绍符合学生认知水平和语言水平的、学生喜爱的、贴近学生生活和社会实际的读物。读物应能反映时代特点，体裁多样、题材丰富。教师对课文阅读材料的选择讲究"趣味性、可读性、多样性"。阅读材料要具有趣味性，内容为学生喜闻乐见，这样才能激发学生的好奇心和求知欲，让学生愿意读、乐意看。可读性指的是语篇的难度和长度，即语篇难度要适中。太难了，学生阅读起来困难，

---

　　* 张扣珍，女，扬州市江都区武坚中学，硕士，中学一级教师。
　　① 潘洪建，沈文涛：《大班额教学新视野：学习共同体构建与教学方式变革》，江苏大学出版社，2012 年。

不利于学生阅读兴趣的培养;太简单又会让学生觉得没有挑战性而觉得索然无味。此外,对于初二年级的学生来说,语篇的长度不能太长,要短小精悍,尤其在初始阶段,语篇太长,学生容易产生畏难情绪,而且,随着语篇的加长、文章信息量的增多,有的学生可能接受不了,久而久之,学生容易产生疲倦感。多样性,即语篇的选择内容、体裁要多样化,可以是人物传记、新闻、广告、故事、书信、童话和诗歌等。各种材料都要让学生接触,不断扩大学生的眼界。①

三、设置课外阅读指导课

第一步:参与。围绕阅读过的作品或文章话题内容创设问题情境,与学生讨论、交流,激起学生参与课堂活动的积极性,使学生既能快速理解,又能流畅表达。注意设计适合不同层次学生的问题情境,鼓励、吸收学习困难的学生参与交流活动。检查学生对阅读过的话题内容的理解程度,培养学生运用正确的语言结构来获取、处理和传递信息的能力,提高学生听、说、读、写等运用语言的能力。

【案例】童话故事《爱丽丝梦游仙境》(Alice's Adventures in Wonderland),教师根据课文内容提出了下面三个问题,组织学生分小组讨论。

(1) Who will help Alice go through the small door?

(2) Who will she meet and what will she do after she goes through the door?

(3) How will she feel?

教师精心设计的三个开放性问题激发了学生的好奇心,他们积极参与,展开丰富的想象。从语言输入到语言输出,学生思路逐步开阔。

第二步:交流。利用小组合作学习方式交流阅读过的课外作品或文章,准备需要研究的内容。小组准备的内容:(1) 从各个角度用自己的观点阐述所读内容的体会,由此较好地达到阅读理解效果。(2) 每个小组汇总有效阅读策略。在小组内交流自己通过阅读学到哪些新的词汇、句型。还有哪些不能理解,请求别的同学或老师的帮助。(3)每个小组根据话题阅读内容准备几个问题,进一步帮助学生理解阅读材料。(4)围绕阅读话题内容,每个小组合作编导一个英语对话或节目进行表演。

【案例】以牛津英语补充教材 9A Teenage Problems 为例。在学生全面了解阅读材料后,笔者提出"Is the situation the same in China?"Let's discuss them. 从而让学生进一步了解阅读材料,并比较中外中学生的学习和生活的异同。

—Many children are under pressure.

—Parents these days push their children much harder than before.

—Competition between families starts at a young age.

—Children should have free time to relax.

在学生讨论结束后,不难得出:The situation is the same in China. So pressure is

---

① 陆京炜:《青浦区初中英语课堂阅读教学调查与对策》,上海师范大学硕士论文,2010 年。

a serious problem in today's world.

小组调查:Do a survey to find out you and your friends under pressure. 发给每组一张表格:

Students' names	What pressure do you have?	When do you feel under pressure?	What should you do to relax?

学生随意组合,仔细调查,并讨论解决问题的方法。由于涉及了自己关心的话题,因而每个学生都表现出浓厚的兴趣。在讨论之后,每组派一位代表给全班同学汇报调查的结果。

家庭作业。以 Dr Alice Green 为名,write a letter to Cathy Taylor, give some advice about what she should do with her children,并让学生们跟自己的父母交流一下,也可以给自己的父母亲提一些合理的建议。第二天收集一些好的想法,以老师的名义给每位家长捎回一封信。

第三步:拓展。在这个环节,首先,学生围绕阅读话题内容设计贴近生活的问题,开展提问、采访、讨论等形式多样的语言实践小组活动,每个小组设计一个活动,尽可能地让学生多思多说,激发学生的兴趣。然后,教师设计问题情境,让学生运用英语表达自己的观点,促使学生在活动中不断提高写作、口语表达能力。活动设计要照顾到不同层次的学生。

【案例】课外阅读材料为一篇名为《A trip to Tibet》的游记,在理解短文结构的基础上,笔者要求学生写一篇扬州之行的书面表达。首先笔者把学生分为 4～6 人为一组的"任务型"合作小组;然后展开讨论,用回答问题的方式明确从哪几方面来描写,将作文分为三个部分:开头、主体和结尾;接下来,引导学生对每部分提出问题,这些问题很明确,就是每段写什么;最后,用连接词把问题的答案连接起来,就是一篇完整的文章。如果觉得不够满意,再加以修改即可。例如:My trip to Yangzhou 一题,设计以下提纲:

1. Where did you visit?
2. What's your feeling about it?
3. How did you get there?
4. What did you do there?
5. How was the people there?
6. Did you have a good time?
7. Will you go there again?
8. What's your hope about it?

有了这样的提纲,学生就可以进行写作了。

学生作文:My trip to Yangzhou(略)

第四步:总结。在课外阅读指导活动结束之前,让每个阅读小组总结交流阅读策略与方法,然后,对英语课外阅读技能进行指导。通过指导,让学生在自主阅读时能够学会找主题句、概括全文的大意、理解作者的写作意图,能够根据不同的阅读目的运用略读、寻读等策略获取有关信息,如:

【案例】

AIDS

"Washington—Nearly 40 million children in developing countries stand(忍受) to lose one or both parents because of AIDS over the next 13 years, and almost 3 million children under 15 have caught the disease worldwide." the US experts said. "More than 40 million children in 23 developing nations will likely have lost one or both their parents by 2010. Most of these deaths will be the result of the HIV/AIDS and complicated illnesses(并发症)," Brain Atwood, a US official said. Meanwhile, since the first reported death of a child by AIDS in Los Angles 15 years ago, almost 3 million children under 15 are estimated(估计) to have caught the disease worldwide, and at least 1,000 are dying each day. "In countries across Africa, Asia and Latin America, HIV/AIDS is pulling years of progress in economic(经济的) and social development," he added. "Life expectancy(预计寿命) which has been steadily(稳定地) on the rise for the last thirty years—will drop to help stop children from dying in developing countries by the year 2020. Atwood said serious work to help stop children from dying in developing countries was being <u>wiped out</u>. "In all 23 countries included in this study, AIDS-related death will take away the gains made in child survival(幸免) over the past 20 years. In Zambia and Zimbabwe, children's death rates(率) will likely nearly double." Atwood said.

(   )1. AIDS is developing fast in _____.

      A. Europe   B. North America

      C. poor countries   D. rich countries

(   ) 2. AIDS is not only causing millions of death to human beings, but also _____.

      A. speeding the development of society

      B. slowing down the development of society

      C. polluting the air

      D. breaking the balance of nature

(   ) 3. The underlined words "wiped out" mean _____.

      A. cleaned out   B. rubbed away

C. dried up   D. destroyed completely

第一题为推理判断题。根据文章中提到的几个地方(亚洲、非洲、拉丁美洲)可以排除 A、B 选项,再根据"发展中国家"这一信息可以推测出答案为 C。

第二题为细节理解题。根据第三段"HIV/AIDS is pulling years of progress in economic(经济的)and social development",可以直接找出答案为 B。

第三题为猜测词义题。人们一直在为阻止发展中国家儿童死亡而努力,但艾滋病使这一努力前功尽弃,由此可确定 D 项为正确答案。

在完成题目的基础上,根据文章的情境,利用多媒体向学生宣传关于艾滋病的内容,然后提出以下问题供学生讨论:

1. What can cause AIDS?

2. Why is AIDS developing fast in poor countries?

3. What can we do to prevent AIDS in our daily life?

尽可能地帮助学生多说、多练,鼓励学生课后阅读有关艾滋病的资料来补充、完善上述问题的答案。将课外阅读活动向更纵深延伸。

四、运用多种评价方式促进学生课外阅读

课外阅读指导评价是一种促使学生反思自己的阅读动机、阅读策略和阅读效果的重要手段。在该环节,笔者主要采用课外阅读记录单和评价表的方式来实施评价。在组长的带领下,组员先各自完成课外阅读记录表,然后根据评价标准先互相合理地给出各项得分,再将各项得分合计得出总分,最后根据总分互相给出等级,并就评价结果与被评价人交流。自我评价标准与组内互评表见表 1、表 2。

表 1　课外阅读自我评价标准①

项目	内容	评价
阅读计划	阅读书籍名	涉及各种题材
	每天的阅读时间及阅读量	( )小时;( )页
阅读过程监控	阅读策略运用 (猜词、略读、预测、辨析文章结构等)	优( )良( )中( )差( )
	读书报告撰写	优( )良( )中( )差( )
	摘抄好词、好句	优( )良( )中( )差( )
	词汇学习和运用	优( )良( )中( )差( )

---

① 刘桂章,国红延:《运用多种评价方式促进高中学生课外阅读的行动研究》,《中小学外语教学》,2014 年第 4 期。

续表

项目	内容	评价
阅读效果评估	整体评价	优( )良( )中( )差( )
	读后感或阅读收获	
	阅读中的新问题及解决办法	

表2 课外阅读指导课教学活动组内互相评价表

评价项目	满分50分			
	总是(10分)	有时(6分)	很少(2分)	没有(0分)
1. 能用英语与同伴交流阅读内容				
2. 能提出问题用英语与同伴交流				
3. 能发表自己观点,并听取他人的意见				
4. 能正确获取文章中的信息				
5. 合作意识强,能配合同伴完成英语活动任务				
总分	50~45分	44~40分	39~35分	34~30分	29分以下
等级	A	B	C	D	E

　　为了有效监控课外阅读指导课教学活动的效果,教师应促使所有学生都参与,端正学习态度,明确课外阅读的重要性,养成良好的学习习惯,有效提高学生参与阅读的质量。

语言经验教学法在初中英语写作教学中的运用

陈　炜*

摘　要：语言经验教学法是美国当代比较流行的 ESL 教学法之一。借鉴语言经验教学法开展初中英语写作教学，能引起学生的求知欲，吸引学生积极参与课堂活动，鼓励学生发挥主动性和创造性，让学生在听说读写自然结合的过程中学习和使用英语。

关键词：语言经验教学法；初中英语；写作教学

写作是基本的语言表达形式之一。语言教学的中心任务就是培养学生通过听、读获得信息，通过说、写表情达意，交流信息。基础教育阶段英语课程的任务之一是使学生掌握一定的英语基础知识和听、说、读、写技能，形成一定的综合语言运用能力。写作是体现学生综合语言运用能力的输出性技能。写作能力训练是发展学生思维能力和表达能力的有效途径，也是衡量教学效果的标准之一。

一、语言经验教学法的基本精神

语言经验教学法（Language Experience Approach）是美国当代比较流行的 ESL（English as a Second Language）教学法之一。语言经验教学法的假设是如果我们把英语学习的基础建立在学生自己的经历和兴趣之上，学习效果就比较好。它提倡利用学生的兴趣爱好和经历感受，引起学生的求知欲，吸引学生积极参与课堂活动，鼓励学生发挥主动性和创造性，让学生在听说读写自然结合的过程中，学习和使用英语。首先，根据学生的兴趣和经历选择或决定题目，设定学习任务，列出要求学生掌握的概念、词汇和句法。然后，通过一些活动，如 Flash cards（生词卡片）、Cloze Procedure（填空）、Sentence Scramble（弄乱句子）、Dramatics（演剧）等，帮助学生复习和巩固所学的英语知识，如词汇、句法、篇章结构等。接着再请学生将自己的经历写出来，同时向学生提供一些指导性原则，让他们在写作时可以有章可循。最后，请学生表演或朗读自己的文章，也可以让学生相互交换朗读他们的文章，让学生体验到一份成就感和自豪感，提高学习英语的自信心。

二、教学尝试（以牛津初中英语 9A Unit 3 为例）

《牛津初中英语》是按照国家教育部制定的基础教育阶段《英语课程标准（实验稿）》的精神编写而成的。它积极提倡任务型教学，每个单元都围绕一个话题，让学生通过体验、实践、参与、合作、交流和探究等方式学习和使用英语，实现学习任务。我们以牛津初中英语 9A Unit 3 Main task：Stress among teenagers 为例开展

---

* 陈炜，女，扬州市田家炳实验中学，中学一级教师。

了写作教学实践探索。

本单元的话题是"Teenage Problems"。众所周知,我们在生活和学习中会遇到许多问题,尤其对于青少年而言,问题就更多了。有时会和父母、朋友、同学发生争执,有时会为学业与爱好的矛盾而烦恼。Unit 3 Main task 教给学生如何通过写信的方式来倾诉自己成长中的问题或困惑,同时也讨论如何给出建议,解决这些问题。这个话题贴近生活实际,富有时代气息,易于激发学生的学习积极性;语言情景真实,表达地道规范;词汇再现率高,符合语言学习的认知规律。

本节课的教学步骤如下:

Step 1:Preparing

告诉学生本节课的目标:

(1)Speaking:sharing problems and giving advice

(2)Listening:finding out some simple ways to deal with stress

(3)Discussing:how to write a letter to your friend about your problem

(4)Writing:write a letter

学习目标的呈现是帮助学生清楚了解本节课的学习任务,调动以前学到的知识和以往的实践经验,为新知识的形成奠定基础。

Step 2:Oral practising

本环节有三个活动,目的是启发、引导学生使用口语表达,使得能被吸收的语言知识在语言输入中有足够的"重复率"和"突显性",真正被学习者消化吸收,进入长期记忆,为后面的写作做好铺垫。

(1)呈现教材中 Welcome to the unit 部分的 6 幅图,学生两人一组,挑选其中的一幅图,依据自己已学过的内容和学习、生活中遇到的问题,以 Speak up 部分的对话为示例,编一个关于 sharing problems and giving advice 的对话。《牛津初中英语》的每个单元都围绕一个话题,所以学生经过 Welcome to the unit 到 Study skills 这 6 个版块的学习,已经积累了大量关于 teenage problems 的素材,包括词汇、短语、句型等。此时编写一个关于 sharing problems and giving advice 的对话对他们来说并不困难。编写对话的过程也是调用旧知和经验的过程。经过几分钟的准备,请部分学生表演他们的对话,以期引起其他学生的共鸣,调动学生积极参与课堂活动的热情。

(2)呈现书上第 57 页的 quiz,和学生一起讨论 how to deal with these problems,并在讨论时将 causes of stress(problems)列在黑板上,便于学生选择一个他最熟悉的话题进行写作。

板书如下:

write a letter to deal with the problems	
causes of stress	how to deal with it
being laughed at	pay no attention to these people
a lot of homework	plan your time carefully
too noisy at home	keep quiet
getting too many exams	talk to your teachers
suffer from stress	share your problems with your friends
strict parents	talk with parents and reach an agreement

（1）由于受课文的影响,学生所编写的对话大多围绕教材中出现过的 teenage problems,此时,引导学生听一篇课外的关于 stress and how to deal with it 的短文,并记录下一些 simple ways to deal with stress。听完后,小组合作,交换各自获取到的信息,以得到更多的信息。然后,请学生根据 notes,问答一些问题。一方面帮助学生更加熟悉话题,另一方面也为 writing 积累更多的素材。

接下来是 Sentence Scramble(弄乱句子)的活动。教师在课前将要听的听力材料打印出来,并按照小节裁成纸条,装入信封中。回答过问题后,请学生将信封中的纸条按照他所听到的顺序排列出来,然后再复述他所听到的内容,将外界的信息输入转化为自身的语言输出。学生在准备复述的过程中,不仅对 causes of stress 和 ways to deal with stress 有了更深的了解,积累了一定的词汇、短语和句子,同时也对文章的篇章结构有了一定的了解,为下一步的 writing 奠定了基础。

Step3：Writing

本环节的主要目的是帮助学生掌握此类文章的结构,并写出一封关于压力及如何解决压力的信。

首先让学生用已了解到的信息帮助 Millie 完成她的信(Part C)。完成信的过程是再一次了解文章的篇章结构的过程。完成 Millie 的信后,组织学生讨论、概括文章的结构,明确写作的基本要求,如段落分配、词数限制、行文要点等。然后让学生从黑板上所列出的 6 个问题中挑选一个他最感兴趣的话题给他的一位朋友写一封关于 stress and how to deal with it 的信。在学生写信的过程中,给予需要帮助的学生一些帮助,也可以请一位基础较好的学生在黑板上写。

Step 4：Reading(Evaluating)

学生完成他们的信后,可以请部分学生朗读自己的信,也可以由同伴或小组同学审读,指出写作的优点与不足,并就不足之处提出改进意见。学生进行互评前,教师应指导学生从哪些方面去赏析别人的作品,如有无健康的情感态度和正确的价值观、谋篇布局是否合理、是否能灵活迁移使用自己的语言经验、书写是否规范严谨等。这样学生在进行互评时,才能够品味出别人作品的优点,使评价与赏析有机结合,达到取长补短的目的。在学生互评后,教师可以对学生的写作进行总评。

三、尝试后的反思

第一,教师要选择贴近学生生活、切合学生兴趣的话题,使他们不仅有想要表达的内容,也有想要表达的愿望。"学生并不是带着一个空的容器来学校接受知识的,而是带着自己的经历、情感和思想来参与学校教学活动的。尽管学生的经历有限,但他们有限的经历是进行学习的基础,只有将学生的经历与学习活动结合起来,学生才会对学习产生兴趣。"

第二,教师在写作教学中不能仅关注写作能力较强的学生,还要更多地关注那些写作能力不强的学生,以免他们失去写作的信心。因此,在 Reading 阶段应充分发挥同伴合作的作用,让不同写作能力的学生都能在写作中展现自我、有所收获。尤其是写作能力不强的学生,能够在同伴合作的过程中获得针对性较强的帮助,缓解焦虑、增强信心。

第三,教师在写作教学中要引导学生明确写作要求,从结构、用词等方面给予指导,让学生知道写什么、怎么写。同时,要指导学生从宏观上整体感知文章的主题和谋篇布局,即内容框架和思维脉络;引导学生分析和模仿范文的结构,提高谋篇能力。

罗杰斯"学生为中心"教学理论在历史教学中的实践

史桂荣 *

摘　要："立德树人",培育社会主义核心价值观,"以学生为中心",深化课程改革,与罗杰斯"学生为中心"教学理论存在诸多切合点。深度理解罗杰斯"学生为中心"教学理论,探索其在中学历史教育教学的应用,对于发挥历史课程的育人功能,促进学生认识、认同与践行社会主义核心价值观具有重要意义。

关键词：社会主义核心价值观；学生为中心；历史教学

罗杰斯的"学生为中心"教学理论,以注重情感和人际关系为特色,以学生的"自我"完善为核心,把教育活动的重心从教师引向学生,关注学生的思想、情感和行为体验,主张自由、平等、民主等社会价值观。当前的"三个提倡"及课改所强调的"立德树人"和以"学生为中心"的教育理念不谋而合。中学历史教学中如何贯彻这一教育理念,更好地培养学生的历史素养与个性潜能,发挥历史课程的育人功能,是中学历史教师需要思考与解决的关键问题。

一、罗杰斯"学生为中心"教学理论的认识

1. 对人性"善"的哲学思考是"学生为中心"教学理论的逻辑起点

作为存在主义者,罗杰斯强调的"人",不是人类共同的本质或普遍的人性,而是人与人之间的差异性或"个性",以此为出发点,竭力强调"个人的自由""选择的自由",将个人的意愿看成高于一切的东西,并主张每个人应对自己的选择负责。[①]罗杰斯的"学生为中心"教育思想,对人性的关注体现得淋漓尽致。他追求学校教育服务于学生的人格发展,强调个体"潜能"的独特性和差异性；强调这种"潜能"的优越性和开发的绝对必要性；强调教师"无条件"地服从和尊重学生的个人意愿、选择,因为学生的本质是向善的、建设性的；强调教育必须以学生价值自我的形成为轴心；强调学生的"自我学习"是唯一的有意义学习,这些都体现了罗杰斯关注学生个性、个体发展的哲学思考。

2. 真实、接受、移情性理解的人际关系是"学生为中心"教学理论的基点

"学生为中心"教学理论的基点,是真实、接受、移情性理解的人际关系,在课堂教学中,这种"人际关系"主要体现为师生关系。[②] 罗杰斯的真实、接受、移情性理解教育思想是伴随着对传统教学的批判而产生的。传统教学偏重经验的传授、

---

* 史桂荣,女,江苏省南通中学,硕士,中学一级教师。

① 方展图：《罗杰斯"学生为中心"教学理论述评》,教育科学出版社,1990 年,第 14 – 16 页。

② 同①,第 30 – 34 页。

认知的发展,忽视师生关系的培养、情感的交流和个人的全面发展。教学过程中,教师作为知识的拥有者,是主体,是权威;学生是知识的接受者,是客体,是服从者,结果导致人际关系紧张、感情压抑,教学呈现出简单机械、苍白无味、效率不高的面貌,致使学生无法适应多变的社会,同时造成知情分离及认知发展的困难。罗杰斯认为这种局面必须要有根本上的改变,打破教师的绝对权威,消除学生被动的依赖。教学应致力于创造一种无拘无束的心理氛围,从而使人的潜能开发成为可能,美满的人际关系是一个自我实现者必备的"价值条件"。①

3. 自由、民主及"个人主义"的价值观是"学生为中心"教学理论的原则

"学生为中心"教学理论具有显著的个别化教学理论特征。它重视学生个体的独特性和学生的"充分"发展,并且强烈反对班级教学制度。例如,教师与学生,可能的话也包括家长或社会人士,共同承担起对学习过程的责任,一起制订课程计划、管理方式、资金积累及政策等;学生独立或者与其他学生协同地形成他们自己的学习计划,每位学生就自己的学习方向做出选择,并对这些选择的后果承担责任,等等。这些都深刻地折射出"个人主义""自由主义""民主""平等"等价值观。②

4. "非指导性教学"是"学生为中心"教学理论的方法,更是一种态度

"非指导性教学"是"学生为中心"教学理论的方法,更是一种态度③,是"学生为中心"思想的一种具体化。非指导性教学,并不等于取消指导,而仅仅是对传统的指导性教学的否定。罗杰斯倡导非指导性,但却反对"无指导"。的确,当非指导性教学模式引入我国教育领域后,曾产生过一些误解,认为非指导性教学就是消极指导,甚至"自由放任"不要指导,完全让学生自主学习,体现"学生为中心"的教育思想。其实,罗杰斯并不主张教师放弃对教学活动的干预,相反,他要求教师积极参与教学的组织活动,对教师提出更高的要求。非指导性教学不仅仅是一种方法的选择,更是一种哲学观和价值观的选择。它是建立在人性本质具有"建设性"、具有自我实现的潜能和人是变化的人等对人性的哲学思考基础之上的,并将此哲学思考"下嫁"到具体的教学过程中,体现了尊重学生和以"学生为中心"教学理论为灵魂。

二、在历史教学中落实"学生为中心"教学理论的策略

1. 转变历史教师的教育价值观

审视我国传统教育价值观,无论是"学而优则仕""化民成俗"还是"三纲领"与"八条目",都强调"集体主义精神",主张"舍小利顾大局",其侧重点都是适应和满足社会发展的需要,折射出鲜明的政治色彩。中学历史教师由于受到传统教

---

① 刘时勇:《真诚尊重理解——论罗杰斯情感教学思想》,《辽宁教育研究》,2001年第8期。
② 方展图:《罗杰斯"学生为中心"教学理论述评》,教育科学出版社,1990年,第70-72页。
③ 同②,第116页。

育思想的长期影响,实际历史教学中的教育价值观依然沿袭传统"路径"。当前,学校正围绕"立德树人"这一根本任务,努力培育与践行民主、和谐、自由、平等、公正等社会主义核心价值观,深化课程改革,努力贯彻"以学生为中心"的教育理念,关注学生个性的发展,而以追求"个人主义""自由主义""民主""平等"等教育价值观的"学生为中心"教学理论正可谓是上述教育教学改革实践的理论支点。历史教师应深度理解并接受"学生为中心"的教学理论,转变历史教育教学的价值观,构建适合于现实历史课堂教学的个人理论框架,实践"以学生为中心"的教育理念,更好地发挥历史课程培育与践行社会主义核心价值观的育人作用,完成"立德树人"这一根本任务。

2. 构建民主、和谐、融洽的师生关系

在民主、宽松、和谐的师生关系下,师生能无拘无束地互动交流,进而可以促进学生的个性发展。改变传统历史教学中的师生关系、营造良好的心理气氛的主动权在历史教师,这要求历史教师必须转变其"权威"的角色,成为学生自主学习的促进者。首先,历史教师应做一个真实的人,在师生交往过程中应坦诚相待,形成一种理想的课堂心理氛围。"真实",意味着历史教师能够如实地表达自己的观点、想法和感情,如此教师才能成为"有血有肉"的人,而不再是历史课程的"权威",抑或是历史知识的"传声筒"。例如,人教版选修4《大唐盛世的奠基人唐太宗》一课,以历史教科书的基调,主要是对唐太宗的肯定。教师可以提供多面材料,可以谈谈个人对于该历史人物的观点,让学生立体地了解这一历史人物。其次,历史教师应无条件地接受学生,从学生的角度观察历史课堂,移情性理解学生对历史知识的认知。历史教师应相信学生的学习潜能是优越的,学生具有自我实现的学习动机。例如,学习必修3《辉煌灿烂的文学》一课,依据学生的认知水平、学习能力,可以让学生结合自己的文学素养与语文基础,自主探究"诗经、楚辞、汉赋、唐诗、宋词、元曲、明清小说等文学成就,了解中国古代不同时期的文学特色"等历史问题。在此基础上,进行师生、生生对话交流,学生可获得主体性发展,逐渐形成对民主、和谐等价值观的认同。

3. 给予学生历史课程权与责任意识

"学生为中心"教学理论要求教师与学生,共同承担起对学习过程的责任,一起制订课程计划等;学生独立或者与他人协同形成其学习计划,就个人的学习方向做出自己的选择,并对这些选择的后果承担责任。新课改提出的三级课程管理模式,与以前课程权集中在国家层面相比是一种"革命",它标志着教育管理体制由"中央集权制"向"分权制"过渡。在校本课程的建设中,历史教师的课程权开始被关注,而学生的历史课程权主要体现在历史选修课程制度中。例如,高中历史学习阶段,必修班学生都要进行历史学业水平测试,历史教师可以与学生一起制订历史学习计划,放弃包办代替的做法,使学生感知学业水平测试的主人翁是自己,不是历史教师单方面的责任,从而改变历史教师教学过程中吃力、被动的状态,让学生与历史教师为历史学习过程共同负责,做出努力。因此,在历史教学中充分体现"学生为中心"的教育理念,历史教师应引导学生参与历史课程计划,独立制订历史学习计划,确定方向并就此决定负责的要求,实践学生的历史课程权,培养学生对历史课程建设与学习的责任感和"敬业"精神。

4. 选择适宜的教学方法

罗杰斯的"非指导性教学方法"只是一种十分广义的方法,他从未对非指导性方法做出明确的规定,因为每个人的个性、经验、情感、态度都是不同的,每个人的认知能力也是参差不齐的,所以不可能用某种一成不变的方法对待不同的学生。历史教师在选择教学方法时,应围绕课堂心理气氛和学生的情感活动来组织课堂教学。例如,在学习必修2《世界经济的全球化趋势》第三子目"中国加入世界贸易组织"时,教师播放中国入世的视频资料,让学生感知中国入世的艰难历程。观看结束,有学生说:"既然中国入世艰难,我们干吗要坚持入世,况且入世后给中国带来了很多不良影响。"该同学的低语引起了同学们的议论。针对学生的疑问和课堂状态,教师应及时抓住机会,将原本设计的运用讲授法解决"中国入世的原因及影响"的方案进行调整,改成让学生分成小组进行交流和讨论,然后发表自己的见解。学生都有自己独立的人格,他们的兴趣、需要与愿望,在讨论中当得到了合理的满足和尊重。可见,方法是需要的,如果没有充分实施适宜的方法,再好的态度也难以获得成功。但是,方法必须同个性结构中的态度相一致,否则,这种方法是无效的。所以,选择恰当适宜的教学方法会让学生走进历史、感知历史,意识到个人的作用,自主、创造性地完成历史学习,从而挖掘他们智慧创造的源泉,以利于学生人格的完善和创造意识的培养。

化学知识的不确定性及其教学对策

付　勇*

　　摘　要：由于化学研究对象的复杂性和人的认识的不确定性，化学知识具有
一定的不确定性。化学教学可以在教学理念、教学内容、教学方式、教学评价等方
面适应化学知识的不确定性。

　　关键词：化学知识；不确定性；教学

　　化学知识是化学教学的载体，帮助学生建立系统化、确定性的化学知识体系成
为化学教师致力追求的教学目标。但事实上，知识都存在不确定性，更不存在绝对
真理，正如克鲁岑（Cruten）所言："科学充满着不确定性。"化学知识首先来源于人
们的生产实践活动，同时也萌发于人类对周围世界的观察和概括。①

一、化学知识不确定性的原因探析

　　首先，化学知识的不确定性是因为化学认识对象的复杂性和微观特征性，其不
确定性随着化学的发展而更加复杂。化学是在分子和原子等微观层次研究物质性
质、组成和结构的科学，但是目前人还很难直接观察微观粒子的结构，化学家只能
通过实验或模型的方法间接地研究微观粒子的结构和性质。一个看似简单的化学
反应，体系的变化往往要经过相当复杂的过程，形成许多反应通道，形成多种不确
定的副产物。物理运动中，过程方向是由种种定义明确、物理图像清晰的推动力所
决定的，如万有引力、电性力等。如果它们直接应用于化学过程，定义就显得模
糊。② 例如，最简单的当 H_2 和 O_2 混合后为什么不生成其他物质例如 H_2O_2 而生成
H_2O？人们相信 H_2O 是两者元素组成的最稳定的存在形式，不过是千百万次实践
的经验的总结，但仍然是未经严格的理论证明过的一种经验总结。至今，化学反应
以体系的内能和自由能的绝对值仍然无法测定，对这个看起来很简单的化学反应
过程仍然不能被详细地认识。微观粒子的运动本身具有不确定的特征，量子力学
的不确定性原理揭示出微观世界本身具有不确定性。这就导致了与建立在量子力
学基础上的化学热力学相关解释某些反应过程的不确定性。

　　其次，人认识能力的局限导致了化学知识的不确定性。化学的发展过程也是
人的认识能力逐步深入、走向真理的过程。由于人认识能力的局限，一些化学理
论、学说在某一时期看起来是合理的，但是经过曲折反复的认识之后，可能被认为

---

　　* 付勇，江苏省泰州中学，硕士，中学一级教师。
　　① 廖正衡：《化学学导论》，辽宁教育出版社，1992 年。
　　② 宋心琦：《化学学科的现状及基础化学教育改革问题》，《大学化学》，2001 年第 1 期。

是错误的。随着人类认识能力的不断提高,化学知识自身也处在不断的修正和发展之中,在对更高的确证度、逼真度的追求中完善自己。例如燃素说,很长一段时期人们都认为它是确定无疑、十分正确的真理,当时的教师毫不怀疑地把它当作确定的知识传授给学生,但是氧化说的出现却否定了燃素说的真理性。到目前为止,人们对燃烧的认识仍然在不断深入进行。[1]

再次,人的主观意识使化学知识带着一定的不确定性。尽管化学研究的对象是客观和确定的,但是人的认识活动有很大的选择性与定向性,从感性材料的取舍,到理性认识对客体的加工抽象,无不受到主体自身主观性性(观点、方法、背景知识)的影响,无不受到其心理生理状态的制约。即使对统一化学现象也有不同的认识,甚至化学家不同的政治立场也会影响化学知识的判断。例如关于金属的煅烧,在燃素论者和氧化论者的头脑中就会呈现出迥然相异的心理映象。可以从燃素说的观点进行说明,也可以从氧化说的立场予以解释,而这两种理论恰恰互相矛盾。20 世纪 50 年代,由于意识形态的影响,苏联化学家曾对共振论进行过激烈的批判。我国化学家也曾经受到影响,纷纷加入了这场共振论的批判论战中。[2]

二、化学知识不确定性下的化学教学

传统化学教学严重地忽视了知识的不确定性问题,使丰富多彩的化学知识逐渐变得冰冷无情。化学教师习惯认为,中小学教育主要传授人类已有的文化遗产及各学科已成定论的确切知识,化学教师的责任是让学生掌握化学知识,而将化学知识的争议、非定论性问题束之高阁,排斥在课堂之外。经过分析,不确定性是化学知识固有的性质,不应该,也不能忽视化学知识的不确定性。化学知识兼有确定性和不确定性的特征,前者是相对的,后者是绝对的,在此前提下,化学教学应该重新审视化学知识教学。

第一,化学教学内容要重视呈现知识的产生和发展过程,把知识学活。

化学知识是化学家用自己的理性之光对客观世界不断探索的结果,从它的产生和发展过程来看,化学知识都不是静态的确定的科学结论,而是动态的科学探究过程。一段时期内,化学知识是确定的,但是从长远来看,化学知识的不确定性在整个化学发展史中属于化学认识的一个步骤。化学知识的教学不能忽视其过程性,而是要把化学知识的产生和发展,以及可能的趋势都要向学生呈现。它的学习过程与科学家的研究过程在本质上是一致的。例如关于碱金属的性质的教学,通过实验探究让学生认识钠等碱金属的性质,只是让学生学习了静态的知识。化学家在探索金属性质过程中走过很多弯路,甚至犯过错误,化学教学如果把这些知识的产生、发展过程呈现给学生,那么学生掌握的就是动态的化学知识。

---

① 中国自然辩证法研究会:《化学哲学基础》,科学出版社,1986 年,第 521 - 541 页。
② 张嘉同:《化学哲学》,江西教育出版社,1994 年,第 10 - 12 页。

第二,化学教学方式要借鉴化学知识的发展过程,活学知识。

化学知识的不确定性是一种教学资源。化学知识的产生和发展,由不确定向确定的转化,为学生学习化学知识提供了非常有价值的参考。通过适当剪裁、模仿,化学知识的发展过程可以成为化学学习的过程。虽然中学化学知识在现在看起来是确定的,但在化学史上它也是经历了同另一种相矛盾的理论斗争之后形成的。例如苯环结构,化学课堂可以采用讨论、辩论和模仿探究的方法组织课堂,让学生在激烈的思想碰撞中获得化学知识,启迪灵感;还要让学生知道对于物质的结构还在探索;也可以让学生模仿化学家提出假设的方法,提出自己关于某些化学知识的假说。学无止境,人们的认识水平也在不断提高,化学教学一定要让学生敢于质疑,善于思考化学知识本身的发展规律,培养创新精神和创造能力。

第三,化学教师要用科学知识观做指导,避免化学知识绝对化。

由于化学学科研究对象的特点和学生认识能力的局限,中学化学学科知识把复杂问题简单化、把抽象问题模型化便于让学生理解和掌握。但是这些简单化处理过的模型毕竟不是客观事实,与之相关的化学知识或多或少存在不确定性。化学教师一定要正确认识中学化学知识,避免把定义、定律、关系式等绝对化,后者把化学问题简单化处理成数学问题,把由部分事实推想出来的假说、模型当成客观事实,让学生当作绝对化的东西强化记忆。例如化学中的电子式、分子球棍模型等,需要在利用它们帮助学生认识分子的结构时,让学生认识这些化学符号的合理性和不合理性,让学生知道并不是完全与客观事实一致的。否则,模型和符号反而有可能成了学生将来进一步认识客观事实的障碍。

第四,评价方式要增加质性评价,避免单一化。

化学知识并不总是非此即彼、非对即错,单一化学的标准化习题实际上是强化了教师和学生化学知识的确定性,而忽视了不确定性。教学评价要看教师是否在化学知识系统化的前提下,对化学知识过程性的把握。学生评价需要增加质性评价,体现学生对同一知识的个性化理解,鼓励学生对化学现象做出大胆推测。评价不仅要看化学知识的系统化,还要看学生作为人对化学知识的主观认识。比如关于二氧化硫的性质和用途的学习,可以让学生写一篇关于二氧化硫功过是非的小论文;学习金属的性质后,可以组织一场是否应该停止铝制易拉罐的使用辩论,这些都有利于避免学生学习化学知识单一化的倾向。质性评价尽可能不要设置固定的标准答案,对于同一个知识点,不同个性的学生理解可能不同,化学知识教学目标不是要传授千篇一律的知识,而是要培养不同个性的人。

速度矢量合成与分解的教学

周　寅*

　　摘　要：速度分矢量间具有同时性的关系,而对于任一个速度矢量的描述都必须先建立参考系,且在同一个参考系下的状态描述是具有唯一性的。在对物体速度的矢量分解中,有一个分矢量是与该物体无关的,属于参考系间的相对速度。同时速度矢量分解的方法有很多种,不仅仅局限于正交分解。在探究物体受到的恒力与速度的关系中,也可以将任一时刻的速度理解为初速度与恒力方向上速度变化量的矢量叠加。

　　关键词：分矢量；参考系；相对速度；速度变化量

一、速度矢量与其他矢量间的关系

　　高中阶段对"速度"的理解,在一般情况下,表示为瞬时速度。所以,对速度分解后,各分矢量间的关系也具有同时性。

　　1. 速度分矢与位移的区别和联系

　　以位移为例,分位移之间的关系既可以是同时性的,也可以具有先后性。某物由传送带一侧 A 点到另一侧的 B 点,当传送带静止,物块可以先沿竖直方向到达另一侧正对的 C 点,再沿水平方向运动到 B 点,这样矢量 $\overrightarrow{AC}$ 和 $\overrightarrow{CB}$ 之间为先后关系；如果传送带匀速传动,物块可以由 A 点进入传送带,然后相对于传送带竖直向上运动到另一侧,因为传送带同时也在水平方向运动,所以物体相对于传送带的竖直位移和传送带的水平位移合成之后也构成了合矢量 $\overrightarrow{AB}$,这种情况下两个分矢量的关系就是同时的。

　　位移是速度的时间积累,如果将位移的两个分矢量看作先后关系,与速度分矢量的同时性不相符,则无法对先后两个速度进行合成。在同时性中,我们应意识到,位移和对应的速度所选的参考系也是一样的。

　　2. 速度分矢与力的区别和联系

　　以力为例,参加合成的两个力必须是一起作用在物体上的时候才可以合成,并不存在先后性,可以理解为两个矢量具有同时性。与之类似的,有加速度、场强等矢量。

　　但力及相类似的矢量是不依赖参考系而存在的,而对速度的判断则必须先设立参考系。在牛顿运动定律中,加速度是力与运动状态(涉及的速度一律是以惯性系得出的)间的桥梁。此时,在力的方向上所得的并不是速度,而是加速度及加

---

　　* 周寅,江苏省包场高级中学,中学一级教师。

速度在时间上的积累,即速度的变化量 Δv。

二、对速度矢量分解的错误表述及更正

1. 错误的表述

例1:如图,绕过两个定滑轮的绳子两端分别系着质量为 m 的物体 A 和物体 B。在两个滑轮间绳子中点处挂上质量为 m 的物体 C。物体 C 下落到上侧两绳间夹角为 α 时,其速率为 v,此时 A、B 的速率为[   ]

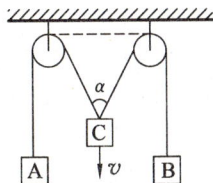

A. v B. $v/2\cos\dfrac{\alpha}{2}$ C. $v\cos\dfrac{\alpha}{2}$ D. $v\sin\dfrac{\alpha}{2}$

此题的考点是牵连速度,将 C 的速度 v 分解为沿着左边绳伸长的速度和垂直于绳下摆的速度,正交分解后可得绳速为 $v\cos\dfrac{\alpha}{2}$,即 A 物体上升的速度,同时也是 B 物体上升的速度。但是,也有些同学认为 C 物体的速度 v 可直接分解为与之相连的两根绳的速度,这样就得到绳速为 $v/2\cos\dfrac{\alpha}{2}$。正确答案为前者。

很多同学由此得出结论:对于速度只能正交分解,其他一切的分解都是错的。

诚然,教师在课堂的演示实验中,让学生体会到蜡块在竖直方向上沿着玻璃管匀速上浮,水平方向上随玻璃管做初速度为零的匀加速运动,由平行四边形定则可做出合速度的变化,并画出轨迹图线。在平抛和斜抛运动的教学中,也要求将速度正交分解为水平和竖直的两个方向分别分析。在学习过程中所遇到的关于速度分解的题型,无一例外的都是用正交分解的方法来解决的。这样就更加坚定了学生对速度分解的错误理解。

2. 特例与反例

我们知道,当求一个已知矢量的两个分矢量时,以合矢量为对角线可以做出无数个平行四边形。如果我们说,在速度分解时这个定则就不适用了,解释不了,就说这是一个特例,那岂不是重演了亚里士多德在物理学史上的荒诞托词。

其实,我们并不是没有遇见过速度非正交分解的题型。在小船过河的问题中,对于过河位移的判断就是通过将水流速度和船速首尾相连,用三角形定则求得合速度而做出来的,且题目中船头的指向可以是任意方向。对此题逆向思维,则过河的速度分解为不相互垂直的两个方向的情况也是存在的。

3. 建立合理模型

描述物体的运动状态需要建立参考系,选择不同的参考系得到的运动状态是不一样的,但同时对应于同一个参考系运动状态又是唯一的。又根据前面所归纳的速度矢量间的同时性关系,我们不禁要疑惑:在同一参考系中,物体怎么会同时出现多个不同的速度?正确理解应该是:速度合成和分解中涉及的三个矢量的性质分别是物体相对于两个参考系的速度和两个参考系之间的相对速度。因此,三

个矢量中必有一个速度不属于物体。

例如,在一个物体水平向右的方向画出两个矢量分别为3m/s和5m/s,两矢量合成为8m/s。可创设人在火车上的情境加以理解:以火车为参考系,人以3m/s的速度向右移动;以地面为参考系,人以8m/s的速度向右运动;而火车的速度5m/s则是两个参考系之间的相对速度,也叫做火车相对于地面的速度,这个速度是不属于物块的。

所以,我们在小船过河问题中,涉及的合速度是以地面为参考系的速度,船速是水流为参考系的速度(就是题目中经常强调的船在静水中的速度),水流的速度即两个参考系间的相对速度。

我们也可以这样去理解例1:C物块的速度v和绳速就是以地面为参考系所得出的速度,剩下的一个速度应该是物块C绕绳上某点摆动的速度,即相对绳上点的速度。这样看来,如果将物块的速度分解为两根绳的速度显然是错误的。如果此时两根绳恰好垂直,则按两根绳的方向正交分解所得的其中某一根绳速只不过凑巧和C物块相对另一根绳的摆动速度在同一方向上且数值相等而已。

三、教学反思

1. 对基本题型的课堂教学反思

例2:卡车通过定滑轮牵引河中的小船,小船一直沿水面运动。在某一时刻卡车的速度为v,绳AO段与水平面夹角为α,不计摩擦和轮的质量,则此时小船的水平速度多大?

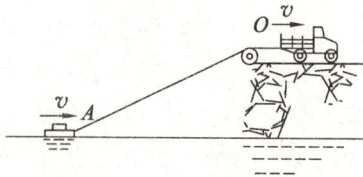

分析:教师在解释此类问题的时候,常常采用放大、分解的方法让学生理解两个分运动的由来:先假设在极短的时间内,将两个分运动的矢量线段放大,用位移的矢量来表示速度矢量。如果只进行一个方向的运动(比如沿绳方向),则小船将腾空运动到斜向上的某一点。接下来,需要小船在垂直于绳的方向下摆,才能到达实际的位置点。

此法虽然形象直观,但存在的弊端是:在分位移的先后关系中,参考系一直都是地面。用分位移的先后关系来解释分速度,容易给学生造成两个分速度都是由同一参考系得到的错误暗示。虽然教师会在最后归纳出合位移是这两个分位移同时进行所产生的效果,但显然会忽略强调在分位移的同时关系中,参考系的选择是不一样的这个重要区别。这样一来,尽管两个分速度的由来解释清楚了,但也同时给学生今后在分速度的描述上埋下了的隐性误导。如果学生清楚地知道两个分运动不是以同一参考系得出的,那也就不会在例1中纠结正交分解方法的问题了。

我们常对平抛运动有这样的描述:水平方向不受力,以v_0做匀速直线运动;竖直方向只受重力,做自由落体运动,则$v_y = gt$。

正解一:按之前的构造模型理解方式,水平方向为假设某一参考系相对地面的速度,竖直方向为物体相对于该参考系的速度,则两分矢量合成为物体以地面为参考系的合速度。

正解二：我们将水平方向的速度 v_0 叫作物体的初速度，竖直方向由于只受重力，所以产生一个竖直方向的加速度 g。因为时间的积累，物体的速度变化量 $\Delta v = g\Delta t$，方向为竖直方向。用水平方向的初速度 v_0 加上竖直方向的变化量 Δv，得到任意时刻的速度 v_t。

所以，对于速度分解后的两个分矢量，我们既可以理解为在不同参考系下所描述的两种不同的状态，也可以理解为是初速度与速度变化量间的关系。就是不能将其理解成水平方向和竖直方向都以地面为参考系得出的速度。然而，在平抛运动的课堂教学中抑或是在参考书上，我们总是要求学生在平面上建立直角坐标系，然后分别得到两个方向的运动状态，很容易对学生造成一切都是以平面为参考系的误导。

2. 对重难点知识的备课反思

第一，教师要加强专业理论知识的学习，以拓宽自己思维的深度和广度，时刻自省对重难知识点的理解是否到位。人的认知每个阶段的跃进都是量变积累的，所以要不断地学习。所在的层次不同，看问题的角度和方法也就不一样，所谓高屋建瓴说的也就是这个意思。第二，教师要学会用通俗易懂的方法去介绍重难知识点，而让学生能较容易接受理解的东西，无非是他们所能经常接触到的、有切身体会和经验的，所以教师要善于联系生活和发现生活。除此之外，还要通过见识不同的题型、归纳总结各题型间的区别和联系，来检验自己的方法是否具有普适性，然后才能介绍给学生。第三，逻辑严密，横向迁移。切莫为了解释一个知识点而对另一个知识点的理解和学习产生潜移默化的误导。第四，尝试多角度解题，在知识点间建立网络，着意形成一点连多点、三点牵一面的效果。第五，教师要与学生及时沟通，学会站在学生的角度去思考问题，通过彼此之间的交流，来收集认知层面上的差别。

中小学有效教学的探讨（笔谈）

摘　要：本部分由8篇探讨中小学有效教学的文章组成，分别对数学、思想品德、童话、思想政治、英语、历史等课程教学中的新思路、新做法、新探索加以介绍和研究。

关键词：数学教学；品德课堂；童话课程；思想政治教学；英语教学；历史教学

波利亚解题思想在小学数学教学中的运用

殷如意*

解题是数学的核心，大量数学知识的学习往往还是要归于解题。波利亚是数学解题理论、解题方法的卓越代表，他致力于解题的研究，探讨了解题的思维过程，著有《怎样解题》一书。波利亚的解题思想对小学数学教学具有重要启示。

一、波利亚"解题表"的主要思想

《怎样解题》的中心思想即在解题过程中应怎样诱发灵感，其核心部分就是波利亚分解解题的思维过程得到的"解题表"，该表展示了一个完整的解题过程一般包含的四大步骤。首先是弄清问题，即审题。审题是解题的基础，只有正确理解题意，才能树立正确的解题思维方法，找出解题途径。其次是拟订计划，即探索解题的途径，这是解题的关键环节。再者是解题的核心环节——实施计划，就是根据所探索的思路付诸行动。如果计划拟订完善，这一步是相对容易的，但计划往往是不完善的，所以往往又需要回到上一步，出现一些反复。最后是检验回顾，检验回顾是解题的魅力所在，相当于我们日常解题所说的"验算"，但比单纯的验算内容更丰富，意义更深邃。

二、波利亚解题思想对小学数学解题教学的启示

根据波利亚的"解题表"，我们将小学数学的解题过程大致分为5个步骤：读题（读懂题目）、理题（理清题意，找出题目中的条件与问题）、形成思路（整体上设计一套解题思路）、实际操作（认真仔细运算，将解题过程完整地呈现出来）、检查反思（核对答案、判断正误、修改错漏）。下面以"鸡兔同笼"问题为例加以说明解释。

"鸡兔同笼"问题是载于《孙子算经》中的一道著名的中国古算名题。题曰："今有雉兔同笼，上有三十五头，下有九十四足，问雉兔各几只？"这道题其实是在

---

* 殷如意，女，扬州大学教育科学学院研究生。

初中课本解方程时出现的,但是,近年来,诸多小学高年级数学练习中已有涉及,当然对于小学生来说还是稍有难度的。因而笔者以此题为例,借助波利亚的解题思想,运用一种较为简单的方法进行教学讲解。

运用"安装法"来讲解、求解。第一步是引导学生读题,明确题目讲的是鸡兔同笼的问题,本身题目是比较有趣的,能够激发学生的解题热情。

第二步,理题。在读题之后,引导学生讨论获得这样一些信息:鸡兔共有头 35 只、脚 94 只,每只鸡有 2 只脚,每只兔有 4 只脚,而问题是:在这个笼子里有几只兔和几只鸡? 在此基础上鼓励学生思考,提出自己的解题想法,对学生提出的种种想法、方法、观点,给予充分的分析、比较、评价和肯定。

第三步,可引导学生思考:假设这 35 只鸡和兔现在都只有头,没有脚,需要我们帮助鸡和兔来安装这 94 只脚,这样鸡和兔才能找到合适的脚走出笼子。在不知道有几只鸡几只兔的情况下,不管是鸡还是兔,按照装少的原则(即按照鸡有 2 只脚来装),第一次都只给它们装上 2 只脚,这时我们已经安装了一些脚,也必然会剩下一些脚没有安装,此刻鸡的 2 只脚已经全部装好,走出了笼子。但每只兔子因为还缺 2 只脚而留在了笼子里。所以剩下的脚必然要给每只兔子再装 2 只,因而所以只要用剩下的脚的只数除以 2,必然就是兔子的数量,再用兔和鸡的总只数减去兔子的数量,就可以得到鸡的数量,题目得解。

第四步实际操作,即将解题思路付诸实践。$35 \times 2 = 70$(只),$94 - 70 = 24$(只),$24 \div 2 = 12$(只),$35 - 12 = 23$(只),答:兔有 12 只,鸡有 23 只。

第五步回顾反思,检查正误。核对题目中的数字条件与自己解题时所用的数字是否一致,验算自己的计算结果,检查"单位"和"答"有没有写,有没有错误,及时修正。之后就要针对这道题目做一些反思,当然这在高年级阶段更加便于实现,比如,这道题的关键点在哪,运用了什么解题方法,还有没有其他方法可以解题,之前有没有遇到相类似的题目,等等。

将语文课文引入品德课堂的实践探索

龚福清*

"它山之石,可以攻玉。"小学语文课文作为融知识传授、能力培养和思想品德教育为一体的综合性载体,其中所隐含的德育资源对促进学生品德养成、道德成长具有重要意义。

一、将语文课文引入品德课堂的实践

第一,用语文课文来补充生活积累。品德教育源于生活,且最终要回归生活、

━━━━━━━━━━━━━━━

* 龚福清,女,扬州市育才小学,小学一级教师。

服务生活。由于受篇幅所限,现行的品德教育教材对于一些有关生活的内容往往不能逐一道来。而语文课文对于现实生活的再现,在一定程度上弥补了品德课堂中生活内容的不足。如一年级上册《品德与生活》中《踏雪玩冰》一课,旨在让学生感知冬日冰天雪地、银装素裹的美景,教学中引导学生了解冬天常见的自然现象和浅显的科学常识是一大重点。如何完成这一教学任务?单纯依靠教材中描绘雪花、冰花、冰柱等冬天景物的四幅插图是远远不够的,于是,笔者适时地将《冰花》《雾凇》两篇语文课文引入教学之中。两篇课文用优美诗意的语言、简单易懂的文字向同学们展现了晶莹剔透的冰花、奇特壮美的雾凇,同时向同学们介绍了有关冰花、雾凇形成的科学知识,帮助学生走进冬天、感受冬天。

第二,用语文课文来激发道德情感。道德情感是品德心理结构的核心。它既是道德认识的基础,又是道德行为的催化剂;它是道德教育的手段、过程,又是道德教育的重要目标,是道德发展的心理基础。成功的品德教育离不开情感的激发。三年级上册《父母的疼爱》一课,通过让学生说说父母疼爱自己的事,重在激发学生感恩父母、回报父母的道德情感,以及提高学生为家人做力所能及的事的道德实践力。在教学时,就"父母疼爱自己的事"这一话题,绝大多数学生都讲了父母照顾病中的自己,个别学生谈到了夜晚父母帮自己掖被角的事。进一步追问,发现学生面露难色,是没有了?还是没有发现?或者已经习以为常,甚至感觉天经地义了?语文课文《母亲的恩情》《月光启蒙》的阅读,打开了同学们的思路。原来一个眼神、一句叮嘱、一个动作、一首歌、一个谜语也是父母的爱……至此,学生对父母的爱感受更深了,一件件感人肺腑的事情脱口而出。

第三,用语文课文来升华文本高度。新课程理念提倡"用教材教",而不是"教教材"。对教材的态度是尊重教材,理解教材,超越教材。学生是活的,思维是灵动的,课堂上应该有动态的生成,教师和学生在解读教材时也应该要有超越文本的升华。在教学六年级上册《隔海相望》一课时,笔者将全文内容进行整合、调整,划分为三个版块"遥望台湾""回望台湾""展望台湾"。在第一版块,穿插了语文课文《台湾的蝴蝶谷》《日月潭的传说》。在第二版块"回望台湾"中,穿插了语文课文《郑成功》。在第三版块"展望台湾"中,穿插了《钱学森》《升国旗》……同学们从爱台湾上升到爱祖国,情感上的爱深化到行动中的爱,由虚化实,知行合一。

二、将语文课文引入品德课堂的思考

首先,阅读的语文课文要符合本课的教学目标。教学目标是课堂教学活动的出发点和最终归宿。每一堂品德课都有一个明确的教学目标,在选择引入的语文课文时,要紧紧围绕这一教学目标,求质保量,力求引入的每一篇课文都能发挥其独有的教育意义。因而教师在备课时,不仅需要对品德教材进行全面、深入的解读,根据教材内容明确目标,划分层次,明晰要求;同时,也要对小学语文教材多加研读,根据品德课的教学主题,在众多语文课文中,选择同一主题的文章;根据品德课程各层次的教学内容、教学重难点,在同一主题的文章中,选择最适宜的篇目。

其次,阅读的语文课文要符合儿童的年龄特点。心理学研究表明:不同年龄阶段的儿童对儿童文学的要求是不尽相同的。心理特征不同的各个年龄阶段的儿童对语文阅读课文的要求也是有区别的。读物作为一种客体,它负载着作者显露或隐藏的见解、意愿,而阅读主体又在不断利用自己的经验去解读文本所负载的信息,阅读就是一个主客体之间不断相互作用的过程。因而,在选择引入品德课堂的语文课文时,要充分考虑到学生已有的知识经验、认知水平及对文本内容的接受和理解能力。根据维果茨基的"最近发展区"理论,在选择语文课文时,应尽量选择本学年中的课文;针对低年级学生,应尽量选择刚刚学过的课文;而针对高年级学生,则尽量选择即将要学的课文。

再次,阅读时要对孩子们提出明确的阅读要求。将语文课文引入品德课堂并不意味着将语文课文教学融入品德课堂之中,而是将语文课文作为品德课堂教学的一种有效资源加以利用。因而,在品德课教学过程中,教师必须明确语文课文引入的方式和解读角度,引导学生领悟作者透过作品传递出来的立场观点、思想感情,引入语文课文的阅读只需达到这一层次即可。对于低年级学生,更是只要达到浅层次、低水平的理解即可。当然,学生阅读时,教师要多加引导、提示,帮助学生扫清词意语义障碍。

童话课程:童性回家之路

朱亚燕*

儿童的名字叫今天,学校的窗户上写着明天,每一扇窗户都通向世界,通向未来。在学校的幸福旅程就是从童话开始的,童话就是今天到明天的链接。学校应成为儿童心向往之的童话之城,成为让孩子浸润童话、触摸经典、触摸人性的成长力量。为此,常州市武进清英外国语学校开展了"童话课程"的实践探索。

一、创设童话般的校园环境

第一,学校处处洋溢着童话的气息。教学楼就是一个大"童话城",宿舍楼是非常有意思的"呼噜岛",学生餐厅叫作"甜甜街",宽敞的音乐厅则是能实现儿童艺术梦想的"梦工场"。此外,校园里还有童话阅读书院、经典童话剧演出馆、童话博物馆,校园的各个角落都有童话代表人物塑像与介绍,处处浸润着童话的气息。每个班级都以童话故事或者童话人物命名,班级布置就围绕阅读的童话故事展开。整个学校就是一个童话城堡,让学生置身于童话的世界中。

第二,开设多元的童话阅读园地。除大图书馆外,学校还专门设立了低、中高年级两个童话阅读室。每个教室中还建有班级图书馆,人均藏书8～10本,每学年

* 朱亚燕,女,常州市武进清英外国语学校,中学高级教师。

学校拨给各班级300元的图书添置资金,许多学生更是把自己阅读过的好书拿来与同学们分享。每个班级图书馆都有自己独特的名字、独特的文化。

第三,开展多彩的童话阅读活动。学校每个学期都有读书节。读书节的内容多样,有指向某一作者的阅读,也有指向某一主题的阅读。读书节的形式多元,有全校师生参与的图书广交会,介绍好书、分享好书;有大手拉小手阅读会,高年级的学生走进低年级教室给小伙伴阅读,爸爸妈妈进校园讲故事。世界读书日,这一天全校不上文化课,各学科老师精心挑选阅读内容,推行全学科阅读活动。

二、童话课程让儿童回归童性

(1)开发校本教材,提供童话阅读新蓝本。学校推出一至六年级的童话阅读地图,收录了童话经典书籍100本。比如二年级在阅读《安徒生童话》《格林童话》的基础上,基于孩子们的年龄特点和学习生活需要,又设计了"养成好习惯""爱""亲情""奇妙想象""可爱的动物""科学知识"等系列主题,研读了大量绘本和《绿野仙踪》《尼尔斯骑鹅旅行记》这两本经典童书。此外,还开发适应、切合儿童发展的校本教材《童话课程》,指导儿童进行童话阅读。

(2)研究童话课堂,构建童话阅读新形式。一至六年每周各班有一节1小时的童话课,课中,班班阅读童话、研究童话、改编童话、创作童话、绘写童话。如何让童话阅读变得有意思?我们以童性观照童话,不断审视自己的童话课堂。提出了"大声朗读+奇趣观影+个性重述+快乐绘写"的阅读模式。

(3)大声朗读,包括:① 老师大声朗读故事。朗读让学生把书本、印刷品与愉悦画上等号,每当我们给孩子朗读时,就会发送一个"愉悦"信息到学生的脑中。② 学生大声朗读故事。在带着学生们一起朗读故事中,常常采用接龙阅读的方式,让每个学生都有朗读的机会,让他们集中注意力,积极地参与到这项活动中来。对于重要情节和经典语句,采用齐读、分角色读、研读等方式反复读。

(4)奇趣观影。我们把《白雪公主》《丑小鸭》《狮子王》等经久不衰的童话剧搬上荧幕,给孩子们观看。欣赏完电影后我们一起畅谈影片中印象深刻的画面,把原音消除,让学生们给动画配一配音或做一做人物的招牌动作。

(5)个性重述。首先学生从读者的角度出发,顺着童话故事情节的发展,讲清故事发展的起因、经过、结果。接着让学生选择故事中一个最喜欢的角色,用人物的语言来复述,加深对童话中的人物的了解,也让学生展开想象的翅膀,自己为角色润色,为排演话剧做准备。

(6)快乐绘写。在阅读中抓住想象的节点开展读写绘。有的故事情节曲折,故事的结尾处有延展的空间,如《尼尔斯骑鹅旅行记》故事结尾这样写道:尼尔斯经历了一场奇妙的旅行之后,看着离去的大雁,心里无限惆怅,似乎在盼望能够再一次变成一个名叫大拇指的小人儿,再跟着雁群飞过陆地和海洋,遨游各地……这时则让学生们进行故事的续编。

三、举行童话会演,打造童话阅读快活林

"演童话"是学生们感悟童话本身最好的方法,不仅可以为学生提供无限广阔的思维、想象,还可以让学生在演童话剧中学会合作、学会创造。学期之初,每个班的文娱委员就开始征集最受本班同学欢迎的童话剧题材,在全班同学的投票表决中产生本班童话剧剧目。话剧表演社团每周固定时间开展两次活动,表演形式的选择、角色的安排、服装道具的制作等都由学生担当主角,教师幕后支持。在活动中培养学生的创作能力、合作能力、问题解决能力和资源运作能力。

思想政治课的心境塑造功能

宋　春*

学期伊始,高一新生身处一个全新的环境,面对陌生的老师、同伴,面对更高的学习要求和更加激烈的竞争,很多同学会产生种种不良心理状态,这种状态如果不能及时得到调整和疏导,往往会对整个高中生活产生不利的影响,严重的将会阻碍学生的身心健康发展。因此,每位任课教师都有责任帮助学生调整状态,培养良好的心境,尽快地适应和融入新环境。

一、避免师源性心境障碍

师源性心境障碍就是指教师在教育教学过程中,因采用不恰当的教育方法、教育态度和教育手段,直接或间接地对学生的心理造成了影响和伤害,甚至导致学生产生了抑郁、焦虑、兴趣减少、社交退缩、无助和失望等不良心境的现象。一门课程,除了课程本身,最重要的就是教授课程的教师。很多教师普遍认为,为了有利于以后的管理,新学期面对新学生就要对他们"严"一点、"狠"一点,要一开始就对学生形成威慑力。其实,高一新生面对着新的老师,本就有种生分和距离感,对于难度增加的课程原本就有种陌生和胆怯。因此,教师首先要树立一种开朗热情、积极乐观的心境,更应该播撒爱的种子,拉近师生之间的心理距离。教师要用一种良好的心境去带动和影响学生,而不能一开始就让学生产生畏惧、退缩、躲避心理,从而阻碍他们对新环境的良好适应,削弱对课程的探索兴趣。

二、创设使学生有成就体验的课堂情境

高中思想政治课的学科结构、内容、课时安排、学习方法和要求等都发生了很大的变化。学生刚接触这门课程会觉得枯燥、晦涩、难懂,教师在新学期的第一堂课要充分展示政治学科的内在美和学科特点,张扬政治学科的魅力,揭示政治学科的内在规律,让学生觉得政治课不是空洞说教、条条框框、枯燥烦琐,而是兴趣盎然、余味无穷。在知识的讲解过程中更要注意创设贴近学生生活、能触动学生心灵

---

* 宋春,女,南京东山外国语学校,硕士,中学二级教师。

的课堂情境,这些情境要使学生心境轻松、愉悦,有似曾相识的熟悉感,从而使学生能够分析解决课堂情境中所创设的问题,并能够帮助学生提升分析和解决现实生活问题的能力,让他们在探讨和发言中不断被肯定及自我肯定,能够产生成就体验,进而增强学生学好高中思想政治课的信心和决心,更能够在这种良好的体验中塑造良好的心境状态。

三、突破知识局限,打开学生的思路与心门

高中思想政治课堂的情境设置更加要求教师做个有心人,挖掘贴近学生身心发展特点、贴近学生生活实际的情境,创设融思想性、知识性、创新性为一体的课堂教学情境,打开学生的思路,使课堂生成的知识不脱离课堂而又超越课堂,回归生活。这就大大提高了对授课老师的要求。为了突破自身的知识局限,作为思想政治教师就要"家事、国事、天下事,事事关心",每天抽出一些时间关注新闻时政、社会热点问题;记录摘抄读书时候的奇闻趣谈;更要融入学生的日常生活,了解他们的年龄特点和所感兴趣的事物话题。在课堂教学的环节设计中才能够通过巧思妙想的提问,引发学生的思考,打开学生的思路,才有可能会有超越课堂的生成,才能让学生在这种超越的生成中找到学习的乐趣及对现实生活的意义,产生自我实现的成就感。在这种课堂体验中让学生感受到思维的活力和生命的悦动,从而让学生敞开心门,愉悦地体验学习的快乐和对生命成长的重要意义,悦纳课堂,悦纳生活,悦纳自己。

英语阅读教学的推进路径

梁淑星 *

2014 年英语高考结束,走出考场,学生的面部表情足以说明阅读的挑战。有的学生抱怨时间紧,来不及做题;有的学生说阅读理解奇葩,最后一篇设计考题太多。的确,2014 年高考的文章长、阅读量大,而且材料真实、题材多样,生活气息浓郁,要想在规定时间内完成任务实属不易。如何适应高考英语阅读趋势,需要寻求阅读教学攻略。学校推进英语阅读的主要路径有:

分层推进。阅读教学可分为三个层次:基础性阅读教学,侧重着眼教材,重视整体,逐步推进;拓展性阅读教学,侧重科学指导,激发兴趣,学会读书;研究性阅读教学,侧重自主创造,合作学习,张扬个性。无论哪一种阅读层次,首先都要走近文本,然后才能走进文本,最后才能走出文本。教师要想在阅读教学中取得良好效果,就必须做足功课,吸引学生走近文本。在学校管理层面,阅读教学应区别对待、分层实施,对不同类型学生提出不同层次的要求,安排不同层次的阅读活动,有针

* 梁淑星,女,江苏海门市证大中学,副校长,中学高级教师。

对性地进行阅读指导。同时,注意阅读层次的逐步提升,引导学生向高层次迈进。

分类推进。要想在语言学习中独占鳌头,阅读、多读是必不可少的。阅读要有计划,有安排,有技巧,有检测,有反馈,注意阅读的系统性和专题性。其中,分类阅读是一种有效形式。分类阅读可以是阅读材料的分类,也可以是阅读考查题型的分类(因为近几年阅读考察的选材十分广泛,设计十分新颖),教师的阅读教学应该自觉地适应高考形势的变化,指导学生分类阅读。此外,阅读分类,还可以分为记叙类文本、说明类文本、科技类文本、广告类文本、小说类文本,也可以分为主题类、推断类、猜测类、标题类、判断类等。教师应善于引导学生从不同的角度了解阅读材料的类型和阅读考查的维度,这样有利于总结概括,完善答题技巧,提高阅读的效果。

校内推进。首先,选择合适的阅读材料。阅读材料应当有趣,阅读也要悦读,这样才能增强他们阅读的兴趣,挑动他们阅读的渴望,提高他们阅读的成效。比如《英语周报》(English Weekly)的彩版文章很不错,材料新颖、与时俱进;《中国日报》(China daily)的文章全英文虽有挑战但可尝试;英语原著虽然深奥但可读简易本,抑或换成《津津有味·读经典》。其次,开展限时阅读的训练。在平时的训练中一定要有时间观念,争取每周能够有 3~4 次限时训练的机会,把平时练习当考试对待,考试时学生自然就不会紧张,就会游刃有余了。再次,改进阅读技能的测试。测试方法多种多样,可以是单项选择,可以是完形填空,可以填词、是非判断,也可以是完成句子、图文转换;可以是笔头转述、要点记录,也可以是内容总结,按指令完成文段,或者与写作结合完成任务。最后,教师应合理安排阅读时间与内容,指导学生进行有序的阅读训练,早自习可以朗读美文、熟读课文;晚自习可以限时阅读训练;周末自主阅读简易本小说或者报纸,也可以观看原版视频等。

校外推进。利用放假时间布置任务,让学生在家阅读,保证每天有一定的阅读时间和阅读量。教师应注意向学生推荐阅读材料,让学生选择,同时指导阅读方法。阅读材料除了文字的,还有声音或者影像的。教师可向学生推荐文本读物,如《绿野仙踪》《欧·亨利短篇故事集》《白牙》《野性的呼唤》《远大前程》《雾都孤儿》《大卫·科波菲尔》《简·爱》《呼啸山庄》《圣诞欢歌》《汤姆·索亚历险记》《哈克贝利·费恩历险记》《海底两万里》《了不起的盖茨比》《时间机器》《傲慢与偏见》《飘》《希腊神话故事》《苔丝》等。声音或者影像的有:原版电影(或中英文字幕对照版),《速度与激情》《变形金刚》《星球大战》等系列影片也是学生感兴趣的电影。另外,奥巴马的圣诞演说及就职演说等视频,也可以成为学生的学习材料。

总之,学生阅读能力的提高不是一朝一夕的事情,而是一个长期训练与积淀的过程。英语阅读需要学校有力推进,需要教师耐心引导,更需要学生专心投入。三方倾力结合,才能攻克高考难关。

小学英语课堂教学中的道德教育

窦康平 *

英语教学作为小学教育的重要组成部分,实现英语学科教学工具性与人文性、知识性与思想性的统一,将道德教育贯穿在英语教学各环节始终,逐步培养学生良好的思想品德,做到既教书又育人,是英语教学的基本任务。

一、小学英语教学中道德教育的具体内容

(1)认识自我,爱人爱己。从了解自己出发,了解、关心他人,包括同学、朋友和家人,培养团结友爱、相互学习、热爱家庭、欣赏他人、尊敬师长、尊老爱幼的情感。

(2)文明礼貌,张弛有度。了解中西方基本的礼貌用语和表达方式的异同,养成讲话文明、礼貌待人的习惯。比较中西方的饮食习惯和起居习惯,学会珍惜时间、合理膳食,摒弃不良的行为,科学安排自己的学习和生活,逐步形成积极的生活态度。

(3)保护环境、志趣高雅。认识动物及相关特征,了解家庭和社区环境、农村和城市的不同特点,以及国内外风景名胜和一年四季大自然的变化等,认识自然的壮美与神奇,认识人与自然和谐统一的关系,加深保护环境、亲近自然的意识。

(4)遵章守纪,爱国爱家。通过英语学习,合作完成任务,养成相互尊重、相互信任,共同遵守规则和纪律的良好习惯。教材中的许多内容涉及我国的历史、文化、经济等内容,有助于激发学生热爱家园、热爱祖国的高尚情操。

(5)视野开阔,尊重个性。在英语教学过程中,通过让学生了解中西方不同的风俗习惯和文化差异,承认并尊重不同地域的差异性,使学生能得体地运用所学语言进行交际,帮助学生逐步形成开放、包容的性格和良好的人文素养,增进国际理解,发展学生创新精神和跨文化交流的意识和能力。

二、小学英语课堂教学中德育渗透的主要途径

挖掘教材德育因素,进行德育渗透。教材是德育的载体,依据教材挖掘德育因素是有机渗透德育的前提。在教学中,有效地实施德育就要深入钻研教材,通过融合、渗透的方法,自然而贴切地寓德育于英语课堂教学之中。小学英语教学是英语学习的起始阶段,其教学内容一般比较浅显,多与学生的生活接近。教学中,教师要善于找好德育的切入点和结合点,联系学生实际情况进行自然渗透,切忌长篇大论。无论是学习词汇、语法、语篇,还是听、说、读、写、译等相关练习,都应以积极、

---

* 窦康平,女,扬州市三元桥小学,小学一级教师。

向上、阳光的例句和情景,让学生接受到积极的、主流的、充满正能量的思想,使学生在正确的世界观、人生观与价值观的熏陶下茁壮成长。

结合教学具体环节,进行德育渗透。在教学活动中,教师要精心组织教学活动,设计能引起学生兴趣的语言交际场景、教学游戏和练习形式,以学生学会为目的,以学习情趣为主线,将德育渗透贯穿于每一个教学环节之中。在教授译林版《英语》三年级下册 Unit7"On the farm"时,可以让学生上网搜索大自然的图片,告诉学生们"We should love animals and plantings. We should love nature."(我们要保护动植物,我们要热爱大自然。)并让他们把搜集的图片配上英文文字上传至自己的微博。同学之间可以互相点赞或进行评论。在这些模拟的语言情景的交际活动中,学生在学习语言的同时,也在学习与他人的合作和交往。

教师言传身教,进行德育渗透。"教师无小节,处处皆楷模。"教师是课堂德育的实施者。教师的世界观、情感、品行、教态,都会对学生产生潜移默化的作用。所以教师要加强自身的修养,以自身的高尚道德影响学生,言传身教、为人师表。比如,教师上课时,着装朴素得体,符合教师身份,崇尚"衣贵洁不贵华",引导学生不穿奇装异服,教育学生不互相攀比、不追求奢华,就能使学生树立正确的审美意识。再如,教学过程中,教师平等对待每一个学生;学生回答时,教师用心倾听每一个发言。

融洽师生关系,进行德育渗透。英语课堂教学不只是语言知识的学习和操练,而是一种温馨的情感交流、智慧潜能的开发、交际能力的培养,是师生共同创造精神生活的活动。教学中,教师要特别注意学有困难的学生,给他们以更多的爱护与鼓励,使他们与其他学生一样,在爱的沐浴中逐步发展。要使所有学生在宽松、融洽、愉快的氛围中进行学习的同时,品德得到培养,性格得到完善。例如:请学生帮忙时应说"Excuse me";学生帮忙后,不忘对他说"Thank you";学生回答正确时别忘了"Good""Great""Wonderful"或"You are clever"等;学生不会回答时用"Don't worry"来鼓励;叫错了学生名字时,说声"Sorry"等。

此外,在课外,通过电影或歌曲,如"The Sound of Music""Kung fu Panda"等的欣赏,提高学生的英语听力技能,培养学生学习英语的兴趣,增加教学材料的时代性,还可以因势利导地对学生进行德育教育。精心组织课外活动,如开展英语节活动、给定话题的英语演讲比赛、辩论赛、戏剧表演、美文背诵、英文名著赏析等,都能让学生感受到英语的美、生活的美,并不自觉地接受美的事物,潜移默化中得到美的熏陶。如,在学习牛津小学英语 5B"An English friend"后进行e-mail 写作比赛;学习牛津小学英语 6B Unit2"Do more exercise"后举行体育运动英语单词竞赛;在学习牛津小学英语 6B"A letter to a penfriend"时,给外国小朋友写信。

初中英语阅读教学探索与尝试

杨宏敏 *

　　阅读能力的培养是英语教学的目标之一,并且影响着整个英语学习过程。目前,初中生英语阅读存在着注意力分散、出声阅读、阅读速度慢、阅读兴趣不浓等问题。那么,如何培养学生的阅读能力呢? 我们认为,其基本途径有:

一、选取恰当的阅读材料

　　阅读材料的选取是重要的一环。阅读材料要能激发学生阅读的积极性,激发他们的求知欲。在这方面,可采取两种方法:一是教师指定阅读材料,可以是学生比较感兴趣的科幻、传记类或是与生活贴近的娱乐、休闲类读物。且字数不宜过长,一般在 150 字左右,生词量要适当控制,教师可以根据情况作简化改写;二是教师布置阅读材料的种类,由学生根据自己的兴趣和爱好选择阅读材料,篇幅不作具体限制,且教师可以征集部分优秀素材推荐给大家阅读。

二、掌握适当的阅读技巧

　　(1)朗读与默读相结合。朗读会影响阅读速度,然而就交际性阅读而言,朗读不可或缺,学生只有通过朗读培养语感,才能提高口头表达能力。然而,朗读每秒的单词摄入量仅为 2~5 个,而默读每秒的单词摄入量为 8~10 个,默读在速度上占有优势。综合考虑,每天保持一定比例的朗读与默读量,可以起到既培养语感又能获得大量信息的目的。教师根据每个学生自身的情况,推荐朗读与默读的比例。

　　(2)略读与精读相结合。略读就是在阅读时跳过对文章主题思想把握影响不大的部分,抓住主要语句,快速领会主题,通过略读能力的训练可以有效提高阅读速度。而精读则不仅要弄清主题还要理解单词、语法和结构等。具体操作时,学生可将重点放在文章的第一段和最后一段、每段的第一句和最后一句,因为这些部分往往是理解文章思想的关键内容,需要精读,其他内容则可略读。

　　(3)把握词组意群。对初中生而言,大部分学生在阅读时都是逐词阅读,即视线从一个单词跳到下一个单词。这样不仅阅读速度慢,也不利于快速掌握句子的意思,要重复阅读几次才能理解,如果遇到长句子则更难理解。所以建议培养学生对词组意群的把握能力,在阅读时将视线停留在词组意群上,而不是每个单词上,每次视幅 2~3 个单词,阅读时只看 2~3 个词组成的短语,每句只需稍作停顿就能理解句意。如果遇到长句,可将其分解成词组短语,视线应上下垂直移动阅读,要防止视线横向移动阅读的习惯。如长句可以这样读:

The victim's parents

---

* 杨宏敏,扬州邗江区公道中学,中学一级教师。

have offered a reward of ￥50,000

for any information

that leads to the arrest of the murderer.

经过长期的阅读训练,学生既能做到对文章的快速阅读,又能做到对其主题思想的掌握。

（4）培养揣摩生词的能力。对于生词不多的文章,可以结合上下文意思来揣摩生词的意思。长期进行此项练习不仅能提高阅读速度,还能培养对文章的理解能力。猜测词意、合理推断是英语交际性阅读的一项重要能力,对于把握文章的中心思想、提高阅读效率和质量都有明显的促进。

三、自主阅读习惯的培养

阅读能力的培养是一项长期的艰巨的任务,非一朝一夕能够完成,须经过长期练习,大量阅读后才能实现质的飞跃。因此,初中生应从入学时就开始培养良好的阅读习惯。首先要保证每天都有一定的阅读量,且要持之以恒。开始时,阅读的难度不宜过大或过小,太难或太易都不能很好地激发学生阅读的积极性。其次是培养学生的自觉性,学生是学习的主体,再好的方法最终都要靠学生自己来实施,尤其是阅读习惯的培养,更需要学生自己有持之以恒的精神。

历史课堂"读"具匠心

窦　梅*

历史阅读是学生通过阅读历史材料建构意义和方法的学习活动,是学生主动获取信息、发展历史思维的重要途径。因此,培养学生的历史阅读能力就显得尤为重要。

一、激发阅读兴趣,提高阅读能力

营造阅读氛围,培养阅读习惯。良好的阅读氛围是培养兴趣的基础。教师可在讲台旁的空课桌上放一些初中历史课本,初中历史教材可读性强,历史小故事可以激发学生读书的兴趣。还可让学生将课本与蒋挺拔的《中国近代史》和斯塔夫里阿诺斯的《全球通史》相互印证,加深理解。教室里放中国地图和世界地图,以及中国地图和世界地图拼图,让同学们感受动手参与的乐趣。此外,在阅读过程中应平等地与学生交流、对话,消除学生的畏惧心理。鼓励、允许学生大胆质疑,树立问题意识,激起思维活动的波澜。

创设问题情境,激发阅读兴趣。鼓励学生带着一定的问题去读,从机械阅读向意义阅读转化。学生阅读之前,教师如果适当地制造一些悬念,就更能激发学生的

* 窦梅,女,扬州市邗江区公道中学,中学高级教师。

好奇心和求知欲,引发阅读兴趣。如教学《北魏孝文帝改革》一课时,教师可提出这样的问题:"孝文帝想要迁都洛阳,但很多保守的鲜卑族臣子不愿意,孝文帝施了一个巧计成功迁都,他是怎么做的呢?"顺水推舟地引导学生阅读课本的知识链接,让学生带着问题从课本里寻求答案,激发学生强烈的求知欲望,促使他们认真阅读课本。这样通过阅读了解情况,在此基础上,再深入挖掘孝文帝为什么要迁都、迁到哪儿、迁都的影响,一气呵成。

二、加强阅读指导,掌握阅读方法

在历史阅读教学中,教师应针对不同的阅读内容指导学生掌握历史阅读的方法,循序渐进,逐步形成阅读策略。(1)勤思多想。历史阅读的过程其实就是一个积极的思考过程,只有深入思考,才能使学生获得相关的历史知识和历史的思想方法、历史的表达方式。教师应根据不同的阅读任务和性质,向学生提出相应的阅读要求,让学生带着问题边阅读边思考。让学生学会从历史的角度提出问题。如:汉武帝如何从政治、经济、思想文化等方面加强中央集权?分别采取了哪些措施?有何影响?教师要给学生提供问题的范例。要站在学生的角度设计问题做示范,让学生模仿提问,或展示其他同学提出问题的过程。带着问题阅读文本,事半功倍。激励学生"自问"或"互问",如:通过阅读我(你)读懂了什么?我(你)理解了吗?还有什么不懂或想不明白的地方吗?教师还要给学生提供练习、检测、评价自己的机会。(2)手眼脑并用。指导学生养成边读书边动手的习惯,即在课文中划符号,课文旁写评注。学生在读书的时候,需在课本上勾画各种符号,如一般常用的重要语句下面划～～,对"标志""最早""转折"等关键词加△,"???"表示对课文的质疑,"①②③"表示几个内容要点,"‖"表示课文的层次。(3)抓关键词。让学生学会划出题中的关键词句,重点理解。如:中国古代称土地之神为"社","稷"则是指主管五谷之神,"社稷"也因此成为国家的代称。抓关键词"土地""五谷",关于国家的这种理解,反映了我国古代以农业为立国之本。

三、优化阅读过程,养成阅读习惯

历史教科书各章、节之间有着内在联系,指导学生认真阅读教科书是阅读最重要的环节。利用目录、章、节、子目,从全局掌握教材知识结构,形成立体知识网络。教材目录是教材的一个总纲,对整个教材内容起着提纲挈领的作用。教材的章、节标题往往是对该篇、章、节的内容的高度提炼和概括,或者就是该章节的核心内容。把握了整个教材目录,无疑也就把握了整个教材的知识体系。

四、利用课外阅读,拓展阅读思维

课外阅读有助于学生以研究者的身份参与活动,在研究中逐步学会思考,学会创新。教师在教学中,应留出一定的时间让学生阅读,丰富学生的知识面,拓展学生的思维空间。比如高中历史课本中的《秦统一》,这一篇很经典,但是无论老师讲得多精彩,学生如果对秦始皇的生平缺乏了解,如果以前对嬴政这个形象缺乏感性的认识,他又怎么能很好地消化老师所讲的内容,又怎么能更深入地理解嬴政这个人物？如果学生课前阅读过《史记》中的有关篇目，哪怕就是听别人讲过秦始皇陵兵马俑或者阿房宫等的故事，再来学习这篇文章，他就会觉得无比亲切了。

初中历史课堂教学艺术略谈

张　俊*

教学艺术就是教师在教学活动中，运用语言、动作、表情等手段，创设教学情境，创造性地组织教学，使学生在愉快的氛围中高效率学习的教学技能和技巧。初中历史教学中巧用不同的方法、手段，有利于激发学生的学习兴趣，巩固学习效果，加深对知识的理解。

一、从现实生活入境，激发学生学习兴趣

在历史课堂上，教师要充分利用各种条件，创设与教学内容相关的生活情境，把学生带入情境之中，使学生在亲身感受的同时学习知识，开发潜力，培养能力。美国著名心理学家罗杰斯就曾经说过：在教学过程中，只有让学生处于一种无拘无束自由畅达的空间，他们才会尽情地自由参与和自由表达。例如，笔者在九年级第二轮复习"伟大的抗日战争"专题时，就充分利用课后"学习延伸"的内容引入：2003 年 8 月 4 日上午，李贵珍在齐齐哈尔市一个建筑工地上发现 5 个铁桶，其中 4 个整体完好，一个在挖出来时被弄破，里面的"油"溅得到处都是。李贵珍和同伴将几个铁桶切割开，送到废品收购站，并将桶内的油状物倒在水坑里。当晚，李贵珍等人先后出现头痛、眼痛、呕吐症状，被送到医院，确诊为芥子气中毒。在十几天里，就有 40 多人中毒，李贵珍等人经抢救无效死亡。这是新中国成立以来最严重的一起芥子气中毒事件，毒源就是当年侵华日军遗留下来的化学武器。这样就从日军遗留的化学武器伤害中国人民入手，通过图片展示和文字内容表述，激发了学生自主探究学习的激情，就很容易把学生的注意力吸引到课堂上来，上课的效率自然会得到提高。

二、建立良好的师生关系，营造积极的课堂氛围

《学记》有云："亲其师，信其道。"在日常教学中，如果学生对某位老师产生恐惧，那么，对其所教的内容也不会产生兴趣；反之，如果学生喜欢的老师一走进教室，课堂的气氛就会活跃，学生学习的兴趣自然就会油然而生。因此，教师要摒弃传统的师道尊严，注重沟通师生情感，及时进行角色转换，建立民主和谐的师生关系，为学生创造一个积极宽松的人文环境。笔者所教的班级里有个学生叫戴泽文，是个典型的"双差生"，学习差、行为也差，上课爱睡觉，在班级里经常挨笔者的批评。久而久之，他就对我产生了抵触情绪，凡是我讲的话他就不听，凡是我的课他

---

* 张俊，江苏高邮市城北中学，硕士，中学一级教师。

就睡觉。为了改变这种局面，笔者曾多次找他谈话，了解他内心世界的真实感受。上课时主动站在他的课桌旁边，防止他睡觉；下课后叫他到办公室，当面批改他的作业。一个多月以后，戴泽文同学见到我时会主动打招呼，上课也能积极举手回答问题。

三、传授科学的学习方法，指导学生学会学习

指导学生预习，学会科学预习。预习，是学生独立获取基本知识的重要一环。在日常教学活动中，教师会经常发现许多学生并不会预习，他们认为预习无非就是看看历史教科书。其实这种想法是不科学的。针对这一现象，教师可以精心编写每课时的导学案，用导学案指导学生自主学习。如采用填空题或者是简答题的形式，将课本的知识目标进行化解，要求学生在课前完成。学生在自主阅读课文的基础上，就可以找出史实，同时教师要进行指导、巡视，要求学生在书上进行圈画。课前及时把导学案发放给每位同学，让他们在充分预习的基础上完成"预习导学""课堂研讨"和"拓展延伸"三类题目，构建完整的知识结构，提高学习效果。

鼓励学生独立思考，大胆发表自己的见解。吕叔湘先生曾说过："上课的时候就应该以学生的活动为主，教师的活动应该压缩到最低的限度。"调动学生的参与意识，让他们发表自己的意见，敢于和老师、同学展开讨论；为学生提供参与机会，让一切教学活动围绕学生如何去学进行。另外，有计划地组织讨论，为他们提供思维摩擦与碰撞的环境。学生在独立思考的基础上合作交流，有利于其思维的活跃。初中历史本身需要讨论的问题很多，同时有些问题经过讨论可以开阔学生的视野，起到化繁为简的效果。开展讨论时，可先将班级学生依位置关系分成若干个小组，让学生先进行组内讨论；对待稍困难的问题，也可组织全班讨论。总之，课堂讨论不仅能够活跃课堂气氛，还能激发学生的学习兴趣，促进学生的学习。

综合实践活动整体设计校本实施的探索

——以姜堰二中"自主行动式"模式为例

陈 野*

摘 要：综合实践活动课程实施有着自身的理念和追求。本文以江苏省姜堰市第二中学为例,介绍了"自主行动式"综合实践活动课程实施模式的基本框架和实施策略,并对校本实施过程进行反思。

关键词：综合实践;活动课程;校本实施

综合实践活动课程是一门具有鲜明"国家课程校本开发"特色的活动类课程,是此次新课程改革的一大亮点。课程实施至今,虽然已构建综合实践活动课程理论体系,但在实践操作层面上的研究及可供借鉴的成果较少,我们觉得零打碎敲的实施模式不利于课程向纵深发展,缺乏稳定的整体化课程规划已成为制约课程"校本特色化"发展的"瓶颈"。① 因此,探索综合实践活动课程的校本化实施具有重要的现实意义。

一、综合实践活动课程校本实施的基本理念

1. 坚持回归生活的课程生态观

综合实践活动课程要超越学习书本知识的局限,要求学生从现实生活中提出问题,围绕人与自然、人与社会、人与自我三个维度,提出活动主题,并深入自然情景、社会背景或社会活动领域,开展探究性学习、体验性学习、实践性学习等活动,形成对自然、社会和自我的整体认识,发展良好的情感、态度和价值观。

2. 采用综合取向的课程设计观

综合性是综合实践活动课程的基本特征,其活动的主题往往不单纯属于某一学科,而要打破学科的界限,综合多学科知识。该课程设计强调全人发展的课程价值取向,以学生的全面发展为核心,坚持综合取向的课程设计理念。

3. 营造科学与人文整合的课程文化

综合实践活动课程包含研究性学习、社区服务与社会实践、劳动与技术教育及信息技术教育四大领域,其活动涵盖诸多当今社会的焦点问题,如环境问题、道德问题、科技信息问题等。正是通过对这些具有跨学科问题的研究,不仅锻炼和发展了学生自主探究能力、创新精神和实践能力,而且培养了学生的社会参与精神和责任感,提高他们对社会、对他人的人文情怀。

---

* 陈野,江苏省姜堰市第二中学,中学高级教师。

① 杨静娟：《综合实践活动课程规划"校本化"建构研究》,《当代教育科学》,2011 年第 16 期。

二、综合实践活动课程校本实施的模式

苏霍姆林斯基曾说过:"在人的心灵深处都有一种根深蒂固的需要,这就是希望自己是一个发现者、研究者、探索者。而在儿童的精神世界里,这种需要特别强烈。"[①]因此,我们在综合实践活动教学过程中,应重视引导学生参与各种实践活动,让学生在实践活动中掌握自主探究的学习方法和探究能力,逐渐培养学生的创新精神和实践能力。姜堰二中综合实践活动课程的实施模式是"自主行动式",如图1所示。

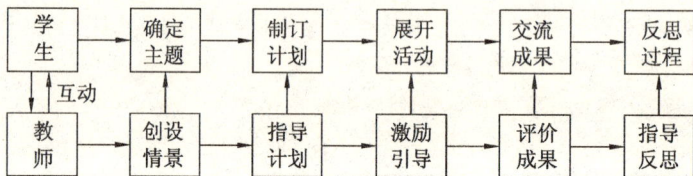

图1 自主行动式实施

在该实施模式中,师生之间的关系是以课程实践为中介的"主主交往"的操作性对话关系,即主体互动、参与合作、交往对话、实践操作关系。教师与学生积极互动、共同发展,要处理好传授知识与培养能力的关系,注重培养学生的独立性和自主性,促进学生在教师指导下主动地、富有个性地活动与学习。

"自主行动式"中的"自主"包括教师"教"的自主和学生"学"的自主。它倡导教师自主地"施教",学生自主地学习,师生共同对课程进行创生性建构。要求教师不仅要落实既定课程计划,还应根据本课程的特点和目标,自主地选择主题内容和活动场所,自创组织形式和教学方法,认识到自己既是课程的实施者,也是课程的开发者和评价者。课程实施时应充分尊重学生的课程自主权利,让学生有更多的机会自己去设计、开发、行动、体验乃至创造,使其享受到探究的乐趣、活动的愉悦、劳动的充实、服务的快乐、创造的幸福,获得并增强使命感、责任感,并得到积极的生存体验。

"自主行动式"中的"行动"一词,既指研究、探究,又指服务、劳动乃至广义上的活动之义。它非常适合研究性学习与社会实践和社区服务整合的主题活动,也有利于两个指定领域与非指定领域的融合交错。如我们开展的"感悟生态文化,见证科技魅力——走进溱湖湿地农业生态园"主题活动,既有研究性学习,又有社会实践和社区服务活动;既是综合实践活动,也可作为学校的德育教育活动或班团活动。

---

① 郭东良:《综合实践活动中培养学生自主探究能力的研究》,《网络科技时代》,2006 年第 7 期。

三、综合实践活动课程校本实施的策略

1. 高起点规划,建设内涵丰厚有层次感的课程体系

我们在校本实施综合实践活动课程过程中突出"本真教育"的理念,紧扣非智力因素,点燃师生的激情。在课程的建设过程中,逐步形成"绿色高一"的理想教育、"紫色高二"的"三自"教育、"红色高三"的成才教育的特色课程体系,始终让学生成为活动的主体,使之成为"青春文化"的主宰。高一年级突出了人生理想教育,从军训的第一天起,就引导学生对人生进行思考、规划,激励学生为实现目标不懈努力,开展了主题为"种下理想、见证成长"的植树节、主题为"展示才艺、张扬个性"的艺术节等活动。高二年级加强了自我规划、自主学习、自觉发展的"三自"教育,通过开展社会实践、学生会自治、常规自我监督等活动,培养学生的能力,开展了主题为"走近老师、亲近学生"的师生节、主题为"呵护心灵、阳光成长"的心理节等活动。高三年级开展了成人与责任的主题班会、成人宣誓仪式、毕业典礼等活动,强化了学生的使命感和责任感。开展了主题为"知书达理、孝悌忠诚"的感恩节、主题为"勇于担当、励志有为"的成人节等活动。

2. 设计管理平台,实现综合实践活动课程网络管理

网络的交互性、超时空性、超文本链接性使综合实践活动课程比较适合在网络环境中进行。基于此认识,我们开发了一个专门为开设综合实践活动课程用的网络平台——"综合实践活动课程网络平台"。该平台为综合实践活动课程提供了丰富的信息资源和方便的信息工具,其结构如图2所示。

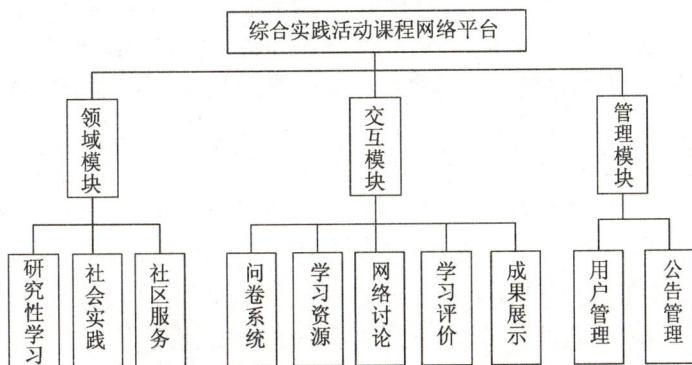

图2 综合实践活动课程网络平台结构图

"研究性学习"的栏目是专门为开展研究性学习而设置的,该栏目有各年级的学生开展研究性学习的相关信息,以便师生在活动中查询、访问。比如,在"学习资源"栏目中,教师汇集了许多可行性比较强的课题供学生选题时参考。学生申报了课题后,就可以在平台中建立自己的课题研究网页,然后将自己的课题研究过程信息适时地上传到网页上,指导教师只要打开该网页就能了解到该课题小组的研究进展。研究性学习合作小组可以借助"问卷系统"对其所关心的问题进行网

上问卷调查,然后系统对调查结果作统计分析。在"网络讨论"栏目上,教师和学生可以运用 BBS、博客、MSN、电子邮件等工具,针对课题研究过程中的某些做法、研究论点、研究结果提出自己的看法,在深度对话中相互促进,不断提高课程研究水平。"学习评价"系统全景记录学生的学习过程,在过程中评价,确保课程评价的全面性和实效性。该评价系统是网上公开透明的,解决了课程评价的诚信难题,确保了评价的客观性和真实性。

"社会实践"中开辟了"军训天地"栏目。军训开始时,每位学生要把班主任姓名、教官姓名、考勤情况、军训日记、军训总结、活动图片等相关细节放到平台上,教学处和政教处检查落实后才给予 2 个学分。"社区服务"中开辟了"社区基地简介"栏目,介绍了全校几个社区基地的情况,让学生在参加社区服务活动之前先了解社区的情况,并对社区服务活动有个初步的了解。"成果展示"中汇集了综合实践活动课程中的优秀案例。我们把这些优秀的案例提供给学生,并且在每一个优秀案例后面都加上指导教师或专家的点评。学生可以通过这些案例和教师的点评了解到开展综合实践活动的目的和意义,大大提高学生参与综合实践活动的积极性。

3. 挖掘本校资源,开发彰显"本真教育"的校本课程

新课程改革的灵魂是以人为本,其核心内容是教育教学要向学生的生活世界回归,关注学生的个性发展。我们认为,"本真教育"正是结合学校实际,对高中素质教育的理论与实践的一种探索,是对现行教育状态的一种反思。所谓"本真教育",是指人的自主、自由、自觉发展的教育,是回归教育本义、完美统一人的个性化和社会化的教育,是遵循师生身心发展规律和教育发展规律的教育。在综合实践活动资源开发的过程中,我们遵循学生身心发展规律,将"本真教育"作为校本课程开发的核心理念。

4. 完善评价体系,凸显课程的"自主评价"

评价是开展综合实践活动课程的一个重要环节,有评价才有促进和发展。综合实践活动效果的评价应该是教师、学生、家长、学校和社会的一个群体评价,但在这个提供评价的群体中,学生应该是评价的主体。在"自主行动式"实施模式中,学生是实践活动的实施主体,应让学生对活动中所思、所践、所行进行自我反思,思索活动中的得失和成败。通过以学生为主体的自我评判,促进学生主体意识、反思意识的形成,真正做到以评判促完善、以评判促发展。

四、综合实践活动课程校本实施反思

1. 研制课程规划是综合实践活动课程校本实施的重要前提

课程规划的过程就是研究的过程。规划并不是纸上谈兵这么简单,需要规划者慎重考虑、整体策划、统筹兼顾,需要经过多次实践的检验,并在实践基础上不断完善规划的过程。综合实践活动课程规划的过程涉及的不仅仅是本学科的教学内容如何安排,更多涉及的是如何将全校性的有效资源纳入课程管理范畴。因此,对

综合实践活动课程内容的系统规划和架构,有利于学校的综合实践活动课程真正地从单个的、随意的"活动"走向系统的、完整的"课程",综合实践活动课程规划需要组建一个专门的团队来研制。①

2. 学生自主探究能力是综合实践活动课程校本实施的必要条件

新课程改革的一个重要目标就是在学习中培养学生的独立自主的行为习惯与能力。而在综合实践活动中,课程是由学生自行选择设计和策划并组织实施的。"自主行动式"实施模式倡导学生自主探索与自主研究,激发学生学习兴趣,促进学生积极主动地投入到实践活动,让学生在快乐的学习中主动获取知识,增强自主学习的意识,提高自主学习的能力。因此,"自主行动式"实施模式对培养学生的自主学习习惯、增强学生的自主意识和问题意识起到至关重要的作用。

3. 提高教师素质和能力是综合实践活动课程校本实施的关键

"自主行动式"模式倡导一种新型的师生关系——"主主交往"的操作性对话,教师扮演指导学生开展综合实践活动的"帮助者"角色。因此教师的综合素质和能力对于综合实践活动课程的实施具有决定性的因素。当前教师主要存在以下问题:一是教师观念陈旧,课程意识淡薄,"课程国家化"意识仍十分强烈;二是教师的知识和能力仅限于专业内,综合能力不强。因此,学校一方面要设法促使教师主动地迎接课程改革的浪潮,实现教师的自主发展;另一方面在新的形势下也要增强培训的针对性和时效性,为教师的专业发展提供强有力的支持,为课程的校本实施提供师资保障。

---

① 万伟:《从活动走向课程——试论综合实践活动课程的"内容架构"》,《教育理论与实践》,2010 年第 5 期。

综合实践方法指导课教学撷谈

潘红梅 *

摘 要:"方法指导课"需要正确处理好学生自主实践与教师有效指导的关系。其基本策略有:了解需要,明确活动指导的主要任务;依据学情,把握方法指导的恰当时机;多元评价,强化方法运用的独特体验。

关键词:课程纲要;综合实践活动;方法指导课

2014年5月,为进一步加强江苏省义务教育阶段综合实践活动课程建设,规范、指导综合实践活动课程的实施,改变学校过于偏重学科课程的倾向,推进江苏省基础教育课程的现代化发展,江苏省制定了《江苏省义务教育综合实践活动课程纲要》(以下简称《纲要》)。《纲要》提出:要从课程内容的建构方式和学生相应的实践活动方式出发,系统梳理各类活动方法,形成较为合理的活动方法指导系列。正确处理好学生自主实践与教师有效指导的关系,是综合实践活动过程中的基本要求,而"方法指导课"无疑能很好地处理这两者之间的关系。授之以渔,才能让学生的能力在实践中得到提升。

一、了解需要,明确活动指导的主要任务

目标是教学的灵魂,是一切教学行为的最初出发点和最终归宿,也是评估教学活动有效性的依据。综合实践方法指导课也要"以学生的发展为本",从了解学生入手,以学生实际和学生发展的需要来明确活动指导的主要任务,确定教学目标。活动的准备阶段,教师要引导学生关注生活,学会发现和提出问题,确立研究课题,制订并完善活动方案,培养学生养成做事有规划的习惯;活动展开阶段,教师要指导学生做好活动记录,保存第一手资料,指导学生合理运用方法,深度展开研究与实践,丰富实践体验;总结交流和评价阶段,教师要指导学生整理过程资料,反思感受和体验,形成实践成果,并尽量在更大范围内展示成果,指导产生新的研究问题,学会合理评价。了解学生活动过程中需要怎样的方法支持,明确主要指导方法,制定适切的教学要求。只有这样,才有利于每一位学生都能积极主动地参与活动,更好地引领学生的发展。

【案例】《电视与我们的生活》——问卷调查法指导课

活动目标:

(1)指导学生认识调查问卷的知识,懂得调查问卷设计的要领,并通过小组合作,设计较规范的调查问卷。

---

* 潘红梅,女,江苏兴化市戴南中心小学,小学高级教师。

（2）完成调查活动,对收集的信息进行汇总、筛选。

（3）养成互助合作精神,提高与人沟通交往的能力。

重点难点:调查问卷的设计

师:同学们,我们制订的"小组活动方案"中都提到了要用"问卷调查法"的研究方法去获取信息,在活动之前,让我们对"问卷调查法"作个了解吧!

什么是问卷调查法? 包括:问卷调查前的准备、问卷调查时需要注意的地方、问卷调查后要做些什么。通过调查,了解学生对问卷调查法的掌握情况,发现学生们普遍不会设计规范的调查问卷,在此基础上,教师确定了本节方法指导课的任务为"问卷调查法"指导课,并将指导的重点难点确定为:初步学会调查问卷问题的设计。

综合实践活动方法指导课的目标定位要立足实际:学生会的不用指导,能在其他同学帮助下学会的技能不用指导……我们需要指导什么呢? 简单地讲,学生研究过程需要什么,我们就指导什么。方法指导要立足实际,立足学生的发展。

二、依据学情,把握方法指导的恰当时机

《纲要》提出:学生的实践活动需要教师的长期关注,因此,教师应主动融入学生活动过程,参与学生的具体活动,要把握活动指导的关键期,在活动中通过提建议、作示范、组织讨论、提供范例等方式,及时指导和帮助学生展开实践。

小学生在知识结构、人生阅历方面都不够成熟,面对的是一门没有"教材"的课程:自主选题、制订计划时,需要教师的指导;走出课堂,走向开放的社会时,需要教师的指导;获取资料,如何取舍利用时,需要教师的指导……因此,教师应该抓住活动阶段的关键点,利用课堂时间对学生进行集中教学,在选题指导、计划制订、阶段交流、信息整理、成果展示、总结评价等阶段,适时上好方法指导课,确保学生实践活动扎实、有效。

1. 关注学生的"困惑"

《纲要》提出:综合实践活动是一门开放性课程,没有书本,没有体系化的教材,超越了封闭的课堂,是面向自然社会、面向学生生活和已有经验的课程。因此,综合实践活动实施的基本要求,就是密切联系学生的生活背景和已有经验,从学生所处的自然环境和社会环境出发,开展综合实践活动。学生在活动中会碰到各种各样的困难,作为引导者、参与者、管理者的教师就要沉下心,和学生一起研究,共同解决"困惑"。

【案例】《关注学校的变化》——访谈法指导课

师:同学们,综合实践活动中研究的方法很多,访谈法就是其中之一。本次活动中多组同学运用访谈法进行研究,可是,大家在进行采访活动时,心里还有不少的担心和困惑。同学们交流了自己的担心和困惑:

（1）要问些什么问题?

（2）紧张、害羞,不知道该怎么开口,不敢提问;忘词了怎么办?

（3）被采访者回答后不知道怎么接话? 无法随机应变。

（4）被采访者讲得太快，来不及记，采访完，内容忘记了。

（5）被采访者拒绝采访、被同学拒绝，以为我们闹着玩……

教师引导交流后及时整理成表格，见表1。

表1　访谈法教学中学生们的担心和困惑

困惑	问什么问题	采访时情绪紧张	无法记录	被拒绝
人数（人）	30	15	8	5
比例（%）	52	26	14	8

师：大家感觉采访前面临的最大问题是：我采访时究竟问些什么？的确，优秀的报道来自成功的采访，而成功的采访大多得助于恰当的问题，采访的问题需要事先精心地设计。今天我们上一节访谈法指导课。

案例中，教师通过调查了解学生对于采访存在的担心和困惑，得出：学生最大的困惑是"问题怎么设计"，并确定其为本节方法指导课指导的重点和难点。

2. 关注学生的"不足"

活动中，教师要尊重学生的生活经验和发展需要、兴趣与爱好，但是，对于学生活动中的不足，应该及时引导学生分析、研究、纠正，学生出现"不足"时教师应给予恰当指导。

【案例】《关注学校的变化》——访谈法指导课

师：同学们，前期活动时，有一个组已经开展过采访活动了。他们的采访是否成功呢？我们一起来看看吧！请同学们仔细看、认真听，并且思考一下：你认为他们的采访怎么样？好的地方有哪些？哪些地方需要改进？待会请你做个小评委，来评一评。

（1）出示视频，学生观看。

（2）交流：

优点：如礼貌、态度大方、口齿清晰等。

不足：★准备不充分。（人员分工、工具的准备等）

　　　　★采访问题没有设计好。

本案例片段，让学生对采访过程中出现的问题进行详细的梳理，然后针对学生的"问题"作进一步的指导，这样的指导才更具针对性。学生不断地在成功与失败的经历中获取信息，反思得失，完善认识，获得真正的体验，提高研究能力。

3. 关注学生的"演练"

一般来说，综合实践活动的实施过程可分为活动准备、活动实施、活动总结与交流三个阶段，每个阶段具有不同的基本任务，要完成这些任务，需要具体实践来支撑。教师要"指导什么""怎样指导"；学生"学什么""怎样学"；是让"学生走向教师"，还是让"教师走向学生"。笔者认为，应该根据学生在实践活动过程中的表现确定指导内容和指导策略。

【案例】《关注学校的变化》——访谈法指导课

师:同学们,今天,我们学习了如何进行合理采访,各小组制订并修改了本小组的访谈方案。接下来我们应该怎么做呢?(生:实地采访)好,今天课堂上老师给大家创设一个访问的情境。我们课堂上听课的老师中有我们本校的老师,有外校的老师,你们可以现场采访。

(1)采访之前,老师引导回顾采访时的注意事项。

(2)指定一小组合作现场示范。(师生共同评议)

(3)小组合作现场采访。(教师巡回相机指导)

(4)小组交流:交流采访心得,请被采访的现场嘉宾指导评价采访。

(5)教师小结

学生学会了设计采访方案,迫切需要进行演练,这时,老师根据学生的实际需求,让学生现场采访,然后评价交流,符合学生的认知规律与心理需求。在探究、交流、实践的基础上,教师及时进行方法的归纳和提炼,使学生对方法的认识从经验层面的感性认识提升到一般方法论的高度,从而发展学生的综合实践能力。

以上片段显示,教师关注学生的困惑、不足,进行操作演练,抓住恰当时机浓墨重彩地加以指导、引领,使各研究方法从知识形态逐步走向技能形态,并最终转化为学生的能力。

三、多元评价,强化方法运用的独特体验

《纲要》提出:综合实践活动课程以过程评价为主,评价方式上倡导"多元评价",突出对学生学习过程的体验、情感、态度、价值观和综合能力的评价,是一种以自我为参照的评价。

综合实践活动课程本身具有开放性的特点,评价也应该具有开放性,在学生自我评价的基础上,应尽可能采用集体讨论和交流的形式,将个人活动的独特体验或小组的合作经验及时展示出来,并鼓励相互之间充分发表意见和评论。

【案例】《寻找生活中的浪费现象》——"资料的整理与加工"指导课

表2 《寻找生活中的浪费现象》综合实践活动评价表

班级＿＿＿＿＿＿＿＿　　活动小组＿＿＿＿＿＿＿＿　　姓名＿＿＿＿＿＿＿＿

实践活动	学生自评			队内互评			教师评价			总评
	☆☆☆	☆☆	☆	☆☆☆	☆☆	☆	☆☆☆	☆☆	☆	
方案设计										
收集资料										
团结合作										
成果展示										

【案例】《关注学校的变化》——访谈法指导课

师:接下来,我们就请这组同学去采访刘老师。其他同学做评委,待会老师请你评价一下,你觉得他们哪些地方做得好,哪些地方还需要改进。

(1)采访刘老师。

(2)交流:

同学评价:谁来做做小评委?

采访者自我评价:交流自己运用访谈法的独特体验。

采访对象进行评价:作为被采访者指出采访者的优缺。

在以上案例中,对于活动过程,既有同学的评价,也有自我评价,还有采访对象的评价,这样的一个多元主体评价对于学生的发展是非常有利的。在方法指导课中,鼓励学生进行自我评价,能提高学生的活动积极性、主动性,促进活动中的反思,有助于培养学生独立、自主和自我发展的能力。同学的相互评价也是学习与交流的过程,能够更清楚地认识到自己的优势和不足。多元主体评价能够从不同的角度为学生提供有关自己学习、发展状况的信息,有助于学生更加全面地认识自我。

综合实践活动课程资源开发（论坛）

基于学生需求的综合实践活动课程资源的开发

张仕进　刘安早 *

综合实践活动课程资源是指那些富有教育价值的、能够转化为综合实践活动课程内容或服务于综合实践活动课程开展的各种条件的总称。综合实践活动课程的实施，离不开一定的课程资源。有效开发综合实践活动课程资源是综合实践活动课程常态实施的内在要求。近年来，我们从区域学校和学生发展的实际出发，探索了开发综合实践活动课程资源的策略，推动了综合实践活动课程在区域内的稳步发展。

一、从地方特色中挖掘课程资源

学校所处的地区，都有其明显的特色。将这些地方特色开发成课程资源，既可以让学生学到探究问题的本领，还能增强学生对本地的了解，增强自豪感，提升他们热爱家乡的情感。

安丰初级中学从地方特色中挖掘四大特色，建构四大资源板块。安丰有"四大资源"，一是享誉中外的"红膏大闸蟹"。安丰地区河蟹养殖资源十分丰富，曾被评为全国河蟹第一镇，万亩蟹塘为开展实践活动提供了广阔的空间。二是口味独特的"三腊菜"。安丰的特色风味小吃"三腊菜"，风味独特，是当地的一种土特产。三是闻名遐迩的"豆制品"。"豆腐、百页当大菜"，安丰的豆腐、百页口味独特，是南来北往的客人们宴席上必点的一道菜。四是独特纯朴的"民风情"。"新娘夜里带"等民风习俗体现了安丰悠久的历史和丰富的人文资源。诸如，昭阳湖初级中学、茅山中心学校、新垛中心学校开发了"昭阳湖文化""茅山号子""水浒文化"等特色资源。这些优质课程资源为学生开展综合实践活动提供了广阔的背景。

二、基于学生发展中的问题开发课程资源

综合实践活动课程资源的开发会对学生的发展成长产生诸多影响，安丰初级中学把学生成长发展中出现的问题作为开发课程资源的基点，关注学生发展成长。

从学生的生活实际出发，开发"理财实践"资源。"学生在学校接受教育的过程也就是学生的生活过程、成长过程，学校教育不能脱离学生的现实生活而存在。"如现在中小学生手头上过多的零花钱并没有给他们的健康成长带来帮助，相反却导致不少学生成了问题青少年。针对这种普遍存在的消费问题，学校开展了

---

* 张仕进，兴化市安丰初级中学，中学特级教师；刘安早，兴化市教育局教研员，中学高级教师。

"初中生理财教育实践的研究",开发了《初中生理财实践活动》课程资源。在"理财教育实践"主题统领下进行了系统教育和系列实践。学生根据自身的行为特点,从"认识财富""合理使用零花钱""当家理财""购买打折商品""学习简单的投资理财"等方面选择适合自己的实践主题,开展理财实践活动。他们每周制订消费计划,填写消费记录,进行消费合理性的讨论,同伴之间相互监督,在深度体验中矫正消费中的不良现象;他们在"今天我当家"实践活动中,从一日三餐到衣食住行到投资理财,和父母一起打工赚钱等多样化的理财场境中进行深度体验,他们的道德认知和道德行为在碰撞中,矫正了比吃、比穿、比阔气、追求奢侈、贪图享乐的消费行为,逐渐构建起科学的良性的消费价值体系,懂得通过自己的劳动来创造新生活。

从学生的发展出发,开发"志愿服务"课程资源。针对不少学生受社会多元价值观和功利性应试教育的影响,造成情感淡化、道德沦丧、责任感缺失等现象,学校把"培养学生奉献、友好、互助精神,培育学生社会责任意识"作为资源开发的重点,探索并构建了志愿服务的内容体系、管理体系和方法体系,开发了"中小学志愿服务体系建设"课程资源。学生根据自己的兴趣与能力,在校园服务、社区服务、公益服务等方面选择服务项目,如在九九重阳节,开展"服务身边的老人"志愿服务实践。学生自主选择服务项目,走到敬老院、福利院,走进社区、乡村,就身边的老人生活状况展开调查研究,从"老有所养、老有所医、老有所乐"等方面进行项目设计,然后根据自己的兴趣爱好和特长,有的做爱心拐杖,有的进行生活护理,有的讲解安全健康常识,有的自编节目来表演。在照料老人生活起居、与老人进行心灵交流等服务中提升了关爱老人、关爱社会弱势群体的责任意识。他们的"自觉服务"的道德情感在志愿服务实践中得到了矫正和提升,促进了内在品德建构,表现出了道德的自为能力。

三、注重学科主导类课程资源开发

所谓学科主导类课程资源是指学生在学科知识学习过程中发现问题,在教师的指导下运用其他学科及生活领域多方面的知识技能来解决问题而形成的课程资源。这类课程资源是基于学科学习中产生的问题,强调学科内拓展和学科间整合联系,并向生活延伸,尝试解决生活中发现的问题。

近年来,在江苏省教研第9期重点课题"基于区域统筹的学科主导类综合实践活动课程资源的开发研究"引领下,把学生在学科课程学习中发现的问题进行统整、重组,开发组成"思品与社会""体育与健康""文史与人文""数理与科技""艺术与人生"等几大类课程资源。如根据"思想品德"中相关尊敬父母的内容,开发出"中华孝文化"课程资源,建构现代孝文化的内容体系,把孝文化教育融入中小学思想品德教育中去;根据"数学"中相关"一元二次不等式"的内容,跨学科开发出"声音的强度研究(噪音的研究)""汽车刹车的距离问题研究""汽车追尾问题的成因和预防研究"等;根据"地理"中关于"世界气象日"的内容,开发出"监视天气,保护人民的生命财产"为主题的课程资源,开展"生活中的天气与气候"研究等;还有"时事热点大家谈""历史之谜想知道"等。

学科主导类课程资源开发过程中要注重资源整合。一是内容整合。从学科内知识体系的纵向衔接角度及学科间相关知识的横向衔接角度统整资源内容,并根据实践活动的需要对资源进行选择、加工、重组,将学科中概念的内容生活化、枯燥的内容情趣化、深奥的内容通俗化、抽象的内容具体化,从而达到学科间课程资源的最优化。二是形式整合。充分利用原有的已经积淀下的各种资源,更集中、系统地发挥这些资源的效能,实现以最小的成本获得效果的最优化,实施"学科渗透、班团队活动、社团活动"等多位一体。

四、课程资源开发的原则

综合实践活动课程资源是丰富多彩的,开发和利用课程资源的方法也是多种多样的。在开发与利用综合实践活动课程资源的过程中,要关注以下四个方面。

第一,加强专业师资队伍建设,提高教师课程资源的开发能力。教师是课程资源开发的主体,在课程资源建设中,要始终把教师队伍建设放在首位。安丰市将全市的综合实践活动骨干教师吸纳到综合实践活动中心组和名师工作室中,加强培训培养,进行资源开发研讨,把开发成果作为骨干教师考核的基本要求。让骨干教师知道,重要的不是选择这种或那种课程资源,而是要意识到各种课程资源所要解决的问题以及伴随而来的新问题,以便根据课程实施的要求,做出决策。

第二,注重培育课程资源,将课程资源开发研究纳入课程发展规划中。学校应从自身实际出发,加强课程资源培育,逐渐开发并形成一批独特的、稳定的、优质的课程资源。在区域层面上,如兴化城区板桥等名人文化、戴南不锈钢、缸顾油菜花、李中水上森林等这些特色资源经过培育已基本成熟。这些资源贴近学生生活实际,密切了学生与自然、社会、生活的联系,为学生开展实践活动提供了支撑。

第三,强化课题研究引领,促进课程资源多样化发展。依托课题的研究,借助于先进的教育教学理念,开发学生喜欢的、可实践操作的课程资源。安丰初级中学承担研究的教育部综合实践活动重点课题"综合实践活动课程研究与实验"、重点子课题"利用当地资源搞好综合实践活动课程校本课程的开发研究",戴南高级中学、安丰高级中学、新垛中心校承担研究的江苏省教育科学"十二五"规划课题"学科主导类综合实践活动课程资源的开发研究""乡土化高中综合实践课程资源的开发与利用研究""水浒文化资源的开发研究"等多项课题,重点研究开发课程资源,促进了区域层面上课程资源的多样性、个性化发展。

第四,加强课程资源开发组织建设。学校领导要重视课程资源开发,制定制度保障课程资源开发力度,加大资金投入,加强阵地、基地建设。

基于昭阳湖文化的综合实践活动课程资源开发

沙国禅 *

兴化市昭阳湖初级中学是一所新建的公办初级中学,学校地处昭阳湖畔。楚地文化和昭阳湖的特质孕育了这片土地,学校的校名由此而来。学校在昭阳文化建设和特色打造上,把综合实践活动课程的开发与实施作为一项重要内容。在课程资源的开发上"既体现学校办学的价值追求,又要满足学生的发展需求,让学生在精心设计的、课程化的环境下得到滋养,快乐地成长"。

一、立足学校文化,"接地气"的开发

综合实践活动课程资源的开发首先要立足学校实际,做好"接地气"的开发。所谓接地气,就是从学校的文化、地名、校名等方面开发课程资源。

楚将昭阳是我们这块土地的先祖,昭阳将军"昂扬进取、奋发有为"的精神,以及昭阳湖水"柔善、平和、包容、低调"的品性,是我们的宝贵财富,也是我们后代人应该传承和发扬的优秀文化。学校注重从学生实际与学校特色文化构建之间寻找课程资源开发的生长点,重点从昭阳将军、昭阳湖、昭阳八景、昭阳书院、昭阳历史文化名人等方面进行开发研究,开发出学校独特的课程资源。学生在对这些独特的"地气"资源研究中,选择自己喜欢的探究内容开展研究,能够充分挖掘学校的独特文化内涵,践行文明、和谐、包容、友善等社会主义核心价值观,提升爱校爱家乡的情感。

二、面向学生发展,"得人气"的开发

综合实践活动课程是学生的课程,是一种向学生生活领域延伸的综合性课程。综合实践活动课程的开发与实施,应贴近学生实际,让学生在实践活动中,快乐地学习、快乐地体验、快乐地探究,让每个学生都喜爱综合实践课程。

学校面向学生的个性发展,开发了学生感兴趣的"兴趣课程",如十字绣创作、集邮、茶艺、棋类、书画类、篮球、乒乓球、跆拳道、舞蹈、航模、机器人等;开发了学生喜爱的"社团课程",如志愿服务、环境保护、影视文化、走进动漫、创意广告的欣赏与设计、校园文学社等。

开发面向学生发展的课程资源充分体现了选择性和发展性的原则,尊重学生的自主选择和个性发展。学生在他们喜欢的课程学习实践中,经历多样化实践学习体验,经历发现问题、探究问题和解决问题的基本过程和方法,潜能得到充分开发,个性得到自由发展。

---

* 沙国禅,兴化市昭阳湖初级中学校长,中学高级教师。

三、突破发展瓶颈，"强底气"开发

新课程改革以来，综合实践活动课程实施 10 多个年头，课程实施仍处在一个尴尬的境地。一个普遍的现象是，在升学压力下，课程成了"说起来重要、做起来次要、忙起来不要"的边缘课程，课程总是在低效的状态下运行。其中一个重要的原因就是课程实施缺少了广大学科教师的积极参与，课程发展底气不足。

在江苏省教研第 9 期重点课题"基于区域统筹的学科主导类综合实践活动课程资源的开发研究"引领下，我们注重"学科主导类"课程资源开发，引导广大教师把学科知识向外延伸，并与其他学科知识进行重组，精心设计一些问题情境，引导学生通过自主学习建构知识、梳理知识之间的联系，并把所学的知识用于解决生活中发现的问题，提高学生运用知识解决问题的能力。例如，在学习思想品德中"孝敬父母"的内容时，引导学生开展"关于孝文化的研究"，从孝文化的内容体系建构到孝心的实现途径的探究，再到生活中的立身行道。学生在一系列的实践探究中，提升了"善事父母、尊老爱幼、热爱祖国"等情感。又如，在学习地理知识时，把学生的视野引向与自己生活密切相关的乡土地理、兴化旅游等领域，使开发的课程内容与原来的地理学科知识建立一种实质性的联系。这样不仅丰富了学校的课程资源，也提高了学生的学习兴趣，丰富了课程的文化内涵。此外，根据学生的身心发展特点及课程学科属性、学习规律及迁移的方法，打破学科之间的壁垒，开展跨学科探究。开发整合如"思品与社会""体育与健康""文史与人文""数理与科技""理化与生活""艺术与审美"等方面的课程资源。

水浒文化资源校本化开发

钟之航[*]

兴化市新垛中心学校，位于施耐庵故里——施家桥附近。学校立足这项独特的文化资源——施耐庵故里，有效开发综合实践活动课程资源。

一、走访施家桥，动手编写施耐庵故事

学校利用当地独特的文化资源——《水浒传》作者施耐庵故里，开展综合实践活动，并有效开发课程资源。

在学生阅读名著的基础上，指导学生开展走访施耐庵故里活动，采访施耐庵后人，听他们介绍相关施耐庵的生活轶事，发掘流传在民间的施耐庵故事。在施耐庵陵园，学生参观陈列室、看古迹、听介绍，活动之后将收集到的材料进行整理，并筛选提炼，编写了《施耐庵故事》，为学校"水浒文化校本化"课程资源的编写提供了最原始、最真实的素材。

---

* 钟之航，兴化市新垛中心学校，小学一级教师。

二、开展多种实践活动,个性化解读《水浒传》

开展"阅读《水浒传》原著,评水浒人物"的研究性学习活动。学生在阅读原著的过程中发现问题、提出问题,从而解决问题,对水浒人物进行个性化解读,探究水浒人物的不同性格。开展"我看水浒人物"研究小论文演讲比赛,在活动中加深对原著人物形象的了解。学校将水浒人物 108 将的介绍宣传画挂在走廊上,组织学生讲解水浒人物。他们的讲解不完全依赖小说中的介绍,而是依照自己对人物的理解进行讲解。开展"水浒人物星级讲解员"星级评比,引导学生在了解水浒人物的基础上,形成个性化解读。学校根据学生的解读,编写了《我看水浒人物》课程资源。

成立"亲近水浒会"社团,正常开展社团活动。社团活动的主要内容,是由学生将在开展水浒文化探究活动中遇到的问题,带到活动中来,社团成员或用自己的知识进行帮助,或提出解决的思路,共同解决实践中遇到的问题。

建立"我爱水浒——家校联动"活动机制,邀请专业水浒研究专家、地方水浒爱好者等走进校园,走进课堂,共同探讨水浒文化。

三、依托课题研究,促进校园文化建设

学校利用水浒文化资源,开展课题研究。我校申报的"水浒文化的校本化研究"课题被立项为江苏省教育科学"十二五"立项课题。在课题研究过程中,我们抓住这具有浓郁文化特色的乡土资源,进行充分挖掘、精心提炼,形成了许多关于水浒文化研究的综合实践活动主题。在活动实践中,学生根据自己的兴趣爱好,选择自己的探究主题,如到施耐庵陵园进行实地考察,参观施耐庵的故居砚台地、梁山水泊的诞生地芦苇荡和资料陈列室等地,走访施耐庵后人施恂广老人,追寻历史的足迹。这些活动激发了学生的好奇心,也培养了学生的探究精神。

在此基础上,学校开发了"水浒文化校本化"课程资源,为广大师生持续深入开展水浒文化探究提供了有力支撑。

综合实践活动课程资源的开发途径

徐国军*

1. 社区资源。公共机构、职业组织和社会团体亦是综合实践活动的重要资源,可"请进来",邀请消防队、交警、公安部门到学校给学生做报告,还可邀请农民企业家、农村基层领导与学生互动交流。戴南镇的不锈钢产业闻名全国,戴南高中多次有针对性地邀请企业界人士向学生做"机遇与积累""经济发展与教育""青年时代的理想与终生奋斗"等报告。一些语文老师充分利用生活中这些活的资源,

---

* 徐国军,江苏兴化市戴南高级中学,中学一级教师。

组织学生走上街头,检查标语横幅、牌匾广告中的用字、用语情况,搜集语言误用的实例,向有关部门提出改正的建议。通过这样的实践活动,学生们活用所学知识处理实际问题的能力得到了极大的提高。学校组织学生开展社区环境现状调查,地理综合实践小组同学的治污小论文受到了镇领导的表扬,从而增强了学生们的环保意识。

2. 媒体资源。一些好的电视栏目能够帮助学生更快捷地获取知识、更新观念,更深刻地认识社会、体验人生。教师可鼓励学生观看一些央视名牌栏目,如《东方时空》《焦点访谈》《东方之子》《新闻调查》《面对面》《实话实说》等。例如:中央电视台的《焦点访谈》播放了戴南不锈钢的发展,节目播出后,在学生中引起了极大的反响,许多学生在周记中写下了自己的真实感受。报纸作为传统的印刷媒体,也是学生们获取新鲜信息、了解社会、了解世界的重要渠道。学校还可以组织学生进行专题性的读报活动,并将读报成果以剪贴报、手抄报和专题报告等形式在校内展示。如奥运会、世博会这些热门话题,可以组织相应的主题读书活动,让学生搜集整理报刊资料,完成研究报告,在班上汇报,并将研究成果装订成册。

3. 网络资源。当今社会发展已经跨入信息时代,信息资源已成为人类生存的重要资源。一些好的搜索引擎还能帮助学习者以便捷的方式浏览网上资源,如Google、Baidu、Excite、Yahoo等。互联网为青少年探索未知世界、了解社会人生提供了一个很好的途径。在戴南高中《宋词的人性美》研究性学习活动中,一位教师就曾引导学生充分利用互联网资源。具体做法如下:全班同学分成几个小组,各小组的学生利用业余时间从网上搜寻下载大量与主题相关的文字、图片、视频资料,经过筛选、加工,完成小组研究报告及个人简报。个人简报的表达形式有电子演示文稿、网页等。一些教师、学生制作的个人网页挂上了互联网,丰富了网络教育资源。

4. 家长资源。家长拥有广泛的职业背景、丰富的人生经历、独特的技能专长,可以成为综合实践活动的有力支持。蒋绍广老师的主题班会"爱心教育",特邀部分学生家长作为访谈嘉宾,在拓宽教育素材的同时,搭建了一个平台,促成了学生和家长之间的坦诚对话。整个活动共分5个环节:焦点访谈—爱心时空—交流对话—家校互动—家长寄语。课堂上家长们畅谈自己的人生经历、奋斗中遭遇的种种挫折、生活中的种种遗憾、对社会对人生的深沉感慨、对子女的殷切希望等。学生们比此前更多地体会到了父母的关爱和艰辛。

5. 学生资源。学生的生活经验、社会体验、知识的储备、个人经历和各方面的素质也是课程资源开发的一笔宝贵的财富。因此,应开发学生已有的经验、知识、技能、兴趣、爱好、困惑、学习方式、学习过程、学习结果等资源。

【案例】 由作文课引发的课题研究

作文题《阳光·生命》,同学们切入很快,有位女同学很快构思好了,当场朗诵草拟的文章主题,当读到"阳光极其公平地照耀我们"时,一男生突然说:"阳光公平吗?",女生反问:"怎么不公平?",教室里一下子寂静下来。老师看了男同学一眼,然后扫描了全体同学,说:"公平不公平我们说了不算,要有论据。"很快班上分成两大组,一组认为公平,一组认为不公平,大家唇枪舌剑,拿不出答案。老师说:"争论固然有一定的效果,但没有主题的争论和没有论据的假如说明不了问题,大家想想,该怎么办?"立即有同学提出方案,下课查资料。谁负责查,谁负责整理,分成了几个小组。一周后的结果,有两个题目特别有趣,一是《一楼的阳光——试论阳光的不公平》,从建筑学的角度谈了楼距问题,涉及了地理、物理和数学上的诸多难点,同学们列举了许多高层住宅区的楼高与楼距,调查了许多一楼住户的亲身感受,请教了地理老师关于太阳高度的问题、冬至日太阳直射的问题,数学老师的角的计算,等等。一是《渴望阳光公平——浅谈教育公平》。学生们把阳光抽象化了,比喻成教育公平。同学们进行了问卷调查,不同学情、不同学区的学生,对不同社会阶层的人士都进行了调查,大量的资料证明,教育公平目前仍是一种"渴望",因为体育课也都"被阳光"了。

这是典型的"微课程",由作文教学指导课延伸出来的综合实践"微课程",这位老师具有较强的课堂教学智慧与课程设计能力。主题研究活动密切了学生与生活的联系、学校与社会的联系,提高了学生对自然、对社会和自我之间内在联系的整体认识,体现了综合实践活动"面向学生完整的生活世界,为学生提供开放的个性发展空间,引领学生走向现实的社会生活"的课程理念,十分成功。

国际象棋课程实施策略

李小玲*

江苏省兴化市实验小学是一所百年老校,国际象棋课程是学校的特色项目,学校把国际象棋作为综合实践活动课程常态实施的一项重要内容。通过开展国际象棋学习研究,传承象棋文化,形成学校国际象棋特色课程,培养出了谷笑冰、侯逸凡等全国知名的国际象棋大师。国际象棋特色课程的开展为学生的健康成长、优秀品质的培养营造了良好的环境氛围,搭建了多元发展平台。

一、"五化"同步,推进课程实施

1. 课程化。每班每周有一节国际象棋课,每周五安排半小时活动时间,做到既有普及又有提高。校国际象棋教研组按年级组划分,根据学生年龄特点和实际水平有针对性地开展活动,使各学段学生都会有所收获。

2. 育人化。重视国际象棋中的德育元素,充分发挥国际象棋的育人功能。既让学生在象棋学习实践中勇于争先、敢于拼搏,又让学生正确对待名次、成绩,做到

---

* 李小玲,女,兴化市实验小学,小学高级教师。

胜不骄,败不馁,走好人生的每一步;指导学生既能够在游戏、比赛、竞技前做好充分的准备,发挥出自己的水平,又能够坦然地接受各种结果,把运动和比赛作为一个"过程",为学生的全面发展奠定基础。

3. 层次化。每班成立国际象棋兴趣小组,建立校国际象棋特色项目代表队,按年级分一二年级组、三四年级组、五六年级组,成立国际象棋普及班、提高班和精英班,使特色体育项目形成梯队。各代表队每周安排训练课。

4. 家庭化。通过家长会、班主任家访等途径,宣传和动员学生家长参与国际象棋教学之中,形成共识。全校百分之八十的学生的家庭都能参与到子女的国际象棋活动中来,小手牵大手,形成合力。学校每年举行学生与家长参加的家庭国际象棋对抗赛,社会反响强烈。

5. 竞赛化。把国际象棋学习与竞赛活动结合起来,每年定期举行全校性的国际象棋竞赛活动,在竞赛中提高学生的棋艺与实战能力。每到这时,校园里便热闹非凡,到处洋溢着关于国际象棋的欢声笑语,到处都是国际象棋棋子碰撞的声音。每年学校所有在职教师也进行国际象棋攻擂赛,以赛促教。

二、"四方"合力,完善课程管理

学校教导处具体落实国际象棋的课时、师资、实施、比赛交流等常规教学工作要求。

学校教科室、综合实践活动课程教研组等共同负责各项主题活动的开发与组织工作。

以课题"努力打造学校新特色,大力推进国象进课堂"为引领,教研组进行定期研讨、上课,做好资料积累和收集工作。

指导教师认真制订活动计划,确保活动质量。指导教师在学校制订实施方案的基础上,开展活动,并及时记录活动过程和活动案例。

三、全面聚力,提供课程保障

从管理网络、人员安排、经费预算、后勤保障等方面进行全面规划,提供师资、场地、时间、经费、设备和制度上的全方位保障。

成立学校教研组,制订详细的研究方案和计划。

加大资金投入,配齐相关设备。

加强任课教师的专业技术培训,建立必要的规章制度。

在各年段各选 2～3 个班进行先期试点,逐步铺开,定期举行校内公开教学观摩和成果展示。

定期交流心得,及时总结,撰写案例和各种层次的论文。

四、多元衡量,丰富课程评价

国际象棋特色课程评价坚持评价内容多元、评价方法多样、过程性评价和终结性评价相结合。具体形式有:自我评价、集体评价、小组评价、家长评价、教师评价、社会评价等。

对于教师课堂教学评价,采用平时检查、阶段性检查、听课、过程性材料收集、学生的情况反馈等。具体形式有:教师互评、学校评定、学生评价、家长评价。

建构主义对综合实践活动课程实施的影响

万兴乔 *

建构主义认为任何知识都是由人建构的,知识不能完全避免人的主观性。建构主义学习理论将"情境""协作""会话"和"意义建构"看作学习中的四大要素。综合实践活动课程的理念就是"突出学生的主体地位,引导学生主动发展","面向学生完整的生活世界,为学生提供开放的个性发展空间","注重学生的亲身体验和积极实践,发展创新精神和实践能力"。引导学生在社会生活中学习,在实践中发展,为学生探究、理解各种新的社会问题提供特殊的机会。建构主义对综合实践活动课程实施的影响主要表现为:

第一,对知识、技能获得方式的影响。美国哈佛大学的墙上有这样一段话:"听到的容易忘记,看到的能够记住,动手做了才能真正理解。"从建构主义观点来看,学生对知识的主动建构主要表现在参与目标的提出或确定与在"做"中学两方面,正如莱夫与温雅(Laveand Wenger)指出的"知识从实践而来"。综合实践活动实施,从主题选择、分解子课题、活动、汇报等环节都应当是学生主动参与获得知识的过程,在此过程中学生综合运用所学的知识经验去解决各种实际问题,提高解决实际问题的能力。

第二,对学生能力情感价值观的影响。建构主义要求学生形成"自己是知识建构者"的自我定位,从而采取一种更加积极能动的学习方式和策略。学生应该认识到自己拥有探究及解决问题的自主权,通过独立思考及与他人的交流对话,使自己成为知识的积极建构者。综合实践活动实施强调学生乐于探究、勤于动手和勇于实践,注重学生在实践性学习活动过程中的感受和体验,发展学生的创新精神和实践能力。如江苏省义务教育阶段综合实践活动课程的"能力目标"细化为"发现和提出问题的能力""团队合作能力""组织规划能力""信息搜集与处理能力""动手操作能力""沟通表现能力""观察能力""反思与自我管理能力"8个方面。

第三,对课程实施中的师生关系的影响。建构主义者认为学习不仅是个人的行为,还是一种社会交往的行为。建构主义提倡"合作学习",要求学生超越单一的封闭式学习,在亲身经历、体验的实践活动中进行合作学习。综合实践活动是由师生双方在活动展开过程中逐步建构生成的课程,教师的作用不在于"教"而在于"导"。

---

* 万兴乔,兴化市安丰初级中学,中学一级教师,兴化市学科带头人。

第四,对课程内容与评价方式的影响。建构主义希望把学习置于真实的、复杂的社会情境之中,反对简单化地处理学习内容,主张不同的问题情境,在实际生活中进行学习与迁移。综合实践活动课程没有固定的内容,各校可以从学生的家庭生活、学校生活和社会生活中选取材料,也可以从自然或自我方面开发资源,涉及领域非常广阔。

农村中学综合实践活动实施需要"四心"

朱传美 *

1. 校长真心。对综合实践活动课程,一些校长"下欺上瞒",检查工作的来了,"开展"得有声有色;检查工作的一走,"涛声依旧"。综合实践活动以"设备不全,没有资金来源""安全第一"为借口难以真正实施。一些校长课程意识淡薄,不少学校(尤其是高中)不安排课务,即使安排,也形同虚设,教师很难在课程资源的开发和利用上下功夫,直接导致综合实践活动课形同虚设。在农村,学校要想真正搞好综合实践活动,需要校长付出真心。设立综合实践活动专项资金,建立综合活动实践基地;学校应建立相应的教研组织,开展形式多样的教研活动,加强校际间、教师间的协作,迅速提高教师的指导水平。大力推进综合实践骨干教师、专职教师培训,发挥骨干教师的带头作用,壮大教师队伍。

2. 老师用心。由于多种因素,部分教师思想上对综合实践活动课程认识不足,在他们的潜意识里认为"主科"重要,综合实践活动连"副科"都不如。在职评、绩效中综合实践也没地位,导致教师对这门课程不关心、不用心。教师在遇到具体问题时,不自主深入思考;在对学生指导时,泛泛而谈,只讲一些空话套话,没有任何实质意义的指导,把几乎所有的时间和问题全交给学生,往往导致综合实践课的低效甚至失败。更有甚者全部让学生介入,让学生一个人包办,借助网络下载交差。在农村学校要想真正搞好综合实践课,老师真正用心付出是多么重要。因此,一方面学校要加强师资培训,努力提高教师师德水准;另一方面作为教师本身,应该正确认识到综合实践活动课程的重要性,加强学习、探究钻研,掌握综合实践活动的指导方法,形成自己的指导特色,以保证综合实践活动在农村学校的有效实施。

3. 学生专心。我们发现,即使开设了综合实践活动课程的学校,仍然存在着一些不如人意的现象:部分学生在具体实践中不尊重事实,伪造数据,或为了达到理想的"结果",随便篡改数据,没有严谨的科学精神;部分学生不积极参与活动与研究,坐享其成;为讨老师欢心或重视,部分学生甚至盗取他人研究成果;部分学生

* 朱传美,女,兴化市戴南高级中学,中学一级教师。

缺乏合作精神,拈轻怕重、斤斤计较,不能按时完成任务。我们的问卷调查显示,97.3%的同学欢迎综合实践活动课程,94%的同学认为综合实践活动课程有助于探究能力的提升,93%的同学认为综合实践活动课程不会影响"主课"的学习。学生的内心想法与现实表现让人不敢置信,究其原因:学生缺少学习的选择权、自主权;追求高考分数已经成为学校社会家庭的主流意识,学生无可奈何;长期的应试教育已经使学生失去了观察的眼睛、飞翔的翅膀、独立的精神。所以,给学生松绑、减轻学生负担,不仅要让他们仰望星空,更要让他们脚踏实地,这是我们每一个有良知的教育工作者必须要意识到而且要做到的。

4. 家长关心。在农村,开展综合实践活动很难得到家长的理解与支持。首先,综合实践活动课程没有固定的、体系化的知识内容,让人看不到"成绩"和对考试有用的"知识",其教育价值是"隐性"的,而不是"显性"的;其次,农村广大的家长还没有从应试教育的传统观念中解脱出来,知识改变命运已经形成共识。长期以来形成的学校与社会评价体系不对等现象,使得学校在开展综合实践活动时有顾虑,畏首畏尾,被动应付。所以说,在农村学校要想真正搞好综合实践活动,需要家长的关心。同时我们还应意识到家长也是非常重要的综合实践活动课程资源,综合实践活动课程的开展不仅需要家长关心,更需要家长参与。我们认为,家校"沟通"是最好的方式,学校应定期召开家长会,宣传综合实践活动的重要性,定期召开综合实践活动成果展览会,邀请家长参观,用实践成果说话,赢得家长的认可与支持。

我为什么喜欢上综合实践活动课?

王红兵 *

今年我赴加拿大、澳大利亚参加了英语教师暑期培训,在加拿大和澳大利亚的所见所闻、所思所想,令我深有感触:我们的教育怎么了? 看着身边这些优秀的教师,他们为了教育,一心扑在孩子的身上,呕心沥血,然而,我们教育出来的孩子却是只会考试的"书呆子",严重缺乏动手能力和创新能力。

在一个非常偶然的机会,我接触到综合实践活动课这门学科。刚一接触,我就喜欢上了这门学科,对于我这样一位已经从教 20 多年的老教师,综合实践活动课依然给我一种不一样的感觉。从综合实践活动课中,我似乎看到了中国教育的希望。也许中国的教育从这里可以翻开一个新的篇章。

综合实践活动课吸引我的重要一点就是,它消除了应试教育的课内与课外之分。在传统的教学模式中,课堂就是我们学习的地方,准确地说是我们学习文化知

---

* 王红兵,连云港市东海县第二中学,中学高级教师。

识的地方。课堂上教师教和学生学,这是天经地义的事,课堂学习与课外活动是没有联系的。而在综合实践活动课中,就没有课内与课外之分,我们在课堂上完成的,可能就是为在课外活动而做的准备,同样,课外活动又是对课堂上学习内容的一种践行,课内和课外相辅相成,是一个完整的、不可割裂的学习过程。

综合实践活动课吸引我的另一点是,综合实践活动课弥补了应试教育中欠缺的体验式学习。在应试教育中,教师在课堂上不厌其烦地进行说教,这样的课堂学生怎能不乏味?在综合实践活动课中,活动的过程也就是学习的过程,在活动中既有知识与能力的蜕变,又有对活动过程的体验和体味。在动物的成长过程中,是没有冗长说教的,只有幼时捕猎与如何躲避捕猎的游戏,而当它们成年时,这些看似幼稚的游戏,正是它们最基本的求生本能,这些又岂能是说教所给予的。人亦如此。

综合实践活动课还有一个优点,活动的过程即是学习的过程,也是自我探究、自我探索的过程。在孩子成长的过程中,家长和老师很容易爱心泛滥,溺爱孩子。当雏鹰长成时,它们就要用力地拍打着翅膀,为第一次起飞夯实基础。母鹰当然知道,幼鹰可能因此折断翅膀,可是,母鹰对于这些却无能为力,因为母鹰同样知道,如果幼鹰不能成功腾飞,等待它的就只能是活活饿死。有许多事情我们只能让孩子们自己去做。

当然,我国教育改革还面临着许多挑战,比如高考制度的改革。高考是我国目前评价学生和考核教师最好的办法,难以找到比高考更加公平的评价机制,国外的评价方法在我国难有生长的空间。其实,我们应该自问一下,国外的评价方法是一种比较成熟的评价机制,为什么我们无法借鉴呢?有人说,国情不一样。那么,国情哪儿不一样了?——是诚信!我们是一个严重缺乏诚信的社会,如果将评价学生的权利交给教师,有人不禁要问:这样能行吗?

商鞅变法,官为民立信。可喜的是,我国的教育改革正在推进中,《关于深化考试招生制度改革的实施意见》,已经在中共中央审议通过。会议指出,要通过深化改革,形成分类考试、综合评价、多元录取的考试招生模式。我们期望新的考试招生改革不要遗忘综合实践活动课,但综合实践活动课以何种方式进入高考,如何评价学生的综合实践素质,又怎样让综合实践活动课的实施常态化,这或许是综合实践活动课常态发展的希望所在,也是关键所在。